한 권으로 끝내는 회계원리

김선미, 임영제, 신영직, 이재형, 전성민 지음

PRINCIPLES OF ACCOUNTING

지은이 **김선미**

현, 전남대학교 경영학부 교수
전, 기획재정부 국가회계제도심의위원회 민간위원 · 기획재정부 정책성과평가위원회 민간위원 · 기획재정부 공공기관 평가위원 · 행정안전부 지방세발전위원회 위원 등

지은이 **임영제**

현, 전남대학교 경영학부 부교수 · 공인회계사
전, 삼일회계법인 근무

지은이 **신영직**

현, 전남대학교 경영학부 부교수
전, 한국회계학회 학술이사 · Ad-hoc Reviewer(APJAE)

지은이 **이재형**

현, 전남대학교 경영학부 조교수
전, 한국회계학회 내부통제 및 지배구조개선위원회 · 신협 자문위원회

지은이 **전성민**

현, 전남대학교 경영학부 조교수 · 미국공인회계사
전, 한국씨티은행 근무

한 권으로 끝내는 회계원리

초판발행 2025년 8월 30일

지은이 김선미, 임영제, 신영직, 이재형, 전성민 / **펴낸이** 전태호
펴낸곳 한빛아카데미(주) / **주소** 서울시 서대문구 연희로2길 62 한빛아카데미(주) 2층
전화 02-336-7112 / **팩스** 02-336-7199
등록 2013년 1월 14일 제2017-000063호 / **ISBN** 979-11-7340-034-6 93320

총괄 · 책임편집 김은정 / **기획 · 편집** 김민송
디자인 표지 윤혜원 내지 이아란 / **전산편집** nu:n / **제작** 박성우, 김정우
영업 김호철, 김태진, 김성삼, 이정훈, 임현기, 이성훈, 김주성, 심지연

이 책에 대한 의견이나 오탈자 및 잘못된 내용은 출판사 홈페이지나 아래 이메일로 알려주십시오.
파본은 구매처에서 교환하실 수 있습니다. 책값은 뒤표지에 표시되어 있습니다.

홈페이지 www.hanbit.co.kr / 이메일 question@hanbit.co.kr

Published by HANBIT Academy, Inc. Printed in Korea

한 권으로 끝내는

회계원리

PRINCIPLES OF ACCOUNTING

김선미, 임영제, 신영직, 이재형, 전성민 지음

한빛아카데미
Hanbit Academy, Inc.

지은이 머리말

인공지능과 디지털 기술이 급격히 발전하고 글로벌 경제 환경이 복잡해지는 상황에서도, 경제활동을 기록하고 보고하는 회계의 역할은 변함없이 중요하다. 회계는 경제활동을 투명하고 객관적으로 관리하는 필수적인 도구이며, 개인과 기업의 모든 경제활동 결과는 회계 기록으로 남아 의사결정의 기초자료로 활용된다. 이러한 회계정보는 빅데이터 시대의 핵심 정보 원천이므로, 회계를 전문적으로 수행하지 않더라도 기본 원리를 이해하는 것이 중요하다.

회계를 학습해야 하는 또 다른 이유는 정보화와 국제화라는 시대적 흐름과 밀접한 관련이 있다. 정보화의 발전으로 회계처리 과정이 자동화되면서, 비전문가도 쉽게 회계업무를 수행할 수 있는 환경이 조성되고 있다. 반면, 국제화로 인해 국경을 넘는 거래가 일반화되면서 국제회계기준(IFRS)의 적용이 확대되고, 회계처리 방식과 보고 체계는 더욱 복잡해지고 있다. 따라서 회계를 처음 배우는 사람이라면, 변하지 않는 회계의 기본 원리와 원칙을 정확히 이해하고 이를 실무에 적용하는 능력을 함께 익히는 것이 필요하다.

이 책은 회계원리 수준에서 반드시 익혀야 할 개념을 정리하고, 회계처리 원칙을 쉽게 설명하며, 다양한 연습문제를 포함하여 실전 적용이 가능하도록 구성하였다. 1장부터 4장까지는 회계의 기본 개념과 원칙을 다루며, 거래 발생부터 분개, 장부 기록, 결산, 재무제표 작성까지의 회계순환과정을 실습할 수 있도록 구성하였다. 5장부터 8장까지는 재무상태표와 손익계산서의 주요 계정과목별 회계처리 방법을 구체적인 사례와 함께 설명한다. 9장에서는 자본변동표의 개념과 작성 방법을 다루며, 10장에서는 현금흐름표의 구조와 회계처리 방법을 설명한다. 현금흐름표는 기업의 실제 현금 유입과 유출을 명확히 파악할 수 있는 중요한 보고서로, 손익계산서가 회계상의 수익과 비용을 나타내는 것과 달리 기업의 유동성과 재무 건전성을 평가하는 데 필수적인 역할을 한다. 이에 따라 마지막 10장에서 현금흐름표의 개념과 활용 방법을 학습할 수 있도록 관련 내용을 구성하였다.

회계원리를 학습할 때 중요한 것은 이론을 이해하는 데 그치지 않고, 회계정보가 실제로 어떻게 활용되는지를 파악하는 것이다. 재무제표 분석은 기업의 재무 상태와 성과를 보다 깊이 이해하고, 이를 바탕으로 의사결정에 활용할 수 있도록 도와주는 중요한 과정이다. 재무제표 분석함으로써 독자들은 재무제표의 의미를 해석하고, 회계정보를 실무적으로 활용하는 방법을 익힐 수 있다. 이에 실무에서 재무제표를 분석하는 방법을 살펴볼 수 있도록, 이 책의 말미에 Epilogue를 수록하였다.

각 장의 마지막에는 객관식문제와 연습문제를 수록하여, 회계 관련 자격시험 대비는 물론 실무 적용 능력을 함께 기를 수 있도록 구성하였다. 특히 이번 회계원리 신판에서는 유가증권 회계처리를 비롯한 주요 회계기준 변경 사항을 반영하고, 국제회계기준에 맞춰 주요 용어와 계정 명칭을 수정하였다.

필자들은 회계를 처음 접하는 사람도 쉽게 이해하고 익힐 수 있도록 하는 데 중점을 두고 이 책을 집필하였다. 앞으로도 독자들의 피드백을 바탕으로 내용을 지속적으로 보완해 나갈 것을 약속하며, 이 책이 회계를 배우는 모든 이들에게 실질적인 도움이 되기를 바란다.

2025년 8월

저자 일동

미리보기

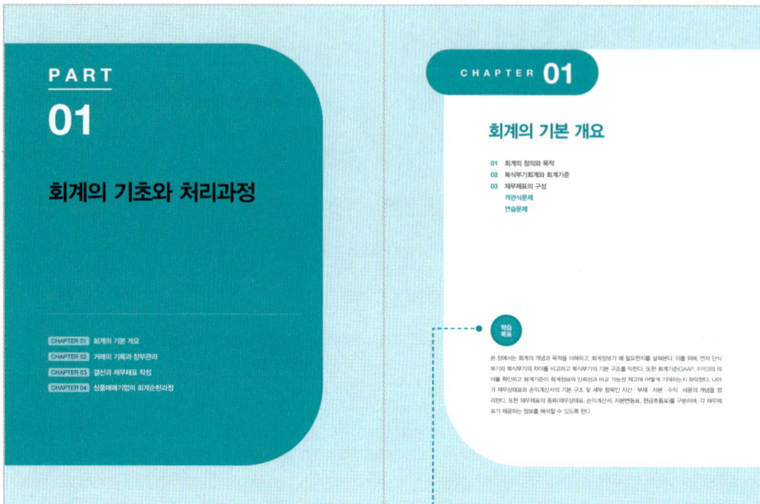

학습목표

각 장에서 공부할 핵심 내용을 먼저 살펴본다.

본문 속 예제

공부한 내용을 바로 문제로 풀어보면서 이해도를 높인다.

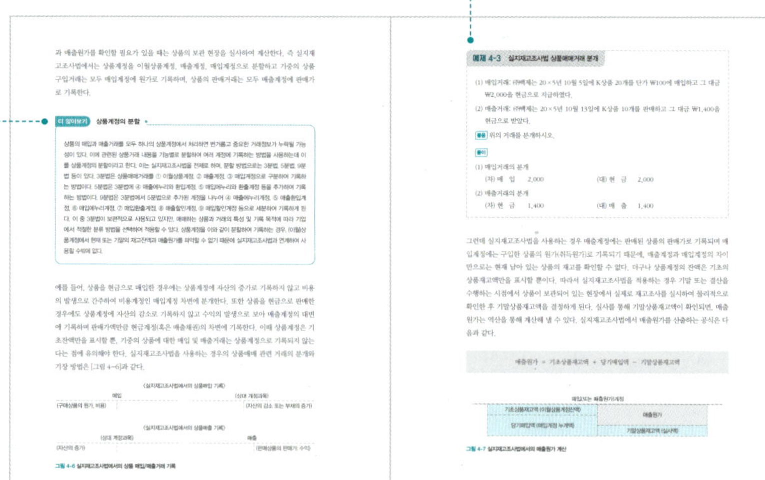

더 알아보기

본문의 이해를 넓혀주는 배경지식과 추가 정보를 살펴본다.

* 강의 보조자료를 홈페이지에서 다운로드할 수 있습니다.(http://www.hanbit.co.kr/academy)
한빛아카데미 홈페이지에서 '교수회원'으로 가입하신 분은 인증 후 교수용 강의 보조자료를 제공받을 수 있습니다.
홈페이지 상단 '교수전용공간' 메뉴를 클릭하세요.

개념의 이해

해당 장의 학습이 끝나면 객관식문제를 통해 개념 이해도를 점검해본다.

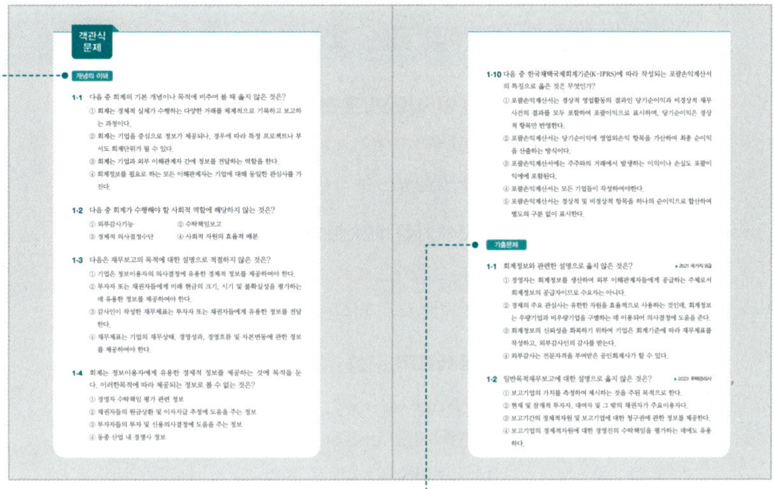

기출문제

실제 공인자격시험에 출제된 기출문제를 통해 학습한 내용을 확인한다.

연습문제

학습한 내용을 주관식문제로 풀어보며 계산력과 응용력을 높인다.

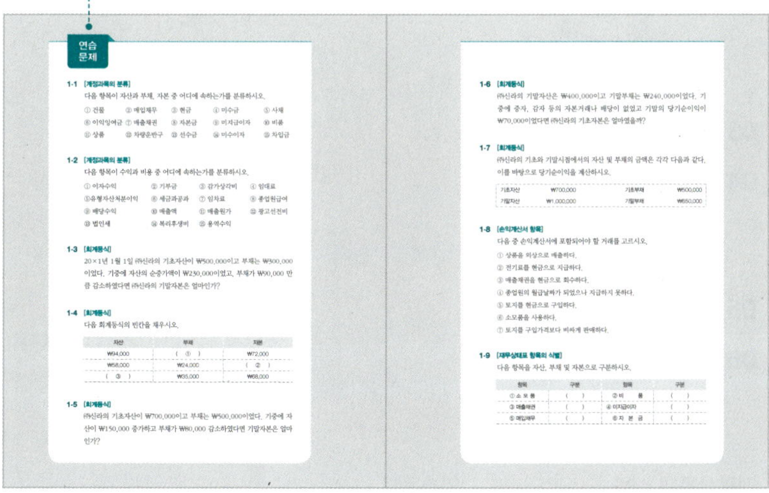

목차

PART 01 회계의 기초와 처리과정

CHAPTER 03 결산과 재무제표 작성

CHAPTER 04 상품매매기업의 회계순환과정

PART 02 주요 항목별 인식과 측정

CHAPTER 05 유동자산의 회계처리

CHAPTER 06 금융자산의 회계처리

CHAPTER 07 비유동자산의 회계처리

목차

CHAPTER 08 부채의 회계처리

CHAPTER 09 자본의 회계처리

PART 01

회계의 기초와 처리과정

CHAPTER 01

회계의 기본 개요

학습 목표

본 장에서는 회계의 개념과 목적을 이해하고, 회계정보가 왜 필요한지를 살펴본다. 이를 위해, 먼저 단식부기와 복식부기의 차이를 비교하고 복식부기의 기본 구조를 익힌다. 또한 회계기준(GAAP, IFRS)의 의미를 확인하고 회계기준이 회계정보의 신뢰성과 비교 가능성 제고에 어떻게 기여하는지 파악한다. 나아가 재무상태표와 손익계산서의 기본 구조 및 세부 항목인 자산 · 부채 · 자본 · 수익 · 비용의 개념을 정리한다. 또한 재무제표의 종류(재무상태표, 손익계산서, 자본변동표, 현금흐름표)를 구분하며, 각 재무제표가 제공하는 정보를 해석할 수 있도록 한다.

SECTION

01 회계의 정의와 목적

1 회계란 무엇인가

우리는 한 기업의 재무상태나 경영성과를 평가할 때 흔히 그 기업의 회계자료를 활용한다. 자본시장의 투자자들은 투자할 기업을 선정할 때 그 기업의 회계자료를 참고하며, 은행 같은 금융기관도 대출 여부를 결정할 때 회계정보를 분석한다. 오늘날엔 현명한 소비자들도 특정 기업이 생산한 제품을 구입할 때 제품에 대한 애프터서비스를 언제까지 받을 수 있을지 판단하기 위해 그 기업의 회계자료를 이용하기도 하며, 거래처 역시 향후 안정적인 거래관계를 유지할 수 있을지 판단하기 위해 거래 기업의 회계자료를 활용하기도 한다.

이처럼 기업의 많은 이해관계자들이 자신의 의사결정을 위해 회계자료를 활용하는 이유는 회계자료가 기업에 대한 가장 객관적이고 신뢰할 수 있는 정보로 인식되기 때문이다. 실제로 모든 기업은 자신의 경영 활동을 **기업회계기준**이라는 사회적 규범에 따라 기록하고, 이를 정리하여 보고한다.

회계의 한자 표현인 '會計'는 '셈(計)을 모은다(會)'는 의미로, 계산된 내용을 종합해 정리하는 행위를 뜻한다. 회계의 영어 표현인 'accounting' 또한 '계정(account)들을 정리하는 활동(~ing)'이라는 의미를 담고 있다. 여기서 **계정**이란 기업의 경제적 활동 내역을 기록하고 관리하기 위한 일정한 형식의 장부를 말하며, 통일된 화폐단위로 표시된다. 기업에서는 하루에도 수많은 경제적 활동이 일어나므로, 이러한 셈이나 계정기록 활동은 연중 지속적이고 반복적인 **순환적인 과정**으로 이루어진다. 따라서 회계(會計, accounting)란 '기업이나 조직의 모든 거래활동을 체계적으로 기록 · 관리 · 보고하기 위한 시스템'이라 정의할 수 있다.

이처럼 회계는 기업의 다양한 거래를 체계적으로 처리하는 역할을 수행하지만, 기업 활동이 점점 더 복잡해지고 회계의 사회적 기능이 확대됨에 따라, 이를 포괄할 수 있는 보다 보편적이고 일반적인 개념 정의가 필요하게 되었다. 이에 1966년 미국회계학회에서는 ASOBAT(A Statement Of Basic Accounting Theory)라는 보고서를 통해 회계를 다음과 같이 새롭게 정의하였으며, 오늘날까지 이 정의가 회계를 설명하는 보편적인 개념으로 받아들여지고 있다.

회계는 정보이용자가 사정에 정통한 판단이나 의사결정을 할 수 있도록 경제적 정보를 식별하고 측정하여 전달하는 과정이다.

회계에 대한 위와 같은 정의는 회계를 단순히 기업의 거래활동을 화폐 단위로 기록하고 정리하는 반복적인 활동으로 한정하지 않는다. 오히려 회계는 기업을 포함한 경제적 실체가 다양한 모든 이해관계자에게 유용한 정보를 제공하고 보고하는 정보시스템이라 할 수 있다. 즉 회계의 핵심은 단순한 기록이 아니라 의사결정에 필요한 정보를 제공하는 데 있다. 이러한 회계업무를 수행하는 전 과정을 **회계정보시스템**이라고 한다.

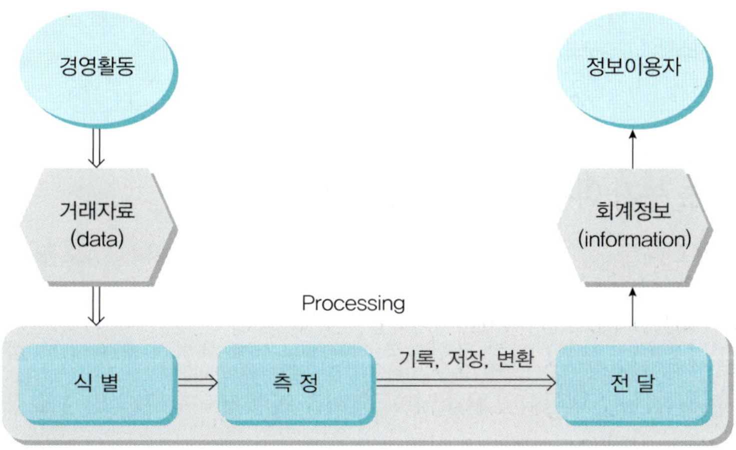

그림 1-1 회계의 개념 정의와 회계정보시스템

[그림 1-1]은 회계의 개념 정의와 회계정보시스템의 원리를 개괄적으로 도식화한 것이다. 먼저 회계는 기업 내에서 이루어지는 경영활동이 회계처리의 대상이 되는지를 식별(identifying)하거나 인식(recognition)하는 것에서부터 시작한다. 만일 기업의 경영활동이 경제적 변동을 수반한다면, 이를 **거래**(transaction)로 판단하고 해당 거래를 기록 · 관리하기 위한 프로세스를 진행한다. 식별된 거래는 객관적 화폐가치로 평가되는 과정을 거치며, 이를 **측정**(measuring)이라고 한다. 측정된 정보는 기록 · 저장되었다가 이해관계자들의 의사결정에 유용한 정보로 가공되어 최종적으로 정보이용자에게 **전달**(communicating)된다.

회계정보를 이용하는 모든 이해관계자의 다양한 요구를 일일이 충족시키는 것은 현실적으로 불가능하다. 이에 따라 기업은 정보이용자를 일반적인 의사결정을 수행하는 '일반 이용자'로 간주하고, 그들이 공통적으로 필요로 하는 정보의 내용과 형식을 기반으로 표준화된 보고서를 작성한다. 이를 흔히 **재무제표**(financial statements)라고 한다. 이러한 재무제표 형식을 활용하면, 기업은 정보를 제공할 때마다 개별적인 보고서를 작성할 필요가 없어 행정적 부담을 줄일 수 있으며, 정보이용자 역시 일관된 형식의 재무제표를 통해 필요한 핵심 정보를 쉽게 확인할 수 있다. 나아가 재무제표가 모든 기업에 동일한 구조로 제공되기 때문에 기업 간 또는 기간 간 비교가 가능해지는 장점도 갖는다.

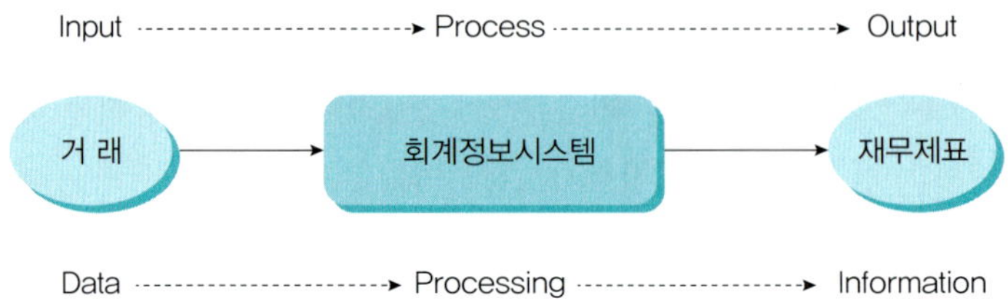

그림 1-2 회계정보시스템의 개념구조

2 회계정보는 누가 어디에 이용하는가

앞서 1절에서는 회계를 '정보이용자(의사결정자)의 의사결정에 유용한 정보를 제공하기 위해 경제적 정보를 식별하고 측정하여 전달하는 과정'으로 정의하였다. 이때 누가 회계정보를 이용하는지(정보이용자), 그리고 어떤 목적으로 이용하는지(의사결정의 종류)는 회계의 개념을 보다 정확히 이해하는 데 핵심적인 요소이며, 회계를 어떻게 분류할 것인지 결정하는 중요한 기준이 된다.

그림 1-3 내부이용자와 외부이용자

회계정보의 이용 주체는 크게 기업 내부이용자와 외부이용자로 구분할 수 있다. 이 중 **내부이용자**의 대표적인 예로는 경영자와 종업원이 있다. **경영자**(managers)는 조직이 추구하는 목표를 달성하기 위한 다양한 경영 의사결정을 수행하기 때문에 기업 내부의 상세한 정보가 필요하다. **종업원**(employees)도 자신의 업무 수행을 위한 의사결정에 내부 회계정보를 이용한다. 이와 같이 경영자 및 종업원이 경영활동에 필요한 정보를 생산하고 분석하는 회계 분야를 **관리회계**(managerial accounting)라고 한다. 다시 말해, 관리회계는 경영자의 업무 수행과 의사결정에 필요한 회계정보를 제공하는 내부보고 중심의 회계이다. 흔히 경영자는 일상적인 경영관리와 통제기능을 수행하기 위한 의사결정도 하지만, 때로는 전혀 예기치 못한 상황에 대처하거나 중요한 정책결정을 내려야 하는 개별적인 특수한 상황에 직면할 때도 많다. 따라서 관리회계 정보는 경영자의 요청에 따라 언제든 제공될 수 있어야 하며, 1절에서 언급한 재무제표와는 달리 표준화된 형식이나 규칙을 따라 제공될 필요는 없다. 또한 객관적인 거래 자료 외에도 원가정보나 미래예측정보 등 다양한 내 · 외부 정보를 필요로 하는 경우가 많다.

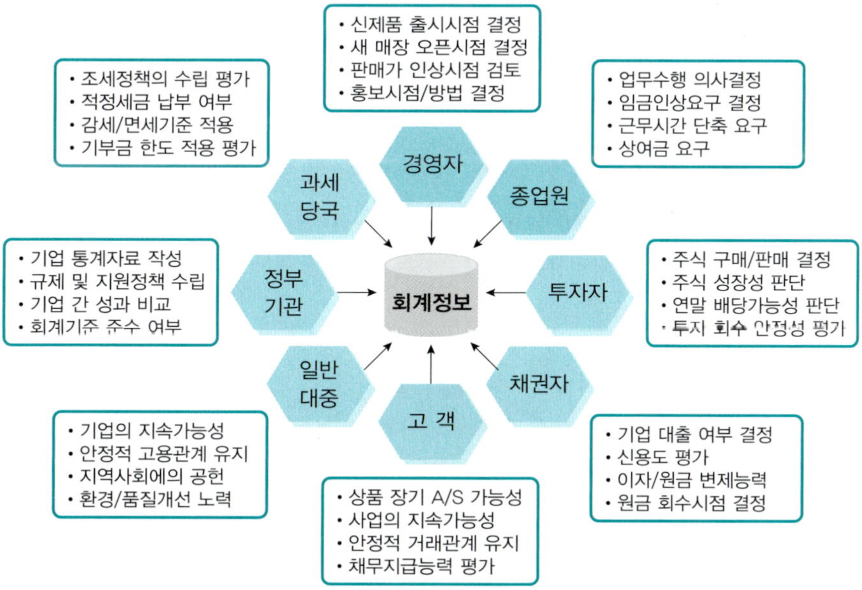

그림 1-4 회계정보이용자와 의사결정

한편 **외부이용자**는 회계정보의 생산에는 직접 관여하지 않으며, 조직 외부의 제3자 입장에서 회계정보를 자신의 의사결정에 활용하는 집단이다. 대표적으로 투자자, 채권자, 고객(거래처), 일반대중, 정부기관, 과세당국, 지역주민 등이 이에 해당한다. 외부이용자는 기업에 대한 다양한 이해관계에 따라 서로 다른 정보를 요구하기 때문에, 이들의 요구를 모두 충족시키는 것은 현실적으로 어렵다. 따라서 회계는 다양한 이해관계자들이 요구하는 정보 중 공통적이고 일반적인 정보에 초점을 맞춰 표준화된 형식의 일반목적 재무보고서를 제공하는데, 이것이 **재무제표**이다. 이러한 일반목적 재무제표를 작성하고 제공하는 회계 분야가 **재무회계**(financial accounting)이다.

표 1-1 관리회계와 재무회계의 차이

구분	관리회계	재무회계
정보이용자	내부이용자	외부이용자
정보작성기준	정해진 기준 없음	일반적으로 인정된 회계원칙(GAAP) 또는 국제회계기준(IFRS)
정보제공형식	일정한 형식 없음	재무제표
정보제공시기	비정기적 수시보고	정기적 보고
정보원천	의사결정에 필요한 모든 정보	객관적 거래 자료
주요 정보	재무적 및 비재무적 정보	재무정보 중심

한편, 경영자가 작성한 재무제표는 외부의 다양한 정보이용자들이 공통적으로 사용할 정보이므로, 보고서의 신뢰성과 객관성을 높이기 위해 전문성을 지닌 독립된 제3자인 공인회계사의 검토와 인증절차를 거쳐 공표하도록 규정되어 있다. 이러한 인증절차를 **회계감사**(auditing)라고 한다. 재무회계에서는 하나의 표준화된 형식의 회계보고서를 작성하기 위해 **일반적으로 인정된 회계원칙(GAAP)**을 따른다. 회계감사의 핵심 목적 역시 이러한 회계원칙이 재무제표에 충실히 적용되었는지를 검증하는 데 있다.

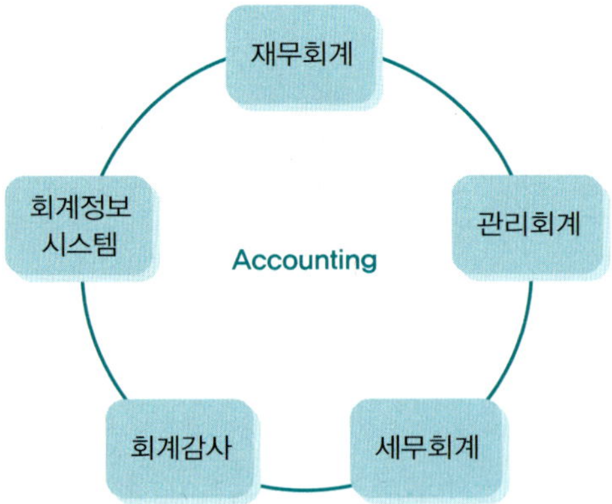

그림 1-5 회계학의 학문적 체계

마지막으로, 오늘날 대부분의 기업은 경영활동을 통해 발생한 소득에 대해 관련 법규에 따라 과세소득을 신고하고 세금을 납부해야 할 법적 의무를 지닌다. 이에 따라 기업은 과세당국에 과세소득과 관련된 정보를 제공해야 하는데 이러한 역할을 담당하는 회계의 한 분야가 **세무회계**(tax accounting)이다. 세무회계의 주된 목적은 국가의 재정조달을 위해 세법의 규정에 따라 법인의 과세소득과 세액을 공정하고 정확하게 산출하고, 이를 바탕으로 조세를 적절히 부과 · 징수하는 데 있다. 또한 세무회계는 국세청 등 과세당국에 필요한 납세자료를 제공하는 기능도 수행한다. 참고로 세무회계는 재무회계 자료를 기반으로 법인세법상 과세소득을 산출하기 때문에 세무회계와 재무회계는 서로 보완적이며 의존적인 관계에 있다.

이처럼 회계는 주요 정보이용자에 따라 관리회계, 재무회계, 세무회계 등의 영역으로 구분될 수 있다. 그러나 이러한 구분은 학문적 이해를 위한 것이며, 실무에서는 영역 간 구분이 명확하지 않은 경우가 많다. 또한 각 회계 영역은 공통적으로 재무제표를 주요 자료로 활용하므로, 회계의 개념은 재무제표 작성 과정을 포함하는 재무회계를 중심으로 이해하는 것이 효과적이다.

SECTION

02 복식부기회계와 회계기준

이번 절에서는 회계정보가 어떻게 기록되는지에 대한 기본 개념을 살펴보기로 한다.

1 단식부기와 복식부기

회계는 기업 혹은 경제주체가 영업활동을 수행하는 과정에서 발생되는 거래를 정해진 형식에 따라 기록하는 과정에서 비롯된다. 흔히 거래에는 거래당사자(주는 사람, 받는 사람)와 거래대상이 존재한다. 그런데 거래당사자는 서로 다른 경제주체이므로 각자의 관점에서 경제적 변동상황을 기록하게 된다. 예를 들어, A회사에서 B회사에 상품을 판매하고 그 대가로 현금을 받은 경우를 생각해 보자. A회사는 현금을 받았으므로 그만큼을 현금자산의 증가로, B회사는 현금을 지불했으므로 그만큼을 현금자산의 감소로 기록한다. 이와 같이 현금의 이동만을 중심으로 거래 내용을 기록하는 방식을 **단식부기**(single entry bookkeeping)라고 한다. 즉, 단식부기는 **현금기준**에 따라 수입과 지출에 관한 정보만을 기록하는 방식이다.

단식부기를 통해서도 일부 중요한 거래 정보를 파악할 수는 있지만, A회사나 B회사 모두 현금의 수입과 지출에 대한 원인이나 구체적인 사유, 즉 어떤 상품이나 서비스를 사고팔았는지에 대한 정보는 제공하지 못한다. 더욱이, 오늘날 많은 기업이 현금 거래보다는 외상거래나 어음거래와 같은 신용거래를 활발히 수행하고 있기 때문에 단식부기를 사용할 경우 실제로 현금이 수반되지 않는 한 거래 사실 자체를 기록할 수 없다. 따라서 단식부기는 복잡한 기업 활동을 충실히 반영하기에는 부족함이 있다.

그림 1-6 현금기준 단식부기

기업의 경제적 활동은 다양한 형태의 거래로 이루어지기 때문에 각 거래 형태를 보다 정확하게 반영할 수 있는 장부 기록 방식이 필요하다. 또한 거래는 상대적인 개념이므로, 동일한 거래라도 판매자와 구매자 입장에서 주고받는 대상이 서로 다르다. 예를 들어 판매자는 상품을 주고 현금을 받는 반면 구매자는 현금을 지급하고 상품을 받는다. 만일 각 거래당사자의 관점에서 발생하는 모든 경제적 변화(현금과 상품의 변화)를 동시에 기록하면 단식부기보다 훨씬 풍부하고 유용한 거래정보를 제공할 수 있다. 이와 같은 거래의 이중적 기록방식을 **복식부기**(double entry bookkeeping)라고 한다.

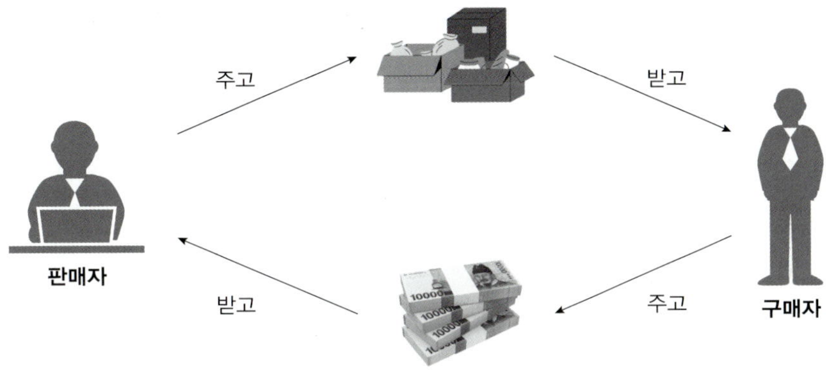

그림 1-7 거래의 이중성

복식부기 방식은 회계거래를 더욱 상세하게 기록할 수 있어, 조직의 경영성과와 재산상태를 포괄적으로 설명할 수 있다. 따라서 오늘날에는 대부분의 기업뿐만 아니라 정부기관이나 비영리기관에서도 복식부기 방식을 채택한다.

복식부기에서는 거래의 이중적 성격을 체계적으로 기록하고 관리하기 위해 계정과목별로 별도의 장부를 활용한다. 장부는 왼쪽과 오른쪽으로 나뉘는데, 이때 왼쪽을 **차변**(debit), 오른쪽을 **대변**(credit)이라고 부른다. 차변과 대변에 계정 항목의 증가나 감소를 기록하지만 차변과 대변이 각각 반드시 증가나 감소를 의미하는 것은 아니며, 기록 대상이 되는 계정과목의 성격에 따라 달라진다. 일반적으로 특정 계정의 증가는 차변이나 대변 중 한쪽에 기록하고, 감소는 그 반대쪽에 기록하는 방식으로 이루어진다. 그렇다면 각 항목의 증가는 어느 쪽(차변 또는 대변)에 기록해야 할까? 만약 이를 기록자의 임의적 판단에 맡긴다면 기업 내부는 물론 기업 간이나 동일 기업의 과거 자료와 비교하는 것이 어려워진다. 따라서 복식부기 회계에서는 자산이나 비용 항목은 증가를 왼쪽(차변)에, 감소를 오른쪽(대변)에 기록하고 부채, 자본 및 수익 항목은 증가를 오른쪽(대변)에, 감소를 왼쪽(차변)에 기록하도록 통일된 지침을 제공하고 있다. 이러한 공통된 지침은 모든 기업과 조직에 일관되게 적용되며, 이를 바로 **회계원칙** 또는 **회계기준**이라 한다. 회계원칙(기준)은 모든 기업과 조직이 준수해야 하는 사회적인 약속이라는 의미에서 **일반적으로 인정된 회계원칙**이라고 한다.

복식부기로 기록되는 모든 거래는 어떤 항목의 차변과 다른 계정의 대변에 반드시 동일한 금액으로 기록된다. 예를 들어 비품을 외상으로 구입한 경우, 비품이라는 자산 항목의 증가를 차변에 기록하고 미지급금이라는 부채의 증가를 대변에 기록하게 된다. 한편, 하나의 거래가 세 개 이상의 항목에 영향을 미치는 경우도 있다. 예를 들어, 상품 ₩1,000을 구입하고 지급할 현금잔액이 부족하여 일부(₩700)만 현금으로 지급하고 나머지(₩300)는 외상으로 한 경우, 상품계정의 증가(₩1,000)는 차변에 기록하는 대신 현금의 감소(₩700)와 매입채무의 증가(₩300)는 대변에 기록된다. 이와 같이 관련된 항목의 수와 관계없이, 차변 금액의 합계와 대변 금액의 합계는 항상 일치한다. 복식부기에서는 이를 **대차평형의 원리**라고 한다. 각각의 거래에 적용되는 대차평형의 원리는 일정 기간 내 기업의 모든 거래에도 동일하게 적용되므로, 이 원리를 통해 장부기록의 정확성을 검증할 수 있다. 이처럼 복식부기회계는 많은 장점을 가지고 있다.

표 1-2 단식부기와 복식부기의 차이

구분	단식부기	복식부기
특징	• 현금흐름 중심의 기록이다.	• 거래의 이중성, 대차평형원리에 의한 기록이다.
장점	• 기록 방법이 간단하다. • 회계지식 없어도 쉽게 이해하고 적용할 수 있다.	• 거래상황을 전체적으로 조망해 볼 수 있다. • 자산, 부채 잔액을 알 수 있다. • 순수입, 순지출을 집계해 볼 수 있다. • 거래 누락이나 오류를 발견할 수 있다. • 재정상태와 경영성적을 자세히 알 수 있다
단점	• 자산, 부채의 증감을 알 수 없다. • 잉여, 이익개념이 없다. • 거래 누락, 오류를 발견하기 어렵다.	• 이중처리로 다소 복잡하다. • 복잡한 회계용어나 지식이 필요한 경우도 있다.

2 일반적으로 인정된 회계원칙(GAAP)

거래의 이중성과 대차평형의 원리에 기초한 복식부기 회계는 오랜 시간 동안 기업 회계실무의 핵심 원칙으로 인식됐다. 그러나 기업들이 복식부기를 충실히 적용하더라도, 그 적용 방식이나 결과는 기업의 규모, 업종, 경영 형태 등 개별적인 환경과 특성에 따라 달라질 수 있다. 더불어 회계정보를 제공하는 경영자가 기업 또는 자신에게 유리하도록 회계처리 방법을 임의로 선택하거나, 제공해야 할 정보를 선택적으로 공개할 가능성도 존재한다. 이러한 한계를 보완하기 위해서 각 국가에서는 기업들이 재무제표를 작성할 때 따라야 할 기준을 마련하였는데, 이를 **일반적으로 인정된 회계원칙**(GAAP)이라고 한다.

일반적으로 인정된 회계원칙에 적용되는 회계기준은 각 나라별로 제정하는 기구가 다르다. 예를 들어, 미국의 경우 민간기구인 재무회계기준위원회(FASB; Financial Accounting Standards Board)가 이를 담당하고 있으며, 런던을 중심으로 한 국제회계기준위원회(IASB; International Accounting Standards Board)는 국제적으로 통용될 수 있는 회계기준인 **국제회계기준**(IFRS; International Financial Reporting Standards)을 제정하고 있다.

우리나라의 경우 **기업회계기준**의 제정은 금융위원회가 증권선물위원회의 심의를 거쳐 확정하도록 되어 있다. 하지만 금융위원회는 법령(자본시장 및 금융투자업에 관한 법률 등)에 의거하여 해당 업무를 민간 전문 공공단체인 한국회계기준원에 위탁하고 있다. 한국회계기준원은 회계기준 제정과 관련된 실무를 담당하기 위해 회계기준위원회(KASB; Korea Accounting Standards Board)를 두고 있으며, 국내외 경제 환경과 회계 실무의 변화에 발맞춰 새로운 기준을 제정하거나 기존의 기준을 개정하는 역할을 수행한다. 한편 우리나라의 기업회계기준은 2011년을 기점으로 중대한 전환점을 맞이하였다. 기존에는 미국 중심의 회계기준이 국제적으로 널리 통용되었으며, 우리나라 역시 이러한 흐름을 따르고 있었다. 그러나 2000년대 초반, 미국에서 발생한 엔론(Enron)과 월드컴(WorldCom) 등의 대형 회계 부정 사건을 통해 기존 회계기준의 신뢰성에 대한 심각한 의문이 제기됐고 국제 사회에서는 보다 투명하고 신뢰할 수 있는 회계기준에 대한 필요성이 요구되었다. 이러한 배경 속에서, 우리나라는 글로벌 금융시장과의 정합성을 높이고 한국 기업의 재무제표에 대한 비교 가능성과 신뢰성을 강화하기 위해 2011년부터 모든 상장회사에 대해 **한국채택국제회계기준**(K-IFRS; Korea International Financial Reporting Standards)의 적용을 의무화하였다. 이는 국내 기업 회계처리의 국제적 일관성을 확보하고 투자자 및 이해관계자에게 더욱 신뢰성 있는 정보를 제공하려는 조치였다.

다만, 국제회계기준을 적용하는 데 있어 전문 인력의 확보나 실무적 부담이 클 수 있는 비상장기업의 경우에는 이전까지 사용하던 일반기업회계기준(K-GAAP; Korea Generally Accepted Accounting Principles)을 선택적으로 사용할 수 있도록 허용하고 있다. 또한 규모와 자원이 제한적인 중소기업을 위해서는 별도로 **중소기업회계기준**을 제정하여, 2014년부터 적용하고 있다. 이 책에서는 한국채택국제회계기준(K-IFRS)에 근거하여 재무회계의 개념과 원리를 설명한다.

표 1-3 우리나라 기업회계기준

회계원칙	적용 대상
일반기업회계기준(K-GAAP)	일반기업(외부감사 대상 비상장기업)
한국채택국제회계기준(K-IFRS)	모든 상장회사, 금융기관, 자발적 선택 비상장기업
중소기업회계기준	외감법 적용 대상이 아닌 중소기업

표 1-4 한국회계기준(K-GAAP)과 국제회계기준(K-IFRS)의 주요 차이

구분	한국회계기준	국제회계기준	관련 항목
공시체계	개별재무제표가 기본	연결재무제표가 기본	연결재무제표 작성, 지분법, 분 · 반기 연결재무제표
자산 · 부채 평가 방법	객관적 평가가 어려운 항목은 취득원가 평가	원칙적으로 공정가치 평가	투자부동산, 퇴직급여채무, 금융부채, 유형자산 등
법률 · 정책적 목적	일부 항목에 대해 특정회계처리 요구	거래의 실질에 맞는 회계처리 규정	대손충당금 설정, 개별재무제표 우선공시, 자산유동화 매각판단 등

SECTION

03 재무제표의 구성

재무제표는 일반적으로 인정된 회계원칙에 따라 기업의 재무상태와 경영성과를 체계적으로 표현한 재무보고서이다. 기업이 재무제표를 작성하여 보고하는 목적은 기업의 재무상태, 경영성과, 재무상태의 변동 등에 대한 정보를 기업 내부는 물론 외부의 다양한 이해관계자에게 전달함으로써, 그들의 합리적인 경제적 의사결정을 지원하는 데 있다.

기업에 대해 이해관계를 가진 정보이용자들은 해당 기업과 관련된 의사결정을 위해 다양한 정보가 필요하다. 그러나 현실적으로 정보이용자들의 다양한 정보요구를 완전히 충족시키는 것은 어렵다. 기업은 정보이용자들 간 일반적인 의사결정을 지원하기 위해 공통적으로 필요한 정보를 중심으로 요약하고 표준화하여 재무보고서 형식의 자료를 제시하는데, 이 자료가 **재무제표**이다. 재무제표는 보고 실무의 효율성도 함께 고려한 형식으로 제시된다. 일정 규모 이상의 기업들은 최소한 매 회계연도 말에 정보이용자들을 위해 재무제표를 작성하여 보고하여야 한다. 특히 규모가 큰 기업들은 다양한 이해관계자들의 요구를 반영하여 분기마다 재무제표를 작성해야 한다. 일반적으로 재무제표에는 **재무상태표**, **손익계산서**, **자본변동표**, **현금흐름표** 등의 보고서가 포함되며, 각각의 재무제표가 제공하는 정보의 내용은 서로 다르다. 이러한 재무제표는 회계절차의 마지막 단계인 정보 전달을 위한 핵심 수단이다.

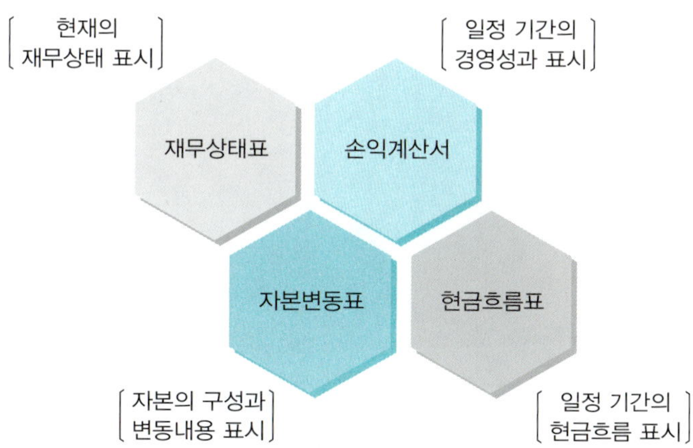

그림 1-8 재무제표의 종류

1 재무상태표

오랫동안 **대차대조표**(balance sheet)라고 불려 왔던 **재무상태표**(statement of financial position)는 결산일과 같은 특정 시점에서 기업이 보유하고 있는 자산, 부채 및 자본의 구성 상태(재무상태)를 나타내기 위해 작성되는 보고서이다.

재무상태표는 복식부기의 대차평형의 원리에 따라 차변(왼쪽)에 나열되는 자산 항목들의 합계와 대변(오른쪽)에 나열되는 부채와 자본 항목들의 합계가 일치하도록 작성된다. 이 중 대변은 기업이 자금을 어떻게 조달했는지, 즉 자금의 원천을 표시한다. 기업의 외부인으로부터 조달한 부분을 부채로 기록하고 기업의 주주가 출자한 부분을 자본으로 기록한다. 한편 재무상태표의 차변에는 조달된 자금이 현재 기업 내에 어떤 형태로 보유되고 있는지, 즉 자금의 운용 상황을 자산의 종류별로 기록한다.

재무상태표에서 차변의 자산 합계는 기업의 규모를 표시하는 대표적인 지표로 활용된다. 그런데 이 자산 합계가 모두 소유주의 몫인 것은 아니다. 현재의 자산을 보유하기까지 소유주가 출자한 자금 외에도 외부로부터 빌렸거나 아직 지급하지 못한 금액(부채)이 포함되어 있기 때문에 이를 제외한 나머지 부분(자본)이 소유주의 몫이다. 따라서 부채는 자산에 대해 채권자가 요구할 수 있는 부분으로, **채권자지분**이라고 불린다. 반면에 자본은 기업의 자산 중 소유주의 몫에 해당하는 것, 즉 **소유주지분**이라 한다. 결국 기업의 자산은 채권자지분과 소유주지분으로 구성된다.

여기서 **지분**(equity)이란 기업의 자산에 대한 청구권을 의미한다. 따라서 채권자지분은 자산 중 부채금액만큼 채권자들로부터 조달된 것이므로 채권자들의 반환청구에 따라 되돌려주어야 할 금액을 의미하며, 기업의 주인인 소유주의 청구권에 해당하는 소유주지분은 자산 중 채권자지분을 차감한 나머지 잔여지분에 해당하는 금액을 의미한다.

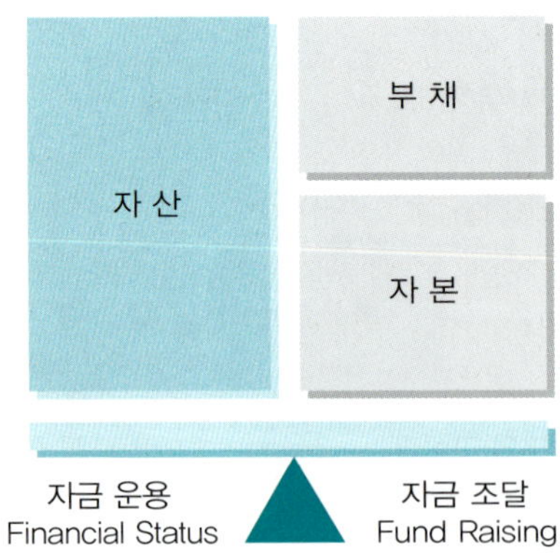

그림 1-9 재무상태표

이제 ㈜고구려의 사례를 통해 재무상태표의 개념과 구성을 살펴보자. ㈜고구려의 소유주는 기업운영을 위해 지금까지 총 ₩1,200,000의 현금을 출자하였다. 그런데 기업운영을 위해 추가자금이 필요하여 은행으로부터 ₩500,000을 대출받았으며 거래처에 아직 지급하지 못한 외상대금도 ₩300,000 남아있다. 따라서 현재까지 기업이 조달하여 사용할 수 있는 자금은 총 ₩2,000,000이라고 할 수 있다. 이와 같이 조달된 자금은 그 원천에 따라 각각 부채와 자본으로 구분하되, 이들 모두를 재무상태표의 대변에 표시하게 된다.

반면에 지금까지 조달된 총 자금 ₩2,000,000은 그동안 기업활동에 사용되어 현재 어떤 형태로 보유되고 있는지를 항목별로 구분하여 표시하고 있는데, 이는 재무상태표 차변에 자산 항목으로 기록된다. ㈜고구려가 보유하고 있는 현재의 자산 항목들은 현금 ₩350,000, 매출채권 ₩550,000, 건물 ₩850,000, 그리고 비품 ₩250,000 등으로 구성되어 있다. 이러한 내용을 반영한 ㈜고구려의 재무상태표는 자금의 운영상황과 조달원천을 각각 자산과 부채 및 자본으로 구분하여 다음 [그림 1-10]과 같이 나타낼 수 있다.

재무상태표

㈜고구려 20×6년 12월 31일 현재 (단위: 원)

자산		부채 및 자본	
자산 :		부채 :	
현 금	350,000	매입채무	300,000
매출채권	550,000	차 입 금	500,000
건 물	850,000	부채총계	800,000
비 품	250,000		
		자본 :	
		자 본 금	1,200,000
		자본총계	1,200,000
자산총계	2,000,000	부채와 자본총계	2,000,000

그림 1-10 재무상태표의 예시

[그림 1-10]은 간략한 형식이지만 재무상태표의 기본 구성 요소를 모두 포함하고 있다. ㈜고구려의 재무상태표 이름 아래의 머리 부분에는 기업의 명칭(㈜고구려), 재무상태표의 기준일(20×6년 12월 31일 현재), 그리고 금액 단위(단위: 원)가 표시되어 있다. 재무상태표의 본문은 크게 자산, 부채, 자본의 세 부분으로 구성되어 있는데, 자산은 항상 왼쪽에 배열하고 부채와 자본은 항상 오른쪽에 배열한다. 여기서 중요한 점은 차변의 자산 총계(₩2,000,000)와 대변의 부채 및 자본 총계(₩2,000,000)는 항상 일치한다는 것이다. 또한 ㈜고구려의 자

산 ₩2,000,000 중 채권자의 몫(부채)은 ₩800,000이며, 나머지 ₩1,200,000은 소유주의 몫(자본)이라는 것도 알 수 있다. 이러한 관계를 **회계등식** 또는 **재무상태표등식**이라고 한다. 이처럼 재무상태표는 자산, 부채, 자본을 구분해 회계등식에 따라 표시하는 보고서이다. 그럼 이제 재무상태표의 구성항목인 자산, 부채, 자본 항목에 대해 좀 더 구체적으로 살펴보자.

> 자산(자금의 운용) = 부채(채권자지분) + 자본(소유주지분)
>
> ₩2,000,000 = ₩800,000 + ₩1,200,000

1.1 자산

자산은 관습적으로 '재산'이라는 용어와 혼용되기도 하지만, 정확히 말해 '기업이 보유하고 있고 운영에 사용할 수 있는 가치 있는 것' 또는 '경제적 가치가 있는 자원이나 권리'로 이해된다. 다시 말해서 기업이 경영활동을 위해 보유하고 있는 다양한 형태의 가치 있는 자원이 모두 자산에 해당한다. 회계학에서는 **자산**(assets)을 '과거 사건의 결과로 취득하여 기업이 현재 통제하고 있으며, 미래에 경제적 효익의 유입이 기대되는 자원'으로 정의하고 있다. 여기서 '미래 경제적 효익'이란 미래에 현금 또는 현금성자산이 기업으로 유입되는 데 기여할 가능성 또는 잠재력을 의미한다. 따라서 자산은 기업이 거래를 통해 취득하여 보유하고 있는 자원으로, 미래의 수익창출활동에 기여할 수 있는 잠재적 가치를 가진 모든 것이라고 할 수 있다.

자산은 기업의 업종이나 규모 등에 따라 여러 가지 형태로 존재한다. 예를 들어, ㈜고구려의 재무상태표에서는 현금, 매출채권, 건물, 비품 등의 구체적 항목들이 열거되어 있다. 이와 같이 자산에는 상품, 토지, 건물, 기계장치, 비품 등과 같이 물리적 형체가 있어 눈으로 쉽게 식별할 수 있는 항목도 있고 매출채권이나 선급비용, 미수이자 등과 같이 물리적 형체는 없지만 미래의 현금이나 서비스에 대한 법적 청구권을 나타내는 항목도 있다. 또한 상품, 재고자산, 매출채권, 미수금 등과 같이 짧은 시일 내에 현금으로 돌아오거나 서비스를 제공받을 수 있게 될 자산이 있는가 하면, 건물, 비품, 기계장치, 토지 등과 같이 오랜 기간 보유하며 활용되어 즉시 현금으로 회수되기 어려운 자산도 있다. 이처럼 다양한 자산을 쉽게 파악하려면, 재무상태표에 자산을 미리 정해진 기준과 순서에 따라 나열할 필요가 있다. 일반적으로 기업은 1년 이내에 현금화될 수 있는 자산(이를 **유동자산**이라 함)을 먼저 배열한 후, 장기 보유를 목적으로 하는 자산(이를 **비유동자산**이라 함)을 나중에 배열하는데, 이를 **유동성배열법**이라 한다. 예를 들어 현금, 매출채권, 상품, 미수금 등은 유동자산으로 먼저 나열되며 건물, 토지,

비품, 특허권 등은 비유동자산으로 뒤따라 배열된다. 이러한 방식은 기업 평가 시 유동성, 즉 조기에 현금화할 수 있는 능력을 중시하는 경향이 크기 때문에 관련 항목을 우선적으로 배열하려는 목적에서 사용된다. 그러나 기업 평가에서 유동성보다 장기적인 시설 투자의 중요성이 강조될 때는, 비유동자산을 먼저 배열하는 **고정성배열법**을 적용할 수도 있다.

한편, 자산 항목들은 재무제표에 주로 **취득원가** 또는 **공정가치**로 평가하여 표시한다. 과거에는 자산을 취득원가로 평가하는 것이 보다 객관적인 방법으로 여겨졌지만 최근에는 보유자산에 대한 현재가치 정보에 대한 요구가 증대되면서 금융자산이나 투자자산 등 공정한 시장가격이 존재할 때는 공정가치에 의해 평가할 수 있도록 하고 있다.

표 1-5 자산의 주요 항목

자산의 구성	설명
현금	지폐나 동전 등의 통화 및 이와 유사하게 사용될 수 있는 통화대용증권
당좌예금	당좌수표를 발행하여 현금을 인출할 수 있는 요구불예금
당기손익-공정가치 측정금융자산	여유자금을 활용하여 단기매매차익을 목적으로 취득한 유가증권
매출채권	상품이나 용역을 외상으로 판매하여 미래에 현금을 수취할 수 있는 권리 또는 채권 • 외상매출금: 상품을 신용에 의해 외상으로 판매하고 차후에 받기로 한 금액 • 받을어음: 상품을 외상으로 판매하되 어음을 수취하여 대금지급을 약속받은 금액
상품	판매할 목적으로 보유하고 있는 재화
제품	판매 목적으로 직접 제조한 재화
대여금	타인에게 빌려준 현금으로 1년 이내 회수예정인 경우 단기대여금, 1년 이상이면 장기대여금
미수금	상품 이외의 물건을 판매하고 아직 받지 못한 금액
선급금	상품을 매입할 목적으로 미리 지급한 선금 또는 계약금
토지	영업활동에 장기간 사용할 목적으로 구입한 땅
건물	영업활동에 장기간 사용할 목적으로 구입한 건물
기계장치	영업활동에 장기간 사용할 목적으로 구입한 기계설비
비품	사무용으로 구입하여 사용하고 있는 책상, 전화, 컴퓨터 등
특허권	발명품을 제조, 운영할 수 있는 권리
영업권	합병이나 영업양수 시 순자산의 공정가치를 초과하여 지급한 금액

1.2 부채

부채는 '채무'라는 용어와 혼용되며, 일반적으로 '현금으로 갚거나 상품 또는 서비스를 제공해야 하는 의무'로 이해된다. 다시 말해서 기업이 경영활동과정에서 필요에 의해 외부로부터 현금을 차입하거나 상품 등을 외상으로 구매하여 일정 시점에 현금 등으로 되돌려주어야 하는 의무를 부채라고 한다. 회계학에서는 **부채**(liability)를 '과거 사건으로 인하여 생긴 의무로서, 기업이 가진 경제적 효익이 있는 자원의 유출을 통해 그 이행이 미래에 예상되는 의무'로 정의하고 있다. 따라서 부채는 자산의 유출을 통해 의무가 소멸되며, 부채의 권리자인 채권자가 기업의 자산에 대해 가지는 청구권을 의미하므로 '채권자의 청구권'이라 할 수 있다.

부채는 발생 원인에 따라 여러 가지 형태가 있다. 기업이 정상적인 영업활동이나 상거래 목적으로 재화나 서비스를 외상으로 매입하여 발생하는 채무를 **매입채무**라고 하며, 정상적인 영업활동 이외의 거래에서 발생하는 채무를 **미지급금**이라 한다. 또한 사업 운영에 필요한 자금을 주주 이외의 다른 사람이나 금융기관으로부터 차입하여 발생하는 채무를 **차입금**이라 하고, 급여와 같이 지급요인이 발생했으나 아직 지급하지 않고 있는 경우에는 **미지급비용**이라 한다.

표 1-6 부채의 주요 항목

부채의 구성	설명
매입채무	상품이나 용역을 외상으로 구매하여 미래에 현금으로 지급해야 할 의무 또는 채무 • 외상매입금: 상품을 신용에 의해 외상으로 매입하고 차후에 갚기로 한 금액 • 지급어음: 상품을 외상으로 매입하되 어음을 발행하여 대금지급을 약속한 금액
차입금	남에게서 빌린 돈으로 후에 현금으로 갚아주어야 할 금액. 만기가 1년 이내인 경우에는 단기차입금, 1년 이상 남은 경우에는 장기차입금(대여금과 반대되는 항목)
미지급금	상품 이외의 자산을 외상으로 매입한 금액(미수금과 반대되는 항목)
선수금	상품을 사고자 하는 사람으로부터 미리 받은 선금 또는 계약금(선급금과 반대되는 항목)
선수수익	이미 수익(현금)으로 수취한 금액 중 차기 이후 기간의 수익에 해당하는 것
사채	장기자금을 조달하기 위해 원금상환기간과 정기적인 이자 지급을 명시한 채권을 발행하여 다수의 투자자로부터 자금을 차입한 부채

부채도 자산과 마찬가지로 재무제표에 일정한 기준에 따라 순서대로 배열된다. 흔히 만기가 도래하는 순서에 따라 먼저 결산일로부터 1년 이내의 기간에 상환해야 하는 **유동부채**(매입채무, 미지급금, 단기차입금, 미지급비용 등)를 나열하고, 이어서 만기 또는 상환 예정일이 결산일로부터 1년 이후에 도래하는 **비유동부채**(사채, 장기차입금, 퇴직급여채무 등)를 아래쪽에 표시한다. 기업에 따라서는 비유동부채를 먼저 표시하는 고정성배열법을 사용하기도 한다.

1.3 자본

자본은 기업 자산 중 소유주의 몫을 의미하며, 소유주가 직접 출자한 출자금(자본금)과 영업활동을 통해 벌어들인 순이익의 합으로 구성된다. 회계학에서는 **자본**(equity)을 기업의 자산총액에서 부채총액을 차감하고 남은 금액으로 측정한다. 이는 기업이 보유하고 있는 총자산에서 갚아야 할 부분(부채)을 제외한 나머지를 모두 자본주의 몫으로 규정하는 개념으로, 자본은 **순자산**(net assets), **소유주지분**(owners' equity) 또는 **잔여지분**(residual equity)이라고도 한다. 자산과 부채는 개별 항목별로 식별 및 측정이 가능하지만, 자본은 타인의 몫(부채)을 제외한 잔여 부분이므로 개별 항목으로 구분해 정의하기 어렵다. 따라서 자본은 재무상태표등식(자산 = 부채 + 자본)을 이용하여 '자산 − 부채 = 자본'의 형태로 계산한다.

재무상태표등식	자산	=	부채	+	자본

⇩

자본등식	자산	−	부채	=	자본

그림 1-11 재무상태표등식과 자본등식

자본은 재무상태표에 표시할 때도 자산이나 부채와 같이 유동성배열법(또는 고정성배열법)에 따르기보다는 자본 항목들의 성격 구분에 따라 납입자본, 이익잉여금, 기타자본구성요소 등으로 구분하여 표시한다. 항목별 세부 내용은 [표 1−7]을 통해 확인할 수 있다.

표 1-7 자본의 주요 항목

자본의 구성	설명
납입자본	주주 또는 소유주가 기업에 출자하여 납입한 금액 • 자본금: 주주의 출자금 중 보유주식 액면금액에 해당하는 부분 • 주식발행초과금: 주주의 출자금 중 보유주식 액면가액을 초과하는 부분
이익잉여금	매기 순이익 중 주주들에게 배당하지 않고 미래를 위해 기업 내에 유보된 부분 미처분된 이익누계액으로 유보이익이라고도 함 • 이월이익잉여금: 당기 이전의 회계기간에 발생한 이익 중 처분하지 않고 사내에 유보되어 있는 누계액으로 법정적립금, 임의적립금, 미처분이익잉여금 등으로 구성됨 • 당기순이익: 당기의 영업활동 결과 남은 이익으로 '당기수익−당기비용'으로 계산됨
기타자본구성요소	납입자본이나 이익잉여금은 아니지만 자본의 변동으로 표시해야 할 사항 자본조정 항목(자기주식 등)과 기타포괄손익누계액으로 구성

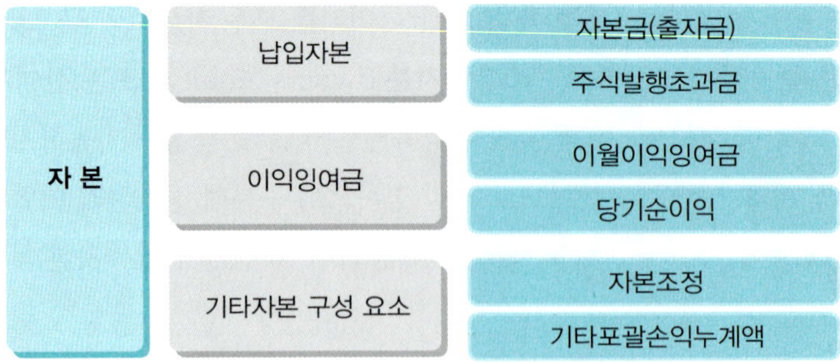

그림 1-12 자본의 구성

2 손익계산서

손익계산서(income statement)는 일정 기간의 기업 경영성과를 보여주는 재무보고서이다. 흔히 경영성과는 당기순이익으로 측정된다. 여기서 **당기순이익**은 해당 기간에 발생한 수익에서 이를 얻기 위해 발생한 비용을 차감한 금액이다. 따라서 손익계산서는 일정 기간의 순이익(당기순이익)을 정확히 표시하기 위해, 회계기간 중 재화의 판매 또는 용역의 제공 등을 통해 얻은 수익의 총액과 이러한 수익창출을 위해 기업이 희생시킨 경제적 자원의 총소비액(비용)을 대비하여 표시한다.

경영활동의 결과로 얻어진 이익은 결국 기업 소유주의 몫이라고 할 수 있으므로, 이익은 궁극적으로는 자본을 증가시키는 요인이 된다. 따라서 손익계산서는 일정 기간 자본에 영향을 미치는 거래 중 소유주와의 관계에서 일어난 자본거래를 제외한 부분을 표시하는 보고서이다. 결국 손익계산서는 기업의 경영활동과 관련된 수익과 비용이 자본에 어떠한 영향을 미치는지를 보고하기 위한 것이며, 이러한 관계를 자본계정에 직접 표시하는 대신 손익계산서의 형태로 제시한다.

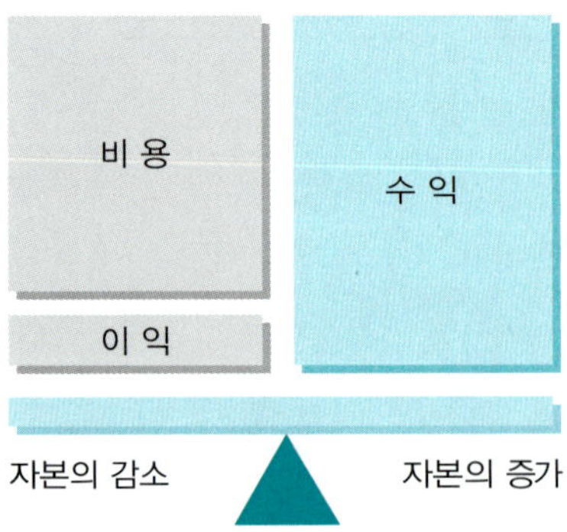

그림 1-13 손익계산서

더 알아보기 **손익계산서와 포괄손익계산서**

우리나라에서는 2011년 결산 시부터 상장기업과 상장기업의 연결자회사에 대해 한국채택국제회계기준(K-IFRS)을 적용하도록 하고 있다. 그러나 주식회사 등의 외부감사에 관한 법률의 적용대상기업 중 한국채택국제회계기준을 적용하지 않는 일반기업에서는 회계처리와 감사에 일반기업회계기준이 적용된다.

한국채택국제회계기준(K-IFRS)을 적용하는 기업은 포괄손익계산서를 작성해야 하지만, 일반기업회계기준을 따르는 일반기업은 기존의 손익계산서 양식을 그대로 사용한다. 여기서 '포괄'이란, 당기순이익뿐만 아니라 소유주와의 거래를 제외한 모든 자본변동을 포함해 표시해야 함을 의미한다. 예를 들어, 유형자산 재평가잉여금의 변동, 기타포괄손익-공정가치측정금융자산 평가손익, 확정급여제도의 재측정 요소 등은 당기순이익 계산에는 포함되지 않지만, 자본 변동에 영향을 주는 항목이다. 따라서 이러한 기타포괄손익까지 함께 표시하는 것이 바로 포괄손익계산서이다. 이러한 항목들은 기업에서 발생하는 손익 항목 중 일시적이며 실현된 손익이 아닌 사항들이므로 당기순이익을 표시하는 아래 부분에 부가하여 나타낸다.

결국 포괄손익계산서는 기업의 손익을 계산할 때 회계기간 중 발생한 모든 재무적 변동사건들을 다 포괄하여 포괄이익으로 표시해야 한다는 것으로, 이른바 포괄주의개념이 적용되고 있다. 그런데 포괄손익은 당기순이익과 다른 항목들로만 구성되어 있으므로, 재무상태표를 작성할 때에도 당기순이익 아래쪽에 이들 손익항목들을 '기타포괄손익누계액'으로 표시하도록 하고 있다. 이는 기타포괄손익누계액 항목들도 결국 자기자본에 직접적으로 영향을 미치기 때문이다.

이 책에서는 회계원리를 처음 접하게 되는 독자들의 이해 편의 등을 고려하여 포괄손익계산서보다는 손익계산서 작성 중심으로 설명한다. 다만 포괄주의의 관점에서 구분하여 이해할 필요가 있는 경우에는 한국채택국제회계기준(K-IFRS)의 규정과 회계원칙을 함께 소개한다.

손익계산서에서 보고하고자 하는 주 내용은 수익과 비용, 그리고 이로부터 산출되는 순이익이다. 순이익을 계산하는 공식은 다음과 같다.

$$\text{수익} - \text{비용} = \text{순이익}$$

이러한 관계를 재무상태표 형식처럼 복식부기의 대차평형의 원리에 따라 표현하려면, 손익계산서의 대변에는 수익 항목을, 차변에는 비용 항목을 기재한다. 그리고 두 항목의 차액인 순이익을 차변에 표시하여 전체 대차 금액이 일치하도록 구성한다. 손익계산서는 이러한 형식으로 보고되며, 이를 등식 관계로 나타낸 것을 흔히 **손익계산서등식**이라고 한다.

$$\text{비용} + \text{순이익} = \text{수익}$$

예를 들어, ㈜고구려가 10월 한 달 동안 벌어들인 수익이 ₩4,500,000이고 지출한 비용이 ₩3,300,000이었다면, ㈜고구려는 다음과 같은 형식의 손익계산서를 작성할 수 있다(계정식 손익계산서).

손익계산서 (계정식)

20×6년 10월 1일부터 10월 31일까지

㈜고구려 (단위: 원)

비 용	3,300,000	수 익	4,500,000
순이익	1,200,000		
합 계	4,500,000	합 계	4,500,000

여기서 ㈜고구려의 10월 한 달 동안의 순이익은 '수익−비용=순이익' 등식에 의해 ₩1,200,000으로 계산되었음을 알 수 있다. 이러한 계정식 손익계산서에서는 맨 아랫줄에 차변 합계와 대변 합계를 각각 표시하고 있는데, 이러한 표시 형식은 대차가 일치하여 순이익이 정확히 계산되고 있음을 확인하는 데에는 도움이 된다. 그러나 손익계산서는 재무상태표와 달리 맨 아랫줄에서 합계금액 자체를 확인하는 것보다는 오히려 손익계산서의 가장 중요한 정보인 순이익 금액을 확인할 수 있도록 하는 것이 더 바람직하다. 따라서 실무에서는 많은 기업들이 다음과 같은 보고식 손익계산서 형식을 사용하고 있다.

손익계산서 (보고식)

20×6년 10월 1일부터 10월 31일까지

㈜고구려 (단위: 원)

수 익	4,500,000
비 용	3,300,000
순이익	1,200,000

보고식 손익계산서를 작성하면 손익계산서의 맨 위쪽에 해당 기업의 일정 기간의 총 영업활동 규모인 수익(매출액)이 표시된다. 그 아래에는 영업활동과 관련된 각종 비용이 나열되며, 맨 아랫줄에 '수익−비용'으로 계산되는 순이익이 표시된다. 이러한 의미에서 손익계산서의 맨 아랫줄에 표시되는 순이익을 Bottom Line이라고 한다.

실제 손익계산서에 표시되는 수익과 비용은 다양한 항목으로 구성되며, 이들은 수익·비용 대응개념에 따라 직접대응과 간접대응 형식으로 구분해 표시하는 것이 원칙이다. 이러한 손익계산서 형식과 표시 방법에 대해 체계적으로 이해할 필요가 있다. 수익과 비용을 직접대응과 간접대응 형식으로 구분하여 표시하는 이유는, 수익 · 비용 대응개념에 따라 도출되는 이익개념들이 영업활동 성과를 평가하는 데 서로 다른 의미로 활용되기 때문이다.

손익계산서의 첫 부분은 매출액과 매출원가를 대비하여 표시하고 그 차액인 매출총이익을 계산하는 과정이다. 여기서 **매출액**(sales)은 기업의 경상적인 영업활동인 판매활동을 통해 얻은 총수익이며, **매출원가**(cost of goods sold)는 매출액을 얻기 위해 판매된 상품의 원가를 의미한다. 매출액은 상품 판매량에 따라 비례하여 증가하고 매출원가 역시 매출액 증가에 비례하여 함께 증가한다.

예를 들어, 어떤 상품의 구입단가가 ₩1,000이고 판매단가는 ₩1,500이라고 가정하자. 만일 이 상품을 10개 판매하였다면 매출액은 ₩15,000이고 매출원가는 ₩10,000이 될 것이다. 또한 동일 상품을 20개 판매한 경우에는 매출액이 ₩30,000이고 매출원가는 ₩20,000이 된다. 즉, 매출액이 2배 증가한 만큼 매출원가 역시 2배 증가하므로 매출액과 매출원가는 직접대응관계에 있다. 이들의 차액(매출액−매출원가)으로 계산되는 **매출총이익**(gross profit)은 일정 기간 상품 판매를 통해 얻은 총이익이다. 매출액 중 매출총이익의 비율, 즉 매출총이익률이 높을수록 그 기업에서 판매하는 상품의 부가가치가 높다는 것을 의미한다.

매출액 − 매출원가 = 매출총이익

부가가치가 높은 상품일수록 매출총이익이 크게 계산되므로, 매출총이익률이 높은 기업은 차별화된 상품을 가지고 있거나 차별화된 판매전략을 수행하는 것으로 평가될 수 있다. 따라서 매출총이익은 기업의 상품가치나 경영자의 영업능력을 직접적으로 평가하는 데 유용한 지표로 사용된다.

손익계산서

20×6년 5월 1일부터 5월 31일까지

㈜고구려

과목	당기 (제××기)	
매 출 액		4,200,000
매출원가		2,500,000
매출총이익		1,700,000
판매비와관리비		450,000
급 여	270,000	
복리후생비	93,000	
임 차 료	30,000	
접 대 비	18,000	
감가상각비	8,000	
세금과공과	27,000	
광고선전비	4,000	
대손상각비		
영업이익		1,250,000
영업외수익		300,000
이 자 수 익	170,000	
임 대 료	72,000	
단기투자자산처분이익	16,000	
유형자산처분이익	42,000	
영업외비용		250,000
이 자 비 용	200,000	
재고자산감모손실	6,000	
기 부 금	44,000	
법인세비용차감전순이익		1,300,000
법인세비용		100,000
당기순이익		1,200,000

그림 1-14 손익계산서의 예시

판매비와관리비는 판매활동과 관련된 모든 비용과 기업의 영업활동을 수행하는 데 발생하는 기타의 모든 관리비용을 의미한다. 판매비와관리비 항목들(판매원급여, 광고선전비, 임차료, 운송비 등)은 대부분 매출액이 증가함에 따라 함께 증가하는 경향이 있으며, 이 비용들을 기업의 경상적인 영업활동을 수행하는 데 있어 필요하다. 따라서 매출총이익에서 판매비와관리비를 차감한 잔액으로 계산되는 **영업이익**(operating income)은 기업의 정상적인 영업활동 결과 남은 이익을 의미한다. 이러한 영업이익은 기업 또는 경영자의 영업관리능력을 평가하는 데 유용한 지표로 사용된다.

매출총이익 - 판매비와관리비 = 영업이익

판매비와관리비는 정상적인 영업활동과 관련하여 발생한 비용이지만 정상적인 영업활동 이외의 활동에서도 수익이나 비용이 발생할 수 있다. 예를 들어 이자수익, 임대료, 단기투자자산처분이익, 유형자산처분이익 등은 정상적인 영업활동의 결과로 발생한 것은 아니지만 기업에 수익의 증가로 인식될 항목들이므로 이를 **영업외수익**이라 한다. 한편 이자비용, 재고자산감모손실, 기부금 등은 정상적인 영업활동에 필요한 비용은 아니지만 결과적으로 자본의 감소로 인식될 항목들이므로 이를 **영업외비용**이라고 한다. 따라서 영업이익에서 영업외수익을 가산하고 영업외비용을 차감한 결과로 계산되는 **법인세비용차감전순이익**(income before income tax)은 기업이 일정 회계기간 동안 경상적인 활동을 통해 얻은 순이익을 의미하며, 이는 기업의 이익에 따라 부과되는 법인세비용 계산을 위한 기초자료가 된다.

영업이익 + 영업외수익 - 영업외비용 = 법인세비용차감전순이익

법인세비용(income tax)은 법인인 기업이 일정 기간 기업활동을 통해 얻은 순이익에 대해 미리 정해진 일정 비율로 부담하게 되는 세금을 의미한다. 국가의 입장에서는 기업이 일정 회계기간 동안 얻은 순이익이 법인세비용차감전순이익이라고 보고 이를 과세표준으로 설정하여 일정 비율의 세금(법인세)을 부과하게 된다. 기업의 입장에서는 이 법인세도 결국은 비용의 셈이므로 이를 차감한 잔액을 **당기순이익**으로 계산하게 된다. 최종적으로 계산된 당기순이익은 모두 주주 또는 소유주의 몫이며, 그만큼 자본의 증가로 인식하게 된다.

법인세비용차감전순이익 - 법인세비용 = 당기순이익

이와 같은 손익계산서의 구조를 다양한 이익개념을 중심으로 단계적으로 표시하면 [표 1-8]과 같이 요약할 수 있다.

표 1-8 손익계산서의 기본구조

	매 출 액
−	매 출 원 가
	매 출 총 이 익
−	판 매 비 와 관 리 비
	영 업 이 익
+	영 업 외 수 익
−	영 업 외 비 용
	법인세비용차감전순이익
−	법 인 세 비 용
	당 기 순 이 익

지금까지 손익계산서의 구조를 이익개념으로 살펴보았다면, 다음으로 손익계산서의 항목별(line별) 개념에 대해 알아보자.

2.1 수익

수익(revenues)은 이익을 획득하기 위해 수행하는 영업활동으로 인해 발생하는 자본의 증가를 의미한다. 또한 수익은 '자산의 유입이나 증가 또는 부채의 감소에 따라 자본의 증가를 초래하는 특정 회계기간 동안에 발생한 경제적 효익의 증가'로도 설명된다. 다만 주주와의 자본거래로 인한 자본 증가는 수익으로 보지 않는다. 일반적으로 수익은 상품의 판매, 용역의 제공, 자금의 대여, 시설의 임대 등에 의해 발생하며, 관련 활동이 정상영업활동인가의 여부에 따라 크게 매출액(영업수익)과 영업외수익(또는 기타수익)으로 구분된다.

매출액(sales)은 기업의 정상영업활동과 관련하여 상품과 제품의 판매, 용역 제공 등에 의해 수입된 총매출액에서 매출할인, 매출에누리와 환입 등을 차감한 금액을 의미한다. 즉, 매출액은 기업이 추구하는 주된 영업활동에서 발생한 수익이다.

한편, **영업외수익**(non−operating income)은 정상영업활동 이외의 활동과 관련하여 발생하는 수익을 의미한다. 예를 들어 백화점의 상품판매액, 운송회사의 운송료수입, 자동차 판매회사의 자동차판매액, 부동산회사의 건물판매액 등은 정상영업활동에 해당하므로 매출액으로 분류된다. 반면 비금융회사의 이자수익, 부동산임대업이 아닌 기업에서의 임대료수입, 투자자산을 통한 배당금수입, 유형자산처분이익 등은 정상영업활동 이외의 활동에 해당하므로 영업외수익으로 분류한다. 수익의 주요 항목에 대한 구체적인 내용은 [표 1−9]에 제시되어 있다.

표 1-9 수익의 주요 항목

수익의 구성	설명
매출액	기업의 주된 영업활동과 관련하여 상품이나 제품을 판매하거나 서비스를 제공한 대가로 받은 금액
이자수익	금융업을 전업으로 하지 않는 일반기업에서 대여금에 대한 이자를 받거나 국채, 공채, 사채 등을 보유함으로써 받은 이자
배당수익	다른 회사의 주식을 보유함으로써 받은 이익의 분배금
임대료	보유하고 있는 건물, 토지 등을 남에게 빌려주고 받은 월세 수입금
단기투자자산처분이익	단기보유 목적으로 가지고 있던 다른 회사의 주식, 채권 등을 처분하여 얻은 이익
유형자산처분이익	보유 유형자산을 처분하고 받은 금액 중 장부가액 이상으로 남은 금액

더 알아보기 **수익과 수입, 이익, 이득은 어떻게 다를까?**

일반적으로 수익과 수입, 이익, 이득이라는 용어는 유사한 의미로 사용되거나 혼용되는 경우가 많다. 그러나 회계에서는 이들 개념을 명확히 구분하여 사용하는 것이 중요하다. 회계에서 수익은 기업이 일정 기간 경영활동을 통해 벌어들인 모든 자산을 의미한다. 그러나 비용 또는 손실개념과 대비되는 의미로 사용될 경우에는 기업의 경상적인 영업활동(재화의 판매, 용역의 제공 등)의 대가로 발생하는 자산의 유입 또는 부채의 감소로 정의되기도 한다. 이 경우 비경상적인 영업활동과 관련하여 자산이 증가되거나 부채가 감소하는 경우에는 이를 이득이라고 한다. 한편 현금으로 들어오는 모든 것을 수입이라고 하며, 이익은 수익에서 비용을 차감한 잔액을 의미한다.

이와 같이 이들 개념은 명확히 구분되지만, 유형자산처분이익과 같이 '이득'으로 표기되어야 할 항목들이 이익으로 혼용되어 사용되는 경우도 많다.

용어	의미		대비 개념
수익(revenue)	경상적인 영업활동과 관련하여 자산이 들어오거나 부채가 감소함으로써 자본이 증가하는 경우	⟷	비 용
수입(receipt)	현금의 유입	⟷	지 출
이익(income)	수익에서 비용을 차감한 잔액(순이익)		
이득(gains)	비경상적인 영업활동과 관련하여 자산이 증가하거나 부채가 감소함으로써 자본이 늘어나는 경우	⟷	손 실

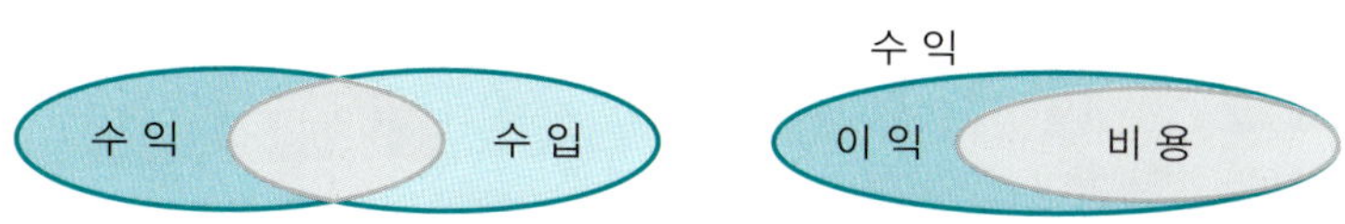

2.2 비용

비용(expenses)은 수익을 창출하기 위한 영업활동에서 자산이 소비되거나 용역이 사용되어 자본이 감소하는 것을 의미한다. 또한 비용은 '자산의 유출이나 사용 또는 부채의 증가에 따라 자본의 감소를 초래하는 특정 회계기간에 발생한 경제적 효익의 감소'로도 정의한다.

일반적으로 비용은 수익을 얻기 위해 소비된 것을 의미하므로, 수익과의 관련 정도에 따라 직접대응 또는 간접대응의 형식으로 구분하여 표시한다. 예를 들어 **매출원가**는 매출을 발생시키기 위해 제공된 상품의 제조원가 또는 매입원가로, 매출이 증가하면 이에 따라 매출원가도 증가하게 된다. 즉 판매활동을 통해 매출액이라는 수익을 얻기 위해서는 반드시 상품이라는 자산이 감소될 수밖에 없으며, 이때 감소된 상품의 원가가 매출원가라는 비용으로 인식된다. 따라서 매출원가는 매출액과 가장 직접적인 대응관계가 있으므로 손익계산서의 맨 앞쪽에 표시된다.

판매비와관리비(selling & administrative expenses)는 매출원가처럼 매출액과 반드시 비례해 증가하지는 않지만 상품판매활동 또는 영업활동이나 기업의 일반관리활동을 위해 필요한 지출이다. 예를 들어 판매원이나 관리사원의 급여, 광고선전비, 여비교통비, 감가상각비 등의 비용은 기업의 매출활동이 활발해지면 함께 증가하는 경향이 있다. 따라서 판매비와관리비는 매출원가 아래쪽에 표기된다. 한편 이자비용, 단기투자자산처분손실, 유형자산처분손실, 기부금 등과 같은 **영업외비용**은 경상적인 영업활동과 직접 관련되어 발생한 것이라고 보기 어렵기 때문에 손익계산서의 맨 아래쪽에 간접대응 형식으로 표기한다. 일반적으로 비용은 수익을 얻기 위해 소비된 것이라고 정의된 만큼, 수익을 얻는 데 공헌하지 못하고 소비된 것은 비용(expense)이 아니라 **손실**(loss)로 분류한다. 따라서 이들 항목에 대해서는 유형자산처분손실, 재해손실, 도난손실 등과 같이 손실로 이름 붙여 비용 항목과 구분하고 있다.

한편 손익계산서의 맨 아래쪽에 표시되는 **법인세비용**(income tax expense)은 일정 기간의 총수익에서 총비용을 차감한 잔액, 즉 법인세비용차감전순이익을 과세표준으로 하여 이에 일정 비율의 법인세율을 곱해 계산된 금액이다. 비용의 주요 항목에 대한 구체적인 내용은 [표 1-10]에 제시되어 있다.

표 1-10 비용의 주요 항목

비용의 구성	설명
매출원가	판매한 상품이나 제품의 원가(매입원가 또는 제조원가)
종업원급여	종업원이 근무한 대가로 지급되는 임금과 상여금 등
복리후생비	종업원의 근무환경 개선차원에서 제공되는 각종 지원금
임차료	영업활동을 위해 사무실, 건물 등을 빌려 쓰고 지급하는 월세 등
접대비	영업활동과 관련하여 지출되는 교제비 및 식비 등
감가상각비	건물 등 유형자산의 취득원가를 사용기간에 비례하여 매년 비용화한 금액
세금과공과	법인세비용 외에 국가 또는 지방자치단체에 납부하는 조세, 공공단체 회비 및 조합비 등
광고선전비	판매활동을 촉진하기 위해 지출하는 광고비 및 선전비
대손상각비	매출채권 기말잔액 중 미래 예상되는 대손 추산액
이자비용	장 · 단기차입금에 대해 지급하는 이자
재고자산감모손실	기말재고자산 실사 결과 부족하거나 가치하락분을 반영한 것
기부금	사업과 직접 관련 없이 외부에 무상으로 지출하는 재산적 증여
법인세비용	법인기업에서 영업활동 결과 벌어들인 소득에 대해 국가에 납부하는 세금

더 알아보기 비용과 지출, 원가, 손실은 어떻게 다를까?

수익과 수입, 이익, 이득 개념이 혼용되어 사용되고 있듯이, 비용과 지출, 원가, 손실개념도 혼용되어 사용되고 있지만, 회계에서는 이를 정확히 구분하여 사용해야 한다. 회계에서 비용은 수익을 얻기 위해 소비한 자산의 모든 가치를 의미한다. 그러나 수익 또는 이득 개념과 대비되는 의미로 사용될 때 기업의 경상적인 영업활동(재화의 판매, 용역의 제공 등)에 따라 발생하는 자산의 유출 또는 부채의 증가로 정의되기도 한다. 이 경우 비경상적인 영업활동과 관련하여 자산이 감소하거나 부채가 증가하는 경우에는 이를 손실이라고 한다. 한편, 현금으로 지급되는 모든 것을 지출이라고 하며, 원가는 자산 취득 시 해당 자산이 본래의 목적으로 사용될 수 있을 상태까지 소요되는 총비용을 설명할 때 사용된다.

비용(expenses)	경상적인 영업활동으로 인해 자산이 감소하거나 부채가 증가하여 자본이 줄어드는 것	⟷	**수 익**
지출(expenditure)	현금의 유출	⟷	**수 입**
원가(costs)	취득 자산이 본래 목적으로 사용되기까지 소요되는 총비용		
손실(losses)	비경상적인 영업활동으로 자산이 감소하거나 부채가 증가하여 자본이 줄어드는 것	⟷	**이 득**

더 알아보기 **재무상태표에서 이익을 계산하는 방법(순자산비교법)**

당기순이익은 '수익–비용=이익'의 등식에 따라 수익과 비용의 대응관계를 표시하는 손익계산서를 통해 계산되는 것이 일반적이다. 그러나 당기순이익은 곧 소유주의 몫으로 자본의 증가를 의미하는 것이므로, 재무상태표에서 자본등식을 통해 당기순이익을 계산할 수 있다. 다만 엄밀히 말하면 재무상태표에서 당기순이익을 계산한다기보다는 손익계산서에서 계산된 이익, 즉 자본증가분 만큼을 자본에 대체한 결과를 재무상태표에서 확인하는 절차에 가깝다. 재무상태표에서 자본은 다음의 자본등식으로 계산된다.

자산 – 부채 = 자본

그런데 '자산 – 부채'를 순자산이라고도 하므로, 재무상태표를 통해 이익을 계산하는 방법을 순자산비교법이라고도 한다.

재무상태표는 기말시점을 기준으로 작성되므로, 이때 계산되는 자본을 기말자본이라고 할 수 있다. 이에 대비하여 볼 수 있는 자본은 전기말 시점의 자본으로, 이를 전기말자본 또는 기초자본이라고 부른다. 이는 전기말 재무상태표가 곧 당기초 재무상태표를 의미하기 때문이다.

기말자본 = 기말자산 – 기말부채

기초자본 = 기초자산 – 기초부채

만약 기말자본이 기초자본보다 크면(기말자본 > 기초자본) 그만큼 이익이 발생하여 자본이 증가했음을 의미한다.

기말자본 – 기초자본 = 당기순이익

이와 같이 기초 재무상태표와 기말 재무상태표를 비교하여 당기순이익이 얼마나 발생했는지를 확인할 수 있다. 그런데 만일 회계기간 중에 당기순이익 외에도 자본에 변동을 주는 요인이 있다면 이를 적절히 고려하여 당기순이익을 계산해야 한다. 예를 들어, 회계기간에 주주들이 자본을 추가로 출자하여 자본금이 증가한 사실이 있는 경우에는 이를 제외한 금액으로 계산해야 하기 때문이다. 주주의 추가출자가 있는 경우에는 기초자본과 기말자본의 관계를 다음과 같이 재정의하게 된다.

기초자본 + 추가출자액 + 당기순이익 = 기말자본

즉, 기말자본 – (기초자본 + 추가출자액) = 당기순이익

이와 같이 재무상태표에서 순자산비교법을 통해 당기순이익을 계산하는 경우 이익계산이 비교적 쉽다는 장점이 있지만 이익이 구체적으로 어떤 활동이나 항목들을 통해 발생했는지를 설명할 수는 없다. 손익계산서에서는 수익과 비용의 직접/간접대응을 통해 다양한 이익개념을 제공하므로, 일반적으로 당기순이익 계산은 손익계산서를 통해 이루어진다고 보아야 하며, 재무상태표를 통한 당기순이익 계산법은 이를 확인하는 간접적인 방법 정도로 이해하는 것이 적절하다.

3 자본변동표

자본변동표(statement of changes in equity)는 재무상태표에 표시되어 있는 자본에 대해 일정 기간의 변동 내용을 설명하는 보고서이다. 기업의 주주 또는 소유주들은 자신의 몫에 해당하는 자본이 기초에 비해 기말에 얼마나, 어떻게 변화했는지를 알고자 한다. 흔히 자본은 주주들의 추가출자에 의해 증가하기도 하지만 당기순이익이 발생해도 증가한다. 한편 자본은 이익배당으로 인해 감소되기도 하며, 이익처분에 따라 구성 항목이 변경되기도 한다. 따라서 자본변동표는 자본금, 자본잉여금, 이익잉여금, 기타자본조정 항목 등에 대해 기초잔액과 변동 사항, 기말잔액 등을 상세하게 보여주기 위해 작성된다.

4 현금흐름표

현금흐름표(statement of cash flows)는 일정 기간 기업의 현금유입과 유출 등 현금흐름의 변동 내용을 표시하는 보고서이다. 흔히 현금흐름은 기업의 자금 사정이라고도 표현되며, 기업의 유동성을 평가하거나 미래 현금흐름 창출 능력을 판단하는 데 중요한 지표로 활용된다. 이러한 현금흐름은 회계상의 당기순이익 흐름과 반드시 일치하는 것은 아니며, 재무상태표상의 현금 역시 어떤 과정을 거쳐 현재의 잔액에 이르렀는지를 설명해 주지는 못한다. 따라서 현금흐름표는 영업활동을 통한 현금흐름과 투자활동을 통한 현금흐름, 그리고 재무활동을 통한 현금흐름으로 구분하여, 각 활동으로부터 현금잔액이 변화되는 내용을 상세히 표시해 준다.

객관식 문제

개념의 이해

1-1 다음 중 회계의 기본 개념이나 목적에 비추어 볼 때 옳지 않은 것은?

① 회계는 경제적 실체가 수행하는 다양한 거래를 체계적으로 기록하고 보고하는 과정이다.

② 회계는 기업을 중심으로 정보가 제공되나, 경우에 따라 특정 프로젝트나 부서도 회계단위가 될 수 있다.

③ 회계는 기업과 외부 이해관계자 간에 정보를 전달하는 역할을 한다.

④ 회계정보를 필요로 하는 모든 이해관계자는 기업에 대해 동일한 관심사를 가진다.

1-2 다음 중 회계가 수행해야 할 사회적 역할에 해당하지 않는 것은?

① 외부감사기능　　　　② 수탁책임보고

③ 경제적 의사결정수단　　　　④ 사회적 자원의 효율적 배분

1-3 다음은 재무보고의 목적에 대한 설명으로 적절하지 않은 것은?

① 기업은 정보이용자의 의사결정에 유용한 경제적 정보를 제공하여야 한다.

② 투자자 또는 채권자들에게 미래 현금의 크기, 시기 및 불확실성을 평가하는데 유용한 정보를 제공하여야 한다.

③ 감사인이 작성한 재무제표는 투자자 또는 채권자들에게 유용한 정보를 전달한다.

④ 재무제표는 기업의 재무상태, 경영성과, 경영흐름 및 자본변동에 관한 정보를 제공하여야 한다.

1-4 회계는 정보이용자에게 유용한 경제적 정보를 제공하는 것에 목적을 둔다. 이러한 목적에 따라 제공되는 정보로 볼 수 없는 것은?

① 경영자 수탁책임 평가 관련 정보

② 채권자들의 원금상환 및 이자지급 추정에 도움을 주는 정보

③ 투자자들의 투자 및 신용의사결정에 도움을 주는 정보

④ 동종 산업 내 경쟁사 정보

1-5 다음은 재무상태표에 대한 설명이다. 이 중 적절하지 않은 것은?

① 기업이 재무상태표에 유동자산과 비유동자산, 그리고 유동부채와 비유동부채로 구분하여 표시한다.

② 기업이 현금창출능력보다 장기시설투자에 대한 정보를 중요시 한다면 비유동자산을 먼저 표시할 수 있다.

③ 자본은 해당 항목들을 개별적으로 식별하기 어렵기 때문에 자본 항목들의 성격 구분에 따라 표시한다.

④ 부채는 일반적으로 자산의 유출을 통해서 의무가 면제되거나 소멸되며, 채권자들이 기업의 자산에 대해서 주장할 수 있는 청구권리를 의미한다.

⑤ 자본은 기업 자산 중 소유주의 몫을 의미하는 것으로, 영업활동을 통해 벌어들인 순이익은 포함되지 않는다.

1-6 재무보고를 위한 개념체계에 정의된 (가) ~ (다)에 들어갈 재무제표 요소를 바르게 연결한 것은?

구분	설명
(가)	과거 사건의 결과로, 현재 기업이 통제하고 있으며 미래에 경제적 효익을 창출할 수 있는 권리
(나)	자산의 감소 또는 부채의 증가로 인해 자본이 줄어드는 항목으로, 자본청구권 보유자에 대한 분배는 제외
(다)	과거 사건으로 인해 발생한 현재의무로, 경제적 자원을 이전할 책임이 있는 항목

	(가)	(나)	(다)
①	자산	비용	부채
②	자산	수익	부채
③	수익	자산	부채
④	수익	부채	자산

1-7 다음 중 일반적인 비용의 발생 시점에 대한 설명으로 옳은 것은?

① 현금이 지급된 시점에 항상 비용이 인식된다.

② 모든 비용은 자산이 감소하는 시점에 인식된다.

③ 수익이 실현된 회계기간과 직접적으로 관련된 자산소모 시점에 비용이 인식된다.

④ 비용은 회계연도 말 일괄 계산되는 항목이다.

1-8 재무제표에 대한 다음의 설명 중 적절하지 않은 것은?

① 자본은 기업이 보유한 자산에 대한 소유주의 청구권으로 기업이 청산할 경우 가장 우선적으로 주주들에게 배분되는 지분을 의미한다.

② 재무제표라 함은 재무상태표, 손익계산서, 자본변동표, 현금흐름표, 그리고 주석을 포함하는 개념이다.

③ 부채는 기업이 보유한 자산에 대한 채권자의 청구권이라 할 수 있다.

④ 손익계산서는 기업의 경영활동과 관련된 수익과 비용이 보고되는 재무제표와 주주와의 거래에서 발생한 이익 또는 손실은 원칙적으로 반영되지 않는다.

⑤ 현금흐름표는 영업활동으로 인한 현금흐름, 재무활동으로 인한 현금흐름, 그리고 투자화동으로 인한 현금흐름으로 구성되어 있다.

1-9 재무회계와 관리회계의 차이에 대한 설명 중 적절하지 않은 것은?

① 재무회계는 주로 외부정보이용자에게 유용한 정보를 전달하는 것에 목적을 둔 반면, 관리회계는 내부정보이용자들의 의사결정에 유용한 정보를 전달하는 것에 목적을 두고 있다.

② 재무회계와 관리회계는 정보이용자들에게 유익한 정보를 제공하려는 목표를 지니고 있으므로, 정해진 회계 규범과 원칙에 근거하여 정보를 전달한다.

③ 재무회계정보는 정보의 검증가능성이 괸리회계정보는 정보의 목적적합성이 중요시 되어진다.

④ 재무회계정보는 정기적으로 제공되는 반면, 관리회계정보는 비정기적으로 제공되는 것이 일반적이다.

⑤ 경영자는 의사결정에 재무회계와 관리회계 정보를 모두 활용할 수 있다.

1-10 다음 중 한국채택국제회계기준(K-IFRS)에 따라 작성되는 포괄손익계산서의 특징으로 옳은 것은 무엇인가?

① 포괄손익계산서는 경상적 영업활동의 결과인 당기순이익과 비경상적 재무사건의 결과를 모두 포함하여 포괄이익으로 표시하며, 당기순이익은 경상적 항목만 반영한다.

② 포괄손익계산서는 당기순이익에 영업외손익 항목을 가산하여 최종 순이익을 산출하는 방식이다.

③ 포괄손익계산서에는 주주와의 거래에서 발생하는 이익이나 손실도 포괄이익에에 포함된다.

④ 포괄손익계산서는 모든 기업들이 작성하여야 한다.

⑤ 포괄손익계산서는 경상적 및 비경상적 항목을 하나의 순이익으로 합산하여 별도의 구분 없이 표시한다.

기출문제

1-1 회계정보와 관련한 설명으로 옳지 않은 것은? ▸ 2021 국가직 9급

① 경영자는 회계정보를 생산하여 외부 이해관계자들에게 공급하는 주체로서 회계정보의 공급자이므로 수요자는 아니다.

② 경제의 주요 관심사는 유한한 자원을 효율적으로 사용하는 것인데, 회계정보는 우량기업과 비우량기업을 구별하는 데 이용되어 의사결정에 도움을 준다.

③ 회계정보의 신뢰성을 화복하기 위하여 기업은 회계기준에 따라 재무제표를 작성하고, 외부감사인의 감사를 받는다.

④ 외부감사는 전문자격을 부여받은 공인회계사가 할 수 있다.

1-2 일반목적재무보고에 대한 설명으로 옳지 않은 것은? ▸ 2023 주택관리사

① 보고기업의 가치를 측정하여 제시하는 것을 주된 목적으로 한다.

② 현재 및 잠재적 투자자, 대여자 및 그 밖의 채권자가 주요이용자다.

③ 보고기간의 경제적자원 및 보고기업에 대한 청구권에 관한 정보를 제공한다.

④ 보고기업의 경제적자원에 대한 경영진의 수탁책임을 평가하는 데에도 유용하다.

1-3 회계기준에서 제시한 '중요한 정보가 불분명해 질 수 있는 상황'의 예에 해당하지 않는 것은? ▶ 2023 경영지도사

① 비슷한 항목, 거래, 그 밖의 사건이 적절하게 세분화 되었다.

② 중요한 항목, 거래, 그 밖의 사건에 관한 정보가 재무제표 여러 곳에 흩어져 있다.

③ 서로 다른 항목, 거래, 그 밖의 사건이 부적절하게 통합되었다.

④ 중요한 항목, 거래, 그 밖의 사건에 관한 정보가 재무제표에 공시되지만 사용되는 언어가 모호하거나 불명확하다.

1-4 다음 중 한국채택국제회계기준에 의한 재무제표의 종류가 아닌 것은? ▶ 2012 국가직 9급

① 재무상태표 ② 포괄손익계산서

③ 현금흐름표 ④ 사업보고서

1-5 다음 중 일정 시점 현재 기업이 보유하고 있는 경제적 자원인 자산과 경제적 의무인 부채, 그리고 자본에 대한 정보를 제공하는 재무보고서는 무엇인가? ▶ 84회 전산회계 2급

① 손익계산서 ② 자본변동표

③ 재무상태표 ④ 현금흐름표

1-6 다음 중 재무제표 요소의 정의에 관한 설명으로 옳은 것은? ▶ 2021 주택관리사

① 자산은 현재사건의 결과로 기업이 통제하는 미래의 경제적자원이다.

② 부채는 과거사건의 결과로 기업이 경제적자원을 이전해야 하는 과거의무이다.

③ 자본은 기업의 자산에서 모든 부채를 차감한 후의 잔여지분이다.

④ 수익은 자산의 감소 또는 부채의 증가로서 자본의 증가를 가져온다.

1-7 다음 중 재무상태표에 나타나지 않는 계정은? ▶ 2020 주택관리사

① 자본금 ② 선급보험료

③ 이익준비금 ④ 임차료

1-8 다음 중 수익인식에 대한 내용으로 옳지 않은 것은? ▶ 57회 전산세무2급

① 경제적 효익의 유입 가능성이 매우 높은 경우에만 인식한다.

② 수익금액을 신뢰성 있게 측정할 수 있는 시점에 인식한다.

③ 거래 이후에 판매자가 관련 재화의 소유에 따른 유의적인 위험을 부담하는 경우 수익을 인식하지 않는다.

④ 관련된 비용을 신뢰성 있게 측정할 수 없어도 수익을 인식할 수 있다.

1-9 다음 중 손익계산서에 포함되어야 할 거래는 어떤 것인가? ▶ 제85회 전산회계 2급

① 거래처로부터 계약금을 현금 수령하다.

② 전기요금을 현금으로 지급하다.

③ 토지를 매입하고 당좌수표를 지급하다.

④ 현금을 보통예금 통장에 입금하다.

연습문제

1-1 [계정과목의 분류]

다음 항목이 자산과 부채, 자본 중 어디에 속하는가를 분류하시오.

① 건물 ② 매입채무 ③ 현금 ④ 미수금 ⑤ 사채
⑥ 이익잉여금 ⑦ 매출채권 ⑧ 자본금 ⑨ 미지급이자 ⑩ 비품
⑪ 상품 ⑫ 차량운반구 ⑬ 선수금 ⑭ 미수이자 ⑮ 차입금

1-2 [계정과목의 분류]

다음 항목이 수익과 비용 중 어디에 속하는가를 분류하시오.

① 이자수익 ② 기부금 ③ 감가상각비 ④ 임대료
⑤ 유형자산처분이익 ⑥ 세금과공과 ⑦ 임차료 ⑧ 종업원급여
⑨ 배당수익 ⑩ 매출액 ⑪ 매출원가 ⑫ 광고선전비
⑬ 법인세 ⑭ 복리후생비 ⑮ 용역수익

1-3 [회계등식]

20×1년 1월 1일 ㈜신라의 기초자산이 ₩500,000이고 부채는 ₩300,000이었다. 기중에 자산의 순증가액이 ₩230,000이었고, 부채가 ₩90,000만큼 감소하였다면 ㈜신라의 기말자본은 얼마인가?

1-4 [회계등식]

다음 회계등식의 빈칸을 채우시오.

자산	부채	자본
₩94,000	(①)	₩72,000
₩58,000	₩24,000	(②)
(③)	₩35,000	₩68,000

1-5 [회계등식]

㈜신라의 기초자산이 ₩700,000이고 부채는 ₩500,000이었다. 기중에 자산이 ₩150,000 증가하고 부채가 ₩80,000 감소하였다면 기말자본은 얼마인가?

1-6 [회계등식]

㈜신라의 기말자산은 ₩400,000이고 기말부채는 ₩240,000이었다. 기중에 증자, 감자 등의 자본거래나 배당이 없었고 기말의 당기순이익이 ₩70,000이었다면 ㈜신라의 기초자본은 얼마였을까?

1-7 [회계등식]

㈜신라의 기초와 기말시점에서의 자산 및 부채의 금액은 각각 다음과 같다. 이를 바탕으로 당기순이익을 계산하시오.

기초자산	₩700,000	기초부채	₩500,000
기말자산	₩1,000,000	기말부채	₩650,000

1-8 [손익계산서 항목]

다음 중 손익계산서에 포함되어야 할 거래를 고르시오.

① 상품을 외상으로 매출하다.

② 전기료를 현금으로 지급하다.

③ 매출채권을 현금으로 회수하다.

④ 종업원의 월급날짜가 되었으나 지급하지 못하다.

⑤ 토지를 현금으로 구입하다.

⑥ 소모품을 사용하다.

⑦ 토지를 구입가격보다 비싸게 판매하다.

1-9 [재무상태표 항목의 식별]

다음 항목을 자산, 부채 및 자본으로 구분하시오.

항목	구분	항목	구분
① 소 모 품	( )	② 비 품	( )
③ 매출채권	( )	④ 미지급이자	( )
⑤ 매입채무	( )	⑥ 자 본 금	( )

1-10 [재무상태표 등식]

㈜신라의 원장 계정잔액은 다음과 같다. 회계등식을 이용하여 자본이 얼마인지 계산하시오.

현 금	₩28,000	매출채권	₩30,000
비 품	75,000	매입채무	25,000
상 품	43,000	자 본	?

1-11 [손익계산서 등식]

㈜신라의 다음 손익 관련 자료를 이용하여 손익계산서 등식에 의해 이익(당기순이익)을 계산하시오.

이자수익	₩50,000	광 고 비	₩1,800
종업원급여	28,000	임 차 료	10,400
매출채권	35,000	통 신 비	3,100
자 본 금	46,000	교 통 비	2,000

1-12 [회계등식과 재무제표의 연계]

아래 빈칸의 금액을 회계등식에 의해 계산하시오.

(단위: 원)

문제	기초			기말			수익	비용	순이익
	자산	부채	자본	자산	부채	자본			
(1)	5,000	2,000	(①)	7,000	(②)	(③)	3,000	(④)	800
(2)	(⑤)	3,500	2,700	7,200	3,800	(⑥)	(⑦)	4,400	(⑧)
(3)	3,300	(⑨)	1,300	(⑩)	2,400	(⑪)	4,500	(⑫)	−300
(4)	5,700	2,700	(⑬)	(⑭)	2,500	(⑮)	(⑯)	2,700	500

1-13 [회계등식과 재무제표의 연계]

아래 빈칸의 금액을 회계등식에 의해 계산하시오.

(단위: 원)

문제	기초자산	기초부채	기말자본	수익	비용	순이익
(1)	40,000	15,000	(①)	35,000	43,000	(②)
(2)	50,000	(③)	34,000	28,000	(④)	8,000
(3)	(⑤)	30,000	40,000	(⑥)	20,000	4,000
(4)	400,000	180,000	(⑦)	280,000	(⑧)	42,000

1-14 [현금기준과 발생기준의 차이]

다음은 컨설팅업체인 ㈜신라의 4월 중 거래 내역이다.

- 4/2 대출금에 대한 이자비용으로 현금 ₩6,000을 지급하였다.
- 4/11 ㈜백제에 컨설팅용역을 제공하고 대금 중 ₩8,000은 현금으로 받았으나 나머지 ₩6,000은 다음 달에 받기로 하였다.
- 4/17 ㈜고구려에 컨설팅용역을 제공하고 대금 ₩26,000을 현금으로 받았다.
- 4/22 이번 달에 사원들에게 지급해야 할 급여는 ₩16,000인데, 현금이 부족하여 ₩10,000만 현금지급하고 나머지는 다음 달에 지급하기로 하였다.

요구사항

(1) 발생기준에 따를 경우 ㈜신라의 4월 수익은 얼마인가?

(2) 현금기준에 따를 경우 ㈜신라의 4월 수익은 얼마인가?

(3) 발생기준에 따를 경우 ㈜신라가 4월에 인식할 비용은 얼마인가?

(4) 현금기준에 따를 경우 ㈜신라가 4월에 인식할 비용은 얼마인가?

CHAPTER 02

거래의 기록과 장부관리

학습 목표

본 장에서는 회계의 전반적인 흐름을 이해하기 위해 회계순환과정을 살펴보고, 회계거래의 개념과 그 이중성에 대해 학습한다. 또한 회계정보를 체계적으로 분류하고 기록하기 위한 기본 단위인 계정과 계정과목의 개념을 이해하며, 회계거래를 기록하는 첫 과정인 분개와 분개장, 이를 원장으로의 전기하는 절차에 대해서도 함께 살펴본다.

SECTION 01

회계순환과정

앞서 우리는 회계를 '정보이용자의 의사결정에 필요한 정보를 제공하기 위해 경제적 정보를 식별하고 측정하여 전달하는 과정'으로 정의한 바 있다. 이러한 회계의 정의에 따라 정보이용자가 필요로 하는 목적적합한 정보를 적시에 제공하기 위해서는 기업에서 발생한 경제적 사건을 체계적으로 기록 · 분류 · 요약하여 보고할 수 있는 정형화된 회계처리가 필요하다. 기업에서 매일 발생하는 수많은 경제적 거래는 그 하나하나가 회계처리의 대상이 된다. 따라서 각 거래에 대해 측정 및 기록하고 분류하는 일련의 절차를 반복적으로 수행하며, 일정 시점에서는 이를 요약하고 정리하여 재무제표 형식으로 보고하게된다. 이 과정은 회계기간마다 반복적으로 이루어진다. 이와 같이 회계기간마다 모든 회계사건에 대해서 일정한 회계처리절차를 반복하여 수행하는 과정을 **회계순환과정**(accounting cycle)이라 한다.

모든 기업의 재무제표는 일련의 정형화된 회계순환과정의 수행을 통해 작성된다. 회계순환과정은 복식부기를 기반으로 하는 모든 기업이 회계기간마다 동일한 절차에 따라 수행하기 때문에, 기업 간 재무제표 비교나 하나의 기업 내 기간 간 비교분석이 가능하다. 따라서 보고된 재무제표를 의사결정에 이용하고자 하는 정보이용자도 회계순환과정을 정확히 이해할 필요가 있다. 아울러 재무제표를 작성하는 실무자 역시 이 과정을 충실히 따라야 보다 정확하고 유용한 회계처리와 보고가 이루어질 수 있다.

회계순환과정은 [표 2-1]과 같이 5단계로 구분하여 설명할 수 있다. 1단계는 기업에서 회계거래가 발생하면 먼저 이를 분석하고 측정하여 분개장에 기록하는 단계이다. 2단계는 거래를 계정별로 분류한 후 해당 원장과 보조원장에 전기한다. 이 두 단계는 발생한 모든 거래에 반복적으로 적용된다. 3단계는 결산시점에서 원장에 기록된 계정별 잔액을 구하여 수정전시산표를 작성하고 결산정리분개를 행한 후 수정후시산표를 작성하는 단계이다. 4단계는 수정후시산표를 기초로 재무제표 보고양식에 따라 재무제표를 작성하고 보고하는 단계이다. 5단계에서는 한 해 동안 사용했던 각종 장부를 마감하고 다음 회계연도에 사용할 새 장부를 준비하는 과정이다.

표 2-1 **회계순환과정의 단계별 활동**

구분	1단계	2단계	3단계	4단계	5단계
주요활동	식별/기록	분류/전기	요약	보고	마감
활동내용	거래의 인식 및 기록	원장에의 전기	시산표 작성	재무제표 작성/보고	회계장부의 마감절차
장부/서식	분개장	원장/보조장부	시산표	재무제표	원장/보조장부
시점	모든 거래발생 시마다	모든 거래에 대해 주기적으로	결산서 작성 시마다	보고시점마다	결산 이후

이러한 단계별 회계순환과정을 구체적인 활동을 중심으로 상세하게 표시한 것이 [그림 2-1]이다. 이제 [그림 2-1]을 바탕으로 회계순환과정을 좀 더 자세히 살펴보자.

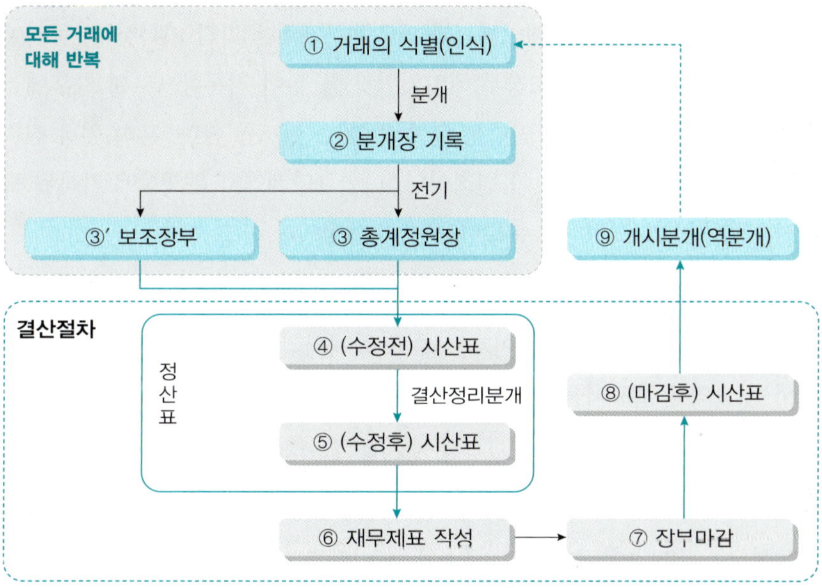

그림 2-1 **회계순환과정**

회계순환과정의 **1단계**는 기업 내에 경제적 변동을 의미하는 사건이 발생했을 때 이를 분석하여 회계거래의 요건에 해당하는지를 식별하고 측정하며 발생순서에 따라 분개장에 기록하는 단계이다. 회계처리는 특정 경제적 사건이 회계거래의 요건에 해당하는지를 식별하는 것에서 시작된다. 만일 회계거래로 인식되는 경우, 해당 거래의 금액과 관련 계정을 결정해 정확히 기록해야 한다. 이때 기록할 계정을 결정하는 것을 **분개**(journalizing)라고 하며, 분개한 내용을 기록하기 위한 장소를 **분개장**(general journal)이라고 한다.

2단계는 발생순서에 따라 기록된 분개장의 각 거래를 관련 계정과목별로 분류하고 해당 총계정원장에 옮겨 적어 같은 형태의 거래끼리 계정별로 분류하고 정리하는 단계이다. 이와 같이 분개장의 기록을 분류하여 해당 계정 또는 원장으로 옮겨 적는 활동을 **전기**(posting)라고 한다. 예를 들어, 비품을 구입 또는 처분한 거래가 발생한 경우 이를 총계정원장의 비품계정에서 구입은 증가(차변)로 기록하고 처분은 감소(대변)로 기록하고 차변과 대변의 차액을 계산해 잔액으로 정리한다.

그런데 총계정원장은 해당 기업의 업종이나 규모에 따라 사용하는 계정과목 수가 크게 달라질 수 있다. 또한 총계정원장은 모든 거래를 계정과목별로 분류하여 정리하는 데 의미가 있다. 분류된 계정과목의 성격에 따라서는 주요 거래처별로 보다 상세하게 구분하거나, 증감내역을 세부적으로 기록 · 관리할 필요가 있는 항목도 존재한다. 이 경우에는 거래내용을 해당 원장에 전기함과 동시에 보조장부에도 같은 내용을 기록해 이중으로 관리한다. 예를 들어 상품을 외상으로 구입하는 경우, 매입계정과 매입채무계정에 각각 기록한다. 동시에 외상매입한 주요 거래처별로 별도의 보조장부(매입처원장)를 두어 기록함으로써 차후에 매입채무의 관리나 외상잔액의 정확성을 확인하는 데 참조할 수 있도록 한다. 흔히 원장 전기는 매일 또는 매주 주기적으로 수행하는 것이 원칙이다. 다만 1단계에서 분개장에 기록된 모든 거래를 빠짐없이 해당 원장으로 정확히 분류하는 것이 핵심이다.

앞서 살펴본 1단계와 2단계는 회계기간 중 발생하는 모든 거래에 반복적으로 적용되며, 이는 기업의 회계데이터베이스를 만들어가는 주요 회계처리과정이다. 이에 비해 3단계와 4단계는 결산서 등 요약된 보고서를 만들어가는 보고과정이다.

3단계는 기말시점 또는 재무제표 작성이 요청되는 시점에서 회계기간 중 1단계와 2단계를 거쳐 원장에 기록된 모든 계정의 잔액 또는 총액을 계산하여 하나의 집계표를 만드는 과정이다. 이때 작성되는 집계표를 **시산표**(trial balance)라고 하며, 후술하게 되는 결산정리사항이 반영된 시산표와 구분하기 위해 이때의 시산표를 **수정전시산표**라 일컫는다. 시산표 작성은 원장의 계정과목별로 일정 기간의 활동 누적액이나 잔액의 크기를 확인하기 위한 것이다. 또한 시산표의 각 계정과목의 잔액(총액)이 복식부기의 대차평형의 원리에 따라 왼쪽(차변) 합계액과 오른쪽(대변) 합계액이 정확히 일치하고 있는지를 검증하는 기능도 함께 수행된다. 만일 시산표의 차변 합계와 대변 합계가 일치하지 않는다면 1단계와 2단계에서 각 거래에 대한 분개와 전기의 과정에 최소한 하나 이상의 오류가 발생했음을 의미한다.

시산표의 대차 합계가 일치하면, 시산표 작성시점 또는 기말시점에서 회계처리원칙에 따라 조정하거나 정리해야 할 사항이 있는지 확인한다. 예를 들어, 유형자산에 대한 감가상각이나 대손상각, 또는 미지급비용, 선급비용, 선수수익 등을 확인하여 정확한 기간 배분이 이루어지도록 **결산정리분개**를 수행한다. 이러한 결산정리사항을 해당 원장과 시산표에 반영하여 수정후시산표를 작성하게 되는데, 이 **수정후시산표**가 재무제표를 작성하기 위한 기초자료가 된다.

4단계에서는 작성된 수정후시산표를 기초로 하여 회계기준 등에서 정하는 방법과 양식에 따라 수익과 비용의 과목을 대응시켜 손익계산서를 작성하고 동시에 자산, 부채 및 자본으로 구분 표시하여 재무상태표를 작성한다. 완성된 손익계산서와 재무상태표는 이를 필요로 하는 정보이용자에게 직접 제공하거나 공시시스템을 통해 공시된다.

5단계는 회계순환과정의 마지막 단계로, 재무제표 작성에 활용됐던 관련 회계장부를 마감하는 소위 **마감절차**(closing procedure)를 수행한다. 이 마감절차는 회계기간의 구분에 따라 당기의 거래 기록과 차기 이후의 거래를 명확히 구분하기 위해 필요하다. 이때 원장의 계정마다 차변 합계와 대변 합계를 일치시켜 그 차액을 당기손익 또는 차기이월로 처리한다. 마감절차에 의해 각 계정의 대차 합계가 일치하면 합계금액 아래쪽에 두 줄로 선을 그어 장부가 마감되었음을 표시한다. 마감절차에서 손익계정의 대차 차액은 당기 손익계산에 반영되어 차기의 기초잔액이 0에서 시작되지만 자산, 부채, 자본계정은 잔액이 다음 회계기간으로 이월되어 차기의 기초금액으로 사용된다. 자산, 부채, 자본계정의 차기이월액을 차기에 이어서 사용하기 위해서는 마감분개 내용을 역분개하는 **개시분개**를 통해 전기이월로 표시하여 기록을 계속해 나간다.

이제부터 회계순환과정을 1단계부터 차례대로 학습해 보자. 본 장에서는 회계순환과정 중 기본이 되는 1단계와 2단계의 내용을 설명하고 3단계 이후의 내용은 3장에서 이어서 설명한다.

SECTION 02 거래의 이중성과 거래 요소

회계순환과정 또는 회계처리과정에서 기업이 가장 먼저 해야 할 일은 다양한 경영활동 중 어떤 사항을 회계장부에 기록할지를 식별하는 것이다. 여기서 식별이란 어떤 활동은 장부에 기록하고 또 어떤 활동은 장부에 기록하지 않을 것인지를 구분하는 과정이며, 식별에 의해 장부에 기록해야 할 활동을 **회계거래**라고 한다.

1 거래의 개념

회계상의 **거래**(transaction)란 자산, 부채, 자본에 변동을 초래하면서 그 변동의 크기를 화폐로 측정할 수 있는 사건으로 회계장부에 기록되는 대상을 말한다. 즉, 거래로 식별되기 위해서는 두 가지 요건을 충족해야 한다. 첫째, 기업의 재무상태나 경영성과에 변동을 일으키는 경제적 사건이어야 한다. 둘째, 그 사건이 화폐단위의 객관적 금액으로 측정할 수 있어야 한다. 다시 말해 경영활동과정에서 아무리 중요시되는 사건이라 하더라도 경제적 변동이 발생하지 않거나, 그 크기를 객관적으로 측정할 수 없다면 회계장부에 기록할 대상, 즉 회계거래로 간주하지 않는다.

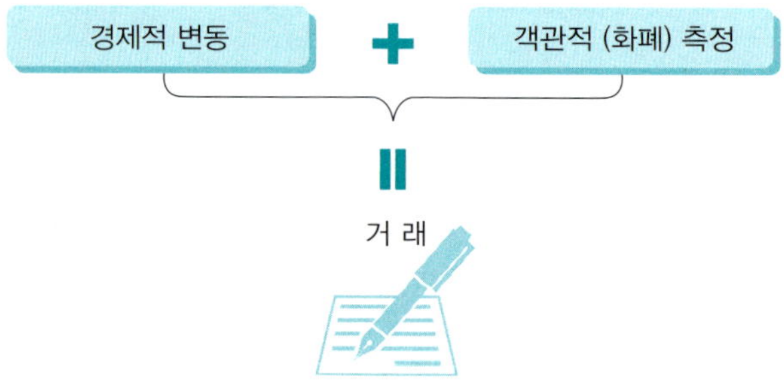

그림 2-2 회계상 거래로 인식하기 위한 조건

이러한 의미에서 회계상의 거래는 일반 관습상의 거래개념과 차이가 있다. 일상적으로 사용하는 거래의 개념은 외부의 제3자와 계약을 체결하거나 물품을 교환하는 등 외부적 활동을 의미하는 경우가 많다. 이러한 외부적 활동은 대부분 일상생활에서도 거래로 불리며 회계상으로도 거래로 인식된다. 예를 들어 상품을 매입하거나 판매하는 것, 필요한 자금을 은행으로부터 차입하거나 상환하는 것, 종업원에게 급여를 지급하는 것, 비품이나 건물을 구입하고 처분하는 것 등은 일상적인 거래개념에도 해당하지만 회계상의 거래에도 해당한다.

그러나 일상적으로는 거래라고 보지만 회계상의 거래로 보지 않거나 그 반대인 경우도 있다. 상품을 주문하는 행위나 다른 사람의 은행대출에 대해 지급보증을 하는 것은 일상적인 거래로 보는 것이 관행이지만, 거래 시점에서 직접적인 재산변동이 발생하지 않기 때문에 회계상의 거래로 보지 않는다. 반면에 상품을 보관하는 창고가 화재로 소실되면 상품과 창고 건물이라는 자산에 경제적 변화가 발생하였고 그 금액 또한 추정할 수 있으므로 회계상의 거래로 간주된다. 이처럼 일상생활에서 말하는 거래개념과 회계상의 거래개념에는 일치하는 것도 있고 서로 다른 것도 있다.

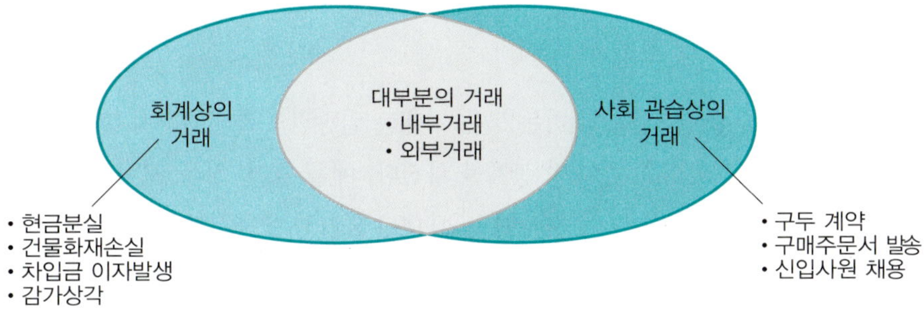

그림 2-3 회계상의 거래와 사회 관습상의 거래개념의 차이

예제 2-1 회계상의 거래

물음 다음 거래 중 회계상의 거래에 해당하는 것을 모두 고르시오.

(1) 비품으로 사용할 의자 4개 ₩400,000을 현금으로 구입하다.

(2) 컴퓨터를 싸게 판다고 하여 ₩700,000에 매입하기로 계약을 체결하다.

(3) 은행에서 빌린 차입금에 대한 이자 ₩35,000을 현금으로 지급하다.

(4) 운영자금이 필요하여 은행으로부터 ₩500,000을 차입하다.

(5) 공장건물에 화재가 발생하여 ₩3,000,000의 손해를 입다.

(6) 연봉 ₩15,000,000의 약정으로 신입사원을 채용하다.

(7) 용역회사로서 용역을 제공하고 현금 ₩700,000을 받다.

(8) 총금액 ₩4,000,000에 해당하는 용역을 제공하기로 계약을 맺다.

(9) 매장에서 현금 ₩40,000을 도난당하다.

(10) 월 임차료 ₩500,000 지급조건의 건물 임차계약을 체결하다.

(11) 영업용이 아닌 투자목적으로 토지 ₩7,000,000을 매입하고 현금으로 지급하다.

(12) 다음 달에 상품을 보내주기로 약속하고 현금 ₩300,000을 선지급하다.

풀이 회계상의 거래는 이로 인하여 기업의 자산, 부채, 자본에 변동을 가져오는 것만이 대상이 되며, 따라서 (1), (3), (4), (5), (7), (9), (11), (12)의 거래가 이에 해당한다. (2), (6), (8), (10)의 거래는 지금 당장의 자산, 부채, 자본에 변화를 초래한다기보다는 앞으로 발생하게 될 거래에 대한 계약의 체결에 해당하므로 회계상의 거래로 보지 않는다.

2 거래의 이중성

자산, 부채, 자본에 증감 변동을 초래하는 모든 거래는 일방적으로 발생하지 않으며, 반드시 **원인**과 **결과**가 동시에 수반되는 상대적 관계를 가진다. 예를 들어, 상품 ₩20,000을 구입하고 현금을 지급하는 거래에서는 상품자산이 ₩20,000 증가하는 동시에 같은 금액만큼 현금자산이 감소한다. 또한 상품을 구입하고 대금을 지급하지 않은 외상거래의 경우에도 상품자산이 증가하는 대신 매입채무라는 부채가 발생하게 된다. 즉, 상품이 증가하는 대신 그만큼의 부채가 증가하게 된다. 이러한 원인–결과관계는 역으로 부채가 증가한 대신에 그만큼의 상품자산이 증가한 결과로 이어졌다고 볼 수도 있다. 다시 말해, 모든 거래는 어느 한 항목만의 일방적인 변동만으로 이루어진다기보다는 항상 원인과 결과라는 이중적인 속성을 지니고 있으며, 이러한 거래의 속성을 **거래의 이중성**(duality of transaction)이라고 한다. 복식부기 회계는 거래의 이중성개념에 따라 모든 거래를 어떤 항목의 차변과 다른 항목의 대변에 반드시 같은 금액으로 기록하도록 하고 있다. 즉, 거래의 이중성은 복식부기 회계의 기본 원리에 해당한다.

표 2-2 거래의 이중성

원인	결과
상품 ₩20,000 증가(자산증가)	현금 ₩20,000 감소(자산감소)
상품 ₩20,000 증가(자산증가)	매입채무 ₩20,000 증가(부채증가)

그런데 어떤 거래는 두 개의 항목에만 영향을 미치지만, 상황에 따라서는 세 개 이상의 항

목에 영향을 줄 수도 있다. 예를 들어, 토지를 ₩50,000에 판매하고 이 중 ₩20,000은 현금으로 받았지만 나머지는 외상으로 처리한 경우를 살펴보자. 이 거래는 차변에 현금의 증가 ₩20,000과 미수금이라는 자산의 증가 ₩30,000으로 두 개 항목에 영향을 미치는 것으로 기록된다. 그러나 대변에는 토지라는 자산의 감소 ₩50,000으로 한 항목에만 영향을 미치는 것으로 기록된다. 이는 토지자산의 감소(₩50,000)라는 하나의 원인에 대해 현금자산이 증가(₩20,000)하고 동시에 미수금자산이 증가(₩30,000)하는 두 가지 항목에 영향을 미치는 결과로 해석할 수 있다. 반대로 현금과 미수금의 두 가지 자산 항목이 증가하는 대신 그 결과로 토지자산이 감소하게 된 것이라고 볼 수 있다. 즉, 하나의 거래로 인해 기록되는 차변 항목의 합계액(₩50,000=현금증가₩20,000+미수금증가 ₩30,000)과 대변 항목의 합계액(토지감소 ₩50,000)은 항상 일치하게 된다.

이와 같이 복식부기회계는 거래의 이중성개념을 통해 차변 합계와 대변 합계가 일치하는지를 확인함으로써 장부기록의 정확성을 스스로 검증할 수 있는 **자기검증기능**을 갖게 된다. 하지만 단식부기에서는 이러한 거래의 이중성개념을 사용하지 않으며, 주로 결과적으로 나타나는 현금의 입 · 출 내역을 중심으로 기록한다. 따라서 단식부기에서는 거래의 원인행위가 구체적으로 무엇이었는지에 대한 상세한 정보를 제공하기 어렵다.

3 거래의 8요소와 결합관계

앞서 살펴본 바와 같이, 회계상의 모든 거래는 자산, 부채, 자본에 변동을 일으키며 그 변동의 크기는 화폐 단위로 측정 가능해야 한다. 또한 모든 거래는 거래의 이중성에 따라 원인과 결과라는 두 가지 속성으로 구분할 수 있으며, 이에 따라 거래를 어떤 항목의 차변과 다른 항목의 대변에 반드시 같은 금액으로 기록해야 한다. 여기서 수익과 비용은 결국 자본의 변동을 설명하는 항목이므로 차변과 대변에 기록되는 모든 거래를 자산, 부채, 자본, 수익, 비용의 관계로 설명할 수 있다. 자산, 부채, 자본, 수익, 비용은 재무상태표와 손익계산서를 구성하는 항목들이며, 이를 다시 그림으로 표현하면 [그림 2-4]와 같다.

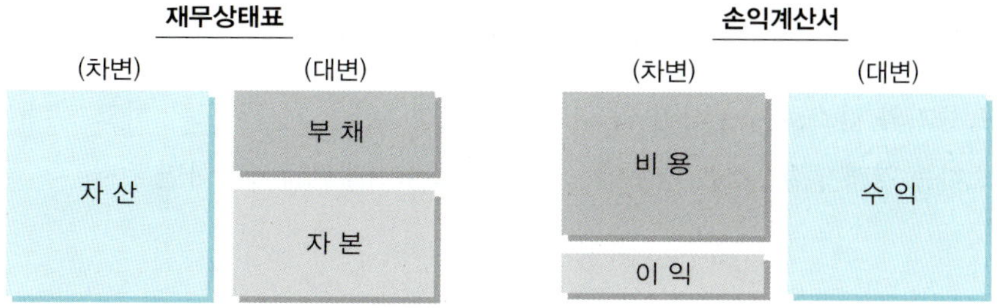

그림 2-4 재무상태표와 손익계산서의 구성

[그림 2-4]와 같이 재무상태표에서 **자산**은 차변(왼쪽)에 표시된다. 이는 자산계정의 잔액이 항상 차변에 남게 된다는 것을 의미한다. 따라서 자산이 증가하면 해당 자산계정을 늘리기 위해 차변에 누적하여 기록하고 만일 자산이 감소하면 해당 자산계정이 그만큼 줄어들었음을 표시하기 위해 반대편인 대변에 기록한다. 회계기록에서는 음수(−)를 사용하지 않기 때문에 어떤 항목이 감소했다는 것을 표시하기 위해서는 해당 항목의 잔액 또는 증가를 표시하는 위치의 반대편에 기록하고, 이를 감소로 표현한다.

자산계정

증가 (잔액)	감소

그림 2-5 자산의 증가와 감소 기록

마찬가지로 재무상태표에서 **부채**와 **자본**은 대변(오른쪽)에 표시되며, 따라서 부채와 자본계정의 잔액은 항상 대변에 남는다. 만일 부채나 자본이 증가하는 거래가 발생하면 해당 부채계정이나 자본계정의 대변에 기록하고 부채나 자본이 감소하는 거래의 경우에는 해당 부채 및 자본계정의 반대편인 차변에 기록한다.

부채계정

감소	증가 (잔액)

자본계정

감소	증가 (잔액)

그림 2-6 부채와 자본의 증가 및 감소 기록

손익계산서를 구성하는 **수익**과 **비용**은 자본의 변동을 설명하는 항목이다. 수익은 자본의 증가를 의미하므로 수익의 발생은 자본의 증가가 기록되는 방향과 같은 대변에 기록한다. 반대로 비용은 자본의 감소를 의미하므로 비용이 발생하는 경우 이를 자본의 감소가 기록되는 방향과 같은 차변에 기록한다. 그런데 자산, 부채, 자본의 경우에는 증가와 감소를 각각 차변과 대변으로 구분하여 기록하고 있는 데 반해 수익과 비용은 감소하는 사례가 극히 적으므로 증가와 감소로 구분하지 않고 각각의 발생액만을 기록하도록 하고 있다. 그러나 만일 감소하는 거래가 발생하는 경우에는 해당 계정의 반대편에 기록하면 된다.

그림 2-7 수익과 비용의 발생 기록

이와 같이 회계상의 모든 거래는 자산, 부채, 자본의 증가 또는 감소나 수익 또는 비용의 발생이라는 8가지 요소의 결합으로 설명될 수 있다. 이러한 기준에 따라 거래를 차변기입 요소와 대변기입 요소로 분류하도록 한 것을 **거래의 8요소**라고 한다. 즉, 복식부기에서는 모든 거래를 8요소의 결합관계에 의해서 원인과 결과를 차변 요소와 대변 요소 양쪽으로 나누어 동일한 금액을 기록하도록 하고 있다.

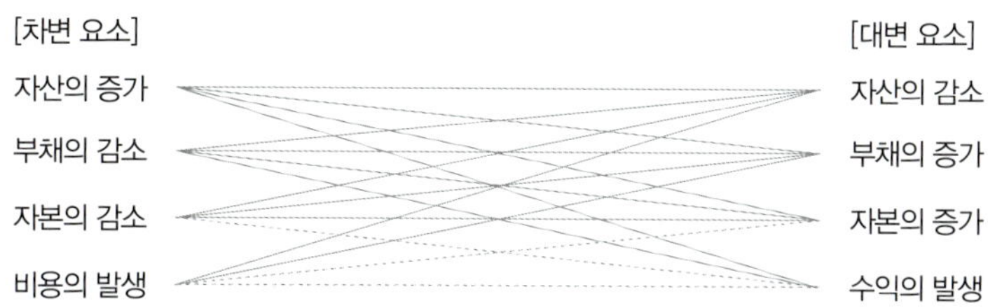

그림 2-8 거래의 8요소와 결합관계

이제 특정 거래를 차변 요소와 대변 요소로 구분하기 위해 거래의 8요소 간 결합관계를 어떻게 활용하는지 살펴보자.

(1) 사무실용 비품 ₩50,000을 현금으로 구입하다.

(차) 자산(비품)의 증가	(대) 자산(현금)의 감소

(2) 상품 ₩300,000을 외상으로 매입하다.

(차) 자산(상품)의 증가	(대) 부채(매입채무)의 증가

(3) 소유주가 현금 ₩500,000을 추가 출자하다.

(차) 자산(상품)의 증가	(대) 자본(자본금)의 증가

(4) 건물 임대료 ₩30,000을 현금으로 받다.

(차) 자산(현금)의 증가	(대) 수익(임대료)의 발생

이들 거래는 모두 자산이 증가하는 거래이며 자산이 증가하는 원인 또는 결과는 자산의 감소, 부채의 증가, 자본의 증가, 수익의 발생 등과 결합관계에 의해 이루어지는 것임을 알 수 있다.

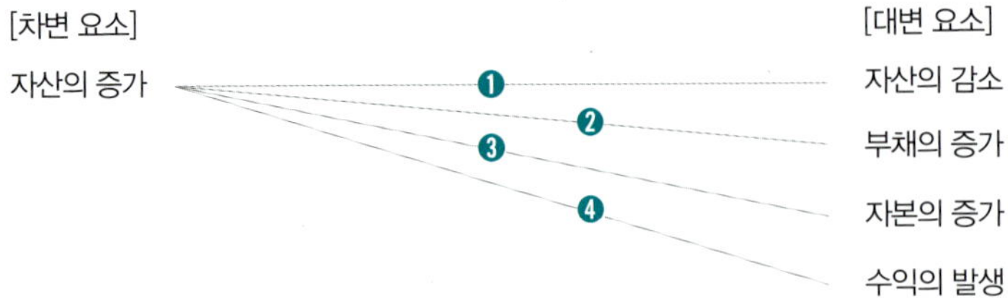

그림 2-9 **자산의 증가와 결합되는 대변 요소**

반대로 자산이 감소하는 거래는 반드시 자산의 증가, 부채의 감소, 자본의 감소, 또는 비용의 발생 등의 차변 요소와의 결합관계로 설명될 수 있다. 이러한 거래의 예는 다음과 같다.

(5) 상품 ₩20,000을 매입하고 대금을 현금으로 지급하다.

(차) 자산(상품)의 증가	(대) 자산(현금)의 감소

(6) 외상으로 매입한 상품 대금 ₩30,000을 현금으로 지급하다.

(차) 부채(매입채무)의 감소	(대) 자산(현금)의 감소

(7) 주주들에게 배당금 ₩50,000을 현금으로 지급하다.

(차) 자본(이익잉여금)의 감소	(대) 자산(현금)의 감소

(8) 수도광열비 ₩6,000을 현금으로 지급하다.

(차) 비용(수도광열비)의 발생	(대) 자산(현금)의 감소

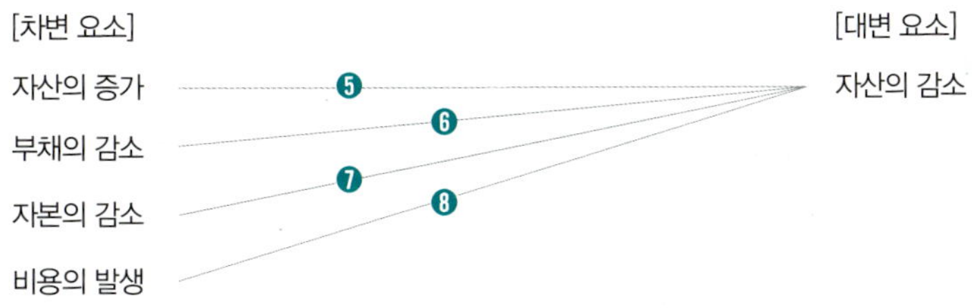

그림 2-10 자산의 감소와 결합되는 차변 요소

마찬가지로 부채의 감소와 결합되는 대변 요소, 부채의 증가와 결합되는 차변 요소, 자본의 감소와 결합되는 대변 요소, 자본의 증가와 결합되는 차변 요소, 비용의 발생과 결합되는 대변 요소, 수익의 발생과 결합되는 차변 요소 등도 모두 이러한 관계로 설명할 수 있다. 이러한 결합관계를 종합적으로 정리한 것이 [그림 2-10]이다. 다만 [그림 2-10]에서 자본의 감소와 수익의 발생, 자본의 증가와 비용의 발생, 비용의 발생과 수익의 발생 간의 결합관계가 점선으로 표시되어 있다. 이는 해당 거래가 현실적으로 거의 발생하지 않음을 의미한다.

이 사례는 거래의 8가지 구성 요소 중 차변 요소 하나와 대변 요소 하나가 결합된 가장 기본적인 형태를 보여준다. 그러나 경우에 따라서는 차변 요소와 대변 요소가 각각 1개 이상의 요소와 결합관계로 나타나는 거래도 존재한다. 대표적인 예는 다음과 같다.

(9) 비품 ₩70,000을 구입하되 이 중 ₩40,000은 현금으로 지급하였고 나머지는 외상으로 하다.

(차) 자산(비품)의 증가	(대) 자산(현금)의 감소 부채(미지급금)의 발생

이처럼 모든 거래는 거래의 8요소에 따라 반드시 1개 이상의 차변 요소와 1개 이상의 대변 요소가 결합된 형태로 표현되며 이러한 결합관계를 바탕으로 분개가 이루어진다.

SECTION

03 계정과 계정과목

분개를 수행하려면 거래의 8요소에 따라 해당 거래의 차변 요소와 대변 요소로 구분하고 이를 각각 어떤 계정과목에 기록할지 결정해야 한다. 여기서 **계정**(a/c; account)이란 거래가 자산, 부채 및 자본에 미치는 영향을 체계적으로 분류하고 집합시키기 위해 사용하는 기록 장소를 의미한다. 즉, 동일한 성격의 항목들끼리 함께 기록하고 집계하기 위해 만들어진 기장형식을 계정이라고 한다.

지금까지는 이해를 돕기 위해 모든 거래를 크게 자산, 부채, 자본, 수익, 비용 등으로 대분류 개념으로 설명했다. 그러나 자산 중에도 현금, 비품, 건물, 원자재, 토지 등 성격이 서로 다른 항목들이 존재하며, 이들 개별 항목의 경우에도 수많은 거래사실이 존재할 수 있다. 부채나 자본도 마찬가지다. 따라서 서로 성격이 다른 구체적인 항목끼리 분류하여 기록하는 장소가 필요하며 이를 **계정계좌**라고 한다. 또한 이들 계좌에 그 항목의 특성에 따라 붙여진 이름을 **계정과목**(account name)이라고 한다. 예를 들어 현금, 매출채권, 비품, 건물, 기계장치 등의 항목은 자산에 속하는 계정과목이다. 기업의 규모 또는 업종에 따라 사용하는 계정과목 수와 명칭에는 차이가 있을 수 있다. 소규모 기업보다 대규모 기업이 더 많은 계정과목을 사용한다. 그러나 어떤 기업은 보고 목적에 따라 계정과목을 세분하거나 유사 계정과목을 통합하여 사용할 수도 있다. 예를 들어 A기업은 각종 에너지비용계정을 수도광열비라는 계정 하나만을 사용하기도 하지만, B기업은 수도비, 난방비, 가스비, 전력비 등과 같이 세분하여 사용하기도 한다.

한편, 기업은 그들이 사용하는 모든 계정들을 하나의 장부에 모아 관리한다. 이러한 장부를 **총계정원장**(general ledger) 또는 **원장**이라 한다. 총계정원장(원장)은 거래로 인한 각 계정의 증감내용을 기록하고 계산하기 위해 모든 계정계좌들을 한데 모아놓은 장부의 집합으로, 회계처리를 위한 가장 중요한 주요장부이다.

기업마다 사용하는 계정과목 수에는 차이가 있을 수 있지만, 기업 간에 유사 항목을 쉽게 비교할 수 있도록 금융감독원에서는 표준화된 계정과목 체계를 제공하고 있다. 또한 계정을 보다 체계적으로 관리하기 위해 **계정과목번호제도**를 채택하는 것이 일반적이다. 계정과목번호

제도는 도서 분류번호처럼 항목별 분류와 관리가 용이하다는 장점이 있으며, 전산 처리 시에는 계정과목명을 대신해 숫자로 된 계정과목번호를 입력함으로써 입력을 단순화할 수 있다. [표 2-3]은 계정과목의 구성과 코드번호 부여 예시를 보여준다.

표 2-3 계정과목명 및 계정과목번호의 예시

자산	부채
101. 현 금	201. 매입채무(외상매입금, 지급어음)
102. 당 좌 예 금	205. 단기차입금
106. 매출채권(외상매출금, 받을어음)	210. 미지급이자
108. 상 품	221. 사 채
110. 원 재 료	220. 장기차입금
112. 장 기 대 여 금	**자본**
118. 비 품	301. 자 본 금
119. 건 물	305. 주식발행초과금
125. 감가상각누계액-비품	310. 이 익 잉 여 금
비용	**수익**
501. 매 출 원 가	401. 매 출
505. 급 여	405. 수 수 료 수 익
510. 임 차 료	410. 이 자 수 익
515. 광 고 비	415. 유형자산처분이익
520. 감가상각비	
525. 이 자 비 용	
530. 재 해 손 실	

거래의 증감 내용을 계정과목별로 기록하기 위한 계정의 형식에는 표준식과 잔액식이 있다. **표준식**은 계정과목의 성격에 따라 증감 내역을 차변과 대변으로 각각 구분하여 기록하는 방식이며, **잔액식**은 주로 거래일자별로 순서대로 기록하여 현재의 잔액을 쉽게 확인할 수 있도록 되어 있다. 회계 원리를 익히기 위한 기초 학습 단계에서는 각 계정의 증감내용을 차변(왼쪽)과 대변(오른쪽)으로 구분하여 표시하는 표준식의 약식인 **T계정** 형식을 주로 사용한다.

표 2-4 표준식계정 (예)

현금 계정번호: 101

일자		적요	분면	금액	일자		적요	분면	금액
6월	1일	단기차입금	1	500,000	6월	4일	소 모 품 비	1	45,000
	7일	매 출	1	460,000		9일	매 입 채 무	1	200,000
	27일	매 출 채 권	2	270,000		25일	종업원급여	2	400,000

표 2-5 잔액식계정 (예)

현금 계정번호: 101

일자		적요	분면	차변	대변	잔액
6월	1일	단기차입금	1	500,000		500,000
	4일	소 모 품 비	1		45,000	455,000
	7일	매 출	1	460,000		915,000
	9일	매 입 채 무	1		200,000	715,000
	25일	종업원급여	2		400,000	315,000
	27일	매 출 채 권	2	270,000		585,000

표 2-6 T계정 (예)

현금

6/1 단기차입금	500,000	6/4 소 모 품 비	45,000
6/7 매 출	460,000	6/9 매 입 채 무	200,000
6/27 매 출 채 권	270,000	6/25 종업원급여	400,000

SECTION

04 분개와 분개장 기입

지금까지 회계거래를 이해하기 위한 기초개념으로 거래의 8요소, 거래의 이중성, 그리고 계정 및 계정과목의 개념에 대해 살펴보았다. 이를 바탕으로 회계순환과정의 첫 번째 기록 단계인 분개에 대해 자세히 알아보자.

1 분개절차

분개(journalizing)란 회계상의 거래를 장부에 기입하기 전에 해당 계정과목과 금액을 결정하고 이를 차변 요소와 대변 요소로 구분하여 표시하는 것을 말한다. 발생한 사실이 회계장부에 기록해야 할 거래, 즉 회계상의 거래라고 식별된 경우에는 이를 체계적으로 장부에 반영하기 위해 해당 거래를 **거래의 8요소** 개념에 따라 차변과 대변으로 분류하고 각각의 구체적인 **계정과목**을 결정한 후 계정과목별로 기록할 금액이 대차평형의 원리에 맞는지를 확인하여야 한다. 이와 같이 거래를 어느 계정에 얼마의 금액으로 기록할 것인가를 결정하는 작업을 **분개**라고 한다. 분개의 과정을 단계별로 구분하면 다음과 같다.

(1) 발생한 거래를 거래의 8요소에 따라 차변 요소와 대변 요소로 구분한다.
(2) 차변 요소와 대변 요소 각각에 적용될 구체적인 계정과목과 기록할 금액을 결정한다.
(3) 차변 요소의 합계액과 대변 요소의 합계액이 일치하는지를 확인하여 이를 각각 차변과 대변으로 나누어 기입한다.

분개절차는 모든 거래에 동일하게 적용된다. 따라서 기록되는 모든 거래는 거래의 이중성과 대차평형의 원리에 따라 차변 금액의 합계액과 대변 금액의 합계액은 항상 일치하게 되어 자기검증기능을 갖게 된다. 물론 차변 또는 대변 요소가 하나 이상의 계정과목이 포함되더라도 양측 금액의 합계는 반드시 일치해야 한다. 분개절차를 몇 가지 거래 사례를 통해 살펴보자.

(1) 상품 ₩500,000을 현금으로 매입하다.

거래의 8요소 결합관계	(차) 자산의 증가		(대) 자산의 감소	
계정과목과 금액	상품계정	500,000	현금계정	500,000
분개	(차) 상　　품	500,000	(대) 현　　금	500,000

(2) 은행에서 단기자금으로 현금 ₩300,000을 빌리다.

거래의 8요소 결합관계	(차) 자산의 증가		(대) 부채의 증가	
계정과목과 금액	현금계정	300,000	단기차입금계정	300,000
분개	(차) 현　　금	300,000	(대) 단기차입금	300,000

(3) 은행 단기차입금 ₩300,000과 이자 ₩20,000을 현금으로 상환하다.

거래의 8요소 결합관계	(차) 부채의 감소		(대) 자산의 감소	
	비용의 발생			
계정과목과 금액	단기차입금계정	300,000	현금계정	320,000
	이자비용계정	20,000		
분개	(차) 단기차입금	300,000	(대) 현　　금	320,000
	이 자 비 용	20,000		

(4) 토지를 취득가액과 동일한 ₩70,000에 매각하고 ₩40,000은 현금으로 받고 나머지는 외상으로 하다.

거래의 8요소 결합관계	(차) 자산의 증가		(대) 자산의 감소	
	자산의 증가			
계정과목과 금액	현금계정	40,000	토지계정	70,000
	미수금계정	30,000		
분개	(차) 현　　금	40,000	(대) 토　　지	70,000
	미 수 금	30,000		

2 분개장 기입

앞서 언급했듯이, 분개란 거래를 어느 계정에 얼마의 금액으로 기록할지 결정하는 작업이다. 따라서 분개절차를 통해 기록할 계정과목과 금액이 결정되면 해당 계정의 차변 또는 대변으로 각각 옮겨 적게 된다. 그런데 거래가 어느 한 계정과목에만 영향을 미친다면 바로 그 계정에 기록하는 것으로 끝날 수 있지만, 모든 거래는 거래의 이중성에 따라 차변 항목과 대변 항목을 가지며, 또한 차변, 대변이 모두 하나 이상의 계정에 영향을 미칠 수 있다. 따라서 분개를 통해 해당 계정에 각각 옮겨 적기 전에 분개의 내용이 올바른지, 그리고 거래의 이중성에 따라 차변계정의 합계액과 대변계정의 합계액이 정확히 일치하는지를 검토해야 한다. 이를 위해 분개 내용을 일정 형식에 의해 분류, 정리하기 위한 장소를 **분개장**(general journal)이라고 한다. 모든 거래의 분개내역을 기록하는 분개장은 흔히 거래를 발생순서에 따라 일자별로 기록하기 때문에 영업일지의 역할도 한다. 분개장을 작성하면 다음과 같은 여러 이점을 가질 수 있다.

(1) 모든 거래가 일자별로 기록되므로 거래의 누락 여부를 쉽게 파악할 수 있다.
(2) 해당 계정계좌(원장)에 옮겨 적기 전에 오류 여부를 사전에 체크할 수 있다.
(3) 원장 기록의 오류 여부를 역추적하여 파악할 수 있다.
(4) 거래내용(적요)을 기입하므로 거래 결과가 재무상태에 미치는 영향을 쉽게 파악할 수 있다.

표 2-7 분개장 (예)

분개장

GJ 1

일자		적요	원면	차변	대변
5월	1일	현　금	101	500,000	
		단기차입금	205		500,000
		(은행에서 단기자금 차입)			
		소모품비	513	45,000	
		현　금	101		45,000
		(현금으로 소모품구입)			
		현　금	101	460,000	
		매　출	401		460,000
		(상품 매출하고 현금으로 받음)			

더 알아보기 **원면과 분면**

분개장 양식의 기록 요소 중 원면은 '원장의 해당 페이지'를 의미한다. 즉 분개장에 기록된 차변 요소의 금액과 대변 요소의 금액이 각각 총계정원장의 어떤 계정과목으로 전기되었는지 그 계정과목의 코드번호를 표시하기 위한 것이다. 예를 들어 계정과목표에서 현금계정의 코드번호가 101인 경우 현금계정으로 분개된 분개장의 원면란에는 101로 기록되게 된다. 마찬가지로 단기차입금의 계정과목코드는 205로 표시되고 있다.

한편 총계정원장에서는 해당 분개내용을 몇 번째 분개장으로부터 전기된 것인지를 추적할 수 있도록 '분면'을 두고 있다. 예컨대 현금계정의 분면에 'GJ 1'로 표기되어 있다면 이는 분개장 GJ 1면에서 전기해 온 것임을 의미한다.

이러한 장점에도 불구하고 최근에는 회계처리가 전산화되면서 분개장을 작성하지 않고 전표 기장으로 대신하거나 아예 전표 자체마저도 사용하지 않고 분개과정에서 바로 원장에 옮겨 적는 방법 등이 사용되기도 한다. 한편, 학습목적으로는 복잡한 분개장 작성 대신에 '(차) 현금 ××× (대) 단기차입금 ×××'과 같이 약식 분개형식을 사용한다.

예제 2-2 회계거래와 분개

다음은 ㈜고구려의 일련의 거래에 관한 자료이다. 각 거래의 결합관계를 설명하고 이에 따른 분개를 작성하시오.

물음

(1) 5월 1일 현금 ₩5,000,000을 출자하여 영업을 개시하다.

(2) 5월 2일 사무실을 임차하고 6개월분 임차료 ₩600,000을 현금으로 지급하다.

(3) 5월 3일 사무실용 비품 ₩200,000을 현금으로 매입하다.

(4) 5월 4일 상품 ₩700,000을 외상으로 매입하다.

(5) 5월 5일 상품 ₩600,000을 외상으로 매출하다.

(6) 5월 7일 은행에서 운영자금 ₩500,000을 현금으로 차입하다.

(7) 5월 9일 상품 외상매입 대금 중 ₩550,000을 현금으로 결제하다.

(8) 5월 11일 상품 ₩400,000을 매출하고 전액 현금으로 받다.

(9) 5월 13일 다른 회사에 현금 ₩300,000을 단기로 대여하다.

(10) 5월 15일 매출채권 중 ₩450,000을 현금으로 회수하다.

(11) 5월 22일 은행 단기차입금 ₩500,000을 이자 ₩20,000과 함께 현금 상환하다.

(12) 5월 25일 종업원 급여 ₩270,000을 현금으로 지급하다.

(13) 5월 28일 단기대여금 중 ₩200,000을 이자 ₩15,000과 함께 현금으로 되돌려 받다.

풀이

(1) 결합관계: 현금출자는 자산(현금)이 증가하고 그만큼의 자본(자본금)이 증가한다.
분개: (차) 현 금 5,000,000 (대) 자본금 5,000,000

(2) 결합관계: 비용(임차료)이 발생하고, 이로 인해 자산(현금)이 감소한다.
분개: (차) 임차료 600,000 (대) 현 금 600,000

(3) 결합관계: 자산(비품)이 증가하고, 이로 인해 자산(현금)이 감소한다.
분개: (차) 비 품 200,000 (대) 현 금 200,000

(4) 결합관계: 비용(매입)이 발생하고, 동시에 부채(매입채무)가 증가한다.

※ 상품매입은 상품계정(자산)에 기입할 수도 있지만, 실무에서는 흔히 실지재고조사법을 적용하며 매입계정(비용)으로 기록하고 상품의 잔액은 기말에 실사에 의해 확인한다. 이에 대한 자세한 내용은 4장에서 다룬다.

분개: (차) 매　　입　700,000　　　　(대) 매 입 채 무　700,000

(5) 결합관계: 자산(매출채권)이 증가하고, 그만큼의 수익(매출)이 증가한다.

※ 상품매출 역시 상품계정(자산) 대변에 기입하는 대신, 실지재고조사법을 사용하여 매출계정(수익) 대변에 매출액으로 기록한다. 이에 대한 자세한 내용은 4장에서 다룬다.

분개: (차) 매 출 채 권　600,000　　　　(대) 매　　출　600,000

(6) 결합관계: 자산(현금)이 증가하고, 그만큼의 부채(단기차입금)가 증가한다.

분개: (차) 현　　금　500,000　　　　(대) 단기차입금　500,000

(7) 결합관계: 부채(매입채무)가 감소하고, 그만큼의 자산(현금)이 감소한다.

분개: (차) 매 입 채 무　550,000　　　　(대) 현　　금　550,000

(8) 결합관계: 자산(현금)이 증가하고, 동시에 수익(매출)이 발생하였다.

분개: (차) 현　　금　400,000　　　　(대) 매　　출　400,000

(9) 결합관계: 자산(단기대여금)이 증가하고, 그만큼의 자산(현금)이 감소한다.

분개: (차) 단기대여금　300,000　　　　(대) 현　　금　300,000

(10) 결합관계: 자산(현금)이 증가하고, 동시에 자산(매출채권)이 감소한다.

분개: (차) 현　　금　450,000　　　　(대) 매 출 채 권　450,000

(11) 결합관계: 부채(단기차입금)가 감소하고 비용(이자비용)이 발생하면서, 동시에 그만큼의 자산(현금)이 감소한다.

분개: (차) 단기차입금　500,000　　　　(대) 현　　금　520,000
　　　　　이 자 비 용　20,000

(12) 결합관계: 비용(급여)이 발생하고, 그만큼의 자산(현금)이 감소한다.

분개: (차) 급　　여　270,000　　　　(대) 현　　금　270,000

(13) 결합관계: 자산(현금)이 증가하고, 대신 자산(단기대여금)이 감소하면서 수익(이자수익)이 발생한다.

분개: (차) 현　　금　215,000　　　　(대) 단기대여금　200,000
　　　　　　　　　　　　　　　　　　　　이 자 수 익　15,000

더 알아보기 **상품매매를 상품계정 대신 매입, 매출계정으로 처리하는 이유**

상품을 매입할 때는 상품계정의 차변에, 그리고 상품을 판매할 때는 상품계정의 대변에 기록할 수도 있다. 이와 같이 상품계정을 사용하는 방법은 분명 상품의 흐름을 이해하는 데에는 좋은 기록 방법이다. 그러나 상품매매를 상품계정을 통해 기록하려면, 특히 상품을 판매할 때 판매되는 상품의 원가를 일일이 확인하여 상품계정의 대변에 원가로 기록해야 하는 문제가 발생한다. 그런데 상품 판매거래가 많은 기업에서는 현실적으로 특정 상품을 판매할 때마다 구입원가를 확인하여 기록하기란 쉬운 일이 아니다. 따라서 실무에서는 대부분 상품계정을 사용하지 않고 상품을 매입할 때는 매입계정의 차변에 매입원가로 기록하고, 상품을 판매할 때는 매출계정의 대변에 판매가격으로 기록하는 방법을 사용한다. 이러한 기록 방법을 실지재고조사법 또는 3분법이라 하며, 이에 관한 자세한 설명은 4장에서 다룰 예정이다.

예제 2-3 분개장 작성

물음

앞의 [예제 2-2]의 거래와 분개를 기초로 분개장을 작성해 보자.

풀이

분개장 GJ 1

일자		적요	원면	차변	대변
5월	1일	현 금	101	5,000,000	
		자 본 금	301		5,000,000
		(현금을 출자하여 영업개시)			
	2일	임 차 료	510	600,000	
		현 금	101		600,000
		(임차료 현금지급)			
	3일	비 품	118	200,000	
		현 금	101		200,000
		(비품 현금매입)			
	4일	매 입	502	700,000	
		매 입 채 무	201		700,000
		(상품 외상매입)			
	5일	매 출 채 권	106	600,000	
		매 출	401		600,000
		(상품 외상판매)			
	7일	현 금	101	500,000	
		단기차입금	205		500,000
		(은행에서 단기자금 차입)			

9일	매 입 채 무	201	550,000	
	현　　금	101		550,000
	(매입채무 일부 현금으로 갚음)			
11일	현　　금	101	400,000	
	매　　출	401		400,000
	(상품 현금판매)			
13일	단기대여금	111	300,000	
	현　　금	101		300,000
	(A회사에 현금 단기 대여)			
15일	현　　금	101	450,000	
	매 출 채 권	106		450,000
	(매출채권 중 일부 현금회수)			
22일	단기차입금	205	500,000	
	이 자 비 용	525	20,000	
	현　　금	101		520,000
	(단기차입금과 이자 현금상환)			
25일	급　　여	505	270,000	
	현　　금	101		270,000
	(종업원급여 현금지급)			
28일	현　　금	101	215,000	
	단기대여금	111		200,000
	이 자 수 익	410		15,000
	(단기대여금과 이자 현금수취)			

SECTION 05

원장으로의 전기

거래를 분개절차에 따라 분개장에 기록하는 것은 궁극적으로 계정과목별로 총계정원장에 옮겨 적기 위한 사전 단계이다. 즉, 분개장에 분개된 거래는 다시 총계정원장의 해당 계정과목으로 각각 옮겨 적게 되는데, 이를 **전기**(posting)라고 한다. 총계정원장은 회계처리에 있어서 가장 기본이 되는 장부이므로 전기는 가장 중요한 장부에 내용을 옮겨 적는 과정이라 할 수 있다. 분개장에서 총계정원장의 각 계정으로 전기하는 방법을 설명하기 위해 앞의 [예제 2-2]의 거래를 활용한다. 단, 총계정원장의 계정형식은 설명의 편의를 위해 T계정 형식을 사용한다.

[거래1] 5월 1일 현금 ₩5,000,000을 출자하여 영업을 개시하다.

분개: (차) 현 금 5,000,000 (대) 자본금 5,000,000

- **1단계:** 분개의 차변과 대변의 해당 계정을 원장에서 확인한다.

5월 1일 거래의 경우 현금계정(원면 101)과 자본금계정(원면 301)이 사용된다.

- **2단계:** 분개의 차변 내용을 원장의 해당 계정에 옮겨 적는다.

전기 방법은 분개의 차변 계정과목의 해당 원장 차변에 날짜와 차변 금액을 기록하고 날짜와 금액 사이에 상대 계정과목, 즉 대변 계정과목을 기입한다. 상대 계정과목을 기록하는 이유는 해당일의 계정금액이 기록되는 발생원인을 확인할 수 있도록 하기 위함이다. 따라서 기록되는 상대 계정과목은 계정과목으로서의 의미로 이해하기보다는 해당 계정과목의 차변 혹은 대변 항목의 발생원인을 확인하기 위한 기록으로 이해하는 것이 바람직하다.

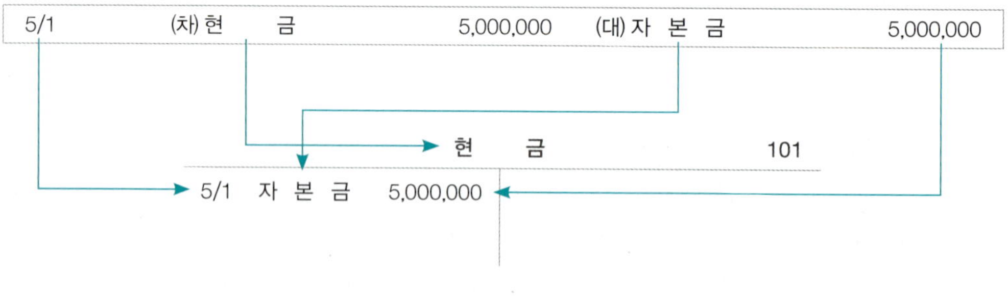

■ **3단계:** 분개의 대변 내용을 원장의 해당 계정에 옮겨 적는다.

전기 방법은 마찬가지로 분개의 대변 계정과목의 해당 원장 대변에 날짜와 대변 금액을 기록하고, 날짜와 금액 사이에 상대 계정과목, 즉 차변 계정과목을 기입하여 기록 내용의 발생원인을 확인할 수 있도록 한다.

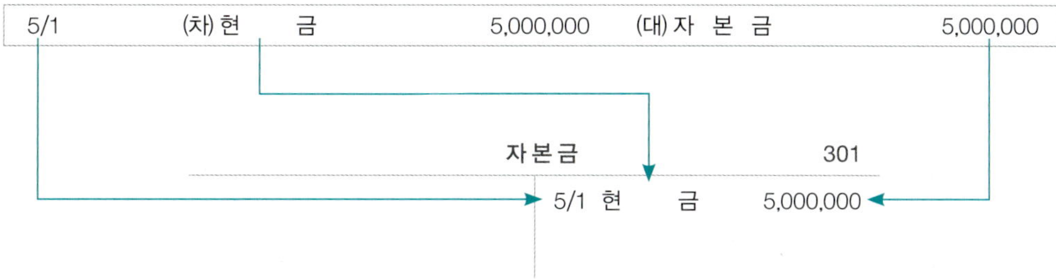

이때 기록해야 할 상대 계정과목이 두 개 이상인 경우, 이들 상대 계정과목을 모두 기입하기도 하지만 실무에서는 편의상 두 계정을 묶어 '**제좌**'로 표기하기도 한다. 이는 앞서 설명한 2단계에서도 동일하게 적용된다. 앞의 [예제 2-2]에서 5월 22일의 거래(거래11)에서 대변의 현금계정을 전기한 결과는 다음과 같다.

[거래11] 5월 22일 은행 단기차입금 ₩500,000을 이자 ₩20,000과 함께 현금으로 상환하다.

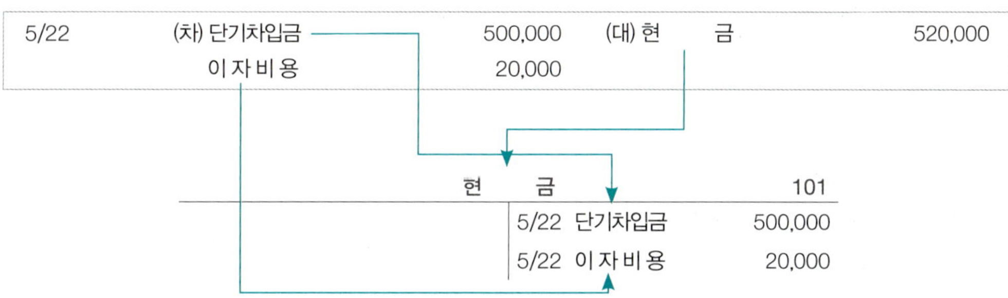

모든 거래에 대해 위의 1단계부터 3단계의 전기과정을 반복한다. 또 다른 거래에서 동일 계정의 유사 증감이 발생하는 경우 아래 줄에 동일 방식으로 추가하여 전기를 기록한다. 참고로 앞의 [예제 2-2]에 포함된 모든 거래에 대한 분개를 총계정원장의 각 계정에 전기한 결과는 [표 2-8]과 같다.

표 2-8 총계정원장에의 전기 (T계정)

현금			101
5/1 자본금	5,000,000	5/2 임차료	600,000
5/7 단기차입금	500,000	5/3 비품	200,000
5/11 매출	400,000	5/9 매입채무	550,000
5/15 매출채권	450,000	5/13 단기대여금	300,000
5/28 제좌	215,000	5/22 단기차입금	500,000
		5/22 이자비용	20,000
		5/25 급여	270,000

비품			118
5/3 현금	200,000		

단기차입금			205
5/22 현금	500,000	5/7 현금	500,000

매출			401
		5/5 매출채권	600,000
		5/11 현금	400,000

매입			502
5/4 매입채무	700,000		

임차료			510
5/2 현금	600,000		

매출채권			106
5/5 매출	600,000	5/15 현금	450,000

단기대여금			111
5/13 현금	300,000	5/28 현금	200,000

매입채무			201
5/9 현금	550,000	5/4 매입	700,000

자본금			301
		5/1 현금	5,000,000

이자수익			410
		5/28 현금	15,000

급여			505
		5/25 현금	2700,000

이자비용			525
5/22 현금	20,000		

SECTION

06 보조장부의 관리

지금까지 회계순환과정 중 1단계(분개)와 2단계(전기)를 거쳐 모든 거래가 총계정원장에 집계되는 과정을 살펴보았다. 또한 이 과정에서 분개장과 총계정원장이 모든 거래에 대해 필수적으로 기록되는 주요 장부임도 확인하였다. 그러나 이러한 장부만으로는 복잡한 거래관계나 경제 현상을 체계적으로 기록하고 관리하는 데 한계가 있을 수 있다. 예를 들어, 총계정원장의 계정 성격에 따라 거래처별로 구분 관리가 필요하거나, 일반 원장 계정 형식으로는 기록하기 어려운 세부 항목을 따로 관리해야 하는 경우가 있다. 이러한 이유로 총계정원장의 기록을 보조하는 보조장부를 별도로 운용할 수 있다.

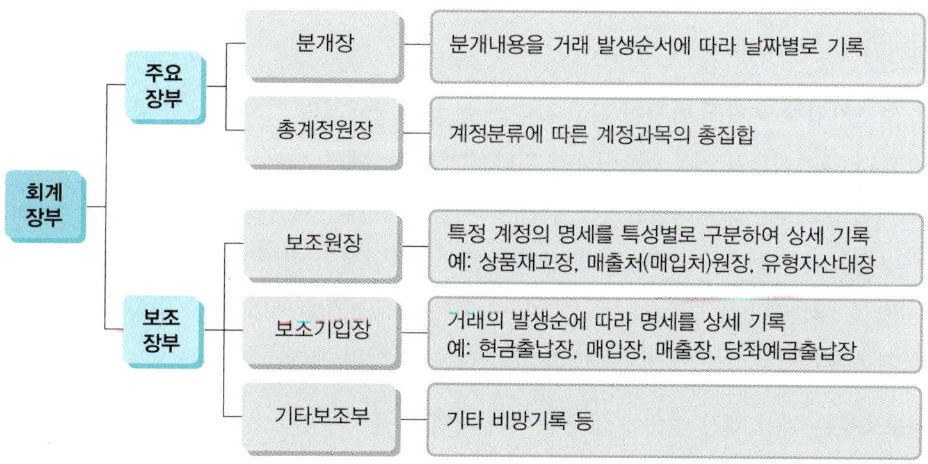

그림 2-11 회계장부의 구성

1 주요장부

주요장부는 회계순환과정에서 기본적으로 사용하는 필수 장부로, 분개장과 총계정원장이 이에 해당한다. 특히 총계정원장은 회계처리를 위한 가장 핵심이 되는 장부로 생략할 수 없다. 총계정원장은 모든 거래를 대상으로 다양한 계정과목 분류에 따라 하나의 통일된 계정

형식으로 기록하도록 하고 있다. 따라서 특정 계정에 대한 보다 상세한 내역이나 거래처별 관리가 필요한 경우에는 해당 계정에 대한 보조장부를 둘 수 있다. 이때 총계정원장의 기록이 보조장부의 상세 기록 내용을 통제하는 역할을 하므로 원장의 계정을 **통제계정**(control account)이라고 부른다.

2 보조장부

원장의 특정 계정에 대한 기록 내용이 많거나 세분화된 기록, 관리가 필요한 경우에는 해당 원장계정을 보조하기 위한 별도의 장부가 필요하다. 이를 흔히 **보조장부**라 하며, 보조장부는 기록방식에 따라 보조원장과 보조기입장 및 기타보조부로 구분할 수 있다. **보조원장**은 원장의 특정 계정에 대한 보다 구체적인 내역을 특성별로 구분하여 기록하거나 관리하기 위한 장부이다. 예를 들어, 상품재고장은 원장의 상품계정 또는 재고자산계정의 구체적인 입출 내역을 상품 종류별로 구분하여 관리하기 위해 사용되는 보조원장이다. 또한 수많은 외상거래(매입 및 매출)를 거래처별로 구분하여 관리하기 위해 매입처원장과 매출처원장이 사용되기도 하며, 유형자산이나 무형자산의 관리내역을 그 종류별로 구분하여 표시하기 위해 유형(무형)자산관리대장이 사용되기도 한다.

한편 **보조기입장**은 거래 발생이 잦고 복잡한 특정 원장계정의 기록 내용을 주로 거래발생순서에 따라 체계적으로 기록 · 관리하기 위한 장부이다. 예를 들어 현금계정의 기록을 보조하기 위해 입금거래만을 기록하는 현금수입장, 지출거래만을 기록하는 현금지출장을 구분하여 사용하거나 입출내역과 잔액을 함께 관리하는 현금출납장이 이에 해당한다. 또한 거래가 빈번한 매입, 매출계정을 보조하여 상품종류별 또는 거래처별로 매입, 매출거래가 발생한 순서대로 기록하고 관리하는 매입장과 매출장도 보조기입장의 예다.

기타보조부는 특정 계정 내용에 대해 특별히 기억할 필요가 있는 사항을 비망기록 형태로 관리하기 위한 장부이다. 비망기록이란 실제 자산, 부채, 자본의 금액 변동은 없지만, 중요한 사항들을 기억하고 관리하기 위해 남겨놓는 기록을 말한다. 예를 들어, 어음의 발행 및 배서 등을 기록하는 어음관리장, 수표 발행 및 회수 등을 기록하는 수표기입장 등이 기타보조부에 해당한다.

객관식 문제

개념의 이해

2-1 다음 중 회계순환과정의 결산절차에 해당하지 않는 것은?

① 거래의 식별 ② 장부마감
③ 재무제표 작성 ④ 시산표 작성

2-2 다음 중 회계상의 거래로 인식하기 위해 반드시 갖추어야 할 요건에 해당하지 않는 것은?

① 자산, 부채, 자본에 변동을 초래하는 것이어야 한다.
② 재무상태 변동의 크기를 화폐로 측정할 수 있어야 한다.
③ 자산 또는 부채에 영향을 미쳐 반드시 자본의 변동을 초래해야 한다.
④ 거래 상대방 모두에게 경제적 영향을 미치게 된다.

2-3 다음 중 회계상의 거래로 보기 어려운 것은?

① 노트북 컴퓨터에 물이 스며들어 못쓰게 되었다.
② 진열장에 전시해 둔 상품의 색상이 변질되어 팔 수 없게 되었다.
③ 사용하던 비품을 처분하고 아직 대금을 받지 않았다.
④ 원료공급회사와 5년간 원료공급 조건으로 계약을 체결하였다.

2-4 다음 중 회계상의 거래에 속하지 않는 것은?

① 월말이 되었으나 이달분 종업원급여 ₩5,000,000을 지급하지 못했다.
② 상품 ₩500,000을 구입하였으나 대금은 다음 달에 지급하기로 하였다.
③ 월 ₩700,000 급여 조건으로 신입사원을 채용하였다.
④ 차입금이자 ₩300,000을 현금 대신 어음으로 지급하였다.

2-5 다음 중 거래 요소의 결합관계로 적절하지 않은 것은?

	차변	대변
①	부채의 감소	부채의 증가
②	자본의 감소	자산의 감소
③	비용의 발생	자산의 감소
④	자산의 증가	부채의 감소

2-6 다음 중 거래의 8요소로 결합되어 분개될 수 없는 거래는?

① 부채의 증가와 수익의 발생 ② 부채의 감소와 자산의 감소
③ 비용의 발생과 자산의 감소 ④ 자산의 증가와 자본의 증가

2-7 다음 중 계정의 차변(왼편)에 기입되는 거래 유형에 해당하지 않는 것은?

① 주식을 발행한 경우 현금계정
② 비품을 외상으로 매입하는 경우 비품계정
③ 빌려준 돈에 대한 이자를 받는 경우 이자수익계정
④ 차입금을 현금으로 상환하는 경우 차입금계정

2-8 다음 중 계정의 대변(오른편)에 기입되는 거래 유형에 해당하지 않는 것은?

① 은행에서 단기자금 차입하는 경우 단기차입금계정
② 비품을 외상으로 매입하는 경우 비품계정
③ 현금으로 소모품을 구입하는 경우 현금계정
④ 상품을 매출한 경우 매출계정

2-9 상품을 현금으로 매입한 거래는 거래의 요소에 어떤 변동을 가져오는가?

① 자산의 증가와 자산의 감소 ② 자산의 증가와 수익의 발생
③ 자산의 증가와 자산의 증가 ④ 자본의 증가와 수익의 발생

2-10 은행에서 단기자금으로 현금을 빌린 거래는 거래의 요소에 어떤 변동을 가져오는가?

① 자산의 증가와 자산의 감소 ② 자산의 증가와 자산의 증가
③ 자산의 증가 부채의 감소 ④ 자산의 증가와 부채의 증가

2-11 다음 거래에 대한 회계처리 중 잘못 분개된 것은 무엇인가?

① 은행 단기차입금 ₩30,000을 현금으로 갚다.

(차) 단기차입금 30,000 (대) 현 금 30,000

② 이자 발생분 ₩4,000을 아직 지급하지 않았다.

(차) 이 자 비 용 4,000 (대) 미지급이자 4,000

③ 비품 ₩150,000을 매입하고 대금은 외상으로 하다.

(차) 비 품 150,000 (대) 매 입 채 무 150,000

④ 다른 회사에 현금 ₩200,000을 단기로 빌려주다.

(차) 단기대여금 200,000 (대) 현 금 200,000

2-12 다음은 일부 거래내역을 전기한 것이다. 다음과 같이 기록되는 거래는?

종업원 급여	
현금 ₩500,000	

① 매월 급여 ₩500,000을 지급하기로 하고 종업원을 채용했다.

② 종업원에게 급여 ₩500,000을 지급하였다.

③ 종업원에게 ₩500,000을 가불해 주었다.

④ 잘못 지급한 급여 ₩500,000을 종업원으로부터 회수하였다.

2-13 다음은 일부 거래내역을 분개한 것이다. 다음과 같이 기록되는 거래는?

(차)		(대)	
현 금	50,000	매 출	80,000
매출채권	30,000		

① 용역의 대가로 ₩80,000을 외상으로 하다.

② 용역의 대가로 ₩50,000은 현금수령하고, 잔액은 외상으로 하다.

③ 용역의 대가로 ₩30,000을 현금수령하고, 잔액은 외상으로 하다.

④ 용역 ₩30,000을 제공하고 현금 ₩50,000을 받았다.

2-14 다음 중 분개장에 분개할 때 판단해야 하는 사항으로 보기 어려운 것은?

① 어느 계정에 기입할 것인가
② 계정별로 얼마의 금액을 기록할 것인가
③ 언제 총계정원장으로 전기할 것인가
④ 해당 계정의 차변에 기록할 것인가 대변에 기록할 것인가

2-15 다음 전기에 대한 설명으로 가장 적절한 것은?

① 거래로 인식된 사상을 분개하여 분개장에 기입하는 것도 전기에 해당한다.
② 전기할 때는 반드시 차변금액과 대변금액을 같은 계정에 옮겨 적어야 한다.
③ 분개장의 분개를 해당 총계정원장의 차변 또는 대변에 옮겨 적는 것이다.
④ 결산정리사항을 분개한 경우에는 총계정원장에 전기하지 않아도 된다.

기출문제

2-1 다음은 기업에서 발생한 사건들을 나열한 것이다. 이 중 회계상의 거래에 해당되는 것을 모두 고른 것은? ▶ 2012 지방직 9급

㉠ 현금 ₩50,000,000을 출자하여 회사를 설립하였다.
㉡ 원재료 ₩30,000,000을 구입하기로 계약서에 날인하였다.
㉢ 종업원 3명을 고용하기로 하고 근로계약서를 작성하였다. 계약서에는 월 급여액과 상여금액을 합하여 1인당 ₩2,000,000으로 책정하였다.
㉣ 회사 사무실 임대계약을 하고 보증금 ₩100,000,000을 송금하였다.

① ㉠, ㉡, ㉢, ㉣ ② ㉠, ㉡, ㉣
③ ㉠, ㉣ ④ ㉡, ㉢

2-2 자본을 증가시키는 거래는? ▶2020 주택관리사

① 고객에게 용역을 제공하고 수익을 인식하였다.
② 주식배당을 결의하였다.
③ 유통 중인 자기 회사의 주식을 취득하였다.
④ 소모품을 외상으로 구입하였다.
⑤ 건물을 장부금액보다 낮은 금액으로 처분하였다.

2-3 자산과 비용에 모두 영향을 미치는 거래는? ▶2022 주택관리사

① 당기 종업원급여를 현금으로 지급하였다.
② 비품을 외상으로 구입하였다.
③ 현금을 출자하여 회사를 설립하였다.
④ 매입채무를 당좌예금으로 지급하였다.
⑤ 기존 차입금에 대하여 추가 담보를 제공하였다.

2-4 회계순환과정에서 회계상 거래가 재무제표 요소에 미치는 영향을 기록하는 것으로서, 특정 계정에 미치는 영향을 차변과 대변으로 나누어 관련 계정을 지정하고, 측정금액을 결정하여 기록하는 것은? ▶2023 경영지도사

① 분개 ② 전기
③ 수정 ④ 시산
⑤ 결산

2-5 다음은 여행서비스를 주된 영업으로 하는 ㈜관세의 20×1년 3월 회계상 거래이다. 각 거래의 발생시점에 자산총액에 영향을 미치지 않는 거래를 모두 고른 것은? ▶ 2021 관세사

ㄱ 3월 1일: 보통주(액면금액 ₩500) 60주를 주당 ₩600에 현금 발행하였다.
ㄴ 3월 5일: 은행에서 연 이자율 5%로 1년 동안 현금 ₩15,000을 차입하였으며, 이자는 전액 만기에 지급하기로 하였다.
ㄷ 3월 10일: 고객에게 외상으로 여행상품을 ₩20,000에 제공하고 대금은 한 달 후에받기로 하였다.
ㄹ 3월 20일: 주주총회에서 주주들에게 10%의 주식배당을 실시하기로 선언하였다.
ㅁ 3월 31일: 4월 10일 지급 예정인 3월분 직원 급여 ₩10,000을 인식하였다.

① ㄱ, ㄴ
② ㄱ, ㄷ
③ ㄴ, ㅁ
④ ㄷ, ㄹ
⑤ ㄹ, ㅁ

2-6 자산을 증가시키는 거래에 해당하지 않는 것은? ▶ 2015 주택관리사

① 비품을 외상으로 구입하다.
② 차입금 상환을 면제받다.
③ 주주로부터 현금을 출자받다.
④ 은행으로부터 현금을 차입하다.
⑤ 이자를 현금으로 수령하다.

2-7 다음 중 거래내용에 대한 거래요소의 결합관계를 바르게 표시한 것은?

▶ 제114회 전산회계 1급

	거래요소의 결합관계			거래내용
①	자산의 증가	:	자산의 증가	외상매출금 4,650,000원을 보통예금으로 수령하다.
②	자산의 증가	:	부채의 증가	기계장치를 27,500,000원에 구입하고 구입대금은 미지급하다.
③	비용의 발생	:	자산의 증가	보유 중인 건물을 임대하여 임대료 1,650,000원을 보통예금으로 수령하다.
④	부채의 감소	:	자산의 감소	장기차입금에 대한 이자 3,000,000원을 보통예금에서 이체하는 방식으로 지급하다.

2-8 다음 중 아래의 자료와 같은 결합관계가 나타날 수 있는 회계상 거래를 고르시오.

▶ 제112회 전산회계 1급

(차) 자산의 증가	(대) 수익의 발생

① 판매용 물품 300,000원을 외상으로 매입하였다.

② 전월에 발생한 외상매출금 100,000원을 현금으로 회수하였다.

③ 직원 가불금 300,000원을 보통예금 계좌에서 인출하여 지급하였다.

④ 당사의 보통예금에 대한 이자 300,000원이 해당 보통예금 계좌로 입금되었다.

2-9 ㈜한국이 차입금 ₩1,000과 이자 ₩120을 현금으로 변제 및 지급하였다. 이 거래에 대한 분석으로 옳은 것은?

▶ 2013 관세직 9급

① (차) 자산의 증가 (대) 부채의 증가와 수익발생

② (차) 자산의 증가 (대) 자산의 감소와 수익발생

③ (차) 부채의 감소와 비용의 발생 (대) 자산의 감소

④ (차) 자산의 증가와 비용의 발생 (대) 자산의 감소

2-10 각 거래에 대한 회계처리로 옳지 않은 것은? ▸2017 관세직 9급 추가채용

	거래	회계처리
①	외상용역대금 ₩200,000을 현금으로 회수하였다.	자산의 증가－부채의 감소
②	주당액면 ₩1,000인 보통주 100주를 발행하고 현금 ₩100,000을 받았다.	자산의 증가－자본의 증가
③	관리용역 업체로부터 12월 관리비 발생분 ₩50,000을 청구 받았으나 내년에 지급할 계획이다.	자본의 감소－부채의 증가
④	은행으로부터 현금 ₩1,000,000을 차입하였다.	자산의 증가－부채의 증가

2-11 자산총액, 부채총액 및 자본총액의 변동이 없는 것은?

▸2017 관세직 9급 추가채용 수정

① 건물을 장부가액으로 매각하고 대금은 1개월 후에 받기로 하였다.
② 유상증자를 하여 주주로부터 자본금을 납입받았다.
③ 주주에게 지급 결의했던 현금배당금을 지급하였다.
④ 토지를 매입하고 그에 대한 대가로 어음을 교부하였다.

2-12 다음 사건에서 발생시점에 분개하여야 할 회계처리는? ▸2019 관세직 9급

① 제품포장을 위해 계약직 직원을 일당 ₩100,000을 조건으로 매월 말 급여를 지급하기로 하고 채용하였다.
② 물류창고에서 화재가 발생하여 보유 중인 재고자산(장부가액 ₩2,000,000)이 전부 소실되었다.
③ 거래처로부터 신제품 100개를 개당 ₩1,000의 조건으로 월말까지 납품해 달라는 주문서를 받았다.
④ 다음 달 사무실을 이전하기로 하고 매월 말 ₩1,000,000의 임차료를 지급하는 계약을 건물주와 체결하였다.

연습문제

2-1 [회계순환과정]

다음 그림은 회계순환과정을 표시한 것이다. (　　) 안에 회계순환과정의 각 단계를 표시하는 적절한 용어를 기입하시오.

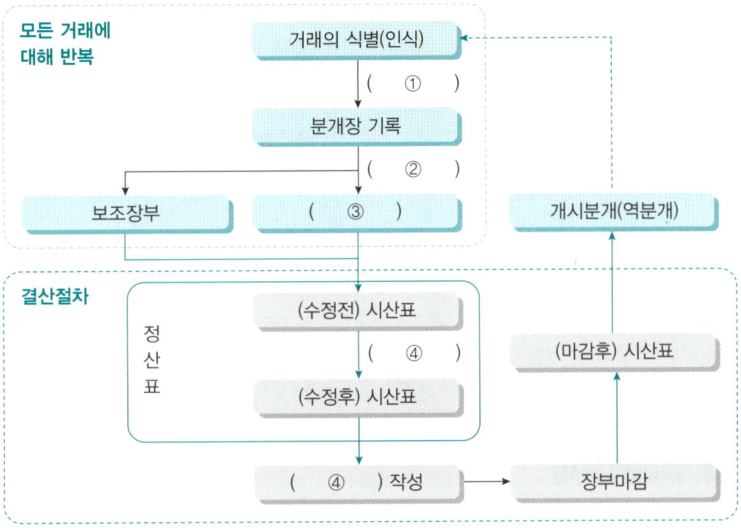

2-2 [회계상의 거래 구분]

다음 거래 중 회계상의 거래에 해당하지 않는 것을 모두 고르시오.

① 사무실에 보관하고 있던 현금 ₩20,000을 분실했다.

② 여유자금으로 투자목적의 주식 ₩50,000을 매입했다.

③ 제품 야적장에 불이 나서 ₩35,000 상당의 제품이 불에 탔다.

④ 은행에서 단기 저리로 ₩60,000의 현금을 차입했다.

⑤ 친구의 ₩400,000 은행대출건에 대해 보증서에 서약했다.

⑥ 연봉 ₩400,000 조건으로 신입사원을 채용했다.

⑦ 사무실용 볼펜 300개를 ₩2,000에 구입했다.

⑧ 경비원 숙소로 월 ₩2,000의 원룸 임차계약을 체결했다.

2-3 [차변과 대변의 구분]

다음 항목 중 정상잔액이 차변에 나타나는 것을 모두 고르시오.

① 건물	② 매입채무	③ 현금	④ 미수금
⑤ 사채	⑥ 이익잉여금	⑦ 임차료	⑧ 자본금
⑨ 미지급이자	⑩ 비품	⑪ 상품	⑫ 차량운반구
⑬ 보험료	⑭ 선급임차료	⑮ 선수이자	⑯ 급여
⑰ 매출액	⑱ 감가상각비	⑲ 금융자산	⑳ 임대료

2-4 [차변과 대변의 구분]

다음 항목 중 정상잔액이 대변에 있는 것을 모두 고르시오.

① 현금	② 비품	③ 매입채무	④ 자본금
⑤ 광고료	⑥ 선급보험료	⑦ 선수금	⑧ 매출

2-5 [회계거래의 분석]

㈜백제와 관련된 다음 각 거래가 회계등식 '자산 = 부채 + 자본'의 각 구성요소에 미치는 영향을 설명하시오.

① 조심해 씨는 20×1년 1월 1일 액면이 ₩1,000인 주식 1,000주를 모두 액면대로 인수하고 현금을 납입하여 의류도매업을 위해 ㈜백제를 설립하였다.

② ㈜백제는 20×1년 1월 2일 상품 판매장으로 사용할 건물을 현금 ₩200,000에 구입하였다.

③ ㈜백제는 거래처 ㈜고구려로부터 판매용 의류 ₩400,000을 구입하고 그 대금은 한 달 후에 갚기로 하였다.

④ ㈜백제는 매장에 전시된 원가 ₩150,000의 의류를 ₩200,000의 현금을 받고 판매하였다.

⑤ ㈜백제는 회사와 상품 홍보를 위해 신문에 광고를 게재하고, 광고료 ₩20,000은 한 달 후에 지급하기로 하였다.

⑥ ㈜백제는 단골 고객인 ㈜고구려에 원가 ₩160,000의 의류를 ₩200,000에 판매하고, 판매대금 중 ₩100,000은 현금으로 받고 나머지는 한 달 후에 받기로 하였다.

⑦ 20×1년 1월 31일에 이 달의 전화료 ₩5,000과 직원 급여 ₩25,000, 전기료 ₩10,000을 현금으로 지급하였다.

⑧ 거래처 ㈜고구려에서 외상으로 구입했던 물품대금 중 ₩300,000을 현금으로 지급하다.

⑨ ㈜고구려에 외상으로 판매하고 아직 받지 않은 대금 중 일부인 ₩30,000을 현금으로 회수하였다.

2-6 [회계거래의 분석]

다음 각 거래가 회계등식 '자산 = 부채 + 자본'의 각 구성 요소에 미치는 영향을 설명하시오.

① 주식을 발행하고 대금을 현금으로 납입 받다.

② 광고비를 현금으로 지급하다.

③ 소모품을 외상으로 구입하다.

④ 상품을 현금으로 구입하다.

⑤ 상품을 구입가보다 높게 외상으로 판매하다.

⑥ 대여금을 현금으로 회수하다.

⑦ 은행에서 융자를 받아 주식을 구입하다.

⑧ 대여금을 회수하지 못하고 포기하다.

2-7 [회계거래의 분석]

㈜발해의 3월 중 거래들이 회계등식의 각 요소인 자산과 부채, 자본에 미치는 영향을 설명하고, 3월 말의 ㈜발해의 자산, 부채, 자본의 총계금액을 계산하시오.

* 3월 1일 금액: 자산 ₩250,000; 부채 ₩100,000; 자본 ₩150,000

① 3월 2일에 사무용 컴퓨터를 ₩19,000에 외상으로 구입하다.

② 3월분 임차료 ₩4,000을 현금으로 지급하다.

③ 2월에 외상판매하여 발생한 매출채권 ₩15,000을 현금으로 회수하다.

④ 3월 10일에 구입가격 ₩13,000상품을 ₩20,000에 현금으로 판매하다.

⑤ 3월분 전기료 ₩5,000을 3월 31일에 현금으로 지급하다.

⑥ 컴퓨터 외상 구입대금 중 ₩10,000을 3월 20일에 현금으로 지급하다.

⑦ 3월 20일에 외상으로 광고하고 대금 ₩3,000을 3월 말까지 지급하지 않았다.

⑧ 3월의 급여 ₩15,000을 현금으로 지급하다.

⑨ 3월 25일에 구입가격 ₩20,000인 상품을 ₩50,000에 판매하였는데 ₩30,000은 현금으로 받고 나머지는 한 달 후에 받기로 하다.

2-8 [거래의 분개]

다음은 광고대행회사인 ㈜용봉의 20×6년 7월의 거래내역이다.

① 친구가 주주로서 ㈜용봉에 ₩2,000,000을 현금으로 출자했다.

② ㈜서석의 광고용역을 대행하고 현금 ₩300,000을 수령했다.

③ ㈜중흥의 광고용역을 수행하고 ₩500,000을 지급하도록 청구했다.

④ ㈜중흥으로부터 청구대금 중 ₩250,000을 현금으로 수령했다.

⑤ 한전으로부터 6월분 전기료 ₩6,000을 통보받았다.

⑥ 통신비용 ₩3,000을 현금으로 지급하였다.

⑦ ㈜서석의 광고용역을 수행하고 대금 중 ₩40,000은 현금으로 받고 나머지 ₩50,000은 외상으로 하다.

요구사항 7월 중 거래를 분개하시오.

2-9 [거래의 분개와 전기]

다음은 ㈜고구려가 20×5년 5월에 개업한 후 1달간의 거래내역이다.

① 현금 ₩4,000,000을 출자하여 유통전문회사를 개업하다.

② 사무실을 임차하고 임차료로 ₩500,000을 현금으로 지급하다.

③ 사무실에 필요한 비품 ₩15,000을 구입하고 현금으로 지급하다.

④ 판매할 상품 ₩1,200,000을 현금으로 매입하다.

⑤ 상품 ₩700,000을 판매하고 대금은 외상으로 하다.

⑥ 상품 ₩300,000을 현금으로 추가 매입하다.

⑦ 운영자금으로 필요한 현금 ₩1,000,000을 은행에서 빌리다.

⑧ 상품 ₩200,000을 판매하고 대금은 현금으로 받다.

⑨ 종업원 5월분 급여 ₩100,000을 현금으로 지급하다.

⑩ 은행대출금에 대한 이자 ₩20,000을 현금으로 지급하다.

요구사항

(1) 5월 중 거래를 분개하시오.

(2) 분개된 거래를 각 계정에 전기한 결과를 보이시오.

2-10 [거래의 분개와 전기]

마케팅 컨설팅을 제공하는 ㈜백제가 9월 한 달 동안 수행한 거래는 다음과 같다.

① 상담실 리모델링 공사비를 마련하기 위해 은행으로부터 ₩200,000을 대출받다.

② 상담실에 비치할 책상과 의자 등 비품 ₩30,000을 현금으로 구입하다.

③ 사무실 임차료 ₩100,000을 현금으로 지급하다.

④ 소모품 ₩300,000을 외상으로 매입하고 비용으로 기록하였다.

⑤ 고객에게 ₩500,000 상당의 컨설팅 서비스를 제공하고 대금은 외상으로 하다.

⑥ 고객에게 ₩150,000 상당의 디자인 서비스를 제공하고 대금은 현금으로 받다.

⑦ 은행 대출이자 ₩4,000을 현금으로 지급하다.

⑧ 종업원급여 ₩170,000을 현금으로 지급하다.

⑨ 외상으로 제공했던 컨설팅 수수료 중 ₩280,000을 현금으로 돌려받았다.

⑩ 회사 광고를 위해 광고비 ₩40,000을 현금으로 지급하다.

요구사항

(1) 9월 중 거래를 분개하시오.

(2) 분개된 거래를 각 계정에 전기한 결과를 보이시오.

2-11 [거래의 추정]

다음은 ㈜신라의 11월 거래를 분개한 것이다. 11월 중 어떤 거래가 발생한 것인지 추정해 보시오.

①	(차)	소모품비	800	(대)	소 모 품	800
②	(차)	보 험 료	1,200	(대)	현 금	1,200
③	(차)	현 금	300	(대)	매 출	1,600
		매출채권	1,300			
④	(차)	현 금	3,000	(대)	단기차입금	3,000

⑤ (차)	비 품	900	(대) 현 금	300
			미지급금	600
⑥ (차)	현 금	1,000	(대) 매출채권	1,000
⑦ (차)	임 차 료	500	(대) 미지급비용	500
⑧ (차)	미지급금	600	(대) 현 금	600
⑨ (차)	단기차입금	2,000	(대) 현 금	2,200
	이자비용	200		
⑩ (차)	매 입	900	(대) 매입채무	900

2-12 [거래의 추정]

다음의 각 분개에 해당하는 거래내용을 추정해 보시오.

① (차)	현 금	2,700	(대) 자 본 금	2,700
② (차)	비 품	80,000	(대) 미지급금	80,000
③ (차)	소 모 품	17,000	(대) 미지급금	17,000
④ (차)	현 금	56,000	(대) 건 물	56,000
⑤ (차)	토 지	22,000	(대) 건 물	22,000
⑥ (차)	소모품비	4,000	(대) 소 모 품	4,000
⑦ (차)	현 금	20,000	(대) 대 여 금	20,000
⑧ (차)	이자비용	1,400	(대) 현 금	1,400

2-13 [거래의 추정]

다음은 ㈜신라의 8월 중 거래를 해당 계정에 전기한 결과이다.

현 금

차변	대변
8/2 자 본 금 5,000	8/6 비 품 400
8/16 매 출 800	8/26 종업원급여 500
8/23 매출채권 500	

매출채권

차변	대변
8/8 매 출 500	8/23 현 금 500
8/16 매 출 700	

비 품

차변	대변
8/6 제 좌 1,000	

미지급금

차변	대변
	8/6 비 품 600

미지급비용

차변	대변
	8/31 임 차 료 800

자 본 금

차변	대변
	8/2 현금 5,000

매 출

차변	대변
	8/8 매출채권 500
	8/16 현 금 800
	8/16 매출채권 700

종업원급여

차변	대변
8/26 현금 500	

임 차 료

차변	대변
8/31 미지급비용 800	

요구사항

(1) 8월 중 어떤 거래가 발생하였는지 발생일자 순으로 추정해 보시오.

(2) 8월 말일 현재 현금계정의 잔액은 얼마인가?

(3) 8월 말일 현재 매출채권 미회수액은 얼마인가?

CHAPTER 03

결산과 재무제표 작성

학습 목표

본 장에서는 결산의 개념과 절차를 이해하고, 회계기간 말에 수행되는 주요 결산 활동에 대해 살펴본다. 이를 위해 시산표의 작성 방법을 익히며, 자기검증 기능을 활용한 오류 검토 방법도 함께 학습한다. 또한 결산정리사항의 유형을 구분하고, 수익 · 비용 및 자산 · 부채 · 자본 항목에 대한 결산정리분개를 수행할 수 있도록 한다. 다음으로, 결산정리분개 후 수정 후 시산표의 작성과정을 이해하여 재무제표 작성을 완성한다. 마지막으로 손익계산서계정과 재무상태표계정의 마감 절차를 익히고, 장부 마감과 재무제표 작성 간의 연계성을 설명할 수 있도록 한다.

SECTION 01

결산과 결산절차

앞 장에서는 회계순환과정 중 전반부에 해당하는 절차, 즉 회계처리의 대상이 되는 거래를 식별하고 이를 분개하여 분개장에 기록하며 분개장의 내용을 각각 해당 총계정원장과 보조장부에 전기하는 과정에 대해 살펴보았다. 이러한 분개와 전기의 과정은 기업에서 발생한 모든 거래에 대해 반복적으로 수행되는 일상적인 회계 처리 절차이다. 예를 들어 하루에 100건의 거래가 발생했다면, 각 거래마다 동일한 회계 처리 절차가 반복된다. 하나의 거래는 거래의 이중성 원칙에 따라 차변과 대변의 서로 다른 계정으로 나뉘어 전기되며, 경우에 따라 보조장부에도 별도로 기록해야 한다. 또한 거래에 여러 품목이 포함되어 있다면, 각 품목별로 개별적인 재고관리가 필요할 수도 있다. 따라서 겉보기에는 단순해 보이는 100건의 거래도 실제로는 훨씬 더 복잡하고 반복적인 회계 처리로 이어질 수 있다.

이러한 절차는 매일 반복되며, 그 결과 각 계정에 거래내역이 총계정원장에 누적되어 기록된다. 그러나 총계정원장에 기록된 정보는 개별 계정 단위의 거래 내역만을 보여주기 때문에 기업 전체의 재무상태나 손익을 종합적으로 파악하기는 어렵다. 따라서 기업은 일정한 시점마다 총계정원장의 자료를 정리하고 요약하여 보고하며, 이 과정을 '결산'이라고 한다.

본 장에서는 모든 유형의 기업에 적용되는 일반적인 결산 및 결산절차에 대해 설명한다. 다만, 상기업의 경우에는 상품매매거래의 기록이 복잡하고 상품계정에 대한 결산절차가 다른 유형의 기업(예컨대 서비스기업 등)과 차이가 있으므로, 이에 대해서는 다음 장에서 별도로 설명하기로 한다.

일정 회계기간이 종료되면 그 기간에 수행된 모든 경영활동을 요약하여 실적을 평가하고 보고하는 절차를 수행하게 되는데, 이러한 일련의 절차를 **결산**(closing)이라 한다. 즉, 결산이란 일정 회계기간에 발생한 자산, 부채, 자본의 변동 내용과 이러한 변동으로 인한 결과를 종합하여 **재무제표** 형식으로 요약하고 정리하는 과정이다. 이러한 결산절차가 중요한 이유는 결산절차를 통해서 비로소 정보이용자들에게 의미 있는 회계보고서가 제공될 수 있기 때문이다.

더 알아보기 **회계기간**

모든 기업은 일정한 기간을 정하여 그동안의 경영실적을 분석하고 내·외부의 이해관계자들에게 보고해야 할 의무가 있다. 이때 정해진 시간단위를 회계기간이라 하며, 주된 보고형식을 재무제표라고 한다. 즉 모든 기업은 정해진 회계기간마다 재무제표를 작성하여 보고하게 된다. 여기서 회계기간은 흔히 1년 단위로 구분하는 것이 일반적이나 기업 내부의 필요나 자본시장 감독기관의 요청에 따라 분기별 또는 월별로 그 주기가 점점 짧아지는 경향이 있다. 이는 기업의 회계정보를 필요로 하는 의사결정자들에게 보다 적시성(timeliness) 있는 정보를 제공하기 위함이며, 현행 상법에서도 모든 상인은 연 1회 이상 결산을 하도록 규정하고 있다.

회계기간을 1년으로 하는 경우에도 기업에 따라 매년 1월 1일부터 12월 31일까지를 한 회계기간으로 정한 기업이 많지만, 때에 따라서는 매년 7월 1일부터 다음 해 6월 30일까지를 회계기간으로 보는 기업들도 있다. 대부분의 상장기업들은 분기별로 재무제표를 작성하여 보고하는 것이 의무화되어 있지만, 이 경우에도 흔히 1년을 한 회계기간으로 본다.

이러한 기간구분이 필요한 이유는 회계에서는 기본적으로 계속기업의 가정을 전제로 하기 때문에 경영실적 보고를 기업의 종료시점까지 미룰 수 없어 일정한 기간을 인위적으로 정해 정기적으로 실적을 보고하도록 하기 위함이다.

매일 이루어지는 거래의 장부기록 절차나 내용은 기업마다 다를 수 있지만, 결산과정은 대부분 비슷하다. 이는 결산의 궁극적인 목표가 일정한 형식의 회계보고서, 즉 재무제표를 작성하는 데 있기 때문이다. 일반적으로 결산을 수행하는 절차는 [그림 3-1]과 같이 요약할 수 있다.

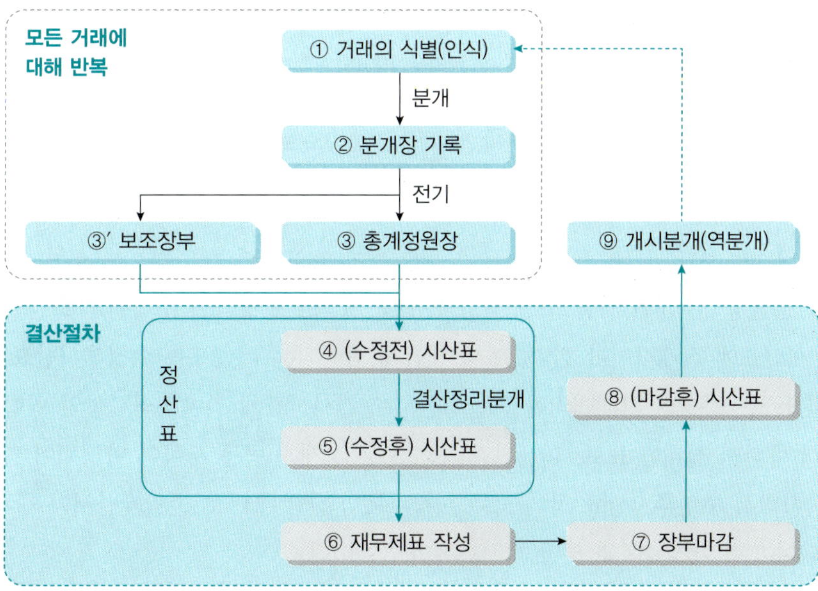

그림 3-1 회계순환과정과 결산절차

결산절차는 기중의 모든 거래내역이 계정별로 일목요연하게 정리되어 있는 총계정원장의 각 계정 잔액들을 한 곳에 모아 시산표를 작성하는 것으로 시작된다. 총계정원장은 회계기간 동안에 발생한 모든 거래를 계정별로 분류하여 기록한 것이지만, 이들 각 계정의 내용만으로는 기업의 전체적인 상황이나 실적을 파악하기 어렵다. 따라서 이들을 요약하여 일정한 형식으로 정리하고 보고하기 위해서는 먼저 각 계정의 잔액들을 하나의 표로 모으는 작업, 즉 **시산표** 작성과정이 필요하다. 이러한 시산표는 회계기간 중의 거래가 반영된 계정들을 정리하여 보여줄 뿐만 아니라, **대차평형의 원리**에 따라 총계정원장에 기록된 내용에 오류가 있는지를 판단하는 기능도 제공한다.

시산표를 통해 계정잔액에 중대한 오류가 없는 것으로 판단되면, 다음으로 결산정리사항에 대한 분석과 분개절차를 진행한다. 결산절차는 시산표에 반영되어 있지 않는 사항, 예를 들어 회계기간 중의 거래에서 포착되지 않은 사항이나 발생주의에 근거한 회계기간의 경영성과 등을 산출하기 위해 조정해야 하는 사항 등을 최종적으로 정리하는 절차이다. 이러한 결산정리사항 역시 회계거래로 간주되므로 별도의 분개가 필요하게 되는데, 이를 **결산정리분개**라고 한다. 물론 결산정리분개의 결과도 총계정원장에 추가로 반영하여야 한다.

시산표 작성	총계정원장의 잔액을 모아 원장 기록의 정확성을 확인
⇩	
결산정리분개	누락되었거나 기간조정이 필요한 사항을 정리하여 수정
⇩	
수정후시산표 작성	결산정리사항을 반영한 총계정원장 계정잔액을 재집계
⇩	
재무제표 작성	수정후시산표를 기초로 재무상태표와 손익계산서 작성
⇩	
장부 마감	총계정원장의 손익 항목 마감 및 재무상태표 항목의 이월

그림 3-2 결산절차와 진행과정

다음으로 결산정리분개된 기말 조정 사항을 해당 계정에 반영하여 수정된 새로운 계정잔액을 다시 시산표에 집계하여야 한다. 이때 새롭게 작성되는 시산표를 **수정후시산표**라 한다. 수정후시산표는 기중의 거래내역만을 반영한 수정전시산표에 기말정리사항의 영향을 추가로 반영하여 다시 집계한 표로, 회계기간 중의 모든 경제적 변동 사항이 반영되어 있다고 볼 수 있다. 따라서 수정후시산표 상의 모든 계정과목의 잔액이 바로 손익계산서와 재무상태표에 표기되어야 할 계정과목과 해당 계정과목의 금액이다.

수정후시산표가 작성되면 시산표 상의 계정과목과 계정잔액을 각각 재무상태표계정과 손익계산서계정으로 구분하여 재무상태표와 손익계산서 양식에 따라 보고서를 작성하게 된다. 이처럼 시산표 작성부터 재무제표 작성으로 이어지는 과정은 일부 결산정리분개에서 판단이 필요한 경우를 제외하고는 전체적으로 매우 정형화되어 있어 기계적인 작업절차에 해당한다. 따라서 실무에서는 이러한 주요 결산절차를 보다 쉽고 정확하게 수행하기 위해서 흔히 **정산표**라고 하는 표준 양식을 작성한다.

수정후시산표 또는 정산표를 바탕으로 재무제표 작성이 완료되면, 마지막으로 한 회계기간 동안 사용해 온 총계정원장의 각 계정기록을 마감하는 **장부마감** 절차가 진행된다. 각 계정 장부의 기록들은 시산표 작성과 결산정리사항에 대한 분개를 통해 오류의 수정이나 기말에 추가로 반영되어야 할 모든 정리작업이 마무리되어 이제 더 이상 추가, 변경할 내용이 없게 된다. 따라서 장부마감 절차는 해당 회계기간의 장부기록을 마감(closing)하고, 다음 회계기간에도 계속 사용되어질 재무상태표 항목들에 대한 차기이월절차를 수반되게 된다. 이제 이러한 결산절차를 보다 구체적으로 살펴보자.

SECTION

02 시산표 작성

1 시산표와 자기검증기능

시산표(trial balance)란 결산절차를 본격적으로 수행하기에 앞서, 회계기간 동안 총계정원장에 기록된 모든 계정의 잔액(또는 차/대변 각각의 합계액)을 각각 차변과 대변으로 구분하여 집계한 표이다. 즉, 시산표는 회계기간 동안에 작성한 계정기록의 정확성 여부를 사전에 점검해보기 위해 시험 삼아 계산해 보는 표이다. 여기에는 복식부기의 핵심기능인 대차평형의 원리가 적용된다. 복식부기회계에서는 모든 거래를 거래의 이중성개념에 따라 차변과 대변으로 나누어 동일한 금액으로 분개한 다음, 차변에 분개된 금액은 해당 총계정원장의 차변에 전기하고 대변에 분개된 금액은 해당 총계정원장의 대변에 전기한다. 따라서 만일 모든 거래내용을 올바르게 분개하고 전기했다면 총계정원장 각 계정의 차변 합계액과 대변 합계액은 일치하게 된다. 이러한 특성을 **대차평형의 원리**(principles of equilibrium)라고 한다.

시산표를 작성했을 때 만일 차변 합계액과 대변 합계액이 일치하지 않는다면, 이는 분개과정이나 전기과정 중 적어도 하나 이상의 오류가 있었음을 의미한다. 따라서 결산을 수행하기 위해 먼저 시산표를 작성하여 차변 합계액과 대변 합계액을 비교해 보면 그동안의 회계기록에 오류가 존재하는지, 또는 정확하게 기록되고 있었는지를 확인할 수 있다. 이와 같이 시산표는 복식부기의 특징인 대차평형의 원리를 적용하여 **자기검증기능**(self-verification function)을 수행한다.

2 시산표의 작성 방법

총계정원장의 각 계정에는 분개된 거래 중 해당 계정과 관련된 증가 또는 감소 내역만이 기록되기 때문에 일반적으로 각 계정의 차변 합계액과 대변 합계액은 서로 일치하지 않는다. 예를 들어 자산 항목 중의 하나인 매출채권계정에서는 회계기간 중 증가하는 거래를 모두 차변에 기록하고 대변에는 감소하는 모든 거래를 기록한다. 따라서 매출채권계정의 차변 합계액은 회계기간 중 외상판매가 이루어진 모든 거래의 합계액을 의미하며, 대변 합계액은 기중에 외상거래가 회수된 총금액을 의미한다. 그런데 매출채권은 자산 계정인 만큼 차변 합계액이 대변 합계액보다 클 가능성이 높다. 따라서 대차 합계액의 차액인 잔액은 차변에 남게 된다. 마찬가지로 부채계정과 자본계정 및 수익 항목들은 대변 합계액이 더 클 것이며, 비용계정과 다른 자산계정들은 차변 합계액이 더 클 것이다.

각 계정의 합계액 또는 잔액을 모아서 시산표에 표시하는 방법은 크게 두 가지로 나뉜다. 하나는 차변 및 대변의 합계액을 모두 나열하여 표시하는 방법(**합계시산표**)이고 다른 하나는 대차 잔액만을 나열하여 표시하는 방법(**잔액시산표**)이다. 가령, 시산표에 각 계정의 차변 합계액과 대변 합계액을 모두 표시하는 방법은 계정별로 회계기간 중의 총증가액과 총감소액의 규모를 파악하는 데 유용하다. 이에 반해 결산절차를 통해 궁극적으로 작성하고자 하는 재무제표에는 잔액 또는 순액 기준으로 작성되므로, 처음부터 시산표를 작성할 때 차변 합계액과 대변 합계액의 차액인 잔액만을 표시하는 것이 더 간편할 수도 있다. 그러나 차변과 대변의 합계액을 모두 표시하는 합계시산표를 작성할 때도 결국은 잔액 계산이 필요하므로 이를 합하여 모두 표시하는 방법(**합계잔액시산표**)을 사용하는 것이 일반적이다.

시산표를 작성하는 일반적인 절차는 다음과 같다. 여기서는 합계잔액시산표 작성 기준으로 설명한다.

(1) 총계정원장 각 계정의 차변 합계와 대변 합계를 구한다.
(2) 각 계정의 차변 및 대변의 합계액을 합계잔액시산표의 차변과 대변으로 각각 옮겨 적는다. 이 때 계정과목의 열거 순서는 자유롭지만 일반적으로 자산, 부채, 자본, 수익, 비용의 순으로 정리하면 재무제표 작성에 더 편리하다.
(3) 시산표의 합계 부분 기록이 끝나면 계정과목별로 차변 합계액과 대변 합계액의 차액을 계산하여 많은 쪽의 잔액란에 기록한다.
(4) 거래내용(적요)을 기입하므로 거래 결과가 재무상태에 미치는 영향을 쉽게 파악할 수 있다.

[표 3-1]은 이러한 과정을 통해 작성된 합계잔액시산표의 예시이다.

표 3-1 합계잔액시산표

합계잔액시산표

20×1년 12월 31일 현재

㈜고구려 (단위: 천원)

차변		계정과목	대변	
잔액	합계		합계	잔액
1,830	3,300	현 금	1,470	
330	1,400	매출채권	1,070	
80	300	소 모 품	220	
5,250	5,250	토 지		
	880	미지급금	1,550	670
		자 본 금	5,000	5,000
		매 출	13,760	13,760
10,800	10,800	매 입		
780	780	종업원급여		
320	320	임 차 료		
40	40	이자비용		
19,430	23,070	합 계	23,070	19,430

작성된 합계잔액시산표에서 차변 합계의 총계(₩23,070)와 대변 합계의 총계(₩23,070)가 일치하며, 차변 잔액의 합계(₩19,430)와 대변 잔액의 합계(₩19,430) 역시 서로 일치한다. 따라서 회계기간 중 각 계정의 기록에 중대한 오류가 없음을 의미한다. 그런데 이후의 결산 절차를 진행하는 데 실질적으로 필요한 것은 각 계정의 차변 합계와 대변 합계금액보다는 계정별 대차잔액이므로, 시산표를 작성할 때 합계잔액시산표보다는 잔액시산표를 직접 작성하는 경우가 많다.

합계잔액시산표를 잔액시산표로 작성할 때는 시산표 상의 차변과 대변의 합계액란을 제외하고 잔액만을 표시하면 된다. 잔액시산표 작성 예시는 [표 3-2]와 같다.

표 3-2 잔액시산표

잔액시산표

20×1년 12월 31일 현재

㈜고구려 (단위: 천원)

차변	계정과목	대변
1,830	현 금	
330	매출채권	
80	소 모 품	
5,250	토 지	
	미지급금	670
	자 본 금	5,000
	매 출	13,760
10,800	매 입	
780	종업원급여	
320	임 차 료	
40	이자비용	
19,430	합 계	19,430

시산표를 작성하는 목적 중 하나는 각 계정의 합계(또는 잔액)를 한 곳에 모아 복식부기의 자기검증기능을 통해 회계기간 중의 기록에 중대한 오류가 없는지를 점검하는 데 있다. 그러나 시산표의 차변 합계와 대변 합계가 일치한다고 해서 계정기입에 오류가 전혀 없다고 단정할 수는 없다.

예를 들어 거래를 분개하거나 전기할 때 차변과 대변에 같은 금액만큼 잘못 기재하거나, 차변과 대변에 같은 금액만큼 누락하거나, 동일 거래를 두 번 중복하여 기록한 경우에도 시산표 상에 대차평형의 원리는 적용되기 때문에 시산표만으로는 이러한 오류를 적발하기 어렵다. 또한 시산표의 대차 합계가 서로 일치하지 않아 계정기록에 오류가 있음을 확인하는 경우라 하더라도 시산표만으로는 오류가 어디에서 발생했는지 원인을 직접 찾아내기는 어렵다. 결국 시산표는 계정기록의 전반적인 정확성을 점검하는 데 유용한 도구이지만, 이를 통해 모든 오류를 완벽하게 검증할 수 있는 것은 아니다.

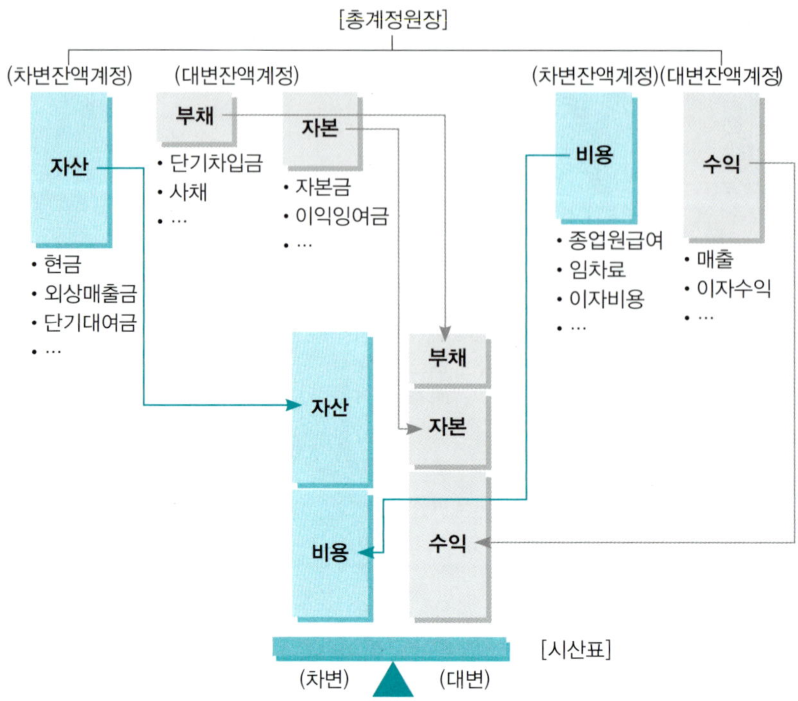

그림 3-3 잔액시산표의 구성원리

시산표를 작성하는 또 다른 목적은 결산보고서인 재무상태표나 손익계산서를 작성하기 위한 기초 자료를 제공하는 데 있다. 이들 재무제표는 각 계정과목의 잔액을 기준으로 작성되며, 해당 잔액은 총계정원장의 차변 합계액과 대변 합계액의 차이를 시산표로 집계한 후, 결산정리분개를 거쳐 최종적으로 확정된다. 따라서 시산표 작성은 재무제표 작성을 위한 필수적인 준비 절차라고 할 수 있다.

SECTION

03 결산정리사항과 수정분개

1 결산정리사항

시산표를 작성했다고 해서 결산 준비가 모두 끝난 것은 아니다. 시산표에는 총계정원장을 통해 회계기간 중의 모든 경제적 변동이 반영되어 있지만, 그중에는 거래의 효과가 다음 회계기간까지 이어지는 경우도 있고, 장부가치가 현재가치와 크게 차이 나는 항목이나, 의도치 않게 자산가치가 하락한 경우도 포함될 수 있다. 따라서 한 회계기간 동안의 정확한 손익과 재무상태를 파악하기 위해서는 결산시점에서 추가적 변동 사항이나 기간손익을 명확히 하기 위한 정리분개가 필요하다. 이와 같이 결산시점에서 조정해야 할 항목들을 **결산정리사항**이라 하며, 이를 조정하기 위해 행하는 추가적인 분개를 **결산정리분개** 또는 **수정분개**라고 한다.

결산시점에서 수정분개를 이해하기 위해 반드시 알아야 할 개념은 복식부기가 현금주의가 아닌 발생주의를 근간으로 행해진다는 것이다. 발생(기준)주의란 계속기업을 전제로 하여 특정 경제적 실체의 경영성과를 어느 기간에 인식할지를 판단하는 기준을 제공한다. 구체적으로 **발생기준**(accrual basis) 또는 **발생주의회계**는 회계의 대상인 거래를 기록하는 시점을 그 거래로 인한 현금 유출 · 입 여부와 관계없이 거래가 발생(occurrence)했다고 판단되는 회계기간에 인식하고 기록해야 한다는 원칙이다. 이는 거래가 발생하면 자산의 변동과 함께 채권, 채무관계가 확정되고 수익이나 비용이 발생하므로 이 시점에서 경제적 변동상황을 기록해야 한다는 원칙이다.

일반적인 교환거래에서 현금판매가 이루어지는 경우, 재화의 제공시점과 현금의 지급 · 수취시점은 동일하므로 현금의 지급 · 수취시점을 거래 발생시점으로 간주할 수 있다. 그러나 대부분의 기업거래는 거래시점에서 즉시 현금의 지급 · 수취가 이루어지지 않고 신용거래 형태로 이루어지고 있다. 이 경우 거래로 인한 현금의 수입 · 지출이 직접 이루어지기 전까지 관련 자산의 변동이나 수익, 비용 등을 인식하지 않게 된다면 당해 회계기간의 경영성과를 정확히 반영할 수 없게 된다. 따라서 발생기준은 회계처리를 현금의 지급 · 수취시점까지 기다리지 않고, 상품인도와 같은 결정적인 사실의 발생시점에서 거래를 인식하고 기록하도록 한다. 이러한 발생기준에 따라 수익에는 실현주의, 그리고 비용에는 수익 · 비용대응의 원칙이 적용된다.

결산수정분개가 필요한 조정 항목들은 대부분 현금주의와 발생주의의 차이에서 비롯된다. 대부분의 거래가 현금 등 자산가치 변동시점에서 기록되지만 발생주의는 당기 중에 발생한 경제적 변동만을 당기에 인식함으로써 기간손익의 정확성을 확보한다. 즉, 결산시점에서 발생주의원칙을 적용하여 결산정리분개를 행함으로써 기업의 자산, 부채, 수익, 비용 등을 올바른 금액으로 조정하게 된다.

더 알아보기 **수익실현주의와 수익 · 비용대응의 원칙**

발생주의에 따라 수익은 수익실현주의로 인식된다. 여기서 실현주의란 (1) 수익은 가득되어야 하며 (2) 실현되었거나 또는 실현가능한 시점에서 인식될 수 있음을 의미한다. (1) 수익이 가득되어야 한다는 의미는 수익을 인식할 수 있을 만큼의 활동이 완료되었음을 뜻하며, 가령 재화판매의 경우 재화의 인도시점, 용역제공의 경우 용역제공의 완료시점을 의미한다. (2) 실현되었거나 실현가능한 시점이란 수익 발생의 과정에서 그 금액을 현금 또는 현금청구권으로 합리적으로 측정할 수 있음을 의미한다.

이에 반해 비용은 수익 · 비용 대응의 원칙에 의해 인식한다. 수익 · 비용 대응의 원칙이란 비용은 관련된 수익이 인식되는 동일 기간에 인식하여야 한다는 것이다.

앞 장에서 설명한 바와 같이 현금기준(cash basis)은 주로 단식부기 회계처리에 적용되는 방법으로, 실제로 현금이 유입되거나 지출되는 시점에서 거래를 인식하고 기록한다. 현금기준은 가장 객관적인 측정치 개념을 사용하기 때문에 적용이 간편하다는 장점이 있지만, 다른 채권 · 채무의 발생을 인식하거나 수익 · 비용을 적절히 대응시키지 못함으로써 회계기간별 경영성과를 왜곡할 수 있다는 문제점이 있다. 따라서 그동안 회계처리에 현금기준 적용이 용인됐던 비영리기업이나 자치단체도 현재는 대부분 발생기준을 적용하는 복식부기회계로 전환되었다.

2 수익 · 비용 항목에 대한 결산정리분개

기중에 회계처리된 수익 · 비용 항목이 해당 거래와 관련된 대가(현금 등)가 수입 또는 지출된 시점에서 기록되었다면 이들 항목에 대해 결산시점에서 발생주의의 관점에 따라 기간 귀속을 명확히 구분하는 조정절차가 수행되어야 정확한 당기손익을 정확하게 계산할 수 있다. 이때 조정이 필요한 항목에는 당기의 발생사실로 인식되지만, 아직 그 대가가 지급되지 않았거나 지급받지 못한 경우(미지급비용, 미수수익 등)가 있다. 반대로 그 대가는 이미 제공되었으나 관련 상품이나 서비스가 아직 제공되지 않은 경우(선급비용, 선수수익 등)도 있다.

2.1 미지급비용

대출이자, 종업원 급여, 통신비, 수도세, 전기요금 등은 일반적으로 일정 기간 사용한 후, 그 대금을 나중에 지급하는 경우가 많다. 이처럼 결산 시점까지 비용은 발생했지만, 아직 지급되지 않은 항목을 통틀어 **미지급비용**(accrued expenses)이라 한다. 즉 미지급비용은 지급해야 할 원인은 발생했으나 아직 그 대가가 지급되지 않아서 장부에 미처 기록되지 않은 비용을 말한다. 가령 회계기간 말까지 타인의 자산(또는 현금)을 사용하고도 해당 대가, 즉 임차료(이자)를 지급하지 않으면 지급임차료(지급이자)와 미지급비용계정의 장부잔액이 실제와 일치하지 않게 된다. 이 경우 결산시점에서 아직 지급하지 않고 남아있는 금액을 정확히 계산하여 해당 비용계정으로 계상하는 동시에 미지급비용으로 부채를 추가 계상해야 한다.

미지급비용에 해당하는 항목들로는 미지급이자, 미지급급여, 미지급임차료, 미지급통신비, 미지급수도광열비 등이 있다. 이러한 미지급계정은 미지급비용이라는 계정 명칭을 사용할 수도 있지만, 기업에서 항목별 미지급액을 구체적으로 파악할 필요가 있는 경우에는 해당 항목별로 구분하여 계정을 설정하기도 한다.

예제 3-1 **단기차입금 이자에 대한 결산**

결산정리사항: ㈜백제는 4월 30일에 단기 운영자금이 필요하여 ㈜신라로부터 ₩200,000을 빌려 쓰고 매 3개월이 되는 시점마다 3개월분 이자 ₩6,000을 지급하기로 하였다. 7월 31일과 10월 31일에 각각 ₩6,000의 이자를 지급하였다. ㈜백제의 결산일은 12월 31일이다.

물음 결산 시에 필요한 수정분개를 행하시오.

풀이

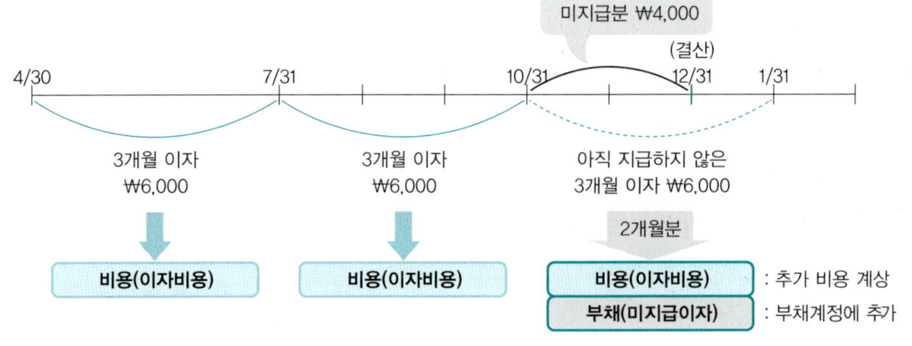

결산정리분개: (차) 이자비용 4,000 (대) 미지급이자비용 4,000

$$\text{결산시점의 미지급이자비용 ₩6,000} \times \frac{2\text{개월}}{3\text{개월}} = \text{₩4,000}$$

2.2 미수수익

건물이나 현금을 빌려주고 받는 임대료나 이자 등은 흔히 일정 기간 사용한 실적에 따라 대금을 후불로 받게 된다. 이러한 경우에는 결산일 현재 아직 수취하지 않은 수익이 존재할 수 있으며 이를 통틀어 **미수수익**(accrued revenue)이라 한다. 즉 미수수익은 발생주의에 의해 당기의 손익계산서에 반영되어야 할 수익임에도 아직 대금을 수취하지 않았기 때문에 장부에 기록하지 않은 항목이다. 이 경우 결산시점까지의 미수령액을 정확히 계산하여 각각 수익(임대료, 이자수익 등)과 자산(미수임대료, 미수이자 등)으로 계상하는 수정분개를 행해야 한다. 미수임대료, 미수이자 등은 일반적으로 '미수수익'이라는 통합된 명칭으로 부르지만, 실제 관리 과정에서는 각각의 구체적인 계정과목명을 별도로 사용한다. 다만 보고용 재무상태표에서는 이를 하나의 항목으로 표시하는 것이 일반적이다.

더 알아보기 미지급비용과 미지급금, 매입채무의 차이

미지급비용은 이자비용, 종업원급여, 임차료 등과 같이 당기에 비용으로 처리되어야 할 항목 중 결산 시점까지 아직 지급되지 않은 항목을 통틀어 이르는 말이다. 아직 지급되지 않은 부채의 관점에서 미지급비용과 유사한 계정으로 매입채무와 미지급금이 있다. 매입채무는 상품을 매입하고 그 대가를 아직 지급하지 않았을 때 사용하는 계정과목이며, 미지급금은 상품 이외의 자산(건물이나 비품 등)을 구입하고 그 대가를 지급하지 않았을 때 사용된다. 따라서 상품이나 기타 자산의 구입대가를 아직 미지급한 매입채무 및 미지급금과 비용으로 처리될 항목에 대한 미지급을 의미하는 미지급비용과는 분명히 구분하여 사용되어야 한다.

미지급비용에 속하는 항목으로는 미지급이자, 미지급급여, 미지급임차료 등이 있다. 일반적으로 분개 및 계정기입 시에는 각 항목의 성격 구분과 관리 목적상 미지급이자, 미지급급여, 미지급임차료 등의 구체적인 계정과목을 사용하는 경우가 많으며, 다만 외부보고용 재무상태표에 표시할 때는 이들 금액을 중요성의 원칙에 따라 하나의 통합항목인 '미지급비용'으로 합산하여 표시할 수 있다.

더 알아보기 미수수익과 미수금, 매출채권의 차이

미수수익은 임대료, 이자수익 등과 같이 당기에 수익으로 처리되어야 할 항목 중 결산시점에 아직 받지 못하고 있는 것을 통틀어 이르는 말이다. 이와 유사한 개념으로는 매출채권과 미수금이 있다. 매출채권은 상품을 판매하고 그 대가를 아직 받지 못했을 때 사용하는 계정과목이며, 미수금은 상품 이외의 자산(건물이나 비품 등)을 처분하고 그 대가를 아직 받지 못했을 때 사용된다. 따라서 수익으로 처리될 항목에 대한 미수령액을 의미하는 미수수익은 이들 매출채권 및 미수금과는 분명히 구분하여 사용되어야 한다.

미수수익에 속하는 항목으로는 미수임대료, 미수이자 등이 있다. 미지급비용의 경우와 마찬가지로 분개 및 계정기입 시에는 각 항목의 성격 구분과 관리 목적상 미수임대료, 미수이자 등의 구체적인 계정과목을 사용하는 경우가 많다. 그러나 외부보고용 재무상태표에 표시할 때는 이들 금액을 중요성의 원칙에 따라 하나의 통합 항목인 '미수수익'으로 합산하여 표시할 수 있다.

예제 3-2 후불 임대료 수취에 따른 결산

㈜신라는 4월 30일부터 보유 건물 중의 일부를 ㈜백제에게 장기 임대해주고 있다. 임대조건은 3개월마다 임대료 ₩3,000을 후불로 받는 것이며, 10월 말 임대료 입금까지 이루어졌다. ㈜신라의 결산일은 12월 31일이다.

물음 결산시점에서 필요한 수정분개를 행하시오.

풀이

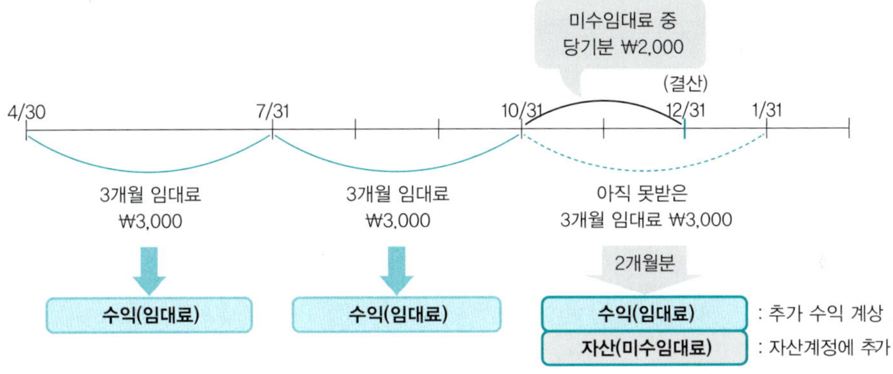

결산정리분개: (차) 미수임대료 2,000 (대) 임대료 2,000

$$\text{결산시점의 미수임대료 ₩3,000} \times \frac{2\text{개월}}{3\text{개월}} = \text{₩2,000}$$

2.3 선급비용

실무에서는 보험료나 광고비와 같이 약속한 서비스를 미래에 제공받기로 하고 그 대금을 미리 선불하는 경우가 많다. 이 경우 결산시점에 약속된 서비스가 실제로 제공되었는지를 확인하고, 아직 제공되지 않은 부분이 있다면 이를 선급비용으로 계상하여야 한다. 즉 **선급비용**(deferred expense)은 비용으로 처리되는 항목에 대해 대금(현금)은 이미 지급하였으나 그 대가인 물건이나 서비스를 아직 받지 못한 것을 의미한다. 이는 이미 지급한 비용의 대가로 미래에 받을 권리가 있음을 의미하므로 자산 항목에 해당한다. 선급비용에 속하는 항목은 선급임차료, 선급보험료, 선급광고비 등이 있다.

그런데 선급비용과 관련된 회계처리에는 두 가지 방법이 있다. 관련 비용을 지급하는 시점에서 어떻게 회계처리 하느냐에 따라 결산시점에서 이를 조정하는 분개가 달라져야 하기 때문이다. 예를 들어, 은행대출금에 대해 6개월마다 이자 ₩6,000씩 선지급하기로 하였다고 가정하자. 이때 회계처리 방법은 다음 두 가지로 나눌 수 있다. 첫째, 이자지급 시에 이를 미래

6개월간의 대출금 사용 권리로 보고 자산(선급이자)으로 계상한 후 6개월이 경과하면 이를 다시 비용(이자비용)으로 정리하는 방법[**자산계상법**]이 있다. 둘째, 이자지급 시에 지급되는 금액은 결국 비용으로 처리될 항목이므로 처음부터 비용(이자비용)으로 처리하고 결산 시에 6개월이 아직 지나지 않은 기간에 해당하는 금액을 비용에서 차감하고 자산(선급이자)으로 수정분개하는 방법[**비용계상법**]이다.

이상의 내용을 다음의 [예제 3-3]을 통해 자세히 살펴보자.

예제 3-3 비용계상법에 따른 선급비용 인식

결산정리사항: ㈜백제는 5월 1일에 은행으로부터 단기운영자금을 대출받고 6개월마다 선이자 ₩6,000씩을 지급하기로 했다. 이에 따라 ㈜백제는 5월 1일과 11월 1일에 각각 ₩6,000씩을 지급하고 이를 비용(이자비용)으로 처리하였다. ㈜백제의 결산일은 12월 31일이다.

물음 ㈜백제가 결산시점에서 필요한 수정분개를 행하시오. [**비용계상법**]

풀이

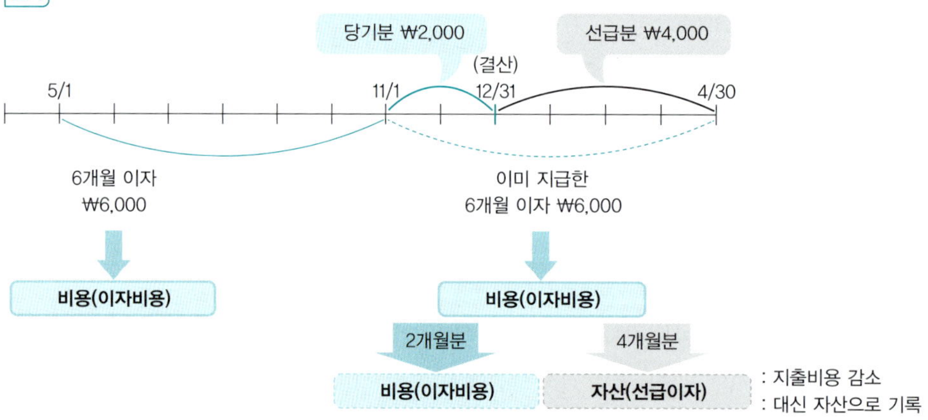

결산정리분개: (차) 선급이자 4,000 (대) 이자비용 4,000

[예제 3-3]에서 ㈜백제는 5월 1일과 11월 1일에 선이자(₩6,000)를 지급하면서 비용(이자비용)으로 처리하였으므로, 비용계상법에 따라 각각 다음과 같이 분개하고 해당 계정에 기록했을 것이다.

5/1	(차) 이자비용	6,000	(대) 현 금	6,000
11/1	(차) 이자비용	6,000	(대) 현 금	6,000

그런데 이 중 5월 1일에 지급한 ₩6,000은 이미 사용기간이 경과했기 때문에 모두 비용으로 간주해 수정분개가 필요 없다. 그러나 11월 1일에 지급된 ₩6,000은 모두 비용으로 처리되고 있지만, 이 중 내년 1월 1일부터 4월 30일까지 해당하는 4개월(₩4,000)은 아직 사용기간이 경과되지 않아 그동안 대출금을 지속적으로 사용할 수 있음을 주장할 수 있는 권리(자산)가 있다. 따라서 ㈜백제는 지급된 이자에 대한 기간구분을 명확히 하기 위해 결산시점에서 다음과 같은 수정분개가 필요하다.

결산정리분개	(차) 선급이자	4,000	(대) 이자비용	4,000

[비용계상법]

선이자 지급 시(11/1)	(차) 이자비용	6,000	(대) 현 금	6,000
결산수정분개 시(12/31)	(차) 선급이자	4,000	(대) 이자비용	4,000

그러나 만일 [예제 3-3]에서 비용계상법이 아닌 자산계상법을 사용하고 있다면 어떻게 달라질까? 이 경우 ㈜백제는 5월 1일과 11월 1일에 각각 다음과 같이 분개하고 해당 계정에 기록했을 것이다.

5/1	(차) 선급이자	6,000	(대) 현 금	6,000
10/31	(차) 이자비용	6,000	(대) 선급이자	6,000
11/1	(차) 선급이자	6,000	(대) 현 금	6,000

여기서 10월 31일의 분개가 추가된 것은, 5월 1일에 선이자를 현금으로 지급하면서 이를 자산(선급이자)으로 기록하고 있으므로 약정된 6개월의 기간이 경과된 시점(10월 31일)에서 권리가 소멸한 것으로 보아 이를 비용으로 처리하기 위한 것이다. 그러나 11월 1일에 지급한 선이자(선급이자)는 자산으로 기록되고 있지만 아직 약정기간(6개월)이 경과되지 않아 결산시점에도 모두 자산으로 기록되고 있다. 따라서 결산시점에 11월 1일 지출분에 대해 당기 사용분(비용)과 차기의 권리(자산)로 구분하는 조정분개가 필요하다. 이를 위해 결산시점에 다음과 같은 결산정리분개가 이루어진다.

결산정리분개	(차) 이자비용	2,000	(대) 선급이자	2,000

[자산계상법]				
선이자 지급 시(11/1)	(차) 선급이자	6,000	(대) 현 금	6,000
결산수정분개 시(12/31)	(차) 이자비용	2,000	(대) 선급이자	2,000

예제를 통해 살펴본 바와 같이, 비용계상법과 자산계상법의 최종 결과는 동일하다. 즉 이들 두 가지 방법 모두 당기 비용(이자비용)으로 계상되는 금액은 ₩8,000이며, 자산으로 이월될 권리(선급이자)로 남게 되는 금액은 ₩4,000으로 같다. 다만 기중에 선급금을 지급할 때 자산계상법(선급이자)으로 처리하고 있는지, 비용계상법(이자비용)으로 처리하고 있는가에 따라 결산시점에서의 수정분개가 달라질 뿐이다. 이처럼 보험료, 광고비, 임차료 등의 비용 항목에 대해서는 이들 비용을 지급할 당시에 어떻게 회계처리를 했는지를 미리 확인한 후에 결산시점에 이를 조정하는 분개를 수행해야 한다.

2.4 선수수익

건물의 임대료나 대여금의 이자는 해당 자산 또는 현금의 사용기간에 비례하여 발생하지만, 흔히 해당 자산을 제공하는 시점에서 이용 수수료를 선불로 받는 경우가 많다. 이때 결산시점에 이르러 약속한 자산 사용 또는 서비스 제공 기간이 모두 경과되었는지를 검토하여, 아직 경과되지 않은 기간이 남아 있다면 그만큼을 선수수익으로 계상하여야 한다. 즉 **선수수익**(deferred revenue)이란 수익으로 인식되는 서비스 제공과 관련하여 약속된 기간에 해당하는 수수료 대금을 미리 받았지만, 약속한 기간이 아직 경과되지 않은 부분을 의미한다. 약속대로 서비스 제공이 이루어진 경과 부분에 대해서는 당기의 수익으로 인식하며, 결산시점에서 아직 기간이 경과되지 않은 부분만을 선수수익(부채 항목)으로 처리한다. 이러한 선수수익에 해당하는 대표적인 항목으로는 선수임대료, 선수이자 등이 있다.

앞서 설명한 선급비용과 마찬가지로 선수수익의 회계처리에도 '부채계상법'과 '수익계상법' 두 가지 방법이 있다. 관련 대금을 수령하는 시점에서 어떻게 회계처리 하느냐에 따라 결산시점에서 이를 조정하는 분개 역시 달라진다. 예를 들어, 다른 사람에게 현금을 빌려주고 대여금에 대해 6개월마다 이자 ₩6,000씩을 선지급 받기로 한 경우를 생각해 보자. 이자를 지급받았을 때 이를 미래 6개월간의 대여금 제공 의무로 보고 부채(선수이자)로 계상한 후 6개월이 경과하면 비로소 수익(이자수익)으로 정리하는 방법[**부채계상법**]이 있다. 또한 이자를 지급받았을 때 그 이자는 결국 수익으로 처리될 항목이니 아예 처음부터 수익(이자수익)으로 처리하고, 만일 결산 시에 6개월이 아직 경과되지 않으면 그만큼을 수익에서 차감하고 부채(선수이자)로 수정분개하는 방법[**수익계상법**]을 사용할 수도 있다. 물론 기업에서는 이 중 어느 방법을 선택해도 무방하지만, 기중에 어떤 회계처리 방법을 선택했는지에 따라 결산시점에서의 수정분개가 달라지게 된다.

예제 3-4 수익계상법에 따른 선급비용 인식

결산정리사항: ㈜신라는 5월 1일 ㈜백제에 여유자금을 빌려주고 6개월마다 선이자 ₩6,000씩을 현금으로 받기로 했다. 이에 따라 ㈜신라는 5월 1일과 11월 1일에 각각 ₩6,000씩을 현금으로 받았으며, 이를 각각 수익(이자수익)으로 회계처리하였다. ㈜신라의 결산일은 12월 31일이다.

물음 ㈜신라가 결산시점에서 필요한 수정분개를 행하시오. [**수익계상법**]

풀이

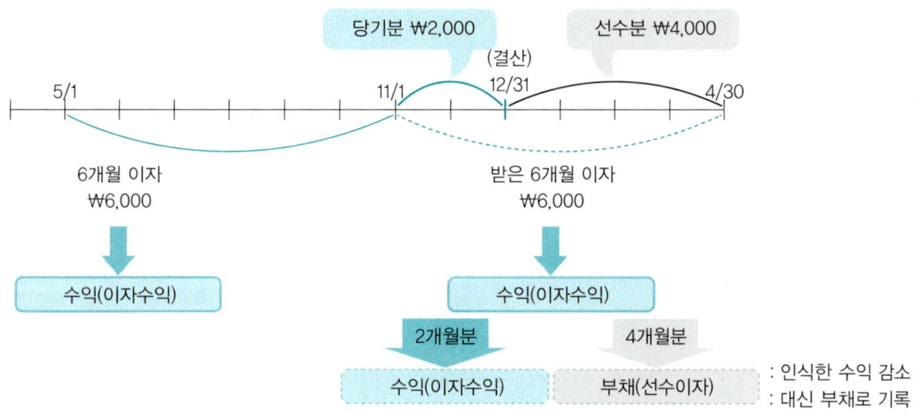

결산정리분개: (차) 이자수익 4,000 (대) 선수이자 4,000

[예제 3-4]에서 ㈜신라는 5월 1일과 11월 1일에 선이자(₩6,000)를 지급받고 수익(이자수익)으로 처리하였다고 하였으니, 이를 수익계상법에 따라 각각 다음과 같이 분개하고 해당 계정에 기록하였을 것이다.

5/1	(차) 현 금	6,000	(대) 이자수익	6,000
11/1	(차) 현 금	6,000	(대) 이자수익	6,000

그런데 이 중 5월 1일에 받은 ₩6,000은 이미 약정 대여기간이 경과된 것이므로 모두 수익으로 간주되어 수정분개가 필요 없다. 그러나 11월 1일에 받은 ₩6,000은 모두 수익으로 계

상되어 있지만, 이 중 내년 4개월분에 해당하는 금액(₩4,000)은 아직 대여기간이 경과되지 않아 그 동안 대여를 지속해야 할 의무(부채)가 있으므로, 결산시점에서 이를 조정하기 위한 수정분개를 다음과 같이 행해야 한다.

결산정리분개	(차) 이자수익	4,000	(대) 선수이자	4,000

[수익계상법]				
선이자 수령 시(11/1)	(차) 현 금	6,000	(대) 이자수익	6,000
결산수정분개 시(12/31)	(차) 이자수익	4,000	(대) 선수이자	4,000

반대로 예제에서 수익계상법 대신 부채계상법을 사용하고 있었다면, 앞의 선급비용에 대한 자산계상법을 적용한 경우와 마찬가지로, 결산시점에서의 결산수정분개는 다음과 같이 행해진다.

결산정리분개	(차) 선수이자	2,000	(대) 이자수익	2,000

[부채계상법]				
선이자 수령 시(11/1)	(차) 현 금	6,000	(대) 선수이자	6,000
결산수정분개 시(12/31)	(차) 선수이자	2,000	(대) 이자수익	2,000

따라서 임대료나 대여금 이자와 같은 수익 항목에 대해서는 이들 비용을 수령할 당시에 어떻게 회계처리했는지를 확인하여 이에 따라 결산정리분개가 달라질 수 있음에 유의해야 한다.

3 자산 항목에 대한 결산정리분개

재무상태표에 표시되는 자산, 부채의 계정잔액은 결산일 현재의 재무상태가 정확히 반영되어야 한다. 그러나 시산표상에 집계된 자산, 부채 관련 각 계정잔액은 장부상에 기록된 잔액이며 이들 잔액은 실제로 남아 있는 금액 또는 현재가치와 차이가 있을 수 있다. 따라서 결산시점에 이러한 항목들의 실제 잔액이나 현재가치를 확인하여 시산표상의 잔액과 차이가 나는 경우, 이를 현재 상태로 맞게 조정하는 수정분개가 필요하다.

3.1 현금

인터넷뱅킹이나 신용카드 사용이 일반화되어 있는 요즘에는 사내에 많은 현금을 보유할 필요가 없다. 급여를 지급하거나 고액의 상품매매대금을 주고받을 때에도 현금보다는 전자자금이체 방식이 더 안전하고 편리하기 때문이다. 그럼에도 불구하고 전자자금이체가 불가능한 상황이나 소액의 지출을 현금으로 수행해야 할 경우도 존재하므로, 일반적으로 사내에 최소한의 현금을 보유하게 된다. 사내에 일정 금액의 현금을 보유하게 되는 경우에는 그 입출금 사실을 현금출납부에 정확히 기록하며, 현금의 도난, 분실, 횡령 등을 방지하기 위해 금고에 보관하는 경우가 많다.

회계기간 중에 주기적으로 금고를 실사하여 보유 현금의 장부잔액과 실제잔액 간에 차이가 확인될 때는 즉시 현금과부족계정으로 처리하고 그 차이의 원인을 규명하여 바로잡아야 한다. 이러한 현금과부족계정에 대한 구체적인 회계처리 방법은 제5장에서 다시 설명한다. 다만, 결산시점에서 시산표 상에 집계된 현금계정의 장부잔액과 실제잔액 간에 차이가 발견되면 보통 그 차이의 원인을 규명할 시간이 충분하지 않으므로 현금과부족계정에 대한 기록을 생략하고 곧바로 그 차이를 **잡손실** 또는 **잡이익** 계정으로 처리하게 된다.

(1) 결산시 현금시재액 부족할 때

(차) 잡손실	3,000	(대) 현 금	3,000

(2) 결산시 현금시재액 많을 때

(차) 현 금	3,000	(대) 잡이익	3,000

예제 3-5 현금 시재 차이로 인한 결산 정리 분개

결산정리사항: ㈜백제는 결산시점에 현금계정에 대한 실사를 실시하였다. 그런데 분명 장부상의 잔액은 ₩54,000으로 집계되고 있으나 금고에서 최종 확인된 현금시재액은 ₩49,000뿐이다.

물음 ㈜백제가 결산시점에서 필요한 수정분개를 행하시오.

풀이 결산정리분개: (차) 잡손실 5,000 (대) 현 금 5,000

3.2 소모품

일회용 사무용품에 해당하는 종이, 연필, 볼펜, 프린터 카트리지, 빗자루 등의 **소모품**(supplies)은 사용하면서 점차 소모되어 없어지거나 사용할 수 없게 되는 물품들이다. 흔히 소모품은 사무 또는 업무용으로 자주 소비되므로 한꺼번에 많은 양을 구입해 두었다가 필요할 때마다 사용하는 경우가 많다. 그러나 소모품은 대부분 개당 단가가 매우 적은 것들이어서 이들을 개별 품목별로 관리하기보다는 통틀어서 소모품이라는 계정으로 처리한다. 소모품의 회계처리 방법에는 두 가지 방식이 있다.

(1) 자산계상법: 보통 소모품을 구입할 때 대량으로 구입하는 경우가 많으므로 구입 시에 이를 모두 소모품이라는 자산계정으로 기록하고, 결산 시에 소모된 분량만큼을 비용으로 회계처리하는 방법이다.
(2) 비용계상법: 대부분의 소모품이 기중에 모두 소비되는 경향을 고려하여 구입 시에 미리 소모품비라는 비용계정으로 계상하고, 결산 시에 아직 사용하지 않고 남아 있는 것들을 조사하여 그만큼 비용계상을 취소하고 소모품이라는 자산계정으로 처리하는 방법이다.

소모품을 구입할 때 자산으로 기록하느냐, 비용으로 기록하느냐에 따라 결산정리분개가 달라진다. 이는 앞서 설명한 선급비용의 회계처리와 매우 유사하다. 예를 들어, ㈜백제가 9월 12일에 복사용지 30박스(박스당 ₩10,000)를 한꺼번에 현금으로 구입하였다고 가정하자. 그리고 기말까지 필요한 만큼 사용하고 결산 시에 소모품 재고를 조사해 보니 10박스가 남아 있음을 확인하였다. 이 경우 자산계상법과 비용계상법에 따른 구입 시와 결산시점에서의 각각의 회계처리는 다음과 같다.

[자산계상법]

소모품 구입 시	(차) 소 모 품	300,000	(대) 현 금	300,000
결산수정분개 시	(차) 소모품비	200,000	(대) 소 모 품	200,000

[비용계상법]

소모품 구입 시	(차) 소모품비	300,000	(대) 현 금	300,000
결산수정분개 시	(차) 소 모 품	100,000	(대) 소모품비	100,000

자산계상법에 따르면 시산표상의 집계에서는 소모품계정에 장부잔액 ₩300,000으로 나타

난다. 그러나 실제재고는 ₩100,000이므로 차액인 ₩200,000만큼이 기중에 사용된 것으로 보고 이를 비용으로 처리하는 수정분개를 행해야 한다.

이에 반해, 비용계상법에서는 시산표상의 집계에서는 소모품비계정에 ₩300,000으로 기록되어 있다. 기말 실사에서 소모품재고액이 ₩100,000만큼 남아 있음에도 불구하고 장부상으로는 재고액 없이 모두 비용처리된 것으로 기록하였으므로, 미사용 부분을 자산으로 계상하고 그만큼을 비용에서 차감해주는 수정분개를 행해야 한다.

자산계상법에 의하든 비용계상법에 의하든 비록 구입 시와 결산 시의 분개 내용에는 차이가 있지만, 결과적으로는 재무상태표에서 소모품계정에 ₩100,000 그리고 손익계산서에서 소모품비 계정으로 ₩200,000이 최종 기록되는 결과는 같게 된다. 중요한 것은 결산 시에 소모품에 대한 결산정리분개를 행할 때 기중에 소모품 구입과 관련하여 어떤 회계처리 방법을 적용했는지를 먼저 확인하는 절차가 선행되어야 한다.

예제 3-6 소모품의 회계처리와 결산 시 수정분개

결산정리사항: ㈜발해에서는 5월 18일 사원들을 위한 사무용품으로 볼펜 10다스(다스 당 ₩7,000)를 현금으로 구입하였다. 결산시점에 재고조사를 한 결과, 아직 볼펜 3다스가 통째로 남아 있음을 확인하였다.

물음

(1) 볼펜 구입 시 모두 자산으로 계상하였다면 결산 시의 수정분개는 어떻게 해야 할까?

(2) 볼펜 구입 시 모두 비용처리한 경우라면 결산 시의 수정분개는 어떻게 해야 할까?

풀이

(1) 소모품(볼펜)을 구입했을 때 자산으로 계상하였다면 5월 18일에 이루어진 분개는 '(차) 소모품 70,000 (대) 현 금 70,000'으로 기록되어 있을 것이다. 이 중 결산시점에 소모품 재고로 남아 있는 것은 ₩21,000이므로, 기중에 소모되어 소모품비로 처리되어야 하는 것은 ₩49,000이다.

결산정리분개: (차) 소모품비 49,000 (대) 소모품 49,000

(2) 소모품(볼펜)을 구입했을 때 모두 비용으로 계상하였다면 5월 18일에 이루어진 분개는 '(차) 소모품비 70,000 (대) 현 금 70,000'으로 기록되어 있을 것이다. 이 중 결산시점에 소모품 재고로 남아 있는 것은 ₩21,000이므로, 이를 자산계정인 소모품으로 계상하고 그만큼을 비용에서 차감해주어야 한다.

결산정리분개: (차) 소모품 21,000 (대) 소모품비 21,000

3.3 유형자산의 감가상각

1년 이상 장기간에 걸쳐 영업목적으로 보유하는 건물, 비품, 기계장치 등의 **유형자산**은 구입 당시의 취득원가를 자산으로 계상하여 관리한다. 이러한 유형자산은 영업활동에 사용되어 기업의 수익창출에 기여하므로, 수익창출에 기여했다고 생각되는 만큼 매기 비용으로 계상하여 수익 · 비용대응이 이루어지도록 해야 한다.

이를 위해 매기 일정한 방법으로 유형자산의 가치를 감소시켜 비용으로 처리하기 위한 계정이 **감가상각비**이다. 그런데 대부분의 유형자산은 금액 단위가 크고, 일정 기간 사용 후에도 취득원가를 참고해야 할 경우도 있으므로, 감가상각비를 해당 자산에서 직접 차감하기보다는 유형자산의 차감적 평가계정인 **감가상각누계액** 계정을 통해 누적 금액을 반영한다. 유형자산의 감가상각비와 감가상각누계액 처리 과정을 [예제 3-7]을 통해 살펴보자.

[예제 3-7]에서 20×5년 말 비품계정과 관련된 감가상각은 감가상각비(₩400,000)와 비품감가상각누계액(₩400,000)으로 분개되었다. 이 중 감가상각비는 비용계정으로 손익계산서에 표시된다. 비품감가상각누계액은 비품계정에 대한 차감적 평가계정으로 분개 시에는 대변잔액으로 기록되지만, 재무상태표에 표시될 때는 해당 자산(비품)에서 이를 차감하는 형식으로 표시한다.

그런데 감가상각누계액은 비품이 처분되는 시점까지 매년 계상되는 감가상각비를 누적하여 기록한다. 따라서 20×6년의 재무상태표에서 감가상각누계액은 20×5년의 감가상각비(₩400,000)와 20×6년의 감가상각비(₩400,000)를 합산하여 ₩800,000으로 표시되고 있다. 이 경우 재무상태표에서 비품은 최초 구입 당시의 취득원가(₩2,000,000)로 매년 동일 금액이 표시되며, 감가상각누계액은 매년 누적되므로 비품의 잔액은 매년 감소하게 된다.

예제 3-7 비품의 감가상각과 결산 정리 분개

결산정리사항: ㈜신라에서는 20×5년 1월 사무실용 비품 ₩2,000,000을 현금으로 구입하였다. 내용연수는 5년으로 보고 있으며, 잔존가치는 없는 것으로 한다. ㈜신라에서는 20×5년 기말에 당기분 감가상각비를 ₩400,000으로 계산하였다. 20×6년에도 동일한 금액을 감가상각하고자 한다.

물음

(1) 취득할 당시에는 어떻게 분개했을까?

(2) 20×5년 결산 시에 어떤 수정분개가 행해져야 할까?

(3) 20×6년 결산 시에 어떤 수정분개가 행해져야 할까?

(4) 20×6년 결산 후 비품계정은 재무상태표에 어떻게 표시되어질까?

풀이

(1) 취득시점의 분개: (차) 비 품 2,000,000 (대) 현 금 2,000,000

(2) 20×5년 말 수정분개: (차) 감가상각비 400,000 (대) 비품감가상각누계액 400,000

(3) 20×6년 말 수정분개: (차) 감가상각비 400,000 (대) 비품감가상각누계액 400,000

(4) 20×6년 비품계정의 표시:

재무상태표(부분)

㈜신라	20×6년 12월 31일 현재	(단위: 원)
자 산		
비 품	₩2,000,000	
감가상각누계액	(800,000)	₩1,200,000

4 결산정리분개의 종합

지금까지 살펴본 주요 결산정리분개를 종합하는 의미에서, [예제 3-8]을 통해 서비스기업인 ㈜발해컨설팅의 결산사례를 살펴보자.

예제 3-8 결산정리분개 종합

㈜발해컨설팅의 12월 31일 현재 총계정원장을 요약한 잔액시산표는 다음과 같다.

잔액시산표

㈜발해컨설팅 20×1월 12월 31일 현재 (단위: 원)

계정과목	차변	대변
현 금	15,000	
매 출 채 권	20,000	
소 모 품	3,000	
선급보험료	1,200	
토 지	40,000	
비 품	5,000	
단기차입금		10,000
선 수 금		2,000
자 본 금		40,000
컨설팅수익		75,000
급 여	34,500	
관 리 비	5,300	
소 모 품 비	3,000	
합 계	127,000	127,000

아래 항목은 결산일 현재 수정이 필요한 항목들을 나열한 것이다.

(1) 7월 1일에 자동차보험료 ₩1,200을 지급하고 이를 선급보험료로 기록하였다. 자동차보험기간은 7월부터 시작하여 1년간이다.

(2) 12월 5일에 컨설팅용역을 제공하기로 하고 현금 ₩2,000을 받아 이를 선수금으로 기록하였다. 이 중 ₩1,000에 상당하는 컨설팅용역은 12월 31일에 완료하였으나 아직 그 내용을 기록하지 않았다.

(3) 1월 1일에 구입한 비품(₩5,000)은 5년간 사용할 수 있으며, 사용 후 잔존가치는 없다. 이 비품에 대하여 5년간 균등하게 감가상각한다.

(4) 3월 1일에 이자율이 연 12%인 1년 만기 정기예금에 ₩10,000을 예금하였다. 이자는 만기에 일시불로 받기로 하였다.

(5) 2월 1일에 소모품 ₩3,000을 취득하여 소모품계정에 기록하였다. 회계기말에 실사를 하여 보니 ₩1,000의 소모품이 아직 재고로 남아 있었다.

물음 결산정리사항에 대한 수정분개를 행하시오.

풀이

(1) (차) 보 험 료 600 (대) 선급보험료 600

(기간경과분을 자산(선급보험료)에서 차감하여 비용(보험료)으로 수정)

(2) (차) 선 수 금 1,000 (대) 컨설팅수익 1,000

(완료한 용역 해당 금액을 선수금에서 빼고 수익(매출)으로 수정)

(3) (차) 감가상각비 1,000 (대) 감가상각누계액 1,000

* ₩5,000 ÷ 5년 = ₩1,000

(1년간 사용한 부분을 계산하여 감가상각비로 기록)

(4) (차) 미수이자 1,000 (대) 이자수익 1,000

* ₩10,000 × 12% × 10/12 = ₩1,000

(아직 받지는 못했지만 발생한 이자에 대한 권리와 수익을 기록)

(5) (차) 소모품비 2,000 (대) 소 모 품 2,000

(기중에 사용된 만큼을 자산에서 차감하여 비용(소모품비)으로 기록)

SECTION 04

수정후시산표

지금까지 결산절차의 초기에 수행되는 시산표 작성과 결산수정분개에 대해 살펴보았다. 수정분개가 완료되면, 해당 내용을 각 계정의 원장에 전기하여야 한다. 수정분개를 전기한 후, 각 계정의 수정된 잔액을 다시 모으면 **수정후시산표**가 된다. 물론 수정후시산표에서도 수정전시산표에서와 같이 대차평형의 원리에 따라 차변 합계와 대변 합계가 일치하는지 확인해야 한다. 수정후시산표에 집계된 각 계정의 잔액들을 재무상태표 해당 계정과 손익계산서 해당 계정으로 구분하여 표시하면 재무상태표와 손익계산서를 작성할 수 있다.

수정분개 내용이 반영되기 이전의 잔액시산표(수정전시산표)는 주로 기중의 모든 거래가 원장의 각 계정에 큰 문제 없이 기록되었는지를 전체적으로 가늠해 보기 위한 목적에서 작성된다. 이에 반해 수정분개를 통해 재집계된 수정후시산표는 결산시점에서 고려해야 할 모든 수정 사항들이 반영된 결과이므로 한 회계기간의 모든 실적이 온전히 반영되어 있다고 볼 수 있다.

일반적으로 수정후시산표를 작성하는 양식은 수정전시산표의 양식과 같다. 다만 결산 수정분개를 통해 수정전시산표에는 나타나지 않았던 새로운 계정과목이 수정후시산표에는 나타날 수도 있다. 개념적으로는 수정분개를 원장의 각 계정에 전기한 후 다시 계정잔액들을 한 곳에 모아 수정후시산표를 작성하는 것이 보통이다. 그러나 수정전시산표와 수정후시산표의 달라진 부분을 한눈에 볼 수 있도록 하기 위해 흔히 수정후시산표는 수정전시산표를 포함하는 형식(6칸)으로 작성할 수도 있다. 물론 수정분개를 통해 새롭게 나타나는 계정과목들은 수정전시산표 합계란의 아래쪽에 추가하는 형식으로 기록하면 된다. 6칸 형식의 수정후시산표는 수정전시산표의 각 계정잔액에 수정분개의 내용이 계정별로 가감되어 수정잔액을 표시하며, 이 수정잔액들은 수정분개를 원장에 반영하여 재집계된 잔액과 일치하게 된다.

[예제 3-8]에서 사용된 ㈜발해컨설팅의 잔액시산표와 수정분개 내용을 6칸 형식의 수정후시산표로 작성해 보면 [표 3-3]과 같다.

표 3-3 수정후시산표

수정후시산표

㈜발해컨설팅 20×1년 12월 31일 현재 (단위: 원)

계정과목	수정전시산표		수정분개		수정후시산표	
	차변	대변	차변	대변	차변	대변
현 금	15,000				15,000	
매 출 채 권	20,000				20,000	
소 모 품	3,000			⑤ 2,000	1,000	
선 급 보 험 료	1,200			① 600	600	
토 지	40,000				40,000	
비 품	5,000				5,000	
단 기 차 입 금		10,000				10,000
선 수 금		2,000	② 1,000			1,000
자 본 금		40,000				40,000
컨 설 팅 수 익		75,000		② 1,000		76,000
급 여	34,500				34,500	
관 리 비	5,300				5,300	
소 모 품 비	3,000		⑤ 2,000		5,000	
합 계	127,000	127,000				
보 험 료			① 600		600	
감 가 상 각 비			③ 1,000		1,000	
감가상각누계액				③ 1,000		1,000
미 수 이 자			④ 1,000		1,000	
이 자 수 익				④ 1,000		1,000
합 계			5,600	5,600	129,000	129,000

SECTION 05

재무제표 작성

결산시점에 조정이 필요한 수정분개 내용이 하나도 없다면 결산 초기에 작성된 잔액시산표를 그대로 활용해 재무제표를 작성할 수 있다. 그러나 결산시점에서만 수행하게 되는 결산정리사항은 반드시 존재하기 마련이므로 수정후시산표는 거의 모든 결산작업에서 수정전시산표와 달라진다.

수정후시산표가 작성되면 이를 기초로 정식 손익계산서와 재무상태표를 작성한다. 기본재무제표에는 손익계산서와 재무상태표 외에도 자본변동표 및 현금흐름표가 있으나 여기서는 손익계산서와 재무상태표의 작성에 대해서만 살펴보기로 한다. 손익계산서와 재무상태표 작성은 수정후시산표 상의 계정과목을 성격에 따라 재무상태표 항목과 손익계산서 항목으로 구분하고, 수정후시산표 상의 금액을 해당 손익계산서 또는 재무상태표에 옮겨 적는 것이다. 이때 주의할 점은 손익계산서의 당기순이익이 결산일 현재 재무상태표의 자본 항목 중 이익잉여금을 결정하므로 일반적으로 손익계산서를 먼저 작성한다는 점이다.

손익계산서는 비용을 성격에 따라 분류하거나 기능에 따라 분류하여 표시할 수도 있다. 일반적으로 비용의 기능 구분에 따라 매출수익에서 매출원가와 판매비 및 관리비를 차감하여 영업이익을 산출하고, 이에 영업외수익과 영업외비용을 가감하여 법인세비용차감전손익을 계산하며, 여기에 법인세비용을 차감하여 당기순이익을 산출하는 방식을 따른다. 손익계산서를 작성하고 당기순이익을 산출한 후에는 **재무상태표**를 작성한다. 재무상태표는 흔히 조달자본인 부채와 자본, 그리고 운용상태인 자산을 비교하는 형식으로 작성된다. 자산과 부채는 사용 가능한 기간과 상환하여야 할 시기에 따라 달리 구분하고 있으며, 자본은 발생원천에 따라 구분하고 있다. 따라서 자산은 유동자산과 비유동자산, 부채는 유동부채와 비유동부채로 분류하며 자본은 자본금, 자본잉여금, 이익잉여금, 자본조정, 기타포괄손익누계액 등으로 구분한다. 국제회계기준에서는 재무상태표에 표시할 항목의 순서나 형식에 대한 규정을 두고 있지는 않지만, 국내에서는 일반적으로 유동성배열법에 따라 작성된다.

앞에서 작성한 [표 3-3]의 수정후시산표를 기초로 일반적인 재무제표 양식에 따라 손익계산서와 재무상태표를 작성하면 [표 3-4] 및 [표 3-5]와 같다.

표 3-4 포괄손익계산서

포괄손익계산서

제 × 기 20×0년 1월 1일부터 12월 31일까지

제 × 기 20×1년 1월 1일부터 12월 31일까지

㈜발해컨설팅 (단위: 원)

과목	당기		전기	
컨 설 팅 수 익		76,000		xxx
급 여	34,500		xxx	
관 리 비	5,300		xxx	
소 모 품 비	5,000		xxx	
감 가 상 각 비	1,000		xxx	
보 험 료	600			
영 업 이 익		29,600		
이 자 수 익		1,000		
이 자 비 용		0		
법인세비용차감전이익		30,600		xxx
법 인 세 비 용		0		xxx
당 기 순 이 익		30,600		xxx
기 타 포 괄 손 익		0		xxx
총 포 괄 이 익		30,600		xxx

표 3-5 재무상태표

재무상태표

제××기 20×0년 12월 31일 현재

제××기 20×1년 12월 31일 현재

㈜발해컨설팅 (단위: 원)

과목	당기			전기		
자산						
유동자산			37,600			xxx
현금및현금성자산		15,000			xxx	
매 출 채 권		20,000			xxx	
재 고 자 산		1,000			xxx	
소 모 품	1,000			xxx		
기 타 채 권		1,600			xxx	
미 수 이 자	1,000			xxx		
선급보험료	600			xxx		
비유동자산			44,000			xxx
유형자산		44,000				
토지	40,000	40,000		xxx		
비품	5,000	4,000		xxx		
(감가상각누계액)	(1,000)					
자산총계			81,600			xxx
부채						
유동부채			11,000			xxx
단기차입금		10,000			xxx	
기 타 채 무		1,000			xxx	
선 수 금	1,000			xxx		
부채총계			11,000			xxx
자본						
자 본 금		40,000			xxx	
이익잉여금		30,600			xxx	
(당기순이익)	30,600			xxx		
자본총계			70,600			xxx
부채 및 자본총계			81,600			xxx

SECTION

06 장부의 마감

수정후시산표를 통해 재무제표를 작성했다고 해서 결산절차가 모두 끝난 것은 아니다. 한 회계기간의 기록을 마무리하고 새 회계연도부터 새로운 장부에 거래를 기록해 가기 위해서는 지금까지 기록해 온 장부들을 마감하는 절차가 필요하다. 그런데 같은 장부라 하더라도 손익계산서 관련 계정과 재무상태표 관련 계정은 서로 성격이나 기능이 다르므로 마감하는 방법에도 차이가 있다. 재무상태표 관련 계정은 그 잔액이 다음 회계기간에도 계속해서 사용될 항목들이기 때문에 장부마감 시 차기로 이월하기 위해 차기이월기록으로 마감한다. 반면에 손익계산서 관련 계정들은 한 회계기간의 경영성과를 산출하는 데에만 사용되므로 회계연도 초에는 항상 0의 상태로 시작되어야 한다. 따라서 손익계산서 관련 계정에 대한 마감은 계정잔액을 0으로 만드는 작업이 필요하다. 이러한 특성 때문에 손익계산서 관련 계정은 **임시계정**(temporary account) 재무상태표 관련 계정은 소멸하지 않고 다음 회계기간에 기초잔액으로 이월되기 때문에 **영구계정**(permanent account)이라고 부른다.

1 손익계산서계정의 마감

차기에도 이어서 계속 사용되는 자산, 부채, 자본에 속하는 계정과는 달리, 수익과 비용에 속하는 계정들은 잔액을 차기로 이월하지 않는다. 수익 및 비용에 속하는 계정들은 원래 당기의 손익을 계산하는 데 목적이 있으므로, 손익 계산이 완료되면 기록을 정리하고 차기에는 다시 ₩0에서 출발해야 한다. 수익 및 비용에 해당하는 계정들의 대차 잔액을 ₩0으로 만드는 **마감분개**의 절차는 다음과 같다. 먼저 대변에 기입되어 있는 수익계정의 잔액 모두를 차변에 기입하여 모든 수익계정의 잔액을 ₩0으로 만들고, 수익계정의 합계액을 임시계정인 **집합손익**(income summary account)계정의 대변에 기입한다. 따라서 대변에 기입된 집합손익계정은 당기에 발생한 총수익금액의 합계를 의미한다. 다음으로 차변에 기입되어 있는 비용계정 잔액 모두를 대변에 기입하고 비용계정 합계액을 임시계정인 집합손익계정의 차변에 기입한다. 따라서 차변에 기입된 집합손익계정의 의미는 당기에 발생한 총비용금액의 합계를 의미한다.

절차에 따라 모든 수익과 비용계정의 잔액을 ₩0으로 만들면 한 회계기간 동안 발생한 수익계정과 비용계정이 마감되고 당기 총수익과 총비용은 집합손익계정에 요약된다. 이때 집합손익계정의 잔액이 바로 당기순이익(또는 당기순손실)이 된다. 집계된 당기순이익(당기순손실)은 최종적으로 이익잉여금으로 대체된다. 마감분개를 진행하는 절차를 다음의 예시를 통해 살펴보자.

㈜고구려의 결산정리분개까지가 모두 반영된 시점에서의 수익과 비용 관련 계정의 기록이 다음과 같다고 가정하자.

매출			
		현 금	300
		매출채권	600

이자수익			
		미수이자	20
		현 금	10

임차료			
현 금	100		
현 금	120		

이자비용			
현 금	40		

종업원급여			
현 금	170		
현 금	200		

수익과 비용에 관련된 계정들의 잔액을 집합손익계정에 대체하기 위한 마감분개는 각각 다음과 같다.

(1) 수익계정 마감분개

(차)		(대)	
매 출	900	집합손익	930
이자수익	30		

(2) 비용계정 마감분개

(차)		(대)	
집합손익	630	임 차 료	220
		이 자 비 용	40
		종업원급여	370

이러한 마감분개를 해당 계정에 전기하고 수익, 비용 관련 계정을 마감하면 다음과 같다.

매출

집합손익	900	현 금	300
		매출채권	600
합 계	900	합 계	900

이자수익

집 합 손 익	30	미수이자	20
		현 금	10
합 계	30	합 계	30

임차료

현 금	100	집합손익	220
현 금	120		
합 계	220	합 계	220

이자비용

현 금	40	집합손익	40
합 계	40	합 계	40

종업원급여

현 금	170	집합손익	370
현 금	200		
합 계	370	합 계	370

집합손익

임 차 료	220	매 출	900
이 자 비 용	40	이자수익	30
종업원급여	370		

이제 새로 만들어진 집합손익계정을 제외하고는 모든 수익과 비용계정들이 마감되어 각 계정의 잔액이 0이 되었다. 수익과 비용의 모든 계정 잔액은 집합손익계정으로 대체되었으며, 집합손익계정의 차변(비용) 합계와 대변(수익) 합계의 차이를 통해 당기순이익이 계산될 수 있다. 당기순이익은 이익잉여금을 증가시키는 항목이므로, 집합손익계정에서 계산된 당기순이익(₩300)을 이익잉여금으로 대체하는 마감분개를 수행한다.

(3) 집합손익 마감분개

(차) 집합손익	300	(대) 이익잉여금	300

위 마감분개를 전기하고 집합손익계정까지 마감한 결과는 다음과 같다.

집합손익

임 차 료	220	매 출	900
이 자 비 용	40	이자수익	30
종업원급여	370		
이익잉여금	300		
합 계	930	합 계	930

이익잉여금

		(집합손익)	300

이로써 수익과 비용의 모든 장부와 새로 만들어진 집합손익계정에 대한 마감이 이루어졌다. 이들 계정은 모두 잔액이 0이 되어 소멸한 셈이다. 단지 이들의 최종 결과물인 당기순이익

(₩300)만이 이익잉여금으로 대체되어 기록되었다. 집합손익계정에서 계산된 **당기순이익**이 **이익잉여금**계정으로 대체되기 때문에, 절차상 손익계산서 관련 계정에 대한 마감이 먼저 이루어지고 다음으로 재무상태표에 대한 마감절차가 이루어져야 한다.

2 재무상태표계정의 마감

앞서 설명한 바와 같이, 재무상태표계정의 기말잔액은 다음 회계기간의 기초잔액으로 이월된다. 예를 들어 아직 사용하지 않고 창고에 보관되어 있는 소모품(재고자산)은 결산이 끝났더라도 여전히 사용할 수 있으며, 결산시점에 남아 있는 부채도 내년에 상환하여야 할 의무가 있다. 이처럼 자산, 부채, 자본에 해당하는 재무상태표계정들은 결산으로 끝나지 않고 계속 사용되기 때문에, 이를 **영구계정**(permanent accounts)이라고 한다. 다만 이들 계정도 당기와 차기의 기록을 명확히 구분하기 위해서 결산시점에 당기의 기록이 모두 마무리되면 각 계정잔액을 차기로 이월하는 작업을 수행된다. 이를 **차기이월**이라고 한다.

차기이월절차를 수행하기 위해서는 먼저 계정별로 대차 잔액을 계산한 후, 해당 계정의 반대편에 동일한 금액을 기록하고 이를 '차기이월'이라고 표기한다. 이제 해당 계정은 차변 합계와 대변 합계가 일치하게 되므로, 합계란 아래에 두 줄긋기를 하여 당기와 아랫부분의 차기 기록을 명확히 구분한다. 그리고 차기의 기록을 수행하게 될 아랫부분 첫 줄에 차기 첫 날짜로 원래 잔액이 있었던 변(차기이월을 기록한 변의 반대편)에 **전기이월**이라 기록하고 동일 금액을 기재한다.

결산정리분개까지가 모두 반영된 시점에서의 현금계정기록이 다음과 같다고 가정하자.

현금

자 본 금	3,000	운 송 료	300
매 출	500	종업원급여	2,700
매출채권	700	소모품비	200
매 출	1,200	매입채무	1,500
단기차입금	500		

현금계정의 차변 합계액은 ₩5,900이며, 대변 합계액은 ₩4,700이므로 결산시점 현금 잔액은 ₩1,200이다. 그런데 ₩1,200을 차기로 이월하기 위해서 현금계정 대변에 붉은 글씨로 '차기이월 1,200'이라고 기록한다. 이제 차변과 대변에 각각의 합계를 기록하고 두 합계가 서로 일치하는지를 확인한다. 양변의 합계가 일치하면 합계란 아래에 두 줄로 밑줄을 긋는다. 여기서 두 줄긋기는 위쪽에 기록된 당기의 기록과 아래쪽에 기록되는 차기의 기록이 두 줄

밑줄 표시로 서로 구분된다는 것을 의미한다. 이제 두 줄 그은 아랫부분의 차변 쪽에 차기 첫 날짜로 '전기이월 1,200'을 기록하고, 이어서 차기의 현금출납을 기록하면 된다. 여기서 차변에 전기이월을 기록한 것은 당기에 현금 잔액이 차변에 존재했었기 때문이다. 현금계정을 마감한 결과는 다음과 같다.

현금

자 본 금	3,000	운 송 료	300
매 출	500	종업원급여	2,700
매출채권	700	소모품비	200
매 출	1,200	매입채무	1,500
단기차입금	500	**차기이월**	**1,200**
합 계	5,900	합 계	5,900
전기이월	1,200		

현금계정의 마감은 장부 마감의 대표적인 예로, 한 회계기간 동안 발생한 현금의 입금과 출금 내역을 집계하고, 최종 잔액을 다음 기간으로 이월하는 과정을 보여준다. 재무상태표의 각 계정의 마감은 현금계정 마감과 동일한 절차를 따른다. 영구계정인 재무상태표의 각 계정과목에 대한 이러한 마감절차는 정확한 잔액 관리뿐만 아니라, 다음 회계기간의 재무보고에 대한 연속성을 높이는 데에도 중요한 역할을 한다.

객관식 문제

개념의 이해

3-1 다음 중 결산절차에 해당하는 내용이라고 보기 어려운 것은?

① 각 총계정원장의 잔액 계산과 시산표 작성

② 보조장부의 기록과 관리

③ 재무상태표 관련 계정의 마감과 차기이월

④ 결산정리 사항의 조사와 분개

3-2 다음 중 결산정리 항목이 아닌 것은?

① 현금계정의 장부잔액과 실제재고 잔액 차이

② 건물에 대한 재평가금액 차이

③ 결산시점에 아직 지급되지 않은 이자비용

④ 토지에 대한 감가상각

3-3 다음 중 시산표에 대한 설명으로 적절하지 않은 것은?

① 시산표는 차변금액의 합계와 대변금액의 합계가 항상 일치해야 한다.

② 시산표는 총계정원장의 기록으로부터 산출된다.

③ 시산표는 총계정원장 중 어느 계정에서 오류가 있는지를 알려준다.

④ 시산표는 기중 거래기록에 오류가 존재하는지의 여부를 알려준다.

3-4 다음 오류 중에서 시산표의 작성을 통하여 발견할 수 없는 것은?

① ₩10,000의 비품을 외상매입하고 거래에 대한 회계처리를 누락한 경우

② ₩10,000의 매출채권 회수시 현금계정 차변과 매출채권계정 차변에 각각 ₩10,000을 기입한 경우

③ ₩22,000의 매입채무 지급시 현금계정 대변에 ₩22,000을 기입하고 매입채무계정 차변에 ₩2,200을 기입한 경우

④ ₩30,000의 매출채권 회수에 대한 분개를 하고, 매출채권 계정에는 전기하였으나 현금계정에 대한 전기는 누락한 경우

3-5 다음 계정과목 중 그 잔액이 시산표의 대변에 나타나지 않는 것은?

① 미지급비용　　② 선급보험료
③ 단기차입금　　④ 선수금

3-6 다음 계정과목 중 그 잔액이 시산표의 차변에 나타나지 않는 것은?

① 임대료　　② 차량운반구
③ 단기대여금　　④ 미수이자

3-7 ㈜고구려는 결산시점에 시산표를 작성해본 결과 시산표의 차변합계가 대변합계에 비해 ₩5,800 더 적은 것으로 확인되었다. 이러한 차이의 원인이 될 수 있는 것은?

① 은행 차입금에 대한 지급이자 ₩5,800이 선급비용으로 처리되었다.
② 매입채무 ₩5,800이 미지급금으로 계상되었다.
③ 다른 회사에 ₩5,800을 빌려주고 현금계정에는 기록하였으나 대여금계정에는 기록하지 않았다.
④ 소모품비 ₩5,800이 소모품으로 기록되었다.

3-8 ㈜백제의 기말 시산표상의 차변금액이 대변금액보다 ₩2,700 더 많다고 한다면 그 이유로 타당한 추론은?

① ₩2,700에 취득한 비품 구입내역의 기록을 누락하였다.
② 소모품계정 잔액 ₩5,800이 시산표로 옮겨 적을 때 ₩8,500으로 기록되었다.
③ 비품감가상각비가 ₩2,700 만큼 많게 계상되었다.
④ 광고선전비 ₩2,700이 선급비용으로 기록되었다.

3-9 다음의 장부마감에 대한 설명으로 적절하지 않은 것은?

① 집합손익계정의 수익과 비용의 차이를 통해 당기순이익이 계산될 수 있다.

② 차기이월절차를 수행하기 위해서는 각 계정별 잔액을 계산하고, 해당 계정의 반대편에 동일한 금액을 기록하여야 한다.

③ 재무상태표계정과 손익계산서계정의 마감을 위해 모든 계정잔액을 0으로 만드는 회계처리가 필요하다.

④ 한 회계기간의 기록을 마무리 하고 새 회계연도부터 새로운 장부에 거래를 기록하는 단계를 장부의 마감이라 한다.

3-10 집합손익계정에 대한 설명 중 가장 옳지 않은 것은?

① 집합손익계정은 최종적으로 이익잉여금계정으로 대체된다.

② 집합손익계정은 마감단계에서 나타나는 영구계정(permaneent accounts)이다.

③ 수익·비용의 모든 계정 잔액이 집합손익계정으로 대체된다.

④ 비용계정의 차변에 남는 잔액은 모두 집합손익계정의 차변으로 옮기는 마감분개를 수행한다.

3-11 다음 중 결산 시에 집합손익 계정으로 대체되는 거래는?

① 차입금의 현금상환　　② 비품 외상구입 대금

③ 출자금　　④ 건물의 감가상각비용

3-12 다음은 ㈜신라의 재무상태표에 기재된 선급이자 내역이다. 당기 손익계산서에 계상되어 있는 이자비용이 ₩15,000이라면, 당기에 지급한 이자비용은 얼마인가?

선급이자

기 초	20,000		
		기 말	30,000

① 20,000　　② 25,000

③ 30,000　　④ 35,000

3-13 6월 1일부터 보유 건물 중의 일부를 ㈜고구려에게 장기 임대해 주고 있다. 임대조건은 5개월마다 임대료 ₩5,000을 후불로 받는 것이며, 11월 말 임대료 입금까지 이루어졌다. 결산시점에 필요한 수정분개는?

① (차) 미수임대료 4,000 (대) 임대료 4,000
② (차) 임대료 4,000 (대) 선수임대료 4,000
③ (차) 임대료 1,000 (대) 선수임대료 1,000
④ (차) 미수임대료 1,000 (대) 임대료 1,000

3-14 ㈜백제는 5월 1일에 1년분 보험료 ₩120,000을 현금 지급하고 모두 선급보험료로 처리하였다. 이와 관련하여 ㈜백제가 기말에 수행하여야할 수정분개는?

① (차) 보험료 80,000 (대) 선급보험료 80,000
② (차) 보험료 40,000 (대) 선급보험료 40,000
③ (차) 선급보험료 80,000 (대) 이자비용 80,000
④ (차) 선급보험료 40,000 (대) 이자비용 40,000

3-15 ㈜신라의 회계담당자는 20×5년도의 회계기록을 마감하기 전에, 20×5년 초 주식발행을 통해 조달한 현금 ₩30,000에 대한 아래의 분개에 오류가 있음을 발견하였다(주식은 액면발행). 이 오류를 수정하기 위한 수정분개로 가장 옳은 것은?

오류가 있는 분개: (차) 현 금 30,000	(대) 장기차입금 30,000

① (차) 현금 30,000 (대) 자본금 30,000
② (차) 장기차입금 30,000 (대) 자본금 30,000
③ (차) 장기차입금 30,000 (대) 현금 30,000
④ (차) 장기차입금 30,000 (대) 이익잉여금 30,000

기출문제

3-1 회계거래의 기록과 관련된 설명으로 옳지 않은 것은? ▶ 2016 주택관리사

① 분개란 복식부기의 원리를 이용하여 발생한 거래를 분개장에 기록하는 절차이다.

② 분개장의 거래기록을 총계정원장의 각 계정에 옮겨 적는 것을 전기라고 한다.

③ 보조 회계장부로는 분개장과 현금출납장 등이 있다.

④ 시산표의 차변합계액과 대변합계액이 일치하는 경우에도 계정기록의 오류가 존재할 수 있다.

⑤ 시산표는 총계정원장의 차변과 대변의 합계액 또는 잔액을 집계한 것이다.

3-2 다음 중 집합손익계정으로 집합(대체)되는 계정은? ▶ 2022 경영지도사

① 미수수익 ② 선급비용

③ 미지급비용 ④ 이자비용

⑤ 선수수익

3-3 다음의 분개장 기록 내역 중 시산표 작성을 통해 항상 자동으로 발견되는 오류만을 모두 고르면? ▶ 2021 국가직9급

ㄱ. 기계장치를 ₩800,000에 처분하고, '(차)현금 800,000 /(대)기계장치 80,000'으로 분개하였다.

ㄴ. 건물을 ₩600,000에 처분하고, '(차)현금 600,000 /(대)토지 600,000'으로 분개하였다.

ㄷ. 토지를 ₩300,000에 처분하고, '(차)토지 300,000 /(대)현금 300,000'으로 분개하였다.

ㄹ. 신입사원과 월 ₩500,000에 고용계약을 체결하고, '(차)급여 500,000 /(대)미지급비용 500,000'으로 분개하였다.

① ㄱ ② ㄱ, ㄹ ③ ㄱ, ㄴ, ㄷ ④ ㄱ, ㄴ, ㄷ, ㄹ

3-4 시산표의 자기검증기능에 의해 발견될 수 있는 오류는? ▶ 2024 지방직9급

① 감가상각비 ₩1,000을 인식하면서 '(차) 감가상각비 1,000 (대) 감가상각누계액 1,000'을 두 번 기록하였다.

② 매입채무 ₩3,000을 현금으로 지급하였으나 이와 관련한 기록을 하지 않았다.

③ 종업원에게 급여 ₩5,000을 현금으로 지급하면서 '(차) 전기료 5,000 (대) 현금 5,000'으로 기록하였다.

④ 은행으로부터 현금 ₩8,000을 차입하면서 차변에만 현금 증가를 기록하였다.

3-5 ㈜신라의 수정후시산표상 자산, 부채, 수익, 비용, 자본금 금액이 다음과 같을 때, 기초이익잉여금은? ▶ 2021 국가직9급

계정과목	금액	계정과목	금액
매출	₩120,000	현금	₩130,000
매출원가	₩100,000	재고자산	₩200,000
급여	₩50,000	매입채무	₩170,000
선급비용	₩70,000	미지급금	₩50,000
미지급비용	₩80,000	미수수익	₩50,000
자본금	₩40,000	기초이익잉여금	?

① ₩40,000　　② ₩110,000

③ ₩140,000　　④ ₩300,000

3-6 ㈜신라는 20×1년 9월 1일 1년분 보험료 ₩12,000을 지급하면서 비용으로 기록하였다. 보험료에 대한 기말수정분개로 인한 영향으로 옳은 것은? ▶ 2020 경영지도사

① 유동자산 ₩4,000이 증가한다.

② 당기순이익 ₩8,000이 감소한다.

③ 부채비율이 하락한다.

④ 유동비율이 하락한다.

⑤ 비용 ₩4,000이 감소한다.

3-7 회계 기말에 행할 결산수정사항이 아닌 것은? ▸ 2016 국가직 세무 · 관세 9급

① 기중에 사용된 소모품 금액을 소모품계정으로부터 소모품비계정으로 대체한다.

② 거래 중인 회사의 부도로 대손이 확정된 매출채권에 대해 대손충당금과 상계처리한다.

③ 건물에 대한 감가상각비를 인식한다.

④ 실지재고조사법에 따라 상품에 대한 매출원가를 인식한다.

3-8 다음은 ㈜한국의 임차료와 지급어음의 장부마감 전 계정별 원장이다. 장부마감 시 각 계정별 원장에 기입할 내용으로 옳은 것은? ▸ 2016 관세직 9급

임차료

현 금	₩50,000	선급비용	₩40,000

지급어음

		매입채무	₩50,000

① 임차료계정 원장의 차변에 차기이월 ₩10,000으로 마감한다.

② 임차료계정 원장의 대변에 집합손익 ₩10,000으로 마감한다.

③ 지급어음계정 원장의 대변에 차기이월 ₩50,000으로 마감한다.

④ 지급어음계정 원장의 차변에 집합손익 ₩50,000으로 마감한다.

3-9 ㈜신라의 20×1년 말 수정후시산표상 임차료는 ₩10,000이고 선급임차료는 ₩4,000이었다. 20×1년 초 선급임차료가 ₩2,000인 경우 ㈜신라가 20×1년도에 현금으로 지급한 임차료는? ▸ 2020 경영지도사

① ₩10,000 ② ₩11,000

③ ₩12,000 ④ ₩13,000

⑤ ₩14,000

3-10 20×1년도 시산표상의 차변합계액은 ₩70,000이고 대변합계액은 ₩79,500이었다. 다음의 오류사항을 반영한 후 시산표상 차변합계액은? ▸ 2020 경영지도사

- 매입채무 ₩4,500을 차변에 잘못 기록하였다.
- 당해 연도 중 급여로 지급된 ₩5,000을 광고비 계정으로 기입하였다.
- 미수금 잔액 ₩18,500을 누락하였다.

① ₩65,500　② ₩70,500
③ ₩79,500　④ ₩84,000
⑤ ₩84,500

3-11 ㈜신라의 수정전시산표를 통한 당기순이익은 ₩9,500이다. ㈜신라의 기말 수정사항이 다음과 같을 때 수정후시산표상 당기순이익은? ▸ 2020 경영지도사

• 대여금으로부터 발생한 이자 미수액	₩750
• 비용으로 기록한 보험료 중 미경과분	600
• 수익으로 기록한 임대료 중 미경과분	450

① ₩9,800　② ₩10,100
③ ₩10,250　④ ₩10,400
⑤ ₩10,850

3-12 ㈜신라는 ₩10,000의 소모품을 현금 매입하면서 모두 소모품비로 인식하였으나, 기말 소모품실사 결과 ₩3,000의 소모품 재고가 남아있는 것을 확인하였다. ㈜신라가 이에 대한 기말수정분개를 하지 않았을 경우 재무상태와 경영성과에 미치는 영향으로 옳은 것은? (단, 기초 소모품 재고는 없는 것으로 가정한다.) ▸ 2023 경영지도사

① 자산과대 ₩3,000　② 자본과대 ₩3,000
③ 이익과소 ₩3,000　④ 비용과소 ₩7,000
⑤ 이익과대 ₩7,000

3-13 ㈜신라의 다음 기말조정사항에 대한 수정분개가 당기순이익에 미치는 영향(증가 또는 감소)이 나머지 셋과 다른 것은? ▶ 2020 국가직9급

① 당기 7월 1일에 1년 만기 정기예금(연 6% 이자율)에 가입하고 현금 ₩1,000,000을 입금하였으나, 결산일까지 이자 수령일이 도래하지 않아 이자관련 회계처리는 하지 않았다.

② 비품에 대한 당기 감가상각비 ₩30,000을 회계처리 하지 않았다.

③ 당기 11월 1일에 소모품을 ₩50,000에 현금으로 구입하고 자산으로 인식하였다. 기말 결산일에 미사용 소모품 ₩20,000이 남아 있음을 확인하였다.

④ 당기 4월 1일부터 회사 건물을 ㈜민국에게 1년간 임대하고, 1개월에 ₩10,000씩 1년분 임대료 ₩120,000을 현금으로 받아 전액 수익으로 기록하였다.

3-14 다음은 ㈜고구려의 임차료에 대한 장부마감 전 전기내역이다. 장부 마감 시 마감분개를 통해 원장에 기입할 내용으로 옳은 것은? ▶ 2016 국가직 관세 9급

임차료

현 금	50,000	선급비용	20,000

① 임차료계정 원장의 차변에 차기이월 ₩30,000으로 마감한다.

② 임차료계정 원장의 대변에 집합손익 ₩30,000으로 마감한다.

③ 임차료계정 원장의 대변에 차기이월 ₩30,000으로 마감한다.

④ 임차료계정 원장의 차변에 집합손익 ₩30,000으로 마감한다.

3-15 재무상태표상 계정별 금액이 다음과 같을 경우 기말자본 총계는?

▶ 2017 관세직 9급 추가채용

상품	₩800,000	미지급비용	₩100,000	차입금	₩1,000,000
미수금	200,000	현금	700,000	매출채권	400,000
미지급금	500,000	선급금	600,000		

① ₩700,000　　② ₩900,000

③ ₩1,000,000　　④ ₩1,100,000

3-16 ㈜서울의 재무상태표상 각 계정별 2017년 말 잔액은 다음과 같다. 그리고 2017년 말 부채총계는 2017년 초 부채총계보다 ₩300,000만큼 더 크고, 2017년 말 자본총계는 2017년 초 자본총계보다 ₩150,000만큼 더 작다. 이를 토대로 ㈜서울의 2017년 초 자산총계를 구하면 얼마인가? ▸ 2017 서울시 9급

상품	₩700,000	선수수익	₩250,000	차입금	₩1,100,000
미수금	200,000	현금	900,000	매출채권	500,000
선수금	450,000	대여금	600,000		

① ₩2,750,000 ② ₩2,900,000

③ ₩3,150,000 ④ ₩3,325,000

3-17 ㈜서울의 2018년 초와 2018년 말의 총자산은 각각 ₩150,000과 ₩270,000이며, 2018년 초와 2018년 말의 총부채는 각각 ₩80,000과 ₩120,000이다. ㈜서울은 2018년 중 ₩50,000의 유상증자를 실시하고 현금배당 ₩10,000을 실시하였다. ㈜서울의 2018년 기타포괄손익이 ₩10,000인 경우 2018년 포괄손익계산서의 당기순이익은? ▸ 2017 서울시 9급 수정

① ₩30,000 ② ₩50,000

③ ₩70,000 ④ ₩90,000

3-18 다음 A~C의 세 가지 거래는 독립적인 거래이다. (가)~(다)의 금액을 옳게 짝지은 것은? (단, 제시된 자료 외의 자본거래는 없다.) ▶ 2018 지방직 9급

거래	기초자산	기초부채	기말부채	기말자본	총수익	총비용	현금배당
A	(가)	₩3,000	₩8,000	₩9,000	₩9,000	₩10,000	₩2,000
B	₩15,000	₩9,000	₩10,000	(나)	₩10,000	₩7,000	₩3,000
C	₩20,000	₩15,000	₩9,000	₩7,000	(다)	₩8,000	₩4,000

	(가)	(나)	(다)
①	₩12,000	₩5,000	₩12,000
②	₩12,000	₩6,000	₩12,000
③	₩15,000	₩5,000	₩14,000
④	₩15,000	₩6,000	₩14,000

3-19 ㈜신라의 수정전시산표상 수익총액은 ₩800,000이며 비용총액은 ₩500,000이다. 다음의 결산수정 사항을 반영할 경우, ㈜신라의 당기순이익은?

▶ 2023 국가직9급

- 매입채무 ₩4,500을 차변에 잘못 기록하였다.
- 당해연도에 이자수익 ₩60,000이 발생하였으나 장부에 반영하지 않았다.
- 당해연도에 발생한 급여 ₩80,000을 장부에 반영하지 않았다.
- 보험료 ₩120,000을 지급하면서 전액 자산으로 인식하였으나 이 중 다음 연도에 해당하는 금액은 ₩90,000이다.
- 임대료 ₩240,000을 수취하면서 전액 수익으로 인식하였으나 당해연도에 해당하는 금액은 ₩80,000이다.

① ₩30,000　　② ₩90,000
③ ₩110,000　　④ ₩170,000

3-20 20×1년 4월 1일 ㈜신라는 1년 만기 정기예금(연 이자율 6%)에 현금을 예치하였으며, 만기에 원금과 이자를 수취한다. ㈜신라가 결산일에 이자에 대한 회계처리를 누락한 경우, 20×1년 말 재무제표에 미치는 영향으로 옳은 것은? ▶ 2024 국가직9급

① 부채에 영향은 없고 당기순이익이 과대계상된다.

② 자산과 당기순이익이 모두 과소계상된다.

③ 자산은 과대계상되고, 당기순이익은 과소계상된다.

④ 자산과 자본은 과소계상되고, 당기순이익은 과대계상된다.

연습문제

3-1 [소모품비의 계산]

다음은 소모품에 대한 계정기록 내용을 정리한 것이다.

- 1년 동안 소모품 구입 총액: ₩300,000
- 지난해 말에 남아있었던 소모품: ₩17,000
- 결산시점 창고 보관액: ₩24,000

요구사항 손익계산서에 당기의 비용으로 계상되어야 할 금액은 얼마인가?

3-2 [소모품에 대한 수정분개]

㈜백제에서 20×1년 12월 31일자로 작성한 잔액시산표에는 사무용 소모품이 ₩9,500으로 집계되고 있으며, 소모품비계정 잔액은 ₩0이다. 12월 31일 현재 실지재고조사를 행한 결과 소모품이 10개(@₩200) 남아 있는 것으로 확인되었다. 소모품과 관련하여 결산시점에서 필요한 수정분개를 행하시오.

3-3 [보험료의 수정분개]

6월 1일에 1년분 보험료 ₩12,000을 한꺼번에 지급하고 이를 모두 선급보험료로 계상하였다. 결산시점에 이 보험료에 대한 수정분개를 행하지 않고 결산을 마무리했다면 당기순이익은 얼마나 더 많게 보고될까?

3-4 [수정분개와 그 영향]

㈜신라는 결산절차를 진행하면서 사용하고 있는 장부와 관련하여 다음과 같은 결산정리사항을 발견하였다.

- 소모품비로 기록한 부분 중 기말 현재 미사용액: ₩6,000
- 수수료수익 중 기말 현재 미회수한 금액: ₩18,000
- 정기예금에서 발생한 이자 중 미회수한 금액: ₩2,000
- 선수임대료 중 기말 현재 기간경과분: ₩4,000

요구사항

(1) 각 결산정리사항에 대해 적절한 수정분개를 행하시오.

(2) 각 결산정리사항에 대한 수정분개를 행하지 않는 경우 어느 계정들이 과대 또는 과소계상 되는지를 설명하시오.

3-5 [수정분개]

경비용역업체인 ㈜고구려의 결산일은 12월 31일이다. ㈜고구려는 결산시점에서 수정분개가 필요한 항목들을 다음과 같이 정리하였다.

① 7월 1일에 3년 기간의 화재보험에 가입하고 3년간 보험료 ₩15,000을 일시에 지급하였으며, 전액 보험료계정의 차변에 기록하였다.

② 10월 1일에 ㈜용봉과 1년간의 경비용역계약을 체결하고, 대금 ₩24,000을 받아 선수용역수익으로 기록하였으며, 계약체결일로부터 경비용역을 수행하고 있다.

③ 12월 31일에 차입금에 대한 이자 ₩2,400을 아직 지급하고 않고 있음을 확인하였다.

④ 12월분 종업원급여 ₩3,500이 아직 지급되지 않은 것이 있다.

요구사항 위의 결산정리사항들에 대해 12월 31일에 필요한 수정분개를 행하시오.

3-6 [수정분개]

㈜백제는 결산시점에서 수정분개가 필요한 항목들을 다음과 같이 정리하였다.

- 수수료수익 중 미회수액: ₩60,000
- 소모품 중 기중에 사용한 것: ₩2,000 (구입 시 전액 소모품으로 기록)
- 수도광열비 중 미지급액: ₩4,000
- 임대료 중 기간경과분: ₩20,000 (현금수입 시 전액 선수임대료로 기록)
- 12월 종업원급여 중 아직 미지급한 것: ₩5,000
- 선급보험료 중 기간경과액: ₩6,000 (지급 시 전액 선급보험료로 기록)
- 비품에 대한 당기 감가상각비 미기록액: ₩12,000

요구사항 각 결산정리사항에 대해 필요한 수정분개를 행하시오.

3-7 **[시산표 작성]**

㈜신라는 결산일에 다음과 같이 잔액시산표를 작성하고, 결산정리에 필요한 수정분개사항을 정리하였다.

수정후시산표

㈜신라 20×3년 12월 31일 현재 (단위: 천원)

계정과목	수정전시산표		수정분개		수정후시산표	
	차변	대변	차변	대변	차변	대변
현 금	100					
매출채권	400					
소 모 품	150					
건 물	400					
자 본 금		600				
용역수익		1,100				
이자수익		40				
종업원급여	400					
보 험 료	150					
임 차 료	80					
이자비용	60					
합 계	1,760	1,740				
합 계						

〈결산정리사항〉

① 기말 소모품 잔액 ₩140,000 ② 건물 감가상각 계산액 ₩45,000

③ 보험료 지급액 중 당기분 ₩120,000 ④ 당기분 임차료 ₩105,000

⑤ 당기분 이자수익 ₩80,000

요구사항

(1) 결산정리분개를 행하시오.

(2) 수정후시산표를 완성하시오.

3-8 [시산표와 재무제표 작성]

㈜발해는 결산절차를 수행하기 위해 다음과 같은 잔액시산표를 작성하고 결산정리사항을 정리해 보았다.

수정후시산표

㈜발해 20×1년 12월 31일 현재 (단위: 천원)

계정과목	잔액시산표		수 정 분 개		수정후시산표	
	차변	대변	차변	대변	차변	대변
현 금	240					
매출채권	420					
비 품	1,300					
미지급금		230				
자 본 금		800				
매 출		1,600				
종업원급여	380					
보 험 료	120					
운 송 료	80					
임 차 료	50					
이자비용	40					
합 계	2,630	2,630				
합 계						

〈결산정리사항〉

① 지급한 보험료 중 당기분 ₩90,000

② 기말 현재 임차료 미지급액 ₩20,000

③ 기말 현재 급여 미지급액 ₩40,000

④ 기말 현재 이자 미지급액 ₩10,000

⑤ 판매 후 매출채권 미기록액 ₩30,000

⑥ 비품감가상각비 결정액 ₩15,000

요구사항

(1) 결산정리분개를 행하시오.

(2) 수정후시산표를 완성하시오.

(3) 수정후시산표를 기초로 손익계산서와 재무상태표를 작성하시오.

3-9 [시산표와 재무제표 작성]

관광사업은 운영하고 있는 ㈜발해관광은 20×1년의 결산업무를 수행하기 위해 먼저 12월 31일자로 총계정원장의 각 계정 잔액을 집계하여 다음과 같이 잔액시산표를 작성하고, 결산시점에서 정리해야 할 추가자료를 확인하였다.

잔액시산표

㈜발해관광 20×1년 12월 31일 현재 (단위: 원)

차변	계정과목	대변
6,000	현금	
14,400	선급보험료	
3,600	비품	
280,000	차량운반구	
	차입금	124,000
	선수수익	30,000
	자본금	100,000
	용역수익	71,800
18,000	종업원급여	
1,600	광고비	
2,200	수도광열비	
325,800	합계	325,800

〈추가자료〉

① 선급보험료는 12월 1일에 지급된 것이며, 그로부터 1년분이다.

② 비품과 차량운반구에 대해 당기 감가상각비로 각각 ₩1,200과 ₩48,000을 계상하기로 한다.

③ 차입금은 10월 1일에 차입한 것으로, 계약이자율은 연 10%이며, 이자는 1년 후 한꺼번에 지급하기로 하였다.

④ 선수수익은 10개의 수학여행팀으로부터 각각 착수금으로 ₩3,000씩 받은 금액인데, 이 중 3개 팀의 수학여행이 12월중에 실시되었다.

⑤ 운전기사들에 대한 급여 중 12월 31일 현재 미지급액이 ₩2,400이다.

⑥ 12월중에 실시한 한 산악회 팀에 대한 용역수익 대금 ₩2,000을 아직 청구하지 않았으나 다음 달 초에 청구할 예정이다.

요구사항

(1) 위 자료를 토대로 20×1년 12월 31일에 필요한 수정분개를 행하시오.

(2) 20×1년 12월 31일자로 수정후시산표를 작성하시오.

(3) 수정후시산표로부터 재무제표양식에 따른 재무상태표와 손익계산서를 작성하시오.

3-10 [수정후시산표 수정분개의 추정]

㈜백제는 시산표를 통해 결산절차를 진행하고 있다. ㈜백제가 결산수정분개를 통해 수정후시산표 상의 수정분개란에 옮겨 적은 결과는 다음과 같이 요약된다.

계정과목	수정분개	
	차변	대변
매 출 채 권	10,500	
종 업 원 급 여	9,000	
보 험 료	6,000	
감 가 상 각 비	15,000	
선 급 보 험 료		6,000
미 지 급 급 여		9,000
감가상각누계액		15,000
용 역 수 익		10,500
합 계	40,500	40,500

요구사항

(1) 위의 수정후시산표 수정분개란은 어떤 결산정리사항들을 분개한 것인지, 해당 정리 사항을 추정하고 그 수정분개 내용을 표시하시오.

(2) 위의 결산수정분개로 인하여 결과적으로 당기순이익에 얼마의 증감 변화를 가져오게 되는가?

3-11 [장부의 마감]

㈜고구려는 결산정리분개와 정산표 작성을 모두 마치고 올해 사용한 장부들을 마감하는 작업을 하고자 한다. 원장의 각 계정에는 결산수정분개의 내용까지 모두 전기되어 있는 것이며, 확인된 일부 계정잔액들은 다음과 같다.

자 본 금	₩30,000	용 역 수 익	₩41,000
종업원급여	26,000	소 모 품 비	4,000
임 차 료	2,000	이 자 수 익	3,500

요구사항

(1) 위 계정들 중 마감분개가 필요한 계정에 대해 마감분개를 행하시오.

(2) 각 계정의 장부를 마감하고, 당기순이익을 계산하시오.

3-12 [시산표, 재무제표의 작성과 장부마감]

㈜신라는 결산정리분개를 통해 수정후시산표를 작성하였으며, 이 수정후시산표로부터 나머지 결산작업을 수행하고자 한다.

수정후시산표

㈜신라 (단위: 원)

계정과목	수정후시산표	
	차변	대변
현 금	90,260	
매 출 채 권	39,200	
선 급 임 차 료	11,400	
비 품	115,250	
감가상각누계액		24,605
매 입 채 무		28,500
차 입 금		29,860
자 본 금		151,550
용 역 수 익		62,950
종 업 원 급 여	34,200	
임 차 료	3,800	
감 가 상 각 비	3,355	
이 자 비 용	285	
미 지 급 이 자		285
합 계	297,750	297,750

요구사항

(1) 작성된 시산표를 기초로 재무제표 양식에 따른 손익계산서와 재무상태표를 작성하시오.

(2) 장부를 마감하기 위한 마감분개를 수행하시오.

3-13 [재무제표의 작성]

다음은 20×1년 12월 31일자로 작성된 ㈜고구려의 수정후시산표 자료이다.

수정후시산표

㈜고구려 20×1년 12월 31일 현재 (단위: 원)

차변		대변	
계정과목	금액	계정과목	금액
현 금	62,520	매 입 채 무	40,440
매 출 채 권	43,560	미 지 급 이 자	7,800
선급보험료	14,040	단 기 차 입 금	280,800
토 지	183,600	감가상각누계액-건물	136,800
건 물	377,400	감가상각누계액-비품	56,160
비 품	187,200	자 본 금	330,000
보 험 료	2,340	용 역 수 익	72,540
감가상각비	16,080		
이 자 비 용	7,800		
종업원급여	30,000		
합 계	924,540	합 계	924,540

요구사항 위의 자료를 이용하여 재무제표 양식에 따라 손익계산서와 재무상태표를 작성하시오.

CHAPTER 04

상품매매기업의 회계순환과정

학습목표

본 장에서는 상품매매기업의 회계순환과정을 살펴본다. 이를 위해 먼저 재고자산의 개념과 매출원가와의 관계를 이해하고, 이들이 재무제표에 어떤 영향을 미치는지 파악한다. 또한 상품매매기업의 거래기록 방식인 계속기록법과 실지재고조사법을 비교하며, 각 방법의 특징에 대해 학습한다. 마지막으로 상품매매기업의 결산절차를 이해하고 이를 바탕으로 재무제표를 작성하는 과정을 익힌다.

SECTION

01 상품과 재고자산

3장에서 회계순환과정을 용역제공기업을 중심으로 살펴보았다면, 본 장에서는 이를 보다 일반적인 기업 유형에 적용하여 이해하고자 한다. 상품매매기업의 경우에는 상품의 판매가 주된 영업활동이며, 이를 위한 매입거래 또한 빈번하게 발생한다. 특히 다양한 종류의 상품을 취급하는 기업은 입고, 출고, 재고에 대한 기록이 정확히 이루어져야 하며, 이로 인해 회계처리도 복잡해질 수 있다. 따라서 본 장에서는 일반적인 기업 형태인 상기업의 매입 및 매출거래를 중심으로 상품계정의 기록과 관리 방법을 살펴본다.

1 상품과 제품

흔히 기업에서 판매하는 물건을 상품이라고 하지만 실제로는 기업의 유형에 따라 그 명칭이 달라질 수 있다. 기업의 유형은 크게 상기업, 제조기업, 서비스기업 등으로 구분할 수 있다. 이 중 다른 회사가 만든 물건을 사다가 되파는 상기업 또는 유통기업의 경우에는 상품이라 하고, 판매할 물건을 회사에서 직접 만들어 파는 제조기업의 경우에는 이를 제품이라고 한다. 즉 공장에서 직접 물건을 만드는 기아자동차, 삼성전자, 삼호중공업 등의 제조기업이 판매하는 물건은 **제품**(finished goods)이라고 표현하고 대형마트, 백화점, 무역상사 등과 같은 상기업 또는 유통기업이 자체에서 직접 생산하지 않고 다른 회사의 제품을 사다가 파는 물건의 경우 이를 **상품**(merchandise)이라고 한다. 이에 반해 은행, 병원, 회계법인, 법무법인 등의 서비스기업에서는 상품이나 제품과 같은 유형의 물건을 판매하는 대신 무형의 **서비스**(service; 용역)를 판매한다. 그런데 서비스기업이 판매하는 서비스를 일종의 지적재산이라 할 수 있지만, 물리적인 형체가 없어 그 가치를 객관적으로 측정하거나 관리하기가 어렵다. 따라서 객관적인 측정이 가능하며 판매를 위해 물리적으로 창고에 보관할 수 있는 상품과 제품을 합하여 **재고자산**(inventories)이라고 부른다.

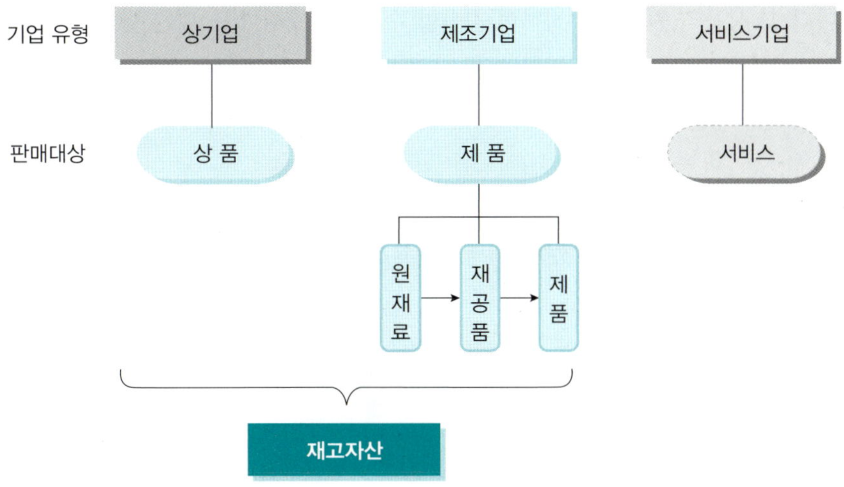

그림 4-1 기업 유형과 재고자산

상기업과 제조기업은 이러한 재고자산을 판매하여 수익을 창출한다. 다만 상기업의 경우에는 상품이 주된 재고자산이 되지만, 제조기업의 경우에는 **제품** 이외에도 제품의 생산공정에 투입하기 위해 보관하는 **원재료**(raw materials)와 이미 생산공정에 투입되어 제조과정이 진행중인 **재공품**(work in–process)도 재고자산에 포함된다. 일반적으로 제조공정이 단순하여 제조 기간이 짧은 경우에는 재공품 금액이 비교적 적지만 선박, 항공기, 건설 및 토목공사 등과 관련된 재공품은 제조 기간이 길고 그 금액도 크므로 이를 구분하여 관리하고 있다. 따라서 재고자산은 정상적인 영업활동 과정에서 판매를 목적으로 보유하거나, 판매할 제품의 생산을 위해 사용 · 소비될 자산을 포괄하는 의미로 사용된다.

2 재고자산과 매출원가의 관계

재고자산은 재무상태표의 유동자산 항목으로 재무상태표 작성시점, 즉 결산시점에 아직 판매되지 않고 창고나 진열장에 재고로 남아있는 상품의 금액을 의미한다. 따라서 기업에서 매입한 모든 상품 또는 생산한 모든 제품 가운데 기말까지 판매되지 않은 것은 재무상태표에 **재고자산**으로 기록된다. 또한 회계기간 동안 판매활동을 통해 외부에 판매된 상품 또는 제품은 모두 손익계산서에 **매출원가**로 기록된다.

그런데 당기 중 실제로 판매대상이 되는 상품은 전기 이전에 매입했던 상품 중 재고로 남아 당기로 이월된 상품(**기초상품재고액**)과 당기 중 실제로 매입한 상품(**당기상품매입액**)을 모두 더한 것이라 할 수 있다. 이 중 당기에 실제로 판매한 상품의 원가, 즉 매출원가는 상품을 판매할 때마다 그 상품의 원가를 누적하여 계산할 수 있다. 그러나 또 다른 방법으로 당기에 판매 가능한 모든 상품의 원가에서 기말 현재 아직 판매되지 않고 남아 있는 **기말상품재고액**을 제외한 나머지를 **매출원가**로 계산할 수도 있다.

> 당기 중 판매 가능한 상품 = 기초상품재고액 + 당기상품매입액

> 기초상품재고액 + 당기상품매입액 = 기말상품재고액 + 매출원가
> ⇨ 당기 중 판매 가능한 상품 = 기말상품재고액 + 매출원가
> ⇨ 매출원가 = 당기 중 판매 가능한 상품 - 기말상품재고액
> ⇨ 매출원가 = 기초상품재고액 + 당기상품매입액 - 기말상품재고액

즉 기초상품재고액과 당기상품매입액이 일정하다고 가정하는 경우, 기말상품재고액(기말재고자산)이 얼마인가에 따라 매출원가로 계산되는 금액이 달라진다. 따라서 기말재고자산의 금액이 클수록 재무상태표에 자산(상품)으로 기록되는 금액이 커짐과 동시에 매출원가가 감소하여 결과적으로 당기순이익이 높게 계상되게 된다. 이들의 관계를 그림으로 표현하면 [그림 4-2]와 같다.

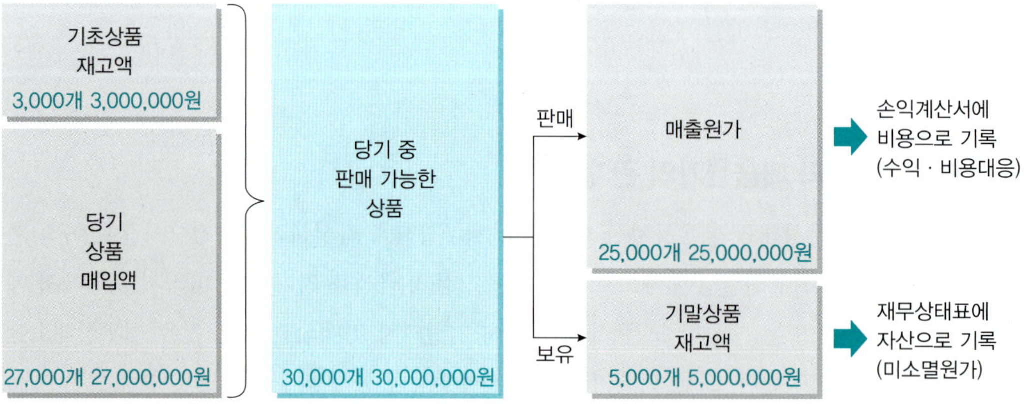

그림 4-2 기말상품재고액과 매출원가의 관계

예제 4-1 매출원가 계산

㈜백제는 유통회사로서 20×6년 1월 1일에 ₩600의 기초상품을 보유하고 있었다. ㈜백제가 20×6년 중에 매입한 상품의 총금액은 ₩3,200이며, 20×6년 12월 31일 현재 판매하지 않고 보유하고 있는 상품의 금액은 ₩800이다.

물음 이 경우 ㈜백제가 20×6년 중에 판매한 상품의 매출원가는 얼마인가?

풀이

기초상품재고액 + 당기상품매입액 = 기말상품재고액 + 매출원가

매출원가 = 기초상품재고액 + 당기상품매입액 − 기말상품재고액

매출원가 = ₩600 + ₩3,200 − ₩800 = ₩3,000

SECTION
02 상품매매거래의 기록

재고자산, 즉 상품과 제품의 매입 및 매출과 관련된 거래는 기업의 주된 영업활동에 해당한다. 따라서 다른 자산을 매입하거나 처분하는 것과 비교해서 재고자산의 매입 및 매출거래는 회계기간 중 빈번히 발생할 뿐만 아니라 그 종류도 다양하여 이를 체계적으로 기록 · 관리해야 할 필요가 있다. 특히 상품 또는 제품을 매입하거나 매출할 때에는 매입(매출)하는 각 재고자산을 일일이 확인하는 것은 현실적으로 불가능하다. 이하에서는 재고자산의 매입(매출)거래의 기록방법에 대한 내용을 상품매매거래를 위주로 설명한다. 제조기업의 제품매매거래는 원재료와 재공품(제조 중인 제품)에 대한 기록이 존재하는 차이만 있을 뿐 상품매매와 동일하므로 이에 대한 설명은 생략한다.

상품(재고자산)의 매입과 매출거래를 기록하는 방법에는 계속기록법과 실지재고조사법이 있다. 이 중 어느 방법을 사용하느냐에 따라 기중 상품매매에 대한 분개 방법과 기말재고량 및 재고금액 산정이 달라지므로 방법 간의 차이를 명확히 이해할 필요가 있다.

1 계속기록법

계속기록법(perpetual inventory method)은 상품을 매입 또는 매출할 때마다 상품계정에 원가로 기록을 계속하는 방법이다. 먼저, 상품을 매입하면 상품계정의 차변에 매입 시 취득원가를 기록하여 자산의 증가를 표시한다.

(차) 상　품	xxx	(대) 현　금	xxx

계속기록법에서는 상품을 매출한 경우, 매출액을 대변에 매출로 기록하고, 차변에 현금(현금을 수취한 경우)또는 매출채권(외상거래인 경우)을 기록하여 자산의 증가를 표시한다. 또한 상품을 거래 상대방에게 인도하였으므로 상품계정의 대변에 해당 상품의 취득원가를 기록하

여 자산의 감소를 표시하고 동시에 차변에는 그만큼의 매출원가(비용)가 발생한 것으로 기록한다. 이는 판매된 상품이 매출이라는 수익을 발생시키기 위해 사용되었으므로 이를 비용처리하기 위한 것이다.

(차) 현　　금	xxx	(대) 매　　출	xxx
매출원가	xxx	상　　품	xxx

예제 4-2 계속기록법 상품매매거래 분개

(1) 매입거래: ㈜백제는 20×5년 10월 5일에 K상품 20개를 단가 ₩100에 매입하고 그 대금 ₩2,000을 현금으로 지급하였다.

(2) 매출거래: ㈜백제는 20×5년 10월 13일에 K상품 10개를 판매하고 그 대금 ₩1,400을 현금으로 받았다.

물음 위의 거래를 분개하시오.

풀이

(1) 매입거래의 분개

(차) 상　　품	2,000	(대) 현　　금	2,000

(2) 매출거래의 분개

(차) 현　　금	1,400	(대) 매　　출	1,400
매출원가	1,000	상　　품	1,000

〈계속기록법에서의 상품매입 기록〉

상품		(상대 계정과목)	
(자산의 증가; 원가)			(자산의 감소 또는 부채의 증가)

〈계속기록법에서의 상품매출 기록〉

(상대 계정과목)		매출	
(자산의 증가)			(수익의 증가; 판매가)

매출원가		상품	
(판매상품의 원가; 비용)			(자산의 감소; 원가)

그림 4-3 계속기록법에서의 상품매입/매출 기록

[예제 4-2]와 같이 계속기록법을 사용하는 경우에는 상품의 매입과 매출 시 모두 상품계정의 차변 또는 대변에 각각의 실제 취득원가로 기록하게 된다. 또한 상품매출 시에는 판매가로 기록되는 매출액(₩1,400)과 감소된 상품의 원가(매출원가, ₩1,000)를 비교하여, 해당 상품의 판매로 인해 얼마만큼의 상품매매이익(₩400)이 발생했는지를 곧바로 알 수 있다.

상품의 판매가액 (₩1,400) − 판매된 상품의 원가 (₩1,000) = 상품매매이익 (₩400)

그림 4-4 상품의 매출과 매매이익 계산

계속기록법을 사용하는 경우에는 상품계정에 상품의 입 · 출고 내역이 거래 건별로 모두 기록된다. 따라서 상품계정을 통해서 당기 중 매입한 금액의 총액(원가)과 판매한 상품의 총액(원가) 그리고 기말에 남아 있는 상품의 총액(원가)을 쉽게 파악할 수 있다. 상품계정의 차변에는 전기로부터 이월된 기초상품과 당기에 매입한 상품 모두 원가로 기록되기 때문에, 상품계정 차변 기록의 총합계는 당기 중 판매 가능한 상품의 총액을 의미한다. 한편 상품계정의 대변에는 당기 중 판매한 상품 거래들이 원가로 기록되어 있으며, 이들 합계액은 당기 중의 매출원가를 의미한다. 그리고 차변 합계액(당기 중 판매 가능한 총 상품액)에서 대변 합계액(판매된 상품의 매출원가)을 차감한 잔액은 기말상품재고액을 의미한다. 따라서 계속기록법을 사용하는 경우에는 결산시점에서 상품의 매출원가나 기말재고액을 파악하기 위해 별도의 계산 없이 장부에서 곧바로 확인할 수 있다.

상품

차변	대변
전기이월상품: 원가 (=기초재고액)	당기 매출상품: 원가 (=매출원가)
당기 매입상품: 원가 (=당기매입액)	기말재고상품: 원가 (=기말재고액)

그림 4-5 계속기록법에서의 상품계정 기록

[표 4-1]은 이러한 계속기록법의 장 · 단점을 요약해서 보여준다.

표 4-1 계속기록법의 장 · 단점

장점	단점
• 입 · 출고 내역의 계속적인 기록으로 정확한 재고기록이 유지된다. • 고가품 등 거래 품목 수가 적은 경우에 유용하다.	• 거래가 복잡한 경우 실무상 매우 번거롭다. • 장부상 재고액은 실제 재고액과는 차이가 있을 수 있다.

더 알아보기 **상품재고장**

대부분의 기업에서 하나의 품목만을 매매거래하는 경우는 매우 드물다. 또한 특정 품목이라 하더라도 그 종류나 규격 등이 다양하여 판매되는 상품의 원가(취득원가)를 일일이 기억하여 처리하는 것은 쉽지 않다. 더구나 동일 종류의 동일 규격 상품이라 하더라도 매입 시기에 따라 단위당 매입가격이 달라질 수 있다.

예를 들어, 소형마트에서 어제 매입한 우유(@₩1,280)와 오늘 새로 들여온 우유(@₩1,320)를 함께 진열하여 판매하고 있다고 가정하자. 이때 오늘 판매하는 우유의 원가를 어떻게 산정하느냐에 따라 매출원가와 매출이익이 달라진다.

이처럼 복잡한 상품의 매입과 매출거래를 하나의 상품계정으로 관리하는 것은 사실상 불가능하다. 따라서 상품의 종류가 다양한 경우 실무에서는 각 상품별로 별도의 상품재고장(stock ledger)을 마련하여 체계적으로 기록한다.

상품재고장은 구분하고자 하는 상품의 종류 또는 규격별로 작성된다. 상품재고장의 장부형식은 아래와 같이 입고, 출고, 재고란으로 구성되어 있다. 해당 품목을 매입하는 경우 입고란에 수량과 단가, 금액 등을 기록하며, 해당 품목을 판매하는 경우에는 출고란에 수량과 단가, 금액 등을 기록한다. 현재 남아있는 재고는 입고 · 출고 시마다 달라지게 되므로 재고란의 수량, 단가, 금액은 매입 · 매출이 이루어질 때마다 수정하여 기록한다.

[상품명: 디에떼 제습기] 상품재고장 (단위: 천원)

일시		적요	입고			출고			재고		
			수량	단가	금액	수량	단가	금액	수량	단가	금액
9월	1일	전월이월	25	20	500				25	20	500
	4일	매 입	10	20	200				35	20	700
	6일	매 출				15	20	300	20	20	400
	7일	매 입	10	20	200				30	20	600

2 실지재고조사법

앞서 설명한 계속기록법을 통해 상품계정을 기록하는 경우, 특히 상품 종류가 많거나 단가의 변동이 심할 때 매입과 매출 시마다 해당 상품의 원가를 확인하여 기록한다는 것은 실무상으로 매우 번거롭다. 또한 상품을 판매할 때 매출계정에는 판매가를 적용하여 판매금액으로 기록하며, 동시에 판매한 상품의 원가를 확인하여 이를 상품계정 대변과 매출원가계정 차변에 각각 기록해야 하므로 분개나 전기 작업이 많아질 수밖에 없다. 따라서 실무에서는 복잡한 계속기록법 대신에 간편법인 실지재고조사법이 주로 사용된다.

실지재고조사법(periodic inventory method)은 실사법이라고도 하며 기중의 매입, 매출거래가 있을 때마다 상품계정의 기록 없이 **매입계정**과 **매출계정**으로 기록하고 상품의 재고액과 매출원가를 확인할 필요가 있을 때는 상품의 보관 현장을 실사하여 계산한다. 즉 실지재고조사법에서는 상품계정을 이월상품계정, 매출계정, 매입계정으로 분할하고 기중의 상품 구입거래는 모두 매입계정에 원가로 기록하며, 상품의 판매거래는 모두 매출계정에 판매가로 기록한다.

더 알아보기 **상품계정의 분할**

상품의 매입과 매출거래를 모두 하나의 상품계정에서 처리하면 번거롭고 중요한 거래정보가 누락될 가능성이 있다. 이에 관련된 상품거래 내용을 기능별로 분할하여 여러 계정에 기록하는 방법을 사용하는데 이를 상품계정의 분할이라고 한다. 이는 실지재고조사법을 전제로 하며, 분할 방법으로는 3분법, 5분법, 9분법 등이 있다. 3분법은 상품매매거래를 ① 이월상품계정, ② 매출계정, ③ 매입계정으로 구분하여 기록하는 방법이다. 5분법은 3분법에 ④ 매출에누리와 환입계정, ⑤ 매입에누리와 환출계정 등을 추가하여 기록하는 방법이다. 9분법은 3분법에서 5분법으로 추가된 계정을 나누어 ④ 매출에누리계정, ⑤ 매출환입계정, ⑥ 매입에누리계정, ⑦ 매입환출계정, ⑧ 매출할인계정, ⑨ 매입할인계정 등으로 세분하여 기록하게 된다. 이 중 3분법이 보편적으로 사용되고 있지만, 매매하는 상품과 거래의 특성 및 기록 목적에 따라 기업에서 적절한 분류 방법을 선택하여 적용할 수 있다. 상품계정을 이와 같이 분할하여 기록하는 경우, (이월)상품계정에서 현재 또는 기말의 재고잔액과 매출원가를 파악할 수 없기 때문에 실지재고조사법과 연계하여 사용할 수밖에 없다.

예를 들어, 상품을 현금으로 매입한 경우에는 상품계정에 자산의 증가로 기록하지 않고 비용의 발생으로 간주하여 비용계정인 매입계정 차변에 분개한다. 또한 상품을 현금으로 판매한 경우에도 상품계정에 자산의 감소로 기록하지 않고 수익의 발생으로 보아 매출계정의 대변에 기록하며 판매가액만큼 현금계정(혹은 매출채권)의 차변에 기록한다. 이때 상품계정은 기초잔액만을 표시할 뿐, 기중의 상품에 대한 매입 및 매출거래는 상품계정으로 기록되지 않는다는 점에 유의해야 한다. 실지재고조사법을 사용하는 경우의 상품매매 관련 거래의 분개와 기장 방법은 [그림 4-6]과 같다.

〈실지재고조사법에서의 상품매입 기록〉

매입			(상대 계정과목)	
(구매상품의 원가, 비용)				(자산의 감소 또는 부채의 증가)

〈실지재고조사법에서의 상품매출 기록〉

(상대 계정과목)			매출	
(자산의 증가)				(판매상품의 판매가; 수익)

그림 4-6 실지재고조사법에서의 상품 매입/매출거래 기록

예제 4-3 실지재고조사법 상품매매거래 분개

(1) 매입거래: ㈜백제는 20×5년 10월 5일에 K상품 20개를 단가 ₩100에 매입하고 그 대금 ₩2,000을 현금으로 지급하였다.

(2) 매출거래: ㈜백제는 20×5년 10월 13일에 K상품 10개를 판매하고 그 대금 ₩1,400을 현금으로 받았다.

물음 위의 거래를 분개하시오.

풀이

(1) 매입거래의 분개

(차) 매 입	2,000	(대) 현 금	2,000

(2) 매출거래의 분개

(차) 현 금	1,400	(대) 매 출	1,400

그런데 실지재고조사법을 사용하는 경우 매출계정에는 판매된 상품의 판매가로 기록되며 매입계정에는 구입한 상품의 원가(취득원가)로 기록되기 때문에, 매출계정과 매입계정의 차이만으로는 현재 남아 있는 상품의 재고를 확인할 수 없다. 더구나 상품계정의 잔액은 기초의 상품재고액만을 표시할 뿐이다. 따라서 실지재고조사법을 적용하는 경우 기말 또는 결산을 수행하는 시점에서 상품이 보관되어 있는 현장에서 실제로 재고조사를 실시하여 물리적으로 확인한 후 기말상품재고액을 결정하게 된다. 실사를 통해 기말상품재고액이 확인되면, 매출원가는 역산을 통해 계산해 낼 수 있다. 실지재고조사법에서 매출원가를 산출하는 공식은 다음과 같다.

$$\text{매출원가} = \text{기초상품재고액} + \text{당기매입액} - \text{기말상품재고액}$$

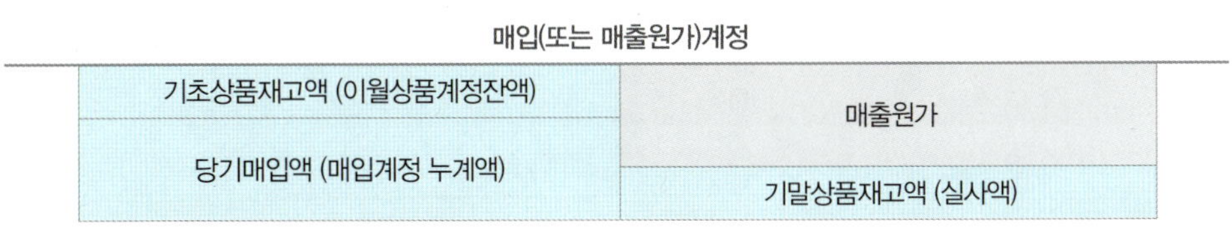

그림 4-7 실지재고조사법에서의 매출원가 계산

앞에서 살펴본 바와 같이 계속기록법을 사용하는 경우, 상품의 매입 및 매출거래 시 상품계정의 차 · 대변에 기록하는 것과 함께 매출원가계정을 직접 기록하므로 기말에 상품계정을 수정하거나 매출원가를 별도로 계산하는 과정이 필요 없다. 그러나 실지재고조사법을 사용할 때는 이를 위한 결산정리분개가 필요하다. 이에 대한 자세한 내용은 본 장 후반의 결산절차에서 다시 설명한다. 한편, 실무에서 실지재고조사법을 사용할 때는 다음과 같은 장 · 단점이 있다.

표 4-2 실지재고조사법의 장 · 단점

장점	단점
• 판매 상품의 원가를 일일이 확인하는 번거로움이 없어 실무상 편리하다. • 다품종, 거래건 수가 많은 경우에 적절하다.	• 재고실사에 확인되지 않은 도난, 파손 등의 재고감모를 파악하기 어렵다(매출원가 과대계상 우려). • 기말 재고조사로 정상영업활동에 지장을 줄 수 있다.

3 실지재고조사법과 계속기록법의 병행

상품매매거래를 기록하는 방법인 계속기록법과 실지재고조사법은 각각 장 · 단점이 있다. 따라서 많은 기업에서는 실무상 이 중 하나의 방법만을 고집하지 않고, 두 방법을 병행하여 사용하는 경우가 많다.

표 4-3 계속기록법과 실지재고조사법 비교

구분	계속기록법	실지재고조사법
방법	상품의 구매, 사용, 판매를 상품단위별로 상품계정(자산)에서 지속적으로 기록	상품 입 · 출고 시 상품계정에 기록하지 않고 매입 · 매출로만 기록했다가 기말에 실지재고수량 파악
기말재고	상품 장부에서 바로 확인	창고에서 실제재고량 확인
매매기록	2분법(상품계정, 매출원가계정)	3분법(매입, 매출, 이월상품)
매출원가계산	매출원가계정에서 확인	기말 매입계정에서 재고 확인 후 역산함
판매기록	개별상품원가로 기록	판매가격으로 기록
판매이익계산	각 판매 시마다 이익 계산	기말에 재고수량 파악 후 계산
상품계정	기중 계속 변함	기중에는 기초상품으로 표시, 기말에 조정

표 4-4 계속기록법과 실지재고조사법의 회계처리

<table>
<tr><th>계속기록법</th><th></th><th>실지재고조사법</th></tr>
<tr><td>(차) 상품 600 (대) 현금 600</td><td>상품구입 시</td><td>(차) 매입 600 (대) 현금 600</td></tr>
<tr><td>(차) 현금 800 (대) 매출 800
매출원가 500 상품 500</td><td>상품판매 시</td><td>(차) 현금 800 (대) 매출 800</td></tr>
<tr><td>(결산분개 없음)</td><td>기말결산 시</td><td>(결산분개 있음)</td></tr>
<tr><td>⇩</td><td></td><td>⇩</td></tr>
<tr><td>상품계정에서 확인(차변잔액)</td><td>기말 상품
재고액 확인</td><td>기말실사를 통해 상품재고액 확인</td></tr>
<tr><td>매출원가계정에서 확인(차변잔액)</td><td>매출원가 계산</td><td>기말에 역산하여 구함
(매출원가=기초재고액+당기매입액–기말재고액)</td></tr>
</table>

앞서 언급한 바와 같이, 계속기록법으로 회계처리하는 경우에는 장부기록을 통해 현재 재고액과 매출원가를 바로 확인할 수 있지만 매입, 매출 시마다 해당 상품의 원가를 일일이 확인하고 기록해야 하므로 매우 번거롭다. 더구나 장부상으로 현재의 재고액을 확인할 수 있더라도 실지재고조사를 하지 않으면 장부재고액과 실제재고액의 차이인 감모량을 파악할 수 없어 그만큼 기말재고액이 과대평가될 수도 있다. 반대로 실지재고조사법으로 회계처리하는 경우에는 모든 상품매매거래를 매입계정과 매출계정으로 처리하므로 간편하다는 이점이 있다. 그러나 재고조사에 포함되지 않은 상품은 모두 판매된 것으로 가정하게 되므로 그만큼 매출원가가 과대계상 될 가능성이 있다.

따라서 실무에서는 일반적으로 계속기록법과 실지재고조사법을 병행하여 사용한다. 예를 들어, 상품매입 및 매출거래를 실지재고조사법에 따라 매입계정과 매출계정으로 분개하여 기록하고 동시에 계속기록법에서 사용하는 상품재고장을 통해 입출고되는 상품의 수량과 단가를 기록해 가는 방법을 사용한다. 이 경우 장부상의 재고액과 실사를 통해 확인되는 재고액 간의 차이를 비교하여 양 기법이 갖는 한계점을 보완할 수 있다. 이와 같이 두 기록 방법을 병행하는 절차는 다소 번거롭지만, 상품기록이나 재고의 확인에 정확성을 확보할 수 있다는 의미에서 실무에서는 널리 활용되고 있다.

예제 4-4 계속기록법과 실지재고조사법 비교

자제품을 매입하여 판매하고 있는 ㈜백제의 9월 중 매입 · 매출거래는 다음과 같다.

- 9월 1일: 8월 중 미판매상품으로 이월된 상품재고액은 ₩400이다.
- 9월 4일: ₩700의 상품을 매입하고 대금은 한 달 후에 지급하기로 하다.
- 9월 11일: 원가 ₩500의 상품을 ₩800에 판매하고 대금은 40일 후에 받기로 하다.
- 9월 17일: ₩600의 상품을 매입하고 대금은 45일 후에 지급하기로 하다.
- 9월 22일: 원가 ₩400의 상품을 ₩620에 판매하고 대금은 25일 후에 받기로 하다.
- 9월 30일: 월말에 상품재고액을 실지조사한 결과 ₩800의 상품이 남아 있다.

물음

(1) 9월의 매입 · 매출거래에 대한 일자별 분개와 상품 관련 계정을 총계정원장에 전기하는 내역을 계속기록법과 실지재고조사법을 각각 사용하여 표시하시오.

(2) 계속기록법과 실지재고조사법을 각각 사용하여 9월의 매출원가를 계산해 보시오.

풀이

(1-1) 매입 · 매출거래의 분개

일자	계속기록법	실지재고조사법
9/4	(차) 상 품 700 (대) 매입채무 700	(차) 매 입 700 (대) 매입채무 700
9/11	(차) 매출채권 800 (대) 매 출 800 (차) 매출원가 500 (대) 상 품 500	(차) 매출채권 800 (대) 매 출 800
9/17	(차) 상 품 600 (대) 매입채무 600	(차) 매 입 600 (대) 매입채무 600
9/22	(차) 매출채권 620 (대) 매 출 620 (차) 매출원가 400 (대) 상 품 400	(차) 매출채권 620 (대) 매 출 620

(1–2) 상품 관련 계정에의 전기

계속기록법

상품

이월	400	9/11	500
9/4	700	9/22	400
9/17	600		

매출원가

9/11	500		
9/22	400		

매출

		9/11	800
		9/22	620

실지재고조사법

상품

이월	400		

매입

9/4	700		
9/17	600		

매출

		9/11	800
		9/22	620

(2) 9월의 매출원가

① 계속기록법의 경우: 매출원가계정이 별도로 기록되므로 매출원가계정에서 차변의 합계액 ₩900이 9월의 매출원가이다.

② 실지재고조사법의 경우: 다음의 산식을 통해 매출원가를 계산한다.

기초재고액	400	(상품계정에서 전월이월액)
당기매입액	+ 1,300	(매입계정의 차변 합계액)
(판매가능상품액)	1,700	
기말재고액	−800	(실지재고조사로 파악된 금액)
매출원가	900	

따라서 9월 중 매출원가는 ₩900으로 계산되며, 이 경우 상품계정을 전월이월액(₩400)에서 월말의 차월이월액(₩800)으로 수정하는 분개가 필요하다.

SECTION

03 상기업의 결산절차

3장에서 설명한 결산과 재무제표 작성과정은 모든 유형의 기업에 일반적으로 적용되는 결산절차이다. 그럼에도 불구하고 본 절에서 상기업의 결산절차를 다시 다루는 이유는, 서비스기업과는 달리 상기업의 경우 상품매매거래의 기록이 복잡하여 기말에 이에 대한 특별한 결산정리분개절차가 포함되기 때문이다. 만일 상품매매거래를 계속기록법으로 기록하는 경우에는 상품계정에서 언제든 매출원가와 기말상품재고액을 확인할 수 있기 때문에 기말에 별도의 결산정리분개를 행할 필요는 없다.

그러나 상품매매거래 건수가 많은 대부분의 상기업에서는 편의상 **실지재고조사법**을 주로 사용한다. 이처럼 실지재고조사법을 적용하는 경우에는 상품계정이나 상품재고장을 통해 기말재고액과 매출원가를 확인할 수 없다. 따라서 기말시점에서 창고를 실제로 조사하여 기말상품재고액이 얼마인지를 결정하여야 하며, 이를 통해 상품계정을 수정하고 매출원가를 계산하기 위한 결산정리분개절차를 수행해야 한다.

1 기말상품재고액의 결정

실지재고조사법에 의해 기말상품재고액을 산정하기 위해서는, 먼저 판매되지 않고 창고에 보관되어 있는 상품의 **수량**을 확인하고 이에 적정한 단가를 곱하여 금액을 계산하게 된다.

> 기말상품재고액 = (기말재고) 수량 × 단가

이때 기말상품의 재고수량은 실지재고조사법에 의해 창고에 실제로 보관된 상품의 수량을 일일이 확인하여 산출한다. 실지재고수량은 상품재고장을 통해 확인되는 재고수량(장부재고수량)과 비교하여, 차이가 나는 경우 그 차이의 원인이 무엇인지를 규명하여 이에 적절한 수정분개를 행하게 된다. 이에 대한 자세한 설명은 5장에서 다루기로 한다.

기말상품의 단가는 개별법, 선입선출법, 후입선출법, 이동평균법, 총평균법 등 다양한 단가계산 방법 중 하나를 적용하여 결정한다. 그러나 한국채택국제회계기준(K-IFRS)에서는 후입선출법의 사용을 허용하지 않기 때문에, 기업이나 상품의 특성에 따라 개별법, 선입선출법, 또는 가중평균법(이동평균법과 총평균법) 중 하나를 선택해 적용해야 한다. 단, 동일한 상품에 대해 한 번 적용된 단가결정방식은 계속해서 유지해야 한다. 단가계산 방법에 대한 구체적인 내용은 5장에서 자세히 다룰 예정이다. 한편, 실지재고조사를 통해 기말재고의 수량과 적용단가가 결정되면 '**수량 × 단가**' 계산식에 의해 기말상품재고액을 산정할 수 있다.

2 상품계정에 대한 결산정리분개

실지재고조사를 통해 기말상품재고액이 산정되면, 이를 상품계정에 반영하고 매출원가를 계산하기 위한 결산정리분개를 행하게 된다. 기업에서 실지재고조사법을 사용하는 경우, 모든 상품의 매입거래는 매입계정에 원가로 기록되며, 모든 상품의 판매거래는 매출계정에 판매가액으로 기록된다. 그러나 상품계정에는 기중의 어떠한 상품매매거래도 직접 기록되지 않으며, 상품계정의 잔액은 전기에서 이월된 상품재고액(기초재고액)만이 남아 있게 된다. 따라서 결산시점에서 전기이월상품액을 표시하는 상품계정의 금액을 결산시점 현재의 상품잔액(기말상품 실지재고조사액)으로 수정하는 분개가 필요하다. 또한 회계기간 중 상품을 매출할 때 기록되지 않았던 매출원가계정을 신설하여 매출원가금액을 확정하여야 한다.

매출원가금액의 확정은 기초상품재고액과 당기상품매입액을 합한 금액(당기판매가능한 상품의 원가)에서 실지재고조사에 의한 기말상품재고액을 차감하면 곧바로 매출원가를 계산할 수 있다.

매출원가 = 기초상품재고액 + 당기상품매입액 − 기말상품재고액

실지재고조사법 적용에 따른 결산정리분개의 예는 다음과 같다.

결산시점에서 ㈜고구려의 수정전시산표상에 집계되고 있는 상품계정의 잔액은 ₩30,000이며, 매입계정 잔액은 ₩840,000이라고 가정하자. 그런데 결산을 수행하기 위해 상품의 실지재고조사를 수행한 결과 상품재고액이 ₩50,000으로 확인되었다. 이 경우 상품계정에 대한 결산정리분개를 어떻게 표시해야 할까?

먼저 실지재고조사법을 적용할 경우 수정전시산표상의 상품계정잔액은 전기에서 이월된 기초상품계정잔액을 의미한다는 점에 유의해야 한다. 매출원가 산식에서 수정전시산표상의 상품계정 잔액인 기초상품재고액은 매출원가에 산입될 항목이며, 매입계정 잔액인 당기상품매입액 역시 매출원가에 산입된다. 반면 결산시점에 이루어진 실지재고조사에 의한 기말상품재고액은 매출원가에서 차감하여야 할 항목이다. 따라서 매출원가계정을 신설하여 상품에 대한 결산정리분개를 수행할 때 다음과 같은 절차를 따른다.

(1) 기초상품재고액 매출원가산입

(차) 매출원가	30,000	(대) 상　　품	30,000

(2) 당기상품매입액 매출원가산입

(차) 매출원가	840,000	(대) 매　　입	840,000

(3) 기말상품재고액 매출원가차감

(차) 상　　품	50,000	(대) 매출원가	50,000

이러한 절차를 거친 후 결산정리분개 내용을 해당 계정에 전기한 결과는 다음과 같다.

상품

전기이월	30,000	매출원가	30,000
매출원가	50,000		

매입

	840,000	매출원가	840,000

매출원가

상　　품	30,000	상　　품	50,000
매　　입	840,000		

이로써 수정후시산표 상에 기록되는 상품계정의 새로운 잔액은 수정전시산표상의 잔액(₩30,000)에서 기말 실지재고조사에 의한 금액(₩50,000)으로 수정되며, 새로 만들어진 매출원가계정에서 매출원가는 ₩820,000(=30,000+840,000−50,000)으로 산정되었다. 또한 임시계정인 매입계정은 대차 잔액이 0이 된다. 이러한 결산정리분개를 통해 ㈜고구려는 상품계정과 관련된 손익계산서계정과 재무상태표계정에 대한 금액을 적절히 수정하게 된다.

예제 4-5 상품계정 수정분개

결산정리사항: ㈜백제의 기말 시산표상의 상품계정 잔액은 ₩34,000이며, 매입계정 잔액은 ₩750,000으로 표시되고 있다. 기말에 수행된 상품계정에 대한 실지재고조사에서 상품재고액은 ₩26,000으로 확인되었다.

물음

(1) ㈜백제가 결산시점에서 수행해야 할 상품계정에 대한 수정분개를 행하시오.
(2) 결산수정분개를 해당 계정에 전기한 결과를 표시하시오.
(3) ㈜백제의 회계기간 중 매출원가를 계산하시오.

풀이

(1) 결산정리분개

(차)	매출원가	34,000	(대) 상　품	34,000
	매출원가	750,000	매　입	750,000
	상　품	26,000	매출원가	26,000

(2) 계정에의 전기

상품

전기이월	34,000	매출원가	34,000
매　입	750,000		

매입

	750,000	매출원가	750,000

매출원가

상　품	34,000	상　품	26,000
매　입	750,000		

(3) 매출원가 = 기초상품재고액 + 당기매입액 − 기말상품재고액
= 34,000 + 750,000 − 26,000
= ₩758,000

상품계정에 대한 결산정리분개와 이를 통한 매출원가의 계산절차 이외의 결산정리사항은 제3장에서 설명한 결산절차가 동일하게 적용된다.

3 정산표 및 재무제표 작성

시산표 작성부터 재무제표 작성까지 일련의 결산절차와 정산표 작성 방법 역시, 상품 관련 계정이 포함된다는 것 외에는 동일하다. 상품계정이 포함된 상기업에서의 결산절차와 정산표 작성 과정을 다음 예제를 통해 살펴보자.

예제 4-6 상기업의 결산절차

㈜신라는 20×2년 결산을 수행하기 위해 먼저 12월 31일 현재의 총계정원장 기록을 요약·정리하여 다음의 잔액시산표를 작성하였다.

잔액시산표

㈜백제 20×2년 12월 31일 현재 (단위: 원)

계정과목	차변	대변
현금	8,000	
매출채권	30,000	
상품	8,000	
소모품	3,000	
선급보험료	1,600	
단기금융자산	7,200	
비품	10,000	
매입채무		5,000
자본금		40,000
매출		77,000
매입	45,000	
급여	6,200	
판매관리비	3,000	
합계	122,000	122,000

㈜신라는 결산일 현재 수정이 필요한 항목을 다음과 같이 정리하였다.

(1) 기말 현재의 상품 실지재고조사액은 ₩11,000으로 조사되었다.

(2) 선급보험료(₩1,600)는 10월 1일부터 시작되는 1년분 자동차보험료를 선납한 것이다.

(3) 기말 실지재고조사 결과 아직 창고에 ₩2,000의 소모품이 남아 있음을 확인하였다.

(4) 비품(1월초 구입)의 내용연수는 5년이며, 정액법에 의해 매년 균등액을 감가상각한다. (비품의 잔존가액은 없는 것으로 가정한다.)

(5) 종업원에 대한 12월분 급여 ₩1,500이 아직 지급되지 않았다.

물음

(1) 결산정리사항에 대한 수정분개를 행하시오.

(2) 결산정리분개를 반영하여 수정후 시산표를 작성하시오.

(3) 수정후 시산표를 통해 재무상태표와 손익계산서를 작성해 보시오.

풀이

(1) 결산정리분개

① (차) 매 출 원 가 8,000 (대) 상 품 8,000
　　매 출 원 가 45,000 　　매 입 45,000
　　상 품 11,000 　　매 출 원 가 11,000

② (차) 보 험 료 400 (대) 선 급 보 험 료 400
(선급보험료 중 당기 3개월분을 당기 비용으로 처리하기 위한 수정)

③ (차) 소 모 품 비 1,000 (대) 소 모 품 1,000
(당기에 사용한 소모품을 소모품비로 처리하기 위한 수정)

④ (차) 감가상각비 2,000 (대) 감가상각누계액 2,000
* ₩10,000 ÷ 5 = ₩2,000
(비품에 대한 당기 감가상각비를 비용처리 하기 위한 수정)

⑤ (차) 종업원급여 1,500 (대) 미 지 급 비 용 1,500
(12월분 종업원 급여 미지급액을 비용계상하고 부채로 기록)

(2) 수정후시산표 작성

수정후시산표

㈜신라　　20×2년 12월 31일 현재　　(단위: 원)

계정과목	차변	대변
현 금	8,000	
매 출 채 권	30,000	
상 품	11,000	
소 모 품	2,000	
선 급 보 험 료	1,200	
단기금융자산	7,200	
비 품	10,000	
감가상각누계액		2,000
매 입 채 무		5,000
미지급비용(급여)		1,500
자 본 금		40,000
매 출		77,000
매 출 원 가	42,000	

급 여	7,700	
판 매 관 리 비	3,000	
보 험 료	400	
소 모 품 비	1,000	
감 가 상 각 비	2,000	
합 계	125,500	125,500

(3) 재무제표 작성

손익계산서

제 × 기 20×1년 1월 1일부터 12월 31일까지

제 × 기 20×2년 1월 1일부터 12월 31일까지

㈜백제 (단위: 원)

과목	당기		전기	
매출액		77,000		xxx
매출원가		42,000	xxx	
기초상품재고액	8,000		xxx	
당기매입액	45,000		xxx	
기말상품재고액	11,000		xxx	
매출총이익		35,000		xxx
급여	7,700		xxx	
판매관리비	3,000		xxx	
보험료	400		xxx	
소모품비	1,000		xxx	
감가상각비	2,000		xxx	
법인세차감전이익		20,900		xxx
법인세비용		0		xxx
당기순이익		20,900		xxx

재무상태표

제××기 20×1년 12월 31일 현재

제××기 20×2년 12월 31일 현재

㈜용봉 (단위: 원)

과목	당기			전기		
자산						
유동자산			59,400			xxx
현금및현금성자산		8,000			xxx	
매출채권		30,000			xxx	
재고자산		13,000			xxx	
상 품	11,000			xxx		
소 모 품	2,000			xxx		

기타채권		1,200			xxx	
선급보험료	1,200			xxx		
단기금융자산		7,200			xxx	
비유동자산			8,000			xxx
유형자산		8,000			xxx	
비품	10,000			xxx		
(감가상각누계액)	(2,000)			(xxx)		
자산총계			67,400			xxx
부채						
유동부채			6,500			xxx
매입채무	5,000				xxx	
미지급비용(급여)	1,500				xxx	
부채총계			6,500			xxx
자본			60,000			xxx
자본금		40,000			xxx	
이익잉여금		20,900			xxx	
(당기순이익)	20,900			xxx		
자본총계			60,900			xxx
부채 및 자본총계			67,400			xxx

[예제 4-6]에서 재무제표(손익계산서와 재무상태표)는 작성된 수정후시산표를 기초로 하여 손익계산서와 재무상태표의 표준양식에 따라 표시되고 있다. 상기업의 손익계산서에서는 매출액에서 매출원가(= 기초상품재고액 + 당기매입액 − 기말상품재고액)를 차감하여 매출총이익을 계산하는 방식으로 표시되고 있다는 점에서, 서비스기업에서의 손익계산서와 큰 차이가 있다.

객관식 문제

개념의 이해

4-1 다음은 재고자산에 대한 설명이다. 이 중 적절하지 않은 것은?

① 재고자산은 정상적인 영업활동과정에서 판매를 목적으로 보유하는 자산을 말한다.
② 상기업의 경우에는 상품이 주된 재고자산이 된다.
③ 제조기업의 경우에는 완제품만을 재고자산에 포함한다.
④ 객관적인 측정이 가능하며 판매를 위해 물리적으로 창고에 보관하고 있다는 의미에서 재고자산이라고 부른다.

4-2 다음 중 상품계정에 기록할 수 있는 것은 어떤 것인가?

① 증권회사가 보유하고 있는 타 회사 주식
② 건설회사가 보유하고 있는 건설용 기중기
③ 부동산매매회사의 본사 사옥
④ 유통회사가 보유하고 있는 집기·비품

4-3 다음은 재고자산과 매출원가의 관계를 설명한 것이다. 이 중 옳지 않은 것은?

① 매출원가는 당기 중 판매 가능한 상품에서 기말상품재고액을 차감하여 계산한다.
② 기초상품재고액과 당기상품매입액이 일정하다면, 기말재고액의 금액이 클수록 매출원가도 커지게 된다.
③ 회계기간 동안 판매활동을 통해 외부에 판매된 상품은 매출원가로 기록된다.
④ 기말 현재 아직 판매되지 않고 남아 있는 부분은 재무상태표에 재고자산으로 기록된다.

4-4 매출원가를 산출하기 위한 산식으로 사용할 수 없는 것은?

① 매출액 − 매출총이익
② 기중 판매가능액 − 매출총이익
③ 기초상품재고액 + 당기매입액 − 기말상품재고액
④ 기중 판매가능액 − 기말재고액

4-5 다음 항목을 반영하여 당기 매출원가를 계산한 것으로 옳은 것은?

기초재고자산	₩500,000	기말재고자산	₩200,000
당기 재고자산 매입액	400,000	매 입 운 임	10,000
판 매 운 임	15,000		

① ₩700,000　② ₩710,000
③ ₩725,000　④ ₩740,000

4-6 다음은 상품매매거래의 기록방법에 대한 설명이다. 다음의 설명 중 옳지 않은 것은?

① 상품을 매입 또는 매출할 때마다 상품계정에 원가로 기록을 계속해 가는 방법을 계속기록법이라 한다.
② 계속기록법은 고가품 등 거래 품목 수가 적은 경우에 유용한 방법이다.
③ 실지재고조사법은 상품의 주문시기와 수량을 정확히 파악하는 데 유용한 방법이다.
④ 실지재고조사법은 기중의 매입, 매출거래가 있을 때마다 매입계정과 매출계정으로 기록하고, 기말시점에 재고수량을 직접 확인하는 방법이다.

4-7 다음은 계속기록법과 실지재고조사법에 대한 설명이다. 이 중 옳지 않은 것은?

		계속기록법	실지재고조사법
①	기말재고	상품 장부에서 바로 확인	창고에서 실제재고량 확인
②	회기중 매매기록	상품계정, 매출원가계정	매입계정, 매출계정
③	상품계정	기중 계속 변함	기중에 기초상품으로 표시
④	매출원가계산	기말재고 확인후 매입계정 역산	매출원가계정에서 확인

4-8 다음은 ㈜백제의 계속기록법과 실지재고조사법에 기초한 매입 · 매출거래의 분개이다.

1) 전기에 미판매상품으로 이월된 상품재고액은 ₩8,000이다.

2) ₩10,000의 상품을 외상으로 구매하다.

3) 추가로 상품 ₩20,000을 매입하고 구매 대금 중 ₩5,000은 2개월 뒤에 지급하기로 하다.

4) ₩35,000의 상품을 판매하고, 판매대금 ₩40,000은 2개월 후에 받기로 하다.

5) 기말에 상품재고액을 실지조사한 결과 ₩3,000의 상품이 남아있다.

계속기록법과 실지재고조사법 하에서 분개가 잘못 표시된 것은?

		계속기록법			실지재고조사법		
①	1)	분개 필요 없음			분개 필요 없음		
②	2)	(차) 상　품	10,0000		(차) 매　입	10,0000	
		(대) 매입채무		10,000	(대) 매입채무		10,000
③	3)	(차) 상　품	20,000		(차) 매　입	20,000	
		(대) 매입채무		5,000	(대) 매입채무		5,000
		현　금		15,000	현　금		15,000
④	4)	(차) 매출채권	40,000		(차) 매출채권	40,000	
		(대) 매　출		40,000	(대) 매　출		40,000
		(차) 매출원가	35,000		(차) 매출원가	35,000	
		(대) 상　품		35,000	(대) 매　입		35,000

4-9 다음 중 기말수정분개 사항으로 옳지 않은 것은?

① 실지재고조사법 하에서 역산된 매출원가는 ₩35,000이다.

② 실지재고조사법 하에서는 회계기간 중에 모든 상품의 거래는 매입계정으로 기록되기 때문에 상품계정에 대한 기말수정분개가 필요 없다.

③ 실지재고조사법 하에서 매입시점에 인식된 매입계정은 기말시점에 잔액이 0이 된다.

④ 기말시점에 장부상의 재고액과 실사법에 의한 재고액의 차이인 감모량을 파악한다.

4-10 ㈜신라의 다음 자료에서 당해연도 매출총이익은 얼마인가?

당기 상품매출액	₩40,000	당기 상품매입액	₩24,000
기초재고자산	3,000	기말재고자산	4,000

① ₩17,000 ② ₩16,000

③ ₩24,000 ④ ₩36,000

4-11 ㈜발해의 상품재고 및 매매 관련 자료는 다음과 같다. 이를 통해 계산된 매출총이익은 얼마인가?

기초상품재고액	₩480,000	기말상품재고액	₩630,000
당기총매입액	2,820,000	당기총매출액	4,380,000
매입에누리액	75,000	매출환입액	270,000
매입환출액	105,000	매출에누리액	240,000

① ₩1,350,000 ② ₩1,380,000

③ ₩1,410,000 ④ ₩1,440,000

4-12 다음의 표는 매출원가와 기말재고액 계산과 관련된 표이다. 빈칸에 적절한 금액을 기입한 것은?

계정명	㈜신라	㈜백제
매출액	₩9,000	₩10,000
기초재고액	1,000	
당기매입액	6,500	5,000
기말재고액	2,000	2,000
매출원가		
매출총이익		5,000
판매비	1,000	2,000
당기순이익	2,500	3,000

	㈜신라		㈜백제	
①	매출원가	₩5,500	기초재고액	₩2,000
②	매출총이익	5,500	기초재고액	2,000
③	매출총이익	5,000	매출원가	5,500
④	매출원가	5,000	매출원가	5,000

4-13 ㈜고구려는 상품의 구입가격에 30%의 이윤을 가산하여 판매가격을 결정하고 있다. ㈜고구려의 기초상품재고액이 ₩500,000, 당기중 상품매입액이 ₩2,200,000, 기말상품재고액이 ₩480,000이라면, ㈜고구려의 기간 중 총 매출액은 얼마인가?

① ₩2,220,000 ② ₩2,480,000

③ ₩2,886,000 ④ ₩3,180,000

4-14 다음은 상품매매기업의 손익계산서의 일부 자료이다. 동 자료를 바탕으로 계산된 매출총이익과 당기순이익으로 옳은 것은?

매출채권	₩200,000	매출	₩300,000
매출원가	150,000	판매비와 관리비	5,000
종업원급여	10,000	운송비	1,000
감가상각비	2,000		

	매출총이익	당기순이익
①	₩150,000	₩132,000
②	150,000	133,000
③	50,000	132,000
④	50,000	133,000

기출문제

4-1 실지재고조사법을 적용하는 ㈜한국은 20×1년 기말재고자산(상품) ₩10,000(원가)을 누락하여 과소계상 하였다. 해당 오류가 향후 밝혀지지 않을 경우, 다음 설명 중 옳은 것은? ▶ 2021 주택관리사

① 20×1년 매출원가는 ₩10,000 과대계상 된다.

② 20×1년 영업이익은 ₩10,000 과대계상 된다.

③ 20×2년 기초재고자산은 ₩10,000 과대계상 된다.

④ 20×2년 매출원가는 ₩10,000 과대계상 된다.

⑤ 누락된 기말재고자산이 20×2년 중 판매되었다면, 20×3년 매출총익이은 ₩10,000 과대계상 된다.

4-2 다음 중 재고자산에 해당되는 것으로 올바르게 묶은 것은?

▶ 제84회 전산회계 2급

a. 사무실에서 사용하는 컴퓨터	b. 판매용 상품
c. 당사가 제조한 제품	d. 공장에서 사용하는 기계장치

① a, b　② b, c
③ c, d　④ b, d

4-3 다음은 갑회사의 회계자료이다. 매출원가는 얼마인가? ▶ 2014 서울시 9급

기초상품재고액	₩30,000	매입액	₩150,000
기말상품재고액	40,000	매입환출액	20,000
매입에누리	5,000		

① ₩100,000　② ₩105,000
③ ₩110,000　④ ₩115,000
⑤ ₩120,000

4-4 ㈜관세의 20×1년 말 재고자산 관련 자료가 다음과 같을 때 기초상품재고액은? (단, 재고자산감모손실과 평가손실은 없다.) ▶ 2024 관세사 수정

매입액	₩3,500	매출총이익	₩1,125
기말상품재고액	375	매출액	6,000

① ₩1,000　② ₩1,250
③ ₩1,500　④ ₩1,750
⑤ ₩2,000

4-5 ㈜서울의 20×1년 기초와 기말재고자산은 각각 ₩200,000과 ₩350,000이며, 20×1년 기초와 기말 매입채무는 각각 ₩50,000과 ₩80,000이다. ㈜서울의 20×1년도 재고자산 매입으로 인한 현금유출액이 ₩250,000일 경우, ㈜서울의 20×1년도 매출원가는? ▶ 2018 서울시 9급

① ₩130,000　② ₩200,000
③ ₩250,000　④ ₩370,000

4-6 다음 중 재고자산에 해당하는 것을 모두 고른 것은? ▶ 2021 주택관리사

ㄱ. 상품매매회사가 영업활동에 사용하고 있는 차량
ㄴ. 건설회사가 본사 사옥으로 사용하고 있는 건물
ㄷ. 컴퓨터제조회사가 공장신축을 위해 보유하고 있는 토지
ㄹ. 가구제조회사가 판매를 위하여 보유하고 있는 가구
ㅁ. 자동차제조회사가 제조공정에 투입하기 위해 보유하고 있는 원재료

① ㄱ, ㄴ ② ㄱ, ㄹ ③ ㄴ, ㄷ ④ ㄷ, ㅁ ⑤ ㄹ, ㅁ

4-7 ㈜서울의 2017년 중 상품매매 내역은 다음과 같고, 상품의 회계처리는 실지재고조사법을 따르고 있다. ㈜서울의 2017년 상품매출원가는 선입선출법과 평균법의 경우 각각 얼마인가? ▶ 2017 서울시 7급

일자	거래	수량	1개당 매입단가	금액
2017년 초		50개	₩100	₩5,000
3월 1일	매입	100개	110	11,000
5월 1일	매출	60개		
9월 1일	매입	50개	120	6,000
10월 1일	매출	90개		

	선입선출법	평균법
①	₩15,000	₩15,500
②	15,500	15,000
③	16,000	16,500
④	16,500	16,000

4-8 다음은 20×1년 ㈜한국의 재무제표와 거래 자료 중 일부이다. 20×1년 손익계산서상 당기 매출액은? ▶ 2021 국가직 9급

기초매입채무	₩4,000	기초상품재고	₩6,000
기말매입채무	6,000	기말상품재고	5,500
현금지급에 의한 매입채무감소액	17,500	매출총이익	5,000

① ₩24,000 ② ₩25,000
③ ₩26,000 ④ ₩27,000

4-9 다음은 상품매매기업인 ㈜한국의 재고자산에 대한 자료이다. 실지재고조사법에 따른 결산수정분개로 옳은 것은? ▸ 2023 국가직 9급

기초상품재고액	₩1,000	기말상품재고액	₩2,000
당기상품매입액	6,000		

① (차) 상 품 ₩2,000 (대) 매 입 ₩7,000
매출원가 ₩5,000

② (차) 매 입 ₩5,000 (대) 매출원가 ₩5,000

③ (차) 매 입 ₩6,000 (대) 매출원가 ₩7,000
상 품 ₩1,000

④ (차) 상 품 ₩2,000 (대) 상 품 ₩1,000
매출원가 ₩5,000 매 입 ₩6,000

4-10 다음 자료를 이용하여 계산한 총매출액은? ▸ 2020 주택관리사

기초재고	₩50,000	매출할인	₩6,000
기말재고	30,000	매출운임	4,000
매입에누리	5,000	매출환입	7,000
매입할인	2,000	매출총이익	80,000
총매입액	400,000		

① ₩493,000 ② ₩500,000
③ ₩506,000 ④ ₩510,000
⑤ ₩513,000

4-11 도소매기업인 ㈜한국의 2016년 1월 1일부터 12월 31일까지 영업활동과 관련된 자료가 다음과 같을 때, 2016년 매출원가는? (단, 모든 매입거래는 외상매입거래이다.) ▶ 2017 국가직 9급

기초매입채무	₩43,000	기말매입채무	₩41,000
매입채무 현금상환	643,000	기초재고자산	30,000
기말재고자산	27,000		

① ₩647,000　② ₩646,000
③ ₩644,000　④ ₩642,000

4-12 ㈜한국의 2012년도 거래는 다음과 같다. 계속기록법을 적용하였을 경우 매출원가는? (단, 개별법을 적용한다.) ▶ 2013 국가직 9급

- 1월 1일 전기이월된 상품은 ₩3,000이다.
- 2월 9일 ㈜대한으로부터 상품을 현금으로 구입하였는데, 매입대금 ₩8,000에는 매입운임 ₩1,000이 포함되어 있지 않다.
- 3월 8일 기초상품을 ㈜민국에 현금으로 ₩4,000에 판매하였다.
- 7월 9일 ㈜대한으로부터 구입한 상품 중 절반을 ㈜민국에 외상으로 ₩5,000에 판매하였다.

① ₩7,500　② ₩7,000
③ ₩4,500　④ ₩4,000

4-13 상품매매 기업인 ㈜우리의 결산시점에서 각 계정의 잔액이 다음과 같을 때 매출원가와 매출총이익은? ▶ 2014 지방직 9급

기초재고	₩48,000	당기총매입	₩320,000
매입에누리	3,000	매입할인	2,000
매입운임	1,000	매입환출	4,000
당기총매출	700,000	매출할인	16,000
매출에누리	18,000	매출환입	6,000
매출운임	1,000	광 고 비	39,000
급 여	60,000	수선유지비	5,000
기말재고	30,000		

	매출원가	매출총이익
①	₩329,000	₩331,000
②	330,000	330,000
③	332,000	328,000
④	338,000	362,000

연습문제

4-1 [매출원가 계산]

유통전문회사인 ㈜백제가 1월 1일 현재 창고에 보관하고 있는 상품은 ₩40,000이었다. 다음은 20×1년 동안의 재고 및 매출 관련 정보이다.

20×1년 중 상품을 총 ₩180,000에 매입하였다.
20×1년 말 상품 재고는 ₩50,000이었다.
20×1년 동안의 총 매출액은 ₩300,000이었다. (모두 현금판매)

요구사항

(1) ㈜백제의 20×1년 매출원가는 얼마인가?
(2) 20×1년의 총매출이익은 얼마인가?
(3) 기말 재고가 ₩40,000이었다면, 총매출이익은 어떻게 달라지는가?

4-2 [상품매매기업의 손익구성]

상기업의 상품매매활동과 관련하여 다음 빈칸을 채우시오.

매 출 액	매출원가	매출총이익	영 업 비	당기순이익
108,000	65,000	(①)	(②)	29,500
(③)	71,900	109,600	39,500	(④)
75,000	(⑤)	43,500	(⑥)	10,800

4-3 [계속기록법과 실지재고조사법]

㈜백제의 10월 중 상품 매입, 매출거래는 다음과 같다.

10/15 S상품 30개를 단가 ₩200에 매입하고 대금은 현금으로 지급하였다.
10/19 S상품 20개를 개당 ₩350에 판매하고 그 대금은 외상으로 하였다.

요구사항

(1) 계속기록법에 의해 위의 각 거래를 기록하기 위한 분개를 행하시오.
(2) 실지재고조사법에 의해 위의 각 거래를 기록하기 위한 분개를 행하시오.
(3) 계속기록법에 의한 분개를 통해 각 계정에 전기한 결과를 T계정으로 표시하시오.
(4) 실지재고조사법에 의한 분개를 통해 각 계정에 전기한 결과를 T계정으로 표시하시오.

4-4 [계속기록법과 실지재고조사법]

㈜신라는 프린터 전문 판매매장을 운영하고 있으며, 4월 중 매입 · 매출거래는 다음과 같다.

4월 1일: 전월에 판매하지 못하고 이월된 프린터 재고액은 ₩3,000이다.

4월 7일: 원가 ₩1,000의 프린터를 ₩1,700에 판매하고 대금은 5월 말에 받기로 하다.

4월 15일: 프린터 2대를 ₩8,000에 매입하고 대금은 다음 달에 지급하기로 하다.

4월 19일: ₩4,000상당의 프린터를 매입하고 대금은 현금으로 지급하다.

4월 26일: 원가 ₩6,000의 프린터를 ₩9,000에 판매하고 대금은 현금으로 받다.

4월 30일: 월말에 프린터 재고액을 실지 조사한 결과 ₩8,000의 재고가 남아 있다.

요구사항

(1) 4월의 프린터 매입·매출거래에 대한 일자별 분개를 계속기록법과 실지재고조사법을 각각 사용하여 표시하시오.

(2) 위의 분개내용을 상품 관련 계정에 전기한 결과를 계속기록법과 실지재고조사법을 각각 사용한 경우로 구분하여 표시하시오.

(3) 계속기록법과 실지재고조사법을 각각 적용한 경우에 4월의 프린터의 매출원가를 계산하시오.

4-5 **[매출원가 계산과 마감분개]**

㈜고구려는 실지재고조사법을 이용하여 상품매매거래를 기록하고 있으며, 이번 회계기간 중에 발생한 상품거래와 영업비는 다음과 같이 집계되었다.

매 입	₩600,000	매입운임	₩18,000
매 출	900,000	영 업 비	110,000
기초재고	60,000	기말재고	80,000

요구사항

(1) ㈜고구려의 매출원가는 얼마인가?

(2) ㈜고구려의 매출총이익은 얼마인가?

(3) 회계기말에 필요한 마감분개를 표시하시오.

4-6 **[상품계정 수정분개]**

㈜신라의 기말 잔액시산표상의 상품계정 잔액은 ₩4,600이며, 매입계정 잔액은 ₩560,000으로 표시되고 있다. 기말에 수행된 상품계정에 대한 실지재고조사에서 상품재고액은 ₩7,200으로 확인되었다.

요구사항

(1) ㈜신라가 결산시점에서 수행해야 할 상품계정에 대한 수정분개를 행하시오.

(2) ㈜신라의 회계기간 중 매출원가를 계산하시오.

4-7 **[매출원가 계산과 마감분개]**

㈜발해의 당 회계기간 중 상품매매거래 및 재고자산과 관련된 항목들의 금액은 다음과 같다.

재고자산(기초)	₩35,000	매 입	₩285,000
매 출	380,000	매입운임	8,000
판매운임	3,000	재고자산(기말)	50,000

요구사항

(1) 당 회계기간의 매출원가를 계산하시오.

(2) 결산일 현재의 필요한 마감분개를 행하시오.

4-8 [손익계산서의 작성]

㈜고구려의 20×1년 중 계정잔액은 다음과 같다.

기초재고	₩600,000	매 입	₩18,000
매 출	900,000	매 입 운 임	110,000
판매운임	60,000	재고자산(기말)	80,000
임 차 료		급 여	
보 험 료			

요구사항 ㈜고구려의 당 회계기간의 손익계산서를 작성하시오. 단, 추가적인 결산정리사항은 없는 것으로 가정한다.

4-9 [계속기록법과 실지재고조사법]

㈜백제는 건강식품 판매점으로, 3월 중 매입 · 매출거래는 다음과 같다.

3월 1일: 전월에 미판매상품으로 이월된 상품재고액은 ₩500이다.

3월 5일: ₩650의 상품을 매입하고 대금은 현금으로 지급하다.

3월 14일: 원가 ₩700의 상품을 ₩950에 판매하고 대금은 다음 달에 받기로 하다.

3월 19일: ₩800의 상품을 매입하고 대금은 다음 달에 지급하기로 하다.

3월 25일: 원가 ₩550의 상품을 ₩840에 판매하고 대금은 현금으로 받다.

3월 31일: 월말에 상품재고액을 실사한 결과 ₩700의 상품이 남아 있다.

요구사항 계속기록법과 실지재고조사법 각각을 사용하는 경우에 다음 요구사항에 답하시오.

(1) 3월의 상품매매거래에 대한 일자별 분개를 행하시오.

(2) 위 분개내용을 상품 관련 계정에 전기한 결과를 표시하시오.

(3) 각각의 경우에 3월의 매출원가를 계산해 보시오.

4-10 [상품매매기업의 결산절차]

다음은 ㈜신라의 20×2년 12월 31일 현재의 총계정원장 기록을 요약 · 정리한 잔액시산표이다.

잔액시산표

㈜신라 20×2년 12월 31일 현재 (단위: 원)

계정과목	차변	대변
현 금	13,000	
매 출 채 권	56,000	
상 품	5,700	
소 모 품	4,000	
선급보험료	2,400	
단기대여금	3,500	
건 물	78,000	
매 입 채 무		38,200
자 본 금		101,000
매 출		88,000
매 입	52,000	
종업원급여	8,400	
판매관리비	4,200	
합 계	227,200	227,200

㈜신라는 결산일 현재 수정이 필요한 항목을 다음과 같이 정리하였다.

(1) 기말의 상품 실지재고조사액은 ₩7,600이다.

(2) 기말 소모품 실지재고조사액은 ₩1,500으로 조사되었다.

(3) 선급보험료는 7월 1일부터 시작되는 1년분 자동차보험료를 선납한 것이다.

(4) 종업원급여는 일부 사원에 대한 내년 1월 급여 ₩800이 선지급된 것이다.

요구사항

(1) 위의 결산정리사항에 대한 수정분개를 행하시오.

(2) 결산정리분개를 반영하여 6칸식 시산표를 작성하시오.

(3) 시산표를 통해 재무상태표와 손익계산서를 작성해 보시오.

4-11 [상품매매기업의 결산절차]

다음은 ㈜백제의 20×3년 말 계정잔액과 결산정리사항이다.

1) 계정잔액 (종업원급여 계정 잔액은 각자 계산하시오)

현금	55,000	매출채권	50,000
비품	400,000	상품	22,000
매입채무	180,000	감가상각누계액	62,000
이익잉여금	50,000	자본금	200,000
임대료	26,000	매출	540,000
매입	380,000	이자수익	32,000
광고비	33,000	종업원급여	?
운송료	68,000		

2) 기말정리사항

기말상품재고액	28,000	당기분 임대료	40,000
비품 당기분 감가상각비	20,000	당기분 이자수익	25,000
당기분 광고비	25,000		

요구사항

(1) 당기 종업원급여계정 잔액을 구하시오.

(2) 결산정리분개를 행하시오.

(3) 결산정리분개를 반영하여 6간식 시산표를 작성하시오.

4-12 [상품매매기업의 회계순환과정]

다음은 최고급가구를 수입판매하고 있는 ㈜신라의 전기이월 재무상태와 기중의 거래내역이며, 결산시점에서 수정분개사항을 정리한 것이다.

1) 전기이월 재무상태 (20×2. 1. 1) (단위: 원)

현금	3,500	매출채권	700
상품	1,500	비품	1,800
매입채무	2,700	자본금	4,400
이익잉여금	400		

2) 기중거래

① 수입가구 ₩700을 현금으로 매입하다.

② 수입가구를 ₩1,200에 외상으로 판매하다.

③ 임차료 ₩160을 현금으로 지급하다.

④ 비품 ₩800을 구입하고 대금 중 현금 ₩200을 지급하였으며, 나머지는 외상으로 하다.

⑤ 국민은행으로부터 단기자금 ₩2,000을 차입하다.

⑥ 수입가구를 ₩1,500에 현금으로 판매하다.

⑦ 수입가구 ₩3,400을 외상으로 매입하다.

⑧ 비품 외상대금 중 ₩400을 현금으로 상환하다.

⑨ 수입가구 외상대금 중 ₩1,000을 현금으로 지급하다.

⑩ 수입가구를 ₩2,900에 외상으로 판매하다.

⑪ 매출채권 중 ₩1,100을 현금으로 받다.

⑫ 단기차입금 중 일부(₩1,000)를 이자(₩200)와 함께 현금으로 지급하다.

⑬ 종업원급여 ₩150을 현금으로 지급하다.

⑭ 운송료 ₩60을 현금으로 지급하다.

3) 기말정리사항

① 기말상품재고액	2,100	② 당기 비품감가상각비	30
③ 기말 현재 운송료 미지급액	20	④ 기말 현재 급여미지급액	25
⑤ 당기분 임차료	140	⑥ 기말 현재 이자미지급액	70

요구사항

(1) 기중 거래내역을 분개하시오.

(2) 거래 분개를 원장에 전기하시오.

(3) 각 계정에 대한 잔액시산표를 작성하시오.

(4) 결산정리분개를 행하시오.

(5) 시산표를 작성하시오.

(6) 각 장부를 마감하시오.

PART

02

주요 항목별 인식과 측정

CHAPTER 05

유동자산의 회계처리

01 유동자산의 구분
02 현금및현금성자산
03 당좌예금
04 수취채권
05 재고자산
보론 받을어음의 권리 이전
객관식문제
연습문제

학습 목표

본 장에서는 유동자산의 개념과 회계상 분류 기준을 학습한다. 먼저 현금및현금성자산의 자산의 정의와 범위를 이해한다. 이어서 당좌예금을 이해하고 은행계정조정표 작성 과정을 살펴본다. 수취채권에 대해서는 매출의 인식과 매출채권의 대손처리절차를 중심으로 학습한다. 마지막으로 재고자산의 취득 및 판매에 따른 회계처리, 그리고 재고자산 평가방법의 차이를 이해하고 적용한다. 이를 통해 유동자산이 재무제표에 어떻게 표시되는지를 파악하고 회계정보이용자의 관점에서 유동자산의 중요성을 인식할 수 있다.

SECTION

01 유동자산의 구분

다른 사람에게 물건을 팔고 그 대가로 현금을 받는 것이 유리할까, 아니면 다른 물건으로 받는 것이 더 나을까? 대부분의 사람들은 현금으로 지급받는 것을 선호한다. 현금은 사용 범위가 넓고 즉시 활용할 수 있지만 물건으로 대가를 받으면 이를 다시 현금으로 전환하는 데 시간이 소요되거나 추가적인 비용이 발생할 수 있기 때문이다. 이처럼 자산이 현금으로 전환될 수 있는 능력을 **유동성**(liquidity)이라고 하며, 현금화가 용이한 자산은 유동성이 높은 자산(유동자산)으로 분류된다. 현금화까지 시간이 오래 걸리거나 장기 보유를 전제로 하는 자산은 유동성이 낮은 자산(비유동자산)으로 구분된다.

그렇다면 자산의 유동성이 높거나 낮다고 판단하는 기준은 무엇일까? 회계에서는 일반적으로 재무제표일로부터 1년 이내에 현금화가 가능한 자산을 유동자산이라 한다. 그리고 현금화하는 데 1년을 초과하여 현금화되거나 현금화 자체를 목적으로 하지 않고 장기간 보유하는 자산을 비유동자산이라고 한다. 즉 1년이라는 기간이 자산의 유동성 판단 기준으로 활용되며, 이러한 구분은 재무정보 이용자가 기업의 유동성 수준을 평가하거나 자산을 효율적으로 관리하는 데 도움이 되기 때문에 중요하다.

유동자산에는 현금및현금성자산, 당좌예금, 수취채권, 재고자산, 단기금융상품 등이 포함된다. 이러한 유동자산 항목들은 다시 금융자산과 비금융자산으로 구분해 볼 수 있다. 여기서 금융자산이란 미래에 현금 또는 현금성자산으로 돌려받기로 되어 있는 계약상의 권리를 의미한다. 주로 현금및현금성자산, 금융기관 단기예금, 대여금, 수취채권, 주식/채권 등의 단기보유 유가증권 등 유동자산으로 분류되는 대부분의 항목이 금융자산에 해당한다. 따라서 선급금이나 선급비용 등은 유동자산이긴 하지만 장래에 현금이 아닌 상품이나 서비스 형태로 돌려받기로 되어 있는 것이므로 금융자산이라 하지 않고 비금융자산으로 분류한다. 금융자산에 대비되는 용어인 실물자산에 해당하는 토지, 건물, 원재료, 반제품, 완성품 등도 금융자산에 해당하지 않는다. 이들 실물자산 중 유동자산에 해당하는 원재료, 반제품, 완성품 등은 재고자산으로 분류한다.

표 5-1 유동자산의 구분

구분		분류	
유동자산	금융자산	현금및현금성자산	현금, 예금, 현금성자산
		수취채권	매출채권, 비매출채권, 대여금
		채무상품과 지분상품	당기손익-공정가치측정금융자산
	비금융자산	선급항목	선급금, 선급비용
		재고자산	원재료, 반제품, 완제품, 상품

금융자산으로 분류되는 채무상품과 지분상품 중 일반적으로 단기매매를 목적으로 하는 당기손익-공정가치측정금융자산은 유동자산으로 분류한다. 유동자산 항목 중 당기손익-공정가치측정금융자산에 대해서는 6장에서 자세히 다루고, 이번 장에서는 유동자산에 대한 일반적인 회계처리 방법을 먼저 살펴보기로 한다.

SECTION

02 현금및현금성자산

현금및현금성자산이란 현금, 예금 및 현금성자산 등과 같이 현금화 속도가 매우 빠른 유동자산들을 의미한다. 이 자산들을 재무상태표에 표시할 때는 개별 계정과목으로 표시하지 않고 함께 묶어서 '현금및현금성자산'계정으로 표시한다. 따라서 재무제표상에는 현금및현금성자산이라는 이름으로 함께 표시하더라도, 이 장에서는 해당 항목들을 각각 구분하여 설명하기로 한다.

1 현금

현금이라는 용어는 일상생활에서도 널리 사용되기 때문에, 그 개념이 익숙하게 느껴질 수 있다. 그러나 회계에서 의미하는 현금의 개념은 일상생활에서 사용되고 있는 현금의 개념과 다소 차이가 있다. 회계에서는 기업이 현재 보유하고 있는 현금뿐만 아니라, 단기간 내에 현금으로 전환할 수 있으며 현금처럼 사용할 수 있는 자산도 현금으로 간주한다. 따라서 회계상 현금의 범위는 일상생활에서 사용하는 범위보다 더 넓다고 할 수 있다.

회계에서 **현금**(cash)은 통화 및 통화대용증권을 포함하는 개념이다. 여기서 **통화**란 한국은행이 발행하는 지폐와 동전을 말한다. **통화대용증권**이란 자기앞수표, 타인발행 당좌수표, 가계수표, 송금수표, 우편환증서, 여행자수표, 공사채의 만기이자표 등과 같이 즉시 현금화가 가능하여 때로는 현금을 대신하여 지급수단으로 사용될 수 있는 증권을 의미한다. 이와 같이 통화뿐만 아니라 통화대용증권을 주고받을 때도 회계에서는 현금이라는 계정과목으로 처리한다. 예를 들어 상품을 판매한 대가로 현금을 받은 경우뿐만 아니라 가계수표, 우편환증서, 상대방이 발행한 당좌수표 등으로 받은 경우에도 현금계정으로 회계처리한다.

예제 5-1 **현금거래**

다음의 각 거래를 분개하시오. 매출원가 인식은 생략한다.

물음

(1) 상품 ₩200,000을 ㈜신라에 판매하고 그 대금을 현금으로 받았다.

(2) 상품 ₩300,000을 ㈜백제에 판매하고 그 대금을 ㈜백제가 발행한 당좌수표를 받았다.

(3) 상품 ₩400,000을 ㈜신라에 판매하고 그 대금은 국민은행의 자기앞수표로 받았다.

풀이

(1) (차) 현　금　200,000　　(대) 매　출　200,000

(2) (차) 현　금　300,000　　(대) 매　출　300,000

(3) (차) 현　금　400,000　　(대) 매　출　400,000

2 예금

회계에서 사용하는 예금 개념은 일상생활에서 사용되고 있는 예금 개념과는 다소 차이가 있다. 일반적으로 금융기관에 예치한 다양한 금융계좌를 모두 '예금'으로 포괄하여 부르지만, 회계에서는 기업이 보유하고 있는 예금 중에서 아무 때나 인출하여 사용할 수 있는 예금만을 현금및현금성자산에 속하는 **예금**으로 정의한다. 보통예금과 당좌예금이 회계상의 예금에 해당된다.

반면, 정기예금이나 정기적금을 회계에서는 예금으로 분류하지 않는다. 정기예금이나 정기적금 중에서 만기가 1년 이내인 것은 단기금융상품(유동자산)으로 분류하고 만기가 1년을 초과하면 장기금융상품(투자자산)으로 분류한다.

3 현금성자산

현금성자산(cash equivalents)이란 큰 거래비용 없이 현금으로 전환할 수 있고, 이자율변동에 따른 가치변동의 위험이 크지 않은 유가증권이나 단기금융상품으로서 취득시점에서 3개월 이내에 만기(또는 상환일)가 도래하는 것을 말한다. 예를 들면 기업에 단기여유자금이 있을 때, 조금이라도 이자를 얻기 위하여 3개월 이내에 만기(또는 상환일)가 도래하는 회사채를 구입할 수 있으며 이때 구입한 회사채는 현금성자산으로 본다. 이러한 자산은 실물 화폐는 아니지만 현금과 유사한 성격을 지니므로 **현금및현금성자산**으로 분류한다.

예제 5-2 | 현금및현금성자산

다음의 거래를 분개하시오.

물음

(1) 2월 3일 ㈜백제는 ㈜신라의 회사채(만기일 3월 31일) ₩500,000을 매입하고 그 대금은 수표를 발행하여 지급하였다.

(2) 3월 31일 ㈜백제는 위의 회사채 만기일이 되어 회사채의 원금 ₩500,000과 이자 ₩50,000을 받아 당좌예금하였다.

풀이

(1)	(차) 현　　금	500,000	(대) 당좌예금	500,000
(2)	(차) 당좌예금	550,000	(대) 현　　금	500,000
			이자수익	50,000

4 현금과부족

기업이 현금을 보유하는 경우 분실, 도난, 횡령 등의 다양한 위험이 발생할 수 있다. 이로 인해 장부상의 현금잔액과 실제 보관 중인 현금잔액이 서로 다른 경우가 자주 발생한다. 이런 경우에는 반드시 장부잔액과 실제잔액을 일치시켜야 하며, 차액이 존재할 경우 그 원인을 명확히 파악하는 절차가 필요하다. 일부 경리 담당자가 차액을 메우기 위해 개인 자금을 사용하는 경우가 있으나, 이는 바람직하지 않은 회계 처리 방식이다. 장부잔액이 실제잔액보다 클 경우(현금의 실제잔액이 부족할 경우)에는 자신의 돈으로 메운다고 하더라도, 실제잔액이 장부잔액보다 많다고 해서 경리 담당자가 그 차액을 사적으로 취할 수도 없기 때문이다. 장부잔액과 실제잔액이 다른 경우에는 차후에 그 사유가 밝혀질 수 있기 때문에, 그 사유가 밝혀질 때까지 임시로 그 차액을 장부에 기록해야 한다. 이때 사용하는 계정이 **현금과부족**계정이다.

현금과부족계정을 사용할 때 가장 중요한 점은 현금의 실제잔액에 장부잔액을 맞추는 것이다. 따라서 실제잔액이 장부잔액보다 클 때는 그 차액을 장부잔액에 가산하는 분개를 하고,

실제잔액이 장부잔액보다 적을 때는 그 차액을 장부잔액에서 차감하는 분개를 해야 한다. 예를 들어 회계기간에 현금의 실제잔액(₩960,000)이 장부잔액(₩1,000,000)보다 적은 것으로 확인되면 그 차액(₩40,000)을 현금과부족계정의 차변에 기록하면서 현금계정에서 그만큼을 감해주는 분개를 한다. 이와 반대로 현금계정 실제잔액(₩1,060,000)이 장부잔액(₩1,000,000)보다 큰 경우에는 그 차액(₩60,000)을 현금과부족계정 대변에 기록하면서 동시에 현금계정에 그만큼을 증액하는 분개를 수행함으로써, 결과적으로 현금계정 장부잔액과 실제잔액이 서로 일치하게 된다.

(1) 실제잔액이 부족한 경우의 분개

(차) 현금과부족	40,000	(대) 현　　금	40,000

(2) 실제잔액이 남은 경우의 분개

(차) 현　　금	60,000	(대) 현금과부족	60,000

따라서 현금과부족계정의 차변에 분개된 경우에는 장부금액보다 현금시재가 부족하다는 것을 의미하며, 대변에 분개된 경우에는 실제잔액이 장부잔액보다 많음을 의미한다. 그러나 기중에 이러한 차이가 발견되면 현금과부족계정에 기록함과 동시에 즉시 그 차이의 원인이 어디에 존재하는지를 찾아 해당 계정으로 올바르게 수정분개 해야 한다. 예를 들어 차변에 기록된 현금과부족의 원인이 운송비를 현금으로 지급하고 이를 미처 기록하지 못했던 것으로 판명되는 경우, 이를 운송비계정으로 수정하는 분개를 수행한다.

(3) 운송비 지급사실이 누락된 경우의 분개

(차) 지급운송료	40,000	(대) 현금과부족	40,000

현금과부족계정은 현금의 장부잔액과 실제잔액 간의 차이에 대한 원인을 규명하기 위해 임시로 기록되는 **임시계정**이다. 그런데 현금과부족계정으로 기록된 채로 결산시점에 이르기까지 그 차이의 원인이 밝혀지지 않으면 결산 시에 차변에 기록이 남은 현금과부족은 **잡손실**로 처리하고, 대변에 기록이 남은 현금과부족은 **잡이익**으로 처리하는 수정분개를 수행한다. 이는 현금과부족계정은 어디까지나 임시계정이기 때문에 재무제표에 그대로 표시되는 것은 적절하지 않기 때문이다.

(4) 현금과부족 차변잔액인 경우의 분개

(차) 잡 손 실	40,000	(대) 현금과부족	40,000

(5) 현금과부족 대변잔액인 경우의 분개

(차) 현금과부족	60,000	(대) 잡 이 익	60,000

그런데 현금의 장부잔액과 실제잔액 간에 차이가 회계기간 중이 아니라 결산시점에 와서야 확인되면 어떻게 할까? 이 경우에는 보통 그 차이의 원인을 규명할 시간이 충분하지 않으므로 현금과부족계정에 대한 기록을 생략하고 곧바로 잡손실 또는 잡이익계정으로 처리한다.

(6) 결산 시에 현금시재액 부족이 확인된 경우의 분개

(차) 잡 손 실	40,000	(대) 현 금	40,000

(7) 결산 시에 현금시재액 많음이 확인된 경우의 분개

(차) 현 금	60,000	(대) 잡 이 익	60,000

예제 5-3 현금과부족: 실제잔액이 장부잔액보다 많을 때

다음의 거래를 분개하시오.

물음

(1) 11월 31일에 현금을 조사해 보니 실제잔액이 장부잔액보다 ₩300,000이 더 많은데 그 원인을 알 수 없다.

(2) 12월 5일 위의 차액 ₩300,000 중 ₩200,000은 거래처로부터 회수한 외상대금을 기록하지 않은 것으로 밝혀졌다.

(3) 12월 31일 결산일까지 위의 차액 중 나머지 ₩100,000에 대해서는 원인을 확인할 수 없다.

풀이

(1)	(차) 현 금	300,000	(대) 현금과부족	300,000
(2)	(차) 현금과부족	200,000	(대) 매 출 채 권	200,000
(3)	(차) 현금과부족	100,000	(대) 잡 이 익	100,000

예제 5-4 현금과부족: 실제잔액이 장부잔액보다 적을 때

다음의 거래를 분개하시오.

물음

(1) 11월 29일에 현금을 조사해 보니 실제잔액이 장부잔액보다 ₩300,000이 더 적은데 그 원인을 알 수 없다.

(2) 12월 4일 위의 차액 ₩300,000 중 ₩200,000은 소모품을 구입한 것을 기록하지 않은 것으로 밝혀졌다(소모품은 자산으로 기록).

(3) 12월 31일 결산일까지 위의 차액 중 나머지 ₩100,000에 대해서는 원인을 확인할 수 없다.

풀이

	차변	금액	대변	금액
(1)	(차) 현금과부족	300,000	(대) 현 금	300,000
(2)	(차) 소 모 품	200,000	(대) 현금과부족	200,000
(3)	(차) 잡 손 실	100,000	(대) 현금과부족	100,000

SECTION

03 당좌예금

당좌[1]예금은 언제든지 인출이 가능한 예금으로 앞에서 설명한 '현금및현금성자산' 계정에 속한다. 그러나 거래되는 금액이 크기 때문에 평소에는 당좌예금계정으로 처리하다가 결산할 때 현금및현금성자산계정에 합산하여 재무제표에 표시하는 것이 일반적이다.

1 당좌예금의 의의

당좌예금이란 요구불예금의 일종으로 이자가 발생하지 않는 예금이다. 이 예금은 기업이 이자를 얻기 위한 예금이라기보다는 지급의 편의성을 높이기 위해 개설하는 예금이다. 당좌예금 계좌를 가지고 있으면, 한 장의 수표로도 큰 금액을 지급할 수 있다. 반대로 당좌예금계좌를 가지고 있지 않으면 큰 금액을 주고받을 때 일일이 그 돈을 세어 지급해야 하는 등의 불편함이 발생한다. 따라서 큰 기업들은 당좌예금계좌를 가지고 있지 않으면 사실상 거래가 불가능하다.

당좌예금계정을 기록할 때는 은행의 당좌예금계좌에 미치는 영향을 파악하여 기록한다. 즉 거래의 원인과 관계없이 거래로 인해 당좌예금의 잔액이 증가하면 당좌예금계정의 차변에 기록하고, 감소하면 당좌예금계정의 대변에 기록한다.

1 당좌(當座)란 '그 자리, 즉석'이라는 의미이다.

예제 5-5 당좌예금

다음의 거래를 분개하시오.

물음

(1) 거래 은행에 당좌예금계좌를 개설하고, 현금 ₩1,000,000을 입금했다.

(2) 상품 ₩300,000을 매입하고 그 대금은 수표를 발행하여 지급했다.

(3) 거래처에서 외상대금 ₩200,000을 우리의 당좌예금계정에 입금했다는 통보를 받았다.

풀이

	차변	금액	대변	금액
(1)	(차) 당좌예금	1,000,000	(대) 현　　금	1,000,000
(2)	(차) 매　　입	300,000	(대) 당좌예금	300,000
(3)	(차) 당좌예금	200,000	(대) 매출채권	200,000

당좌예금계정에 기록할 때 주의할 점은 수표의 발행 주체에 따라 회계처리 계정이 달라진다는 점이다. 즉, 자신이 수표를 발행한 경우에는 당좌예금계정의 감소로 기록해야 하지만, 타인이 발행한 수표를 받았을 때는 **현금계정**의 증가로 기록한다. 타인이 발행한 수표는 통화대용증권으로 현금을 받은 것과 같은 의미일 뿐, 당좌예금계정에는 전혀 영향을 미치지 않기 때문이다.

예제 5-6 당좌예금

다음의 거래를 분개하시오.

물음

(1) 상품 ₩300,000을 매입하고 그 대금은 수표를 발행하여 지급했다.

(2) 상품 ₩300,000을 매출하고 그 대금은 거래처(상대방)가 발행한 수표로 받았다.

풀이

	차변	금액	대변	금액
(1)	(차) 매　　입	300,000	(대) 당좌예금	300,000
(2)	(차) 현　　금	300,000	(대) 매　　출	300,000

그러나 과거에 자신이 발행한 당좌수표를 상대방이 은행에서 인출하지 않고 다시 돌려주면 당좌예금 자산의 증가로 표시해야 한다. 그 이유는 자신이 발행한 수표는 통화대용증권이 아니며, 수표 발행 시에는 상대방이 인출할 것으로 예상하여 당좌예금계정에서 차감하였기 때문이다. 따라서 상대방이 수표를 인출하지 않고 반환한 경우에는, 이전에 차감했던 당좌예금 금액을 다시 회복하는 분개를 수행해야 한다.

예제 5-7 당좌예금

다음의 거래를 분개하시오.

물음

(1) ㈜백제로부터 상품 ₩300,000을 매입하고 그 대금은 수표를 발행하여 지급했다.

(2) ㈜신라가 빌려갔던 ₩300,000을 당사(우리 회사)가 발행했던 수표로 상환했다.

풀이

(1)	(차) 매　　입	300,000	(대) 당 좌 예 금	300,000
(2)	(차) 당좌예금	300,000	(대) 단기대여금	300,000

2 당좌차월

일반적으로 당좌수표는 일종의 화폐로 간주한다. 원래 화폐의 발행은 중앙은행이 담당하지만, 개인(또는 법인)도 화폐를 발행할 수 있도록 허락한 것이 당좌수표 제도이다. 화폐를 무분별하게 발행하는 것을 방지하기 위해, 당좌수표를 발행할 때는 발행한 금액 이상의 현금을 은행에 남겨두는 것을 조건으로 한다. 발행한 수표에 대하여 예금잔액이 부족하여 지급하지 못할 때는 이를 **부도**라고 한다.

당좌차월은 기업이 당좌예금잔액을 초과하여 수표를 발행하더라도 일정 한도까지 은행이 수표 제시인에게 수표 대금을 지급해 주는 제도이다. 은행으로서는 일종의 대출인 셈이며, 일시적으로 자금이 부족한 기업에 간편하게 돈을 빌려줌으로써 기업활동을 돕는 역할을 한다. 기업의 입장에서 당좌차월은 일종의 부채에 해당하므로 재무상태표에는 단기차입금계정에 포함하여 표시한다.

예제 5-8 **당좌차월**

다음의 거래를 분개하시오.

물음

(1) 당좌예금 잔액이 ₩500,000인 상태에서 상품 ₩800,000을 매입하고, 그 대금으로 수표를 발행하였다. 은행과는 ₩1,000,000 한도의 당좌차월 계약이 맺어져 있다.

(2) 현금 ₩500,000을 당좌예금했다.

풀이

(1)	(차) 매 입	800,000	(대) 당좌예금	500,000
			당좌차월	300,000
(2)	(차) 당좌차월	300,000	(대) 현 금	500,000
	당좌예금	200,000		

그러나 사실 실무에서는 [예제 5-8]처럼 당좌차월계정을 사용하는 경우는 흔치 않다. 기업이 예금잔액 이내로 수표를 발행할 때는 물론이고, 잔액을 초과하여 수표를 발행할 때도 당좌차월 계정을 사용하지 않고 당좌예금계정으로 처리하는 경우가 많다. 따라서 기말 결산을 할 때, 당좌예금계정 차변에 잔액이 있으면 이를 **현금및현금성자산**으로 재무상태표에 기재하고 대변에 잔액이 있으면 당좌차월이 발생한 것을 의미하기 때문에 그 금액을 **단기차입금**으로 재무상태표에 기재한다.

일반적으로 사산계정은 항상 차변에 잔액이 발생하며, 부채계정은 항상 대변에 잔액이 발생한다. 그런데 당좌차월계정을 사용하지 않고 당좌예금계정만 사용하는 경우, 당좌예금계정의 잔액이 차변에 발생하기도 하고 대변에 발생하기도 한다. 이는 기본원칙에 어긋난 것처럼 보일 수 있으나 실제로는 그렇지 않다. 당좌차월계정과 당좌예금계정을 따로 사용하는 경우에는 당좌예금계정은 자산계정이지만, 당좌차월계정을 따로 사용하지 않고 당좌예금계정만 사용하는 경우에는 당좌예금계정이 **혼합계정**으로 사용된다. 즉 혼합계정의 잔액이 차변에 발생하는 경우에는 자산계정이 되지만, 잔액이 대변에 발생하는 경우에는 부채계정으로 보는 것이다.

기업의 실무에서는 혼합계정개념으로 회계처리하므로 당좌차월계정으로 분개할 필요가 없지만, 기본적인 회계처리 방법을 학습하는 과정에서는 당좌차월계정을 사용하여 분개해보는 것이 바람직하다. 이렇게 분리하여 학습하면 당좌예금과 당좌차월에 대한 원칙을 이해하는 데 도움이 된다.

3 은행계정조정표

3.1 은행계정조정의 필요성

기업이 은행에 당좌예금계좌를 가지고 있는 경우, 기업과 은행은 당좌예금의 수입과 지출에 관한 거래내역을 각각 기록하여 보유하게 된다. 이때 특정시점에서 기업과 은행이 각각 보유하고 있는 당좌예금계정의 잔액은 서로 일치해야 한다. 특히 결산시점에서 기업이 작성한 재무제표에 은행으로부터 발급받은 예금잔액증명서를 첨부하게 되는데, 재무제표상의 예금잔액과 잔액증명서상의 잔액이 반드시 일치해야 한다.

그러나 실무적으로는 두 잔액이 일치하지 않는 경우가 빈번하게 발생한다. 따라서 이러한 차이의 원인을 규명하고 조정하기 위해 어떤 서류를 작성하는데, 이 서류를 **은행계정조정표**(statement of bank reconciliation)라고 한다. 기업 장부상의 잔액과 은행 장부상의 잔액이 일치하지 않는 이유는 대체로 ① 기업과 은행이 예금이나 인출을 기록하는 시기가 다르고, ② 기업이나 은행이 거래를 기록하는 과정에서 오류를 범할 수 있기 때문이다. 이들 은행계정조정이 필요한 항목들을 유형별로 구분하여 조정과 분개가 필요한 사항들을 정리해 보면 [표 5-2]와 같다.

표 5-2 은행계정 불일치의 원인 및 조정

이유	차이 유형	내용	조정사항	분개 여부
시기 차이	은행미기록예금	기업에서는 이미 입금을 기록하였으나 은행에서 아직 입금을 기록하지 않은 예금	은행장부상의 잔액에 가산	분개 불필요
	미인출수표	기업에서 발행한 수표에 대해 아직 은행에서 출금되지 않은 경우	은행장부상의 잔액에서 차감	분개 불필요
	미통지입금	무통장입금 등과 같이 거래처 등에서 은행에 입금하였으나 기업은 통지받지 못해서 장부에 기록하지 못한 예금	기업장부상의 잔액에 가산	분개 필요
	미통지출금	부도수표, 이자 및 수수료 등과 같이 은행이 일방적으로 당좌예금에서 차감하였으나 기업에서는 아직 장부에 기록하지 않은 출금	기업장부상의 잔액에서 차감	분개 필요
오류	은행오류	은행이 기록한 입금 또는 출금이 틀린 경우	은행장부상의 잔액에 가감	분개 불필요
	기업오류	기업이 기록한 입금 또는 출금이 틀린 경우	기업장부상의 잔액에 가감	분개 필요

3.2 은행계정조정표의 작성 및 수정분개

은행계정조정표를 작성할 때 가장 일반적으로 사용하는 방법은 은행장부상의 잔액과 기업장부상의 잔액을 각각 올바른 잔액(수정 후 잔액)으로 조정하는 것이다. 이 방법은 각각 은행장부의 잔액과 기업장부의 잔액에서 출발하여 각 잔액에 수정할 항목을 가감하여 수정 후 잔액을 구하는 방법이다. 이렇게 하면 은행장부의 잔액과 기업장부의 잔액은 자동적으로 올바른 잔액으로 일치하게 된다. 즉 은행장부의 잔액에 은행미기록예금을 가산하고 미인출수표를 차감하며, 은행 기록오류를 가감하여 수정 후 잔액을 구한다. 또한 기업장부의 잔액에 미통지입금을 가산하고 미통지출금을 차감하며, 기업오류를 가감하여 수정 후 잔액을 구한다. 마지막으로 은행장부의 수정 후 잔액과 기업장부의 수정 후 잔액이 일치하는지를 확인한다.

표 5-3 은행계정조정표의 구조

은행 측 예금잔액의 수정	기업 측 예금잔액의 수정
은행 예금잔액증명서상의 잔액	기업장부의 예금잔액
+ 은행미기록예금	+ 미통지입금
− 미인출수표	− 미통지출금
± 은행의 기록오류	± 기업의 기록오류
수정후 은행예금잔액	수정후 기업예금잔액

한편 기업장부의 잔액에 대한 수정 항목은 기업이 아직 기록하지 않은 항목을 의미하므로, 이에 대하여 수정분개를 행해야 한다. 그러나 은행장부의 잔액에 대한 수정 항목은 기업이 이미 기록하였거나 기록할 필요가 없는 항목이기 때문에 수정분개를 하지 않는다. 기업장부의 잔액에 가산할 항목에 대한 수정분개는 항상 차변에 당좌예금을 기록하고, 차감할 항목에 대한 수정분개는 항상 대변에 당좌예금을 기록해야 한다. 그 이유는 가산 항목은 당좌예금계정에 입금기록을 의미하고, 차감 항목은 출금기록을 의미하기 때문이다.

예제 5-9 은행계정조정표

㈜신라는 20×1년 6월 30일 현재 당좌예금잔액을 확인하고자 한다. 6월 30일 현재 은행잔액증명서의 당좌예금잔액은 ₩1,494,900이고, 기업장부의 당좌예금잔액은 ₩1,155,000으로 기재되어 있다. 은행장부와 기업장부를 비교한 결과 다음과 같은 항목들이 조정되어야 할 것으로 파악되었다.

① 은행미기록예금(₩220,100): 기업이 6월 30일에 입금한 금액이 은행에서는 7월 1일에 입금 처리되었다.

② 미인출수표(₩500,400): 6월 하순에 기업이 발행한 수표 3장이 아직 은행에 제시되지 않아서 인출되지 않았다.

③ 매출채권의 회수(액면가액 ₩100,000, 어음추심수수료 ₩1,500): 어음추심이 완료되어 당좌예금계좌에 무통장 입금되었으며, 은행은 추심수수료를 당좌예금에서 차감하였다.

④ 부도수표(₩42,500): ㈜신라가 매출대금으로 받은 수표를 은행에 입금하고 장부상에 기록하였으나 그 수표가 부도 처리되어 입금이 취소되었다.

⑤ 회사오류: ㈜신라가 매입대금으로 발행한 수표 ₩132,600이 기업장부에 ₩136,200으로 잘못 기록되었다.

물음

(1) 위의 자료를 이용하여 6월 30일 현재 수정 후 당좌예금잔액을 계산하는 은행계정조정표를 작성하시오.

(2) 은행계정조정에 필요한 수정분개를 행하시오.

풀이

(1) 은행계정조정표의 작성

은행계정조정표

20×1년 6월 30일 현재

㈜신라 (단위: 원)

은행장부의 잔액		1,494,900	기업장부의 잔액		1,155,000
가산:	은행미기록예금	220,100	가산:	매출채권회수	100,000
차감:	미인출수표	−500,400		매입채무기장오류	3,600
			차감:	부도수표	−42,500
				은행수수료	−1,500
수정후 잔액		1,214,600	수정후 잔액		1,214,600

(2) 수정분개(6월 30일)

(차) 당좌예금	103,600	(대) 매 출 채 권	100,000
		매 입 채 무	3,600
(차) 부도수표	42,500	(대) 당 좌 예 금	44,000
지급수수료	1,500		

SECTION 04

수취채권

1 수취채권의 의의

수취채권(receivables)이란 재화나 용역을 제공한 대가로 다른 사람이나 회사로부터 현금 등 금융자산을 받을 권리를 의미한다. 수취채권은 일반적으로 현금으로 회수될 것으로 예상되는 청구권이며, 매출채권과 기타 수취채권으로 구분된다. **매출채권**(trade receivables)은 매출활동에서 발생하는 채권으로 외상매출금과 받을어음으로 구분된다. **기타의 수취채권**은 매출활동과 관련이 없는 채권으로 **비매출채권**(non-trade receivables) 또는 비상거래채권이라고도 한다.

매출채권으로 분류되기 위해서는 기업의 주된 영업활동인 매출과 관련하여 발생한 채권이어야 한다. 예를 들어 자동차 판매회사가 판매용 자동차를 외상으로 판매한 경우에는 매출채권으로 기록하지만, 광고대행회사가 임원의 출퇴근용으로 사용하던 자동차를 외상으로 매각했을 경우에는 비매출채권(미수금)으로 분류한다.

또한 외상매출금과 받을어음은 재무상태표에는 매출채권으로 통합하여 보고되지만, 별도 관리하기 위해 구분하여 기록하는 경우가 일반적이다. **외상매출금**(accounts receivable)은 상품이나 용역을 외상으로 판매한 결과, 고객으로부터 현금을 받게 될 채권을 말한다. 외상매출금은 보통 신용을 바탕으로 상품이나 용역의 판매시점부터 일정 기간 내에 받게 된다. 외상매출금은 대표적인 매출채권으로서 금액이 크고 활용 범위도 넓다. 또한 판매대금을 신용카드로 결제받은 경우에도 현금거래가 아닌 외상거래로 분류된다는 점에 유의해야 한다.

받을어음(notes receivable)은 상품을 판매하거나 용역을 제공하는 과정에서 그 대가로 어음이라는 증서를 받은 매출채권을 말한다. 어음은 발행인이 일정 기간 후에 어음대금을 지급하기로 약속한 증서로, 형식상으로는 약속어음과 환어음으로 구분된다. 그러나 어음의 형식과 관계없이 어음상의 대금을 받을 권리가 있는 경우 받을어음으로 기록한다. 받을어음은 상품거래와 관련하여 발생한 어음상의 권리를 의미하므로, 어음채권이라 하더라도 매출활동과 관련되지 않은 것은 기타의 수취채권으로 구분해야 한다.

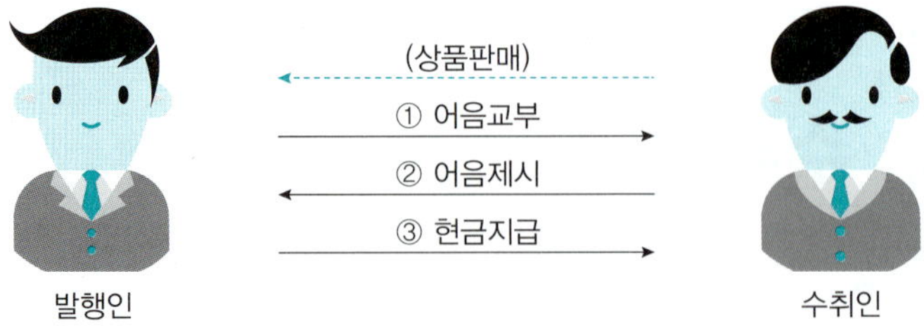

그림 5-1 약속어음의 관계

[그림 5-1]에서 어음발행인은 상품을 외상으로 매입한 채무자이다. 발행인은 상품대금 대신 약속어음을 발행해준다. 어음수취인은 상품을 외상으로 판매한 사람으로 채권자가 된다. 그래서 이 어음을 주고받을 때 수취인은 **받을어음**으로, 발행인은 **지급어음**으로 기록한다. 발행인이 수취인에게 어음을 발행하면, 수취인은 어음을 보관하였다가 어음 표면에 기록된 지급일(만기일)이 되었을 때 발행인에게 제시하고, 발행인은 어음대금을 지급한다.

그러나 일반적으로 수취인이 어음을 받으면 바로 거래은행에 맡기고, 은행은 어음을 보관하고 있다가 만기일이 되었을 때, 발행인이 지정한 은행으로부터 어음대금을 추심하여 수취인의 계좌에 입금해준다. 이때 만일 발행인의 당좌예금계좌 잔액이 부족하여 발행인이 거래하는 은행에서 지급을 거절하는 경우가 발생할 수 있는데, 이를 부도라고 한다.

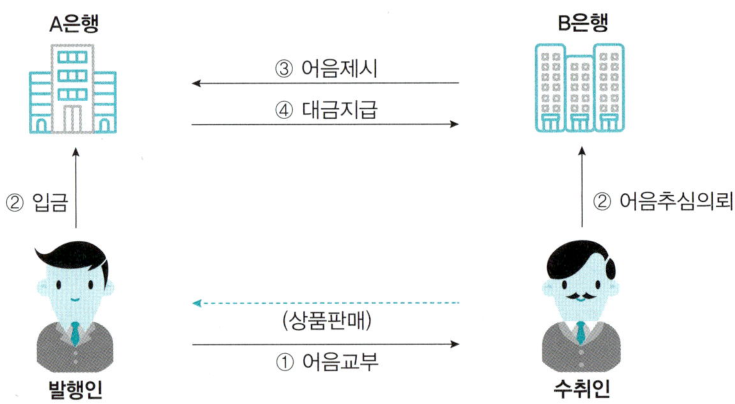

그림 5-2 약속어음의 추심 흐름

더 알아보기 **어음추심**

기업이 어음을 받았을 때 어음상에 지정된 은행(A은행)에 가서 어음대금을 직접 받지 않고, 자신의 은행(B은행) 계좌에 입금할 수 있다. 이 경우 은행(B은행)이 기업을 대신하여 지정된 은행(A은행)에 가서 어음대금을 받아 기업의 계좌에 입금해주는데, 이것을 어음추심이라고 한다.

기타의 수취채권은 미수이자, 대여금, 미수금 등과 같이 매출활동과 관련이 없는 수취채권을 말한다. 기타의 수취채권은 재무상태표를 작성할 때 매출채권에 포함하지 않고 별도의 항목으로 표시한다.

2 매출채권의 인식

일반적으로 상품 등 재화를 거래 상대방에게 인도하는 시점에서 매출이 이루어진 것으로 보고 매출이라는 수익으로 인식한다. 이때 현금거래인 경우에는 현금의 증가가 발생하지만, 외상거래라면 매출채권이 발생한다. 따라서 외상거래인 경우에는 단순하게 매출채권의 증가와 수익의 발생을 기록한다.

예제 5-10 | 매출채권의 인식

다음의 거래를 분개하시오. 매출원가 인식은 생략한다.

물음

20×1년 7월 1일에 ㈜백제는 ㈜신라에 상품을 판매하고 그 대금 ₩800,000은 월말에 받기로 하였다.

풀이

7/1	(차) 매출채권	110,000	(대) 매　출	110,000

3 매출에누리와 매출할인

상품이 판매되어 매출이 인식된 이후에도 다양한 변동 사유가 발생할 수 있다. 예를 들어 고객이 구입한 물건에 만족하지 못하여 반품하거나, 불량품에 대해 가격을 인하해 주거나, 외상대금을 회수하는 과정에서 가격을 깎아주는 경우 등이 이에 해당한다.

판매된 상품에 불량품이나 하자가 있어 반품된 경우를 매출환입이라 하며, 반품 대신에 판매대금의 일부를 감액해 주는 경우를 매출에누리라고 한다. 일반적으로 이 두 가지를 합하여 '매출에누리와 환입'이라 하며, 이러한 매출에누리나 환입이 발생하는 경우에는 그 금액을 상품의 매출액과 매출채권에서 각각 차감하여 계산해야 한다. 상품을 판매한 기업에서의 매출에누리와 환입은 상품을 매입한 기업의 입장에서는 매입에누리와 환출로 인식된다. 예를 들어 ㈜백제가 ㈜신라에 외상으로 판매한 상품 중 일부에 하자가 발견되어 반품되었거나, 대금의 일부를 감액하기로 한 경우 ㈜백제는 다음과 같이 분개하게 된다.

(차) 매출에누리와 환입(또는 매출)	50,000	(대) 매출채권	50,000

여기서 '매출에누리와 환입'은 매출계정의 차감 항목으로, 기말에 작성되는 손익계산서에서는 총매출액에서 매출에누리와 환입액을 차감하여 순매출액으로 표시한다. 따라서 매출에누리와 환입계정을 사용하는 대신 매출계정을 차변에 곧바로 기록해도 결과는 같다. 그러나 매출에누리나 환입 거래가 발생할 때 이를 매출계정에서 직접 차감하는 분개를 행하는 경우, 기중에 반품과 에누리 거래가 어느 정도 발생했는지 파악하기 어렵다. 따라서 반품과 에누리 발생 규모를 별도로 식별하고자 할 경우에 매출에누리와 환입계정을 사용한다.

한편 상품매매거래에서 대금을 현금으로 지급하지 않고 외상으로 거래하는 경우, 외상대금의 회수에 상당한 시간이 소요되며 판매자는 자금운용에 어려움을 겪을 수 있다. 따라서 흔히 외상거래의 경우 매출채권의 회수를 촉진하기 위해 매입자가 일정 기간 내에 대금을 빨리 갚는 경우 별도의 할인혜택을 제공하기도 한다. 이때 할인혜택을 주는 판매자의 입장에서는 **매출할인**(sales discounts)이 되며, 할인혜택을 받는 매입자의 입장에서는 **매입할인**(purchase discounts)이라 한다.

에누리나 환입(환출)이 상품의 하자를 이유로 이루어지는 반면 매출할인은 외상대금의 조기 현금회수를 목적으로 이루어지는 인센티브라는 점에서 차이가 있다. 또한 매출할인은 상품을 팔면서 흥정에 따라 가격을 깎아주는 것과는 다르다. 예를 들어 상품에 표시된 가격(권장소비자가격)이 ₩50,000인 상품을 ₩40,000에 팔았다면, 이 경우에는 처음부터 ₩40,000에 판매한 것으로 처리하며 매출할인이라고 하지 않는다. 매출할인을 제공하기 위해서는 외상판매 시에 일정한 조건이 붙게 된다. 예를 들어 '2/10, n/30'으로 표기된 조건은 '외상대금을 늦어도 30일 이내에 갚아야 하지만, 만일 10일 이내에 조기에 상환하면 외상대금의 2%를 할인해준다'는 의미이다. 또한 외상조건이 '2/EOM, n/60'인 경우, 이는 '외상기한은 60일이며, 만일 월말(end of month)까지 갚으면 2%를 할인해준다'는 의미이다. 이러한 계약에 따라 정해진 기간 내에 조기에 대금을 상환했을 때 할인해주는 것이 매출할인이다.

매출할인은 결국 매출대금의 일부를 깎아주는 것이므로 매출계정과 매출채권계정의 감소로 분개하여야 한다. 이때 만일 매출할인을 매출계정에서 직접 차감하는 분개를 행하지 않은 경우에는 손익계산서에서 매출할인을 매출액에서 차감하여 순매출액으로 표시해야 한다.

순매출액 = 총매출액 − (매출에누리와 환입 + 매출할인)

예컨대 ㈜백제가 ㈜신라에 '2/10, n/30'의 조건으로 ₩100,000의 상품을 외상판매하였는데, ㈜신라는 10일 이내에 외상대금을 갚아주는 경우에는 ㈜백제는 다음과 같이 분개한다.

(차) 현 금	98,000	(대) 매출채권	100,000
매출할인(또는 매출)	2,000[주1]		

주1 100,000×2%=2,000

예제 5-11 매출환입과 매출할인 거래

① 20×1년 7월 1일에 ㈜백제는 ㈜신라에 '2/10, n/30'의 거래조건으로 상품을 ₩110,000에 판매하였다.

② 위 상품 중 ₩10,000에 상당하는 상품이 7월 5일자로 반품되어 왔다.[주1]

주1 "위 상품에 불량품이 있어서 상품가격 ₩10,000을 깎아준 경우"에도 회계처리는 동일하다.

③ 위 외상대금을 7월 10일에 회수하였다.

물음

(1) 위 거래를 일자별로 분개하시오. 매출원가 인식은 생략한다.

(2) 위 ③의 외상대금을 7월 10일에 회수하지 못하고, 7월 30일에 회수한 경우에 분개를 행하시오.

풀이

(1)	7/1	(차) 매출채권	110,000	(대) 매 출	110,000
	7/5	(차) 매출(또는 매출환입)	10,000	(대) 매출채권	10,000
	7/10	(차) 현 금	98,000	(대) 매출채권	100,000
		매출(또는 매출할인)	2,000		
(2)	7/30	(차) 현 금	100,000	(대) 매출채권	100,000

예제 5-12 매출할인과 매입할인

7월 12일 ㈜백제는 ㈜신라에 상품 ₩200,000을 외상으로 판매하였다. 이때 외상판매조건은 '2/10, n/30'이었다고 가정하자. 매출원가 인식은 생략한다.

물음

(1) ㈜백제와 ㈜신라의 각각의 입장에서 7월 12일의 분개를 행하시오.

(2) 만일 외상대금이 7월 20일에 지급되었다고 가정하는 경우 ㈜백제와 ㈜신라의 7월 20일의 분개를 각각 행하시오.

(3) 만일 외상대금이 8월 10일에 지급되었다고 가정하는 경우 ㈜백제와 ㈜신라의 8월 10일의 분개를 각각 행하시오.

풀이

(1) 판매일(7월 12일)의 분개

	차변	금액	대변	금액
㈜백제:	(차) 매출채권	200,000	(대) 매　　출	200,000
㈜신라:	(차) 매　　입	200,000	(대) 매입채무	200,000

(2) 7월 20일에 지급된 경우

	차변	금액	대변	금액
㈜백제:	(차) 현　　금	196,000	(대) 매출채권	200,000
	매출할인(또는 매출)	4,000		
㈜신라:	(차) 매입채무	200,000	(대) 현　　금	196,000
			매입할인(또는 매입)	4,000

(3) 8월 10일에 지급된 경우

	차변	금액	대변	금액
㈜백제:	(차) 현　　금	200,000	(대) 매출채권	200,000
㈜신라:	(차) 매입채무	200,000	(대) 현　　금	200,000

4 매출채권의 평가

4.1 대손의 의미

대손(bad debt)이란 채권의 회수가 불가능하게 된 상태를 의미한다. 회수하지 못한 채권은 그 금액만큼 기업에 손실을 초래하기 때문에 대손이 발생하면 기업은 그 금액을 **대손상각비**라는 비용계정으로 인식한다. 대부분의 매출채권은 현금 등으로 회수되는 것이 일반적이지만, 거래 상대방의 경영상태가 악화되는 경우 일부 매출채권의 회수가 어려울 수 있다. 예를 들어 어떤 기업에서 기말에 ₩1,000,000의 매출채권을 가지고 있지만 그 중 ₩20,000을 회수할 수 없을 것으로 추정된다면, 이 기업의 매출채권의 회수가능한 금액은 ₩1,000,000이 아닌 ₩980,000이 된다. 따라서 기업이 기말에 재무상태표에 매출채권을 표시할 때, 이러한 회수가능성을 반영하여 그 금액을 조정해야 한다. 이는 기말에 재무상태표를 가능한 실제 회수가능한 금액으로 표시하기 위한 것이다. 또한 이러한 회수가능성 평가의 결과 회수하기 어렵다고 추정되는 금액을 당기비용(대손상각비)으로 처리하여 손익계산서에도 반영해야 한다. 이는 당기에 인식되는 수익(매출)에 대응하여 관련 비용(대손추정액)도 당기에 인식하도록 하는 수익 · 비용대응의 원칙에 따른 것이다. 물론 추정이기 때문에 실제 대손된 금액과 일치하지 않을 수 있다.

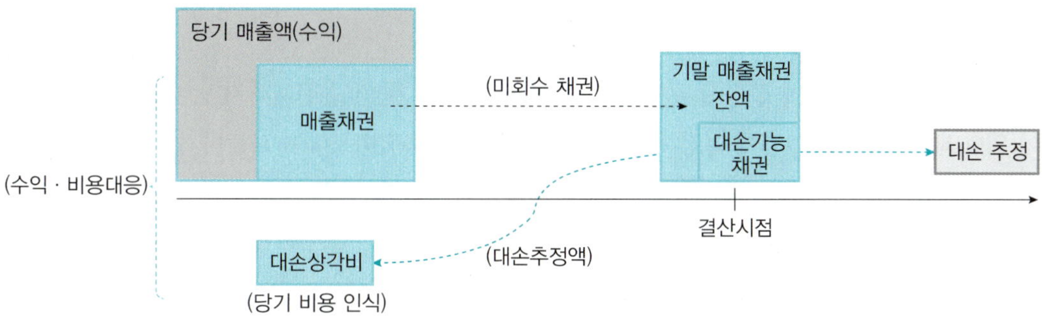

그림 5-3 대손상각과 수익 · 비용대응

4.2 대손예상액의 회계처리

매출채권을 재무상태표에 표시할 때는 미래에 회수할 수 있는 금액을 합리적으로 추정하여 해당 금액으로 표시해야 한다. 기존 실무에서는 기말 매출채권잔액에 일정한 비율(대손 예상비율)을 곱하여 대손예상액을 구해 왔었다. 이처럼 매출채권별로 외상기간을 고려하여 경과기간에 따라 대손 가능성을 차별적으로 추정하는 방법을 **연령분석법**이라고 한다. 그러나 국제회계기준에서는 기말에 남아 있는 각 매출채권별로 미래 기간 동안 회수불가능한 금액을 추정하고, 그것을 현재가치로 평가하여 대손충당금으로 설정하도록 규정하고 있으며 이를 **기대신용손실법**이라고 한다.

대손가능성 추정 결과 기말 매출채권 잔액 중 미래에 회수하기 어렵다고 예상되는 금액은 **대손상각비**(bad debt expenses)라는 계정으로 당기비용을 인식하고, 상대계정으로 **대손충당금**(reserve for doubtful debts)계정을 설정한다. 여기서 대손충당금은 매출채권의 회수불가능한 금액을 현재가치로 평가한 금액으로서 매출채권의 차감 항목으로 사용된다.

이제 거래상황을 가정하여 매출채권의 대손과 관련된 회계처리방법을 살펴보자.

4.2.1 기말의 대손충당금 설정

매 회계연도 말에 아직 회수하지 못하고 남아있는 매출채권 잔액에 대해 개별적으로 손상검사를 실시하고, 회수가 어려울 것으로 예상되는 금액에 대해 대손상각비와 대손충당금으로 회계처리한다. 예를 들어 기말(12/31)에 매출채권 잔액에 대한 손상검사 결과 회수가 불가능할 것으로 판단되는 금액이 ₩20,000이라면, 이를 매출채권의 감소로 직접 처리하지 않고 대손충당금계정에서 다음과 같이 처리한다.

12/31	(차) 대손상각비[주1]	20,000	(대) 대 손 충 당 금[주2]	20,000

주1 비용　　주2 매출채권의 차감계정

그런데 이때 만일 전기에 설정해 두었던 대손충당금의 일부가 기말 현재까지 남아있는 부분이 있다면, 이를 이번 기말에 설정해야 할 대손충당금 금액과 비교하여 보충하거나 또는 환입하는 방법으로 처리한다. 즉, 남아있는 대손충당금의 잔액이 이번 기말에 설정해야 할 대손충당금 금액보다 적은 경우에는 그 차이 금액만큼을 보충하여 추가로 설정하여 이를 대손상각비라는 비용 항목으로 처리한다[**보충법**].

만일 남아있는 대손충당금의 잔액이 이번 기말에 설정해야 할 대손충당금 금액보다 큰 경우에는 그 초과금액을 대손충당금계정에서 차감하고, 동일 금액을 대손충당금환입이라는 수익 항목으로 처리한다[**환입법**]. 즉, 남아있는 대손충당금의 잔액이 얼마이든 관계없이 결과적으로 이번 기말에 설정해야 할 대손충당금 금액에 맞추도록 하는 분개를 행해야 한다. 예를 들어 기말의 대손충당금 추정액이 ₩20,000인데 대손충당금계정 잔액이 ₩7,000만큼 남아있는 상황이라면 다음과 같이 처리한다.

12/31	(차) 대손상각비	13,000	(대) 대 손 충 당 금	13,000

만일 기말의 대손충당금 추정액이 ₩20,000인데, 대손충당금계정 잔액이 ₩26,000만큼 남아있는 상황이라면 다음과 같이 처리한다. 여기서 대손충당금환입은 기타수익계정으로 분류한다.

12/31	(차) 대손충당금	6,000	(대) 대손충당금환입	6,000

4.2.2 차기의 대손 발생 시 처리

기말에 매출채권에 대한 대손충당금을 설정한 상태에서 다음 회계연도 중에 예상대로 매출채권의 일부를 못 받게 되는 것으로 확정(대손)된 경우에는 대손금액을 매출채권의 대변에 기입하여 감소 처리함과 동시에 대손충당금계정의 차변에 기입하여 감소로 처리한다. 예를 들어 기말에 설정한 대손충당금이 ₩20,000인데, 다음 해 3월 5일에 ₩15,000의 매출채권이 대손 확정된 경우에는 다음과 같이 처리한다.

3/5	(차) 대손충당금	15,000	(대) 매 출 채 권	15,000

이러한 처리는 비록 차기인 3월 5일에 대손이 확정되어 손해를 보게 된 상황이긴 하지만, 이 손해는 대손이 확정된 3월이 속하는 회계연도의 비용으로 인식하지 않는다는 것을 의미한다. 이는 손해 발생 상황을 추정하여 이미 전기에 대손상각비라는 비용계정으로 처리하여 수익 · 비용대응을 이루었기 때문이다. 따라서 전기에 설정한 대손충당금 범위 내에서 실제로 대손이 이루어진 경우에는 당기에 비용(손실)으로 인식되는 부분은 없다.

만일 다음 해에 실제로 대손된 금액이 전기에 설정한 대손충당금보다 더 큰 경우에는 설정되어 있는 대손충당금부터 감소시키고 부족한 만큼을 대손상각비로 처리한다. 예를 들어 전기에 설정한 대손충당금이 ₩20,000인데, 다음 해 3월 2일에 ₩24,000의 매출채권이 대손 확정되었다면 다음과 같이 처리한다.

3/2	(차) 대손충당금	20,000	(대) 매 출 채 권	24,000
	대손상각비	4,000		

4.2.3 대손처리된 매출채권을 다시 회수한 경우

가능성은 매우 희박하지만, 이미 대손이 확정되어 대손충당금과 해당 매출채권의 감소로 처리했던 거래가 해당 기업의 경영이 회복되어 다시 회수하게 된 경우도 있을 수 있다. 이 경우에는 대손 확정 당시에 대손충당금을 감소하는 분개를 했기 때문에 다시 대손충당금을 원상으로 복구하기 위해 대손충당금을 대변에 기록하여 증가시키는 분개를 행한다. 예를 들어 4월 15일에 대손처리했던 매출채권 ₩11,000을 다시 현금으로 회수하게 된 경우에는 다음과 같이 처리한다.

4/15	(차) 현　　금	11,000	(대) 대손충당금	11,000

그런데 만일 당기 중에 대손처리한 매출채권을 다시 당기에 회수하게 된 경우에는 이전에 대손처리 했을 때의 분개를 역분개하여 대손회계처리한 것을 먼저 취소시키고, 다음으로 현금 회수에 대한 처리를 행하면 된다.

4/15	(차) 매출채권	11,000	(대) 대손충당금	11,000
	현 금	11,000	매 출 채 권	11,000

그러나 이 경우에도 결국은 위와 같은 결과가 된다. 따라서 대손처리된 매출채권을 다시 회수하게 된 경우에는 해당 매출채권이 전기 또는 당기의 매출채권 여부에 관계없이 차변에는 회수된 현금의 증가로 기록하고, 대변에는 대손충당금의 회복으로 처리하면 된다. 또한 당기에 대손처리한 것이 아니라 전기 이전에 대손처리했던 매출채권을 운 좋게 당기에 현금으로 회수하게 된 경우에도 대손처리를 행했던 회계처리에 관계없이 대손처리된 매출채권을 다시 회수한 경우의 일반적인 회계처리와 동일하게 처리한다.

예제 5-13 대손예상액 회계처리

다음의 ㈜백제 매출채권의 대손에 관한 일련의 거래 내용을 분개하시오.

물음

(1) 20×1년 12월 31일 결산일 현재 매출채권의 잔액은 ₩4,000,000이다. 매출채권에 대한 손상검사 결과 ₩80,000의 매출채권이 회수가 어려울 것으로 판단되었다.

(2) 20×2년 2월 10일에 전기의 매출채권 중 ₩60,000의 대손이 확정되었다.

(3) 20×2년 12월 31일 결산일 현재 매출채권의 잔액은 ₩5,600,000이다. 매출채권에 대한 손상검사 결과 ₩120,000의 매출채권이 회수가 어려울 것으로 판단되었다.

(4) 20×3년 4월 25일에 전기의 매출채권 중 ₩72,000의 대손이 확정되었다.

(5) 20×3년 7월 14일에 전기의 매출채권 중 ₩92,000의 대손이 확정되었다.

(6) 20×3년 9월 20일 이전에 대손으로 처리한 매출채권 ₩72,000이 현금으로 회수되었다.

(7) 20×3년 12월 31일 결산일 현재 매출채권의 잔액은 ₩2,800,000이다. 매출채권에 대한 손상검사 결과 ₩52,000의 매출채권이 회수가 어려울 것으로 판단되었다.

풀이

(1) 12/31	(차) 대손상각비	80,000	(대) 대손충당금	80,000
(2) 2/10	(차) 대손충당금	60,000	(대) 매출채권	60,000

	차변	금액	대변	금액
(3) 12/31	(차) 대손상각비	100,000[주1]	(대) 대손충당금	100,000
주1 120,000(당기 추정액) – 20,000(남아있는 대손충당금 잔액) = 100,000				
(4) 4/25	(차) 대손충당금	72,000	(대) 매출채권	72,000
(5) 7/14	(차) 대손충당금	48,000[주2]	(대) 매출채권	92,000
	대손상각비	44,000		
주2 120,000 – 72,000 = 48,000				
(6) 9/20	(차) 현 금	72,000	(대) 대손충당금	72,000
(7) 12/31	(차) 대손충당금	20,000	(대) 대손충당금환입	20,000[주3]
주3 52,000 – 72,000 = –20,000 (환입)				

4.3 대손충당금의 재무상태표 표시

대손충당금계정의 잔액은 항상 대변에 나타나게 된다. 그러나 이는 부채에 해당하는 항목이 아니다. 대손충당금은 미래에 회수할 수 없는 금액을 추정하여 매출채권의 기말잔액을 그만큼 감소시켜주기 위해 설정한 **평가계정**이다. 따라서 비록 대손충당금계정의 잔액은 대변에 나타나지만, 이를 재무상태표에 표시할 때는 자산계정인 매출채권에서 차감하는 형식으로 표시하게 된다. 기말 매출채권 잔액(₩1,000,000)에 대해 손상검사를 수행한 후의 대손충당금 설정액이 ₩20,000인 경우에는 재무상태표에서 매출채권 아래에 대손충당금을 차감하는 형태로 표시하여, 결국 매출채권의 회수가능한 금액이 ₩980,000인 것으로 표시하게 된다.

재무상태표

…			
메출체권	1,000,000		
대손충당금	(20,000)	980,000	
…			

5 기타의 수취채권

5.1 대여금

약속어음이나 차용증서를 받고 자금을 빌려준 경우에는 **대여금**계정으로 처리해야 한다. 이는 상품매매활동과 관련하여 발생한 채권이 아니므로 받을어음계정으로 처리해서는 안 된다. 이런 형태의 어음을 금융어음이나 융통어음이라고 부른다.

대여금은 대여기간이 1년 이상인가의 여부에 따라 장기대여금과 단기대여금으로 구분한다. 즉 대여기간이 1년 이내인 경우에는 단기대여금으로, 1년 이상인 경우에는 장기대여금으로 분류한다. 또한 이들에 대해서도 대손상각비와 대손충당금을 기록해야 한다. 대손예상액을 평가하는 방법은 매출채권의 경우와 동일하다.

자금을 대여할 때와 이자를 받을 때는 다음과 같이 기록한다.

(1) 자금을 대여할 때

(차) 단기대여금	10,000	(대) 현 금	10,000

(2) 이자를 받을 때

(차) 현 금	500	(대) 이 자 수 익	500

5.2 미수금

기업의 상거래에서 발생한 수취채권을 매출채권으로 분류한 것과는 달리, 상품이 아닌 부동산이나 자동차, 유가증권 등을 거래하면서 발생한 채권과 같은 비상거래를 **미수금**이라고 한다. 미수금에 대해서도 대손상각비와 대손충당금을 기록해야 한다. 예를 들어 토지를 외상으로 매각하고 회수하는 경우의 회계처리는 다음과 같다.

(1) 토지를 외상으로 매각하는 경우

(차) 미 수 금	15,000	(대) 토 지	10,000
		유형자산처분이익	5,000

(2) 토지 매각대금을 회수하는 경우

(차) 현 금	15,000	(대) 미 수 금	15,000

5.3 선급금

선급금이란 상품을 구입할 목적으로 미리 지급한 상품대금을 말하며, 이로 인해 상품을 공급받을 권리를 갖게 된다. 현금이 아닌 상품을 받는 것이므로 금융상품으로 분류되지 않으며, 따라서 금융자산에도 해당하지 않는다. 상품을 공급받으면 매입한 것으로 기록하고 선급금을 제거한다.

(1) 선급금을 지급하는 경우

(차) 선 급 금	1,000	(대) 현 금	1,000

(2) 선급금 대가로 상품을 받는 경우

(차) 매 입	2,000	(대) 선 급 금	1,000
		매입채무	1,000

5.4 가지급금

현금은 지급되었으나 어떤 명목으로 처리할 것인가가 불확실할 때, 또는 얼마가 사용될지 그 금액이 불확실할 때, 임시적으로 기록하는 항목을 가지급금이라고 한다. 따라서 정확한 항목과 금액이 확인 되는대로 정리하여야 한다. 가지급금계정은 임시계정이므로 결산재무제표에 나타나지 않도록 정확한 계정과목으로 정리할 필요가 있다. 가지급금의 예로는 소송비용, 출장직원에게 임시로 지급한 여비 등을 들 수 있다. 이런 금액은 지급 당시에는 어떤 명목으로 회계처리해야 할지, 그 금액이 얼마나 될지 확실하지 않기 때문에 가지급금으로 처리하고, 그것이 확실해지면 해당 계정으로 정리한다.

(1) 출장을 가는 직원에게 여비명목으로 ₩10,000을 가지급한 경우

(차) 가 지 급 금	10,000	(대) 현 금	10,000

(2) 출장에서 돌아와 여비 사용금액을 제외하고 ₩2,000을 반환한 경우

(차) 여비교통비	8,000	(대) 가지급금	10,000
현 금	2,000		

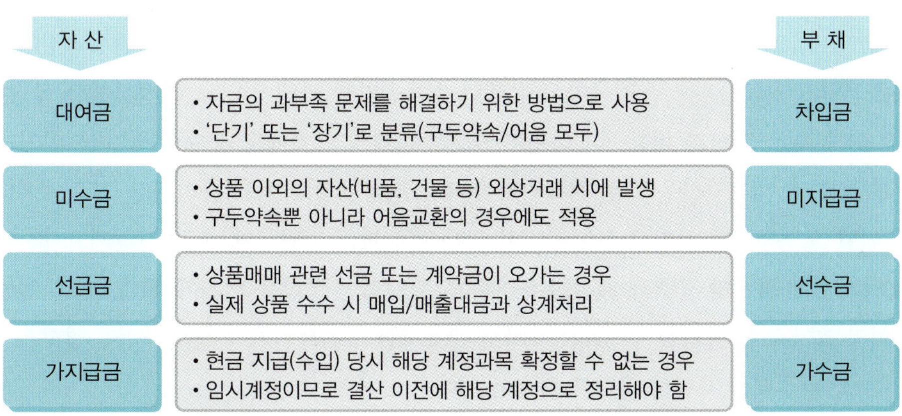

그림 5-4 기타의 수취채권과 지급채무

SECTION

05 재고자산

1 재고자산의 의의

재고자산이란 정상적인 영업활동과정에서 판매를 목적으로 보유하고 있거나, 판매할 제품의 생산을 위해 사용하거나 소비될 자산을 모두 총괄하는 의미로 사용된다. 상기업의 경우에는 상품이 주된 재고자산이 되지만, 제조기업의 경우에는 **제품** 이외에도 제품의 생산공정에 투입하기 위해 보관하고 있는 **원재료**(raw materials)와 이미 생산공정에 투입되어 제조과정이 진행 중인 **재공품**(work-in-process)도 재고자산에 포함된다.

2 재고자산의 취득원가

재고자산은 해당 자산을 맨 처음 취득했을 때의 거래가격으로 장부에 기록하는 것이 원칙이다. 그런데 같은 재고자산이라 하더라도, 상품은 일반적으로 외부에서 구입하므로 취득 당시의 거래가격을 그 취득원가로 본다. 한편 제품은 자사 공장에서 직접 제조되기 때문에 제조원가명세서를 통해 확인된 제조원가를 그 취득원가로 본다.

그런데 제품제조의 경우와는 달리 외부로부터 상품을 구입하는 경우에는 상품종류나 구입조건, 사후절차 등에 따라 취득원가를 결정하는 문제가 단순하지 않을 수도 있다. 예컨대 먼 거리에 있는 거래처로부터 상품을 구입할 때는 운송료나 보험료, 수수료 등의 부대비용이 소요될 수도 있다. 또한 상품 구입과정에서 반품이나 에누리, 할인 등의 복잡한 협상과정이 진행될 수도 있다. 거래가격으로 기록하고자 했던 취득원가를 과연 얼마로 조정하거나 결정해야 할까? 이 문제는 자산과 비용, 더 나아가 당기순이익의 크기에도 중대한 영향을 미치게 된다. 일반적으로 재고자산은 모두 취득원가에 의해 장부에 기록하고 관리된다. 그런데 취득원가에 어떤 요소를 포함시키고 포함시키지 않을 것인가의 판단문제는 곧 기말재고자산의 가액과 당기 매출원가의 금액을 계산하는 데에도 결정적인 영향을 미치게 된다. 이로 인해 당기순이익 크기 또한 달라질 수 있다. 따라서 재고자산의 취득원가나 장부가액에 영향을 미칠 수 있는 상황에 대해 자세히 살펴볼 필요가 있다.

2.1 매입 부대비용

재고자산의 취득원가는 기본적으로 외부로부터의 매입가액 또는 자체적인 생산원가를 기초로 하여 기록하지만, 이 외에도 그 재고자산을 취득하여 본래의 용도에 사용되기까지 소요된 모든 부대비용이 포함되어야 한다는 것이 일반적인 원칙이다. 즉, 상기업의 경우 상품의 매입가액뿐만 아니라 이를 판매 가능한 상태에 이르기까지의 소요된 모든 지출이 재고자산의 취득원가에 포함되어야 한다. 또한 제조기업의 경우에는 제품을 생산하여 이를 판매 가능한 상태로 만드는 데 소요되는 모든 직 · 간접적인 지출이 취득원가에 포함된다.

더 알아보기 **제품의 취득원가 계산**

상품매매기업이 아닌 제조기업에서 제품 또는 재공품의 취득원가(제조원가)를 계산할 때에는 제조공정에 투입된 재료비 외에도 노무비와 기타 제조경비를 모두 집계하여 별도의 제조원가명세서를 작성하게 된다.

제품의 취득원가 = 제조원가명세서에 의한 제조원가
= 직접재료비 + 직접노무비 + 제조간접비

이때 제품의 생산에 사용되는 원재료의 경우에는 일반적으로 외부에서 매입하는 것이 보통이므로 원재료의 취득원가는 상품의 취득원가 결정과 동일한 방법을 따르게 된다. 제조원가를 계산하는 구체적인 방법은 원가회계 분야에서 다루고 있기 때문에 여기서는 이에 대한 자세한 설명은 생략한다.

특히 상품은 상기업에서 재판매를 목적으로 외부에서 매입하기 때문에 기업 외부에 있던 물건을 기업 내부로 들여와 판매 가능한 상태가 되기 까지는 매입가격 외에도 여러 가지 부대비용이 수반되기 마련이다. 이와 같이 매입과 관련된 부대비용을 취득원가에 포함시키는 이유는 관련 부대비용이 해당 상품을 취득하기 위해 필수불가결하게 지출되는 금액이라고 판단되기 때문이다. 이러한 부대비용의 예로는 **매입수수료**나 **매입운임**, **하역료**, **운송보험료**, **수입관련 관세** 등을 들 수 있다.

이 중 매입운임(freight cost)은 선적조건에 따라 누가 운임을 부담해야 하는지가 달라지기 때문에 조건을 정확히 이해해야 한다. 흔히 선적조건은 선적지인도기준과 도착지인도기준으로 구분된다. **선적지인도기준**의 경우에는 상품의 선적시점에 소유권이 매입자에게 이전되기 때문에 매입자가 운임을 부담하게 된다. 따라서 이 경우에는 매입자의 입장에서 매입부대비용으로 간주하여 취득원가에 가산하여야 한다. 그러나 **도착지인도기준**인 경우에는 상품의 도착시점에 소유권이 매입자에게 이전되기 때문에 판매자가 운임을 부담하게 되어 매입자의 입장에서는 이를 취득원가에 산입하지 않는다.

예컨대 판매운송비, 포장비, 택배비 등과 같이 상품의 취득원가와 직접 관련이 없는 상품매입이 아닌 상품 판매활동과 관련하여 발생하는 비용은 판매회사에서 별도의 비용계정으로 처리되어야 한다.

더 알아보기 **상품매입과 매출 시 부대비용의 차이**

흔히 상품을 매입하거나 판매할 경우 이와 관련하여 운송비, 보험료 등의 부대비용이 발생하게 된다. 물론 이들 부대비용을 누가 부담할 것인가는 거래당사자 간의 계약에 달려 있다. 만일 상품 매입자가 이들 비용을 부담하기로 한 경우에는 이들 비용은 상품의 취득원가에 포함하여 회계처리한다. 그러나 이와는 달리, 상품매매 관련 부대비용을 판매자가 부담하기로 한 경우에는 취득원가에 포함시키지 않고 판매자의 판매관리비용으로 구분하여 회계처리한다.

예를 들어, 판매자 A가 상품 ₩60,000을 매입자 B에게 판매하면서 관련 운송비 ₩2,000을 매입자 부담으로 하기로 하고, B는 이를 모두 현금으로 지급하였다면, 다음과 같이 회계처리하게 될 것이다.

판매자 A는	(차) 현 금	60,000	(대) 매 출	60,000
매입자 B는	(차) 매 입	62,000	(대) 현 금	62,000

한편, 이 거래에서 운송비 ₩2,000을 판매자가 부담하기로 한 경우에는 다음과 같이 회계처리한다.

판매자 A는	(차) 현 금	60,000	(대) 매 출	60,000
	운송비	2,000	현 금	2,000
매입자 B는	(차) 매 입	60,000	(대) 현 금	60,000

물론 운송비 외의 보험료 등의 부대비용의 경우에도 동일하다.

이와 같이 상품매매와 관련된 부대비용의 회계처리는 부담자가 누구냐에 따라 회계처리(분개)가 달라지게 된다.

2.2 반품과 에누리

외부로부터 상품을 구입하는 절차가 정상적으로 이루어졌다 하더라도, 구입하여 배달된 상품에 물리적인 하자가 발생한 경우에는 어떻게 처리해야 할까? 상품매매기업이 다른 기업이나 제조기업으로부터 상품을 매입할 때, 매입한 상품 중에 불량품이 있거나 주문과 다른 상품이 도착하는 경우가 자주 발생한다. 이 경우, 매입한 기업은 상품을 반품하거나 매입대금의 감액을 요청할 수 있다. 이처럼 매입한 상품에 **하자**가 있어 이를 반품하는 것을 **매입환출**(purchase returns)이라고 하며, 반품하지 않는 대신 매입대금의 일부를 감해 받는 것을 **매입에누리**(purchase allowances)라고 한다. 이 두 가지를 구분하여 기록하기도 하지만, 이들을 하나의 계정으로 묶어서 **매입에누리와 환출**이라고 기록하기도 한다. 그런데 매입에누리나 환출은 매입거래에 대한 수정 내지는 취소의 성격을 가지기 때문에 해당 금액을 상품의 매입가액에서 차감해야 한다. 따라서 재무제표에는 매입에누리와 환출을 총매입액에서 차감하여 순액으로 보고한다.

> 상품의 취득원가 = 매입가액 + 매입부대비용 − 매입에누리와 환출
> = 매입가액 + 매입수수료 + 매입운임 + 운송보험료 + 수입관세
> − 매입에누리 − 매입환출

㈜신라가 외상으로 매입한 상품에서 하자가 발견되어 그중 일부에 대해 매입에누리나 환출이 발생한 경우 ㈜신라는 다음과 같이 분개하게 된다.

(차) 매 입 채 무	40,000	(대) 매입에누리와 환출 (또는 매입)	40,000

상품매입의 경우와는 반대로 고객에게 상품을 판매한 때에도 유사한 상황이 발생할 수 있다. 판매한 상품에 **하자**가 있어서 고객으로부터 반품되어 온 것을 **매출환입**(sales returns)이라 하며, 반품 받는 대신 판매대금에서 일부 감해주는 것을 **매출에누리**(sales allowances)라고 한다. 흔히 이 둘을 합하여 **매출에누리와 환입**이라 하며, 이러한 매출에누리나 환입이 발생하는 경우에는 그 금액을 상품의 매출액에서 차감하여 계산하여야 한다. 상품을 판매한 기업에서의 매출에누리와 환입은 상품을 매입한 기업의 입장에서 보면 매입에누리와 환출이 된다. ㈜백제가 ㈜신라에 외상으로 판매한 상품 중에 하자가 발견되어 그 중 일부가 반품되어 오거나 대금의 일부를 감해주기로 한 경우 ㈜백제는 다음과 같이 분개하게 된다.

(차) 매출에누리와 환입 (또는 매출)	40,000	(대) 매 출 채 권	40,000

예제 5-14 회계상의 거래

㈜신라는 20×5년 9월중에 거래처 ㈜백제로부터 K상품 10개를 ₩3,000,000에 매입하였다. 이 상품의 매입과 관련하여 매입수수료 ₩60,000과 운송료 ₩50,000을 현금으로 지급하였다. 그런데 매입한 상품 중 일부에 포장의 문제를 제기하여 ㈜백제로부터 ₩30,000을 에누리 받았다.

물음 ㈜신라에서는 K상품 취득원가를 얼마로 기록해야 할까?

풀이 취득원가 = 매입가액 + 부대비용(매입수수료, 운송료) − 매입에누리와 환출
= 3,000,000 + 60,000 + 50,000 − 30,000
= ₩3,080,000

2.3 매입할인과 매출할인

반품 및 에누리 외에 상품매입과 관련하여 할인(discounts)이 이루어지는 경우에는 어떻게 회계처리하는 것이 좋을까? 흔히 외상거래의 경우 매출채권의 회수를 촉진하기 위해 매입자가 일정 기간 내에 대금을 빨리 갚아주는 경우 별도의 할인 혜택을 주기도 하는데, 이러한 할인혜택을 주는 판매자의 입장에서는 **매출할인**(sales discounts)이 되지만, 할인혜택을 받는 매입자의 입장에서는 **매입할인**(purchase discounts)이라고 한다. 에누리나 환입(반품)이 상품의 하자를 이유로 행해지는 것인데 반해, 매입할인은 외상대금의 조기 현금회수를 목적으로 판매자가 제공하는 인센티브라는 점에서 다르다. 매출할인의 경우와 마찬가지로, 매입할인 역시 매입대금의 일부가 줄어드는 것이므로 매입계정에서 차감하여 표시해야 한다. 따라서 일반적으로 요약손익계산서에는 이들 항목이 별도로 표시되지 않는다.

재고자산의 취득원가 결정문제와 관련하여, 취득 이후의 시점에 후속적으로 발생하는 사항들(부대비용, 반품과 에누리, 할인)을 계정에 어떻게 기록할 것인가가 문제이다. 상품매매거래와 관련된 부대비용은 대부분 매매거래가 이루어지는 시점에서 동시에 이루어지는 경우가 많으며, 따라서 매입 관련 부대비용은 취득원가(총매입액)에 포함되고, 매출 관련 부대비용은 별도의 손익 항목으로 구분 표시한다는 데에 이견은 없다.

다만, 매입에누리와 환출이나 매입할인 등은 상품매입시점과 시간 차이가 존재할 수 있으며, 이는 순수매입대금과 구분하여 따로 표시하는 것이 관리목적으로도 더 유용할 수 있다. 이와 관련하여 반품이나 에누리 및 할인 등을 차감하기 전의 매입총액으로 기록하는 **총액법**(gross method)과, 이들은 결국 매입액의 감소로 보아야 하기 때문에 매입액에서 차감한 순액으

로 기록하는 **순액법**(net method)으로 구분할 수 있다. 즉, 순액법에서는 반품이나 에누리 및 할인 등이 이루어지는 경우 매입액(취득원가)에서 직접 차감하는 분개를 하게 된다. 반면에 총액법에서는 매입 시 매입총액을 기록하고, 매입에누리와 환출, 매입할인 등이 발생하면 이를 각각의 계정으로 기록한 후 연말에 손익계산서를 작성할 때 이들 계정의 잔액을 차감한 순매입액으로 표시한다. 어느 방법이든 결국 손익계산서에 표시되는 매입액은 모두 순매입액으로 동일하게 된다.

순매입액 = 총매입액(구매가액) − 매입에누리와 환출 − 매입할인

마찬가지로, 매출액의 경우에도 반품이나 에누리 및 할인 등이 이루어지는 경우 매출액(총판매액)에서 직접 차감하는 순액법과, 매출액은 총액으로 기록하되 이들을 별도의 계정으로 기록해 두었다가 결산시점에서 차감하여 순매출액으로 표시하는 총액법이 사용될 수 있다. 이 경우에도 손익계산서에 결과적으로 표시되는 매출액(순매출액)은 모두 같다.

순매출액 = 총매출액 − 매출에누리와 환입 − 매출할인

3 매입 · 매출 상품의 흐름과 원가배분

재고자산의 정확한 기록을 위해서는 재고자산의 매입과 매출 시에 해당 재고자산의 단가를 확인해야 한다. 이는 매입 · 매출 상품의 총가격은 **'수량×단가'**로 결정되기 때문이다. 그러나 재고자산의 매입단가는 시세에 따라 수시로 달라질 수 있어 생각보다 매우 복잡하다. 이와 같이 재고자산의 매입단가가 수시로 변동하는 상황에서는 보관하고 있는 재고자산의 단가와 판매된 상품의 단가를 각각 어떻게 결정하는 것이 좋을까? 단가결정의 문제는 결국 ① 판매된 상품의 매출원가와 ② 보관하고 있는 상품의 기말재고액을 결정하는 문제와도 연관된다.

예를 들어, 선풍기를 판매하는 ㈜신라에서 선풍기를 2대 보유하고 있는데, 1대는 ₩30,000에 매입한 것이고 다른 1대는 ₩40,000에 매입했던 것이라고 가정하자. 이때 보유하고 있는 선풍기의 취득원가 총액은 ₩70,000이다. 그런데 고객에게 선풍기 1대를 판매하기로 한 경우 2대 중 어떤 것이 판매되었다고 기록해야 할까? 이러한 결정이 중요한 이유는 어떤 선풍기가 판매되었다고 보느냐에 따라 판매로 인한 매출이익과 남아 있는 재고자산의 장부금액

이 달라지기 때문이다. 매입 · 매출 상품의 단가결정과 관련하여 적용되고 있는 방법으로 개별법, 선입선출법, 후입선출법, 이동평균법, 총평균법 등이 있다.

3.1 개별법

만약 2대의 선풍기 중 1대는 소형이고 다른 1대는 대형이어서 눈으로도 쉽게 그 차이가 식별되는 경우에는 판매 시 어떤 선풍기가 판매되었는지를 분명히 구분할 수 있다. 이와 같이 사양이나 형태가 서로 구분 가능한 재고자산(예: 부동산, 자동차, 선박, 보석류 등)이나 매매건수가 많지 않은 고가의 상품인 경우에는 매매 시 개별 상품의 취득원가를 실물의 흐름에 따라 비교적 쉽게 구분할 수 있으므로 해당 상품의 취득원가를 직접 판매상품의 매출원가나 남아 있는 재고자산금액으로 기록한다. 이러한 기록 방법을 **개별법**(specific identification method)이라고 한다.

개별법은 정확한 재고관리나 매출원가의 산정에는 분명 유용한 방법이다. 그러나 상품 매매건수가 많거나 재고자산의 종류가 다양한 경우, 그리고 매입단가의 등락이 빈번한 상품의 경우에는 실무상 적용하기 어렵다는 단점이 있다. 개별법을 적용하는 경우 상품재고장 기록을 통해 매출원가와 상품재고액을 파악하는 방법에 대해 좀 더 구체적으로 살펴보자.

예제 5-15 개별법

제습기를 판매하고 있는 ㈜신라의 7월 중 매입 · 매출거래는 다음과 같다.

- 7월 1일: 전월에 판매하지 않고 남아 있는 제습기는 20대(@₩200)이다.
- 7월 3일: 제습기 10대(@₩200)를 추가로 매입하고 현금 ₩2,000을 지급하다.
- 7월 9일: 제습기 60대(@₩220)를 매입하고 현금 ₩13,200을 지급하다.
- 7월 12일: 제습기 40대(@₩200 10대, @₩220 30대)를 대당 ₩400에 판매하고 대금은 현금으로 받다.
- 7월 18일: 제습기 20대(@₩250)를 추가로 매입하고 대금은 현금 지급하다.
- 7월 26일: 제습기 20대(@₩220 10대, @₩250 10대)를 대당 ₩420에 판매하고 대금은 현금으로 받다.

물음

(1) 개별법에 의해 상품재고장을 기록하시오.

(2) 7월 중 매출원가와 7월 말의 상품재고액을 표시하시오.

풀이

(1) 상품재고장의 기록 – 개별법

상품재고장 [상품명: 제습기] (단위: 원)

일시		적요	입고			출고			재고		
			수량	단가	금액	수량	단가	금액	수량	단가	금액
7월	1일	전월이월	20	200	4,000				20	200	4,000
	3일	매 입	10	200	2,000				30	200	6,000
	9일	매 입	60	220	13,200				30 60	200 220	6,000 13,200
	12일	매 출				10 30	200 220	2,000 6,600	20 30	200 220	4,000 6,600
	18일	매 입	20	250	5,000				20 30 20	200 220 250	4,000 6,600 5,000
	26일	매 출				10 10	220 250	2,200 2,500	20 20 10	200 220 250	4,000 4,400 2,500
월말		(계)	110		24,200	60		13,300	50		10,900

(2) 개별법을 적용한 경우 7월 중 판매된 상품의 매출원가는 ₩13,300으로, 그리고 7월 말 현재의 상품재고액은 ₩10,900으로 각각 집계된다.

[예제 5–15]와 같이 개별법을 적용하는 경우에는 서로 다른 단가의 상품 중 어떤 것이 판매되었는지를 일일이 구분하여 표시하여야 하므로, 상품재고장의 기록도 단가별로 구별하여 정리해야 한다. 이를 위해 흔히 실무에서는 개별 상품마다 단가가 기록된 상품식별코드를 부착하여 전자적으로 관리하는 방법을 사용하기도 한다.

그런데 만일 [예제 5–15]의 사례에서 상품(제습기)의 모양이나 규격 등이 같거나 비슷해서 서로 구별하기 어려운 경우에는 어떻게 할까? 예컨대 음료 매장에서 판매되는 우유가 매일 또는 수시로 구입단가가 달라지는 경우에는 판매된 우유의 원가가 정확히 얼마인가를 일일이 확인하거나 체크하기는 어려운 일이다. 그러나 현실적으로 같은 우유라 하더라도 어떤 단가의 우유가 판매되었다고 보느냐에 따라 매출원가와 현재의 재고자산 금액이 달라질 수 있다.

회계에서는 이러한 문제를 해결하기 위해 재고자산의 원가흐름을 몇 가지로 가정하고, 이들을 각각 선입선출법, 후입선출법, 가중평균법(이동평균법, 총평균법) 등으로 정의하고 있다. 기업에서는 이들 방법 중 어느 하나를 선택하여 계속해서 적용하면 된다. 다만 한국채택국제회계기준(K-IFRS)에서는 후입선출법 적용을 허용하지 않는다.

3.2 선입선출법

선입선출법(FIFO; First-In First-Out)은 가장 먼저 구입한 상품부터 순차적으로 판매되었다고 가정하여 매출원가와 재고자산의 가격을 결정하는 방법이다. 대부분의 기업에서 재고의 물리적 흐름이 선입선출 방식으로 이루어지는 경우가 많기 때문에, 선입선출법은 이러한 흐름을 비교적 잘 반영하는 방법이라고 할 수 있다. 선입선출법에서 기초재고는 대부분 당기에 판매되고, 당기 매입액도 먼저 매입한 순서대로 판매된다고 본다. 따라서 먼저 매입한 순서대로 매출원가에 반영되며 최근에 매입한 것이 장부상에 기말재고로 남아있게 된다. 즉 기말재고액은 최근의 가격을 반영하여 평가되게 된다. 그러나 가격이 점차적으로 상승하는 인플레이션 시에는 비교적 낮은 가격에 구입한 과거의 상품이 매출원가에 반영되어 매출총이익이 높게 나타나고, 최근의 높은 가격의 상품이 기말재고액에 반영되어 장부금액이 크게 표시되는 경향이 있다.

[예제 5-16]에서는 선입선출법을 적용하는 경우의 상품재고장 기록 방법을 살펴보기로 한다. 여기서는 개별 상품의 단가를 일일이 확인하기 어렵기 때문에 실물흐름에 따라 먼저 구입한 것이 먼저 판매된다고 가정한다.

예제 5-16 선입선출법

제습기를 판매하고 있는 ㈜신라의 7월 중 매입 · 매출거래는 다음과 같다.

- 7월 1일: 전월에 판매하지 않고 남아 있는 제습기는 20대(@₩200)이다.
- 7월 3일: 제습기 10대(@₩200)를 추가로 매입하고 현금 ₩2,000을 지급하다.
- 7월 9일: 제습기 60대(@₩220)를 매입하고 현금 ₩13,200을 지급하다.
- 7월 12일: 제습기 40대를 대당 ₩400에 판매하고 대금은 현금으로 받다.
- 7월 18일: 제습기 20대(@₩250)를 추가로 매입하고 대금은 현금 지급하다.
- 7월 26일: 제습기 20대를 대당 ₩420에 판매하고 대금은 현금으로 받다.

물음

(1) 선입선출법에 의해 상품재고장을 기록하시오.

(2) 7월 중 매출원가와 7월 말의 상품재고액을 표시하시오.

풀이

(1) 상품재고장의 기록 – 선입선출법

상품재고장 [상품명: 제습기] (단위: 원)

일시		적요	입고			출고			재고		
			수량	단가	금액	수량	단가	금액	수량	단가	금액
7월	1일	전월이월	20	200	4,000				20	200	4,000
	3일	매 입	10	200	2,000				30	200	6,000
	9일	매 입	60	220	13,200				30 60	200 220	6,000 13,200
	12일	매 출				30 10	200 220	6,000 2,200	50	220	11,000
	18일	매 입	20	250	5,000				50 20	220 250	11,000 5,000
	26일	매 출				20	220	4,400	30 20	220 250	6,600 5,000
월말		(계)	110		24,200	60		12,600	50		11,600

(2) 선입선출법을 적용한 경우 7월 중 판매된 상품의 매출원가는 ₩12,600으로, 그리고 7월 말 현재의 상품재고액은 ₩11,600으로 각각 집계된다.

[예제 5–16]과 같이 물가상승으로 인해 매입단가가 계속해서 증가하고 있는 상황에서 선입선출법을 적용하는 경우, 먼저 구입한 낮은 원가의 상품이 먼저 판매된 것으로 기록된다. 선입선출법을 개별법과 비교해 보아도 매출원가는 비교적 낮게, 그리고 7월 말 상품재고액은 비교적 높게 계상됨을 알 수 있다.

3.3 후입선출법

후입선출법(LIFO; Last–In First–Out)은 선입선출법과는 반대로, 나중에 구입한 상품이 먼저 판매된 것으로 가정하여 매출원가와 재고자산의 가격을 결정하는 방법이다. 후입선출법에서는 상품 판매 당시의 재고자산에서 가장 최근의 원가가 매출원가에 반영된다. 따라서 지속적으로 물가가 상승하는 상황에서 후입선출법을 적용하는 경우 매출원가는 상대적으로 높게 평가되며, 기말상품재고액은 초기의 원가가 주로 반영되어 비교적 낮게 평가된다.

상품의 판매가격이 판매 당시의 현행시세를 반영한다면, 후입선출법은 최근의 원가를 중심으로 산출된 매출원가를 대응시킬 수 있다는 점에서 수익과 비용이 모두 현행가격에 가까운 대응이 이루어져 적정한 영업성과의 측정과 기업의 현금흐름을 개선하는 효과가 있게 된다. 그런데도 후입선출법은 재고자산의 물리적인 흐름과는 상반되는 개념이며, 재고자산 평가액이 공정가치와 큰 차이를 보일 수 있다는 점에서, 국제회계기준에서는 후입선출법을 사용하지 않도록 하고 있다. 앞의 선입선출법과 비교하는 차원에서 후입선출법을 적용하는 경우의 상품재고장 기록 방법을 살펴보기로 한다.

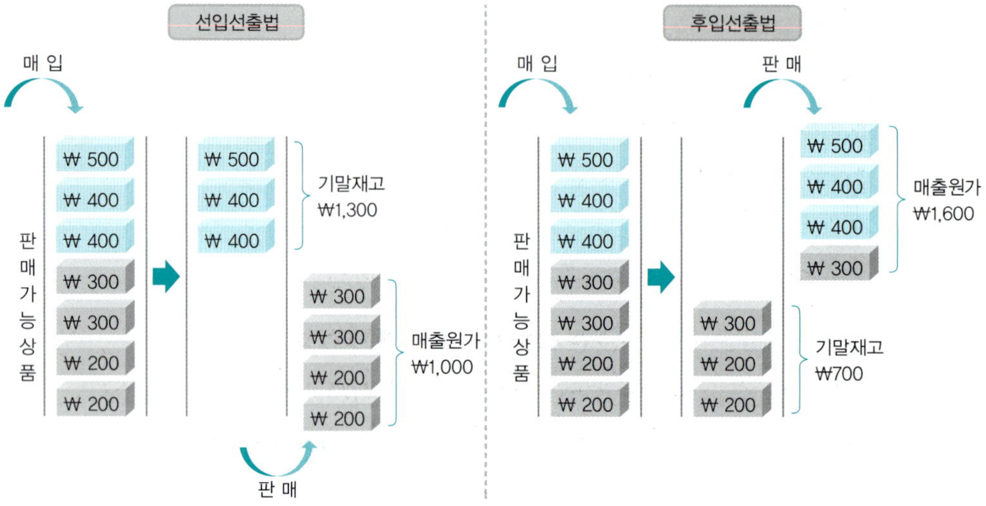

그림 5-5 선입선출법과 후입선출법의 비교

예제 5-17 후입선출법

제습기를 판매하고 있는 ㈜신라의 7월 중 매입 · 매출거래는 다음과 같다.

- 7월 1일: 전월에 판매하지 않고 남아 있는 제습기는 20대(@₩200)이다.
- 7월 3일: 제습기 10대(@₩200)를 추가로 매입하고 현금 ₩2,000을 지급하다.
- 7월 9일: 제습기 60대(@₩220)를 매입하고 현금 ₩13,200을 지급하다.
- 7월 12일: 제습기 40대를 대당 ₩400에 판매하고 대금은 현금으로 받다.
- 7월 18일: 제습기 20대(@₩250)를 추가로 매입하고 대금은 현금 지급하다.
- 7월 26일: 제습기 20대를 대당 ₩420에 판매하고 대금은 현금으로 받다.

물음

후입선출법에 의해 상품재고장을 기록하고, 7월 중 매출원가와 7월 말의 상품재고액을 표시하시오.

풀이

(1) 상품재고장의 기록 – 후입선출법

상품재고장 [상품명: 제습기] (단위: 원)

일시		적요	입고			출고			재고		
			수량	단가	금액	수량	단가	금액	수량	단가	금액
7월	1일	전월이월	20	200	4,000				20	200	4,000
	3일	매 입	10	200	2,000				30	200	6,000
	9일	매 입	60	220	13,200				30	200	6,000
									60	220	13,200
	12일	매 출				40	220	8,800	30	200	6,000
									20	220	4,400
	18일	매 입	20	250	5,000				30	200	6,000
									20	220	4,400
									20	250	5,000
	26일	매 출				20	250	5,000	30	200	6,000
									20	220	4,400
월말		(계)	110		24,200	60		13,800	50		10,400

(2) 후입선출법을 적용한 경우 7월 중 판매된 상품의 매출원가는 ₩13,800으로, 그리고 7월 말 현재의 상품재고액은 ₩10,400으로 각각 집계된다.

[예제 5-17]과 같이 인플레이션으로 인해 매입단가가 계속해서 증가하는 상황에서 후입선출법을 적용하는 경우에는 선입선출법을 적용하는 경우에 비해 매출원가는 항상 높게, 그리고 월말 상품재고액은 항상 낮게 계상됨을 알 수 있다.

이상의 단가결정 방법들(개별법, 선입선출법, 후입선출법)은 판매되는 상품의 순서에 대한 가정뿐만 아니라 기본적으로 서로 다른 단가의 상품들을 일일이 구분하여 기록해야 하는 어려움이 있다. 이는 특히 상품매매거래가 빈번하거나 매입단가가 자주 변동되는 상황에서는 실무상 회계기록을 정리하기가 매우 복잡하다. 따라서 재고자산의 입 · 출고에 어떤 원칙이나 패턴이 정해져 있지 않은 경우에는 일반적으로 **평균법** 또는 **가중평균법**(average cost method)이 실무에서는 널리 사용되고 있다. 평균법 또는 가중평균법은 상품의 재고 또는 판매 기록 시에 평균 매입단가를 적용하여 당기 매출원가와 기말 재고자산을 측정하는 방법이다. 다만 평균 매입단가를 계산하는 시점이 계속기록법의 경우와 실지재고조사법의 경우에 서로 다르므로 이를 이동평균법과 총평균법으로 구분한다.

3.4 이동평균법

이동평균법(moving average method)은 계속기록법을 적용하는 경우에 상품이 구입될 때마다 기존 재고상품과 금액을 합계하여 새로운 평균단가를 계산하고 이를 판매상품의 매출원가 계산에 적용해 나가는 방법이다. 즉 이동평균법에서는 상품을 구입할 때마다 새로 매입한 금액과 직전 재고란의 금액을 합하여 금번 매입수량과 직전 재고량의 합계수량으로 나누어 새로운 평균단가를 계산한다. 평균단가는 상품을 새로 구입할 때마다 다시 계산되게 되므로 이를 이동평균단가라고 한다.

$$\text{이동평균단가} = \frac{\text{재고란의 금액} + \text{새 매입금액}}{\text{재고란의 수량} + \text{새 매입수량}}$$

[예제 5-18]을 통해 이동평균법을 적용하는 경우의 상품재고장 기록 방법을 살펴보자.

예제 5-18 이동평균법

제습기를 판매하고 있는 ㈜신라의 7월 중 매입 · 매출거래는 다음과 같다.

- 7월 1일: 전월에 판매하지 않고 남아 있는 제습기는 20대(@₩200)이다.
- 7월 3일: 제습기 10대(@₩200)를 추가로 매입하고 현금 ₩2,000을 지급하다.
- 7월 9일: 제습기 60대(@₩220)를 매입하고 현금 ₩13,200을 지급하다.
- 7월 12일: 제습기 40대를 대당 ₩400에 판매하고 대금은 현금으로 받다.
- 7월 18일: 제습기 20대(@₩250)를 추가로 매입하고 대금은 현금 지급하다.
- 7월 26일: 제습기 20대를 대당 ₩420에 판매하고 대금은 현금으로 받다.

물음

(1) 이동평균법에 의해 상품재고장을 기록하시오.

(2) 7월 중 매출원가와 7월 말의 상품재고액을 표시하시오.

풀이

(1) 상품재고장의 기록 – 이동평균법

상품재고장 [상품명: 제습기] (단위: 원)

일시		적요	입고			출고			재고		
			수량	단가	금액	수량	단가	금액	수량	단가	금액
7월	1일	전월이월	20	200	4,000				20	200	4,000
	3일	매 입	10	200	2,000				30	200	6,000
	9일	매 입	60	220	13,200				90	213.3	19,200
	12일	매 출				40	213.3	8,533	50	213.3	10,667
	18일	매 입	20	250	5,000				70	223.8	15,667
	26일	매 출				20	223.8	4,476	50	223.8	11,191
월말		(계)	110		24,200	60		13,009	50		11,191

(2) 이동평균법을 적용한 경우 7월 중 판매된 상품의 매출원가는 ₩13,009으로, 그리고 7월 말 현재의 상품재고액은 ₩11,191으로 각각 집계된다.

3.5 총평균법

총평균법(total average method)은 실지재고조사법을 적용하는 경우에 상품이 구입될 때마다 새로운 평균단가를 계산하지 않고, 기말시점에서 전체의 평균 매입단가를 계산하여 이를 매출원가와 기말재고액의 평가에 적용하는 방법이다. 총평균법은 상품이 판매될 때마다 정확한 원가의 적용이 어려우므로, 일정 기간에 판매되는 상품에 대해 동일한 원가를 적용하기 위한 간편한 방법이다.

총평균법에서는 기말시점에서 당기의 판매 가능 재고자산의 총액(=기초재고액+당기매입액)을 당기의 판매 가능한 총수량(=기초재고량+당기매입량)으로 나누어 총평균단가를 계산한다. 그리고 이 총평균단가를 기말재고량에 곱하여 기말재고자산을 평가하고, 당기매출원가는 판매가능재고자산 총액에서 기말재고자산 평가액을 차감하여 구한다. 따라서 총평균법을 적용하면 기중에는 판매상품의 단가를 알 수 없기 때문에 실지재고조사법에서만 사용된다.

$$\text{총평균단가} = \frac{\text{기초상품 금액} + \text{당기매입액}}{\text{기초상품 수량} + \text{당기매입 수량}}$$

이제 [예제 5-19]를 통해 총평균법을 적용하는 경우의 상품재고장 기록 방법을 살펴보기로 한다.

예제 5-19 총평균법

제습기를 판매하고 있는 ㈜신라의 7월 중 매입 · 매출거래는 다음과 같다.

- 7월 1일: 전월에 판매하지 않고 남아 있는 제습기는 20대(@₩200)이다.
- 7월 3일: 제습기 10대(@₩200)를 추가로 매입하고 현금 ₩2,000을 지급하다.
- 7월 9일: 제습기 60대(@₩220)를 매입하고 현금 ₩13,200을 지급하다.
- 7월 12일: 제습기 40대를 대당 ₩400에 판매하고 대금은 현금으로 받다.
- 7월 18일: 제습기 20대(@₩250)를 추가로 매입하고 대금은 현금 지급하다.
- 7월 26일: 제습기 20대를 대당 ₩420에 판매하고 대금은 현금으로 받다.

물음

총평균법에 의해 상품재고장을 기록하고, 7월 중 매출원가와 7월 말의 상품재고액을 표시하시오.

풀이

(1) 상품재고장의 기록 – 총평균법

상품재고장 [상품명: 제습기] (단위: 원)

일시		적요	입고			출고			재고		
			수량	단가	금액	수량	단가	금액	수량	단가	금액
7월	1일	전월이월	20	200	4,000				20		
	3일	매 입	10	200	2,000				30		
	9일	매 입	60	220	13,200				90		
	12일	매 출				40			50		
	18일	매 입	20	250	5,000				70		
	26일	매 출				20			50		
월말		(계)	110	220	24,200	60	220	13,200	50	220	11,000

* 총평균단가 = 24,200 / 110 = ₩220

* 기말재고액 = 50 × 220 = ₩11,000

* 매출원가 = 24,200 – 11,000 = ₩13,200 (또는 60 × 220 = 13,200)

(2) 총평균법을 적용한 경우 7월 중 판매된 상품의 매출원가는 ₩13,200으로, 그리고 7월 말 현재의 상품재고액은 ₩11,000으로 각각 집계된다.

3.6 재고자산 기록 방법 간의 비교

지금까지 동일한 상품매매거래를 기록하는 서로 다른 방법에 대해 설명하였다. 그런데 동일한 거래내용이라 하더라도 이를 기록하는 방법에 따라 상품의 매출원가와 기말재고액이 서로 다르게 계산되는 결과를 보여주고 있다. 서로 다른 방법 간의 기록 결과의 차이를 비교해 보면 [표 5-4]와 같다.

표 5-4 재고자산 기록 방법 간의 비교

구분	선입선출법	후입선출법	이동평균법	총평균법
매출액	24,400	24,400	24,400	24,400
판매가능재고자산	24,200	24,200	24,200	24,200
(–) 기말재고자산	11,600	10,400	11,191	11,000
매출원가	12,600	13,800	13,009	13,200
매출총이익	11,800	10,600	11,391	11,200
[비교]				
매출원가	선입선출법 < 이동평균법 < 총평균법 < 후입선출법			
매출총이익	선입선출법 > 이동평균법 > 총평균법 > 후입선출법			
기말재고자산	선입선출법 > 이동평균법 > 총평균법 > 후입선출법			

[표 5-4]에서는 일반적인 물가상승이 지속되는 인플레이션 상황을 가정하고 있다. 일반적인 물가상승기에는 후입선출법과 총평균법이 선입선출법에 비해 매출원가가 더 크게 인식된다. 또한 이로 인해 매출총이익과 기말재고자산은 선입선출법의 경우가 총평균법이나 후입선출법에 비해 항상 크게 나타나고 있다. 따라서 동일한 상품 매매 상황이라 하더라도 매출총이익이나 기말상품재고액을 보다 크게 표시하고자 하는 경우에는 선입선출법이 더 선호될 수 있다.

물론 어떤 방법을 선택할지는 기업의 자율에 달려 있다. 그러나 회계기준에서는 어떤 방법을 선택하든 간에 어느 한 방법으로 결정되면 이를 매기 계속하여 적용하도록 하고 있다. 이는 회계처리 방법에 일관성을 유지해야 한다는 의미이다. 다만 기업 간의 매출원가나 기말상품재고액을 비교평가할 때에는 이러한 방법상의 차이가 존재할 수 있으므로 비교 기업들이 어떤 재고자산 기록 방법을 취하고 있는지를 반드시 확인하고 그 의미를 고려해야 한다.

4 재고자산의 평가손실과 감모손실

기말에 재고자산의 금액을 확정하기 위해서는 적용 단가를 결정하는 절차에 더하여, 재고실사를 통해 실제 재고수량을 확인하는 절차를 수행해야 한다. 기말재고자산의 가액은 **'단가 × 수량'**으로 계산되기 때문이다. 그런데 재고조사를 하다 보면 실제 재고수량이 장부상으로 남아 있어야 할 수량과 일치하지 않는 경우도 있으며, 남아 있는 재고자산 중에는 물리적인 손상이나 진부화 등으로 인해 정상적인 취득원가를 적용하기 어려운 경우도 있다.

따라서 수량이나 단가가 장부상의 수량이나 단가보다 적거나 낮은 경우에 그 차이만큼 재고자산을 감소시켜야 한다. 즉 적용단가의 경우 순실현가능가치가 취득원가보다 낮으면 그 평가차이를 **재고자산평가손실**로 인식하며, 재고수량의 경우 실제 재고수량이 장부상의 재고수량보다 적으면 그 평가차이를 **재고자산감모손실**로 인식한다. 이러한 관계는 [그림 5-6]과 같이 나타낼 수 있다.

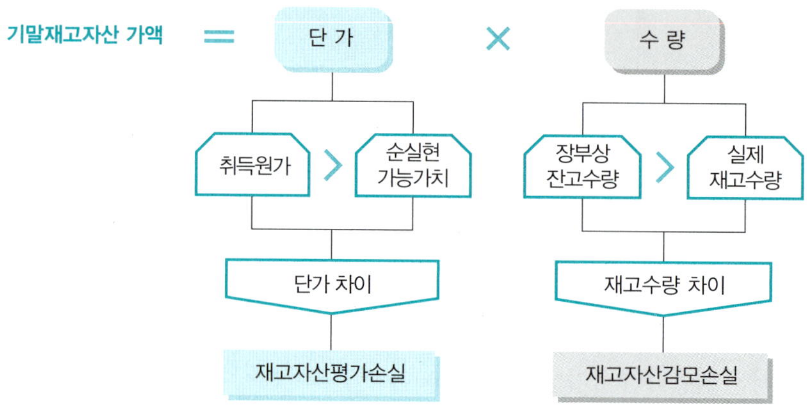

그림 5-6 재고자산의 평가손실과 감모손실

전통적으로 회계에서는 가능한 한 당기순이익이 적게 표시되도록 하는 것이 정보이용자들에게 유용하다는 판단하에, 평가액이 취득원가보다 낮은 평가손실은 인식하되 평가이익은 인식하지 않도록 하는 **보수주의**(conservatism) 개념을 적용해 오고 있다. 즉 평가를 수행할 때 수익은 가능한 한 낮게, 그리고 비용은 가능한 한 높게 계상함으로써, 기업의 재무구조를 견실하게 유지하도록 한다. 한국채택국제회계기준(K-IFRS)에서도 기말재고자산을 평가할 때 **저가기준**(lower of cost or market)을 적용하도록 하고 있다.

저가기준은 기말재고자산을 평가할 때 취득원가와 기말시점 현재의 **순실현가능가치**(net realizable value) 중 낮은 가액을 적용하도록 하는 방법이다. 여기서 순실현가능가치는 예상판매가격에서 예상판매비용을 차감한 금액을 의미한다. 이러한 저가기준 평가는 보수주의 회계의 대표적인 적용 예라고 할 수 있다.

저가기준 재고자산 = Min(취득원가, 순실현가능가치[주1])

주1 순실현가능가치 = 예상판매가격 – 예상판매비용

4.1 재고자산평가손실

재고자산을 매입할 때는 장부에 당시의 교환가격인 **취득원가**로 기록한다. 그러나 기말에 재고실사를 통해 확인된 재고자산이 물리적으로 손상되었거나 진부화되었거나, 또는 판매가격이 크게 하락한 경우 등에는 해당 재고자산은 취득원가보다 낮은 금액으로 처분될 가능성이 있다.

재고자산에 대해 기말에 평가한 **순실현가능가치**가 취득원가보다 낮은 경우에는 저가기준을 적용하여 순실현가능가치로 평가한다. 이때 취득원가와 순실현가능가치의 차이를 **재고자산평가손실**로 인식하며, 한국채택국제회계기준(K-IFRS)에 구체적인 규정은 없으나, 일반적으로 이를 원가성이 있는 것으로 보아 당기 **매출원가**에 가산한다. 동시에 이와 동일한 금액을 재고자산에서 직접 차감하는 대신 재고자산의 차감계정인 **재고자산평가충당금** 계정을 설정하여 대변에 기록한다. 여기서 재고자산평가충당금은 재고자산의 취득원가가 저가기준 평가에 의해 충당금 금액만큼 낮게 평가되고 있음을 표시하기 위한 것이다.

재고자산평가손실 = 취득원가 – 순실현가능가치

= 실제수량 × (장부상 단가 – 단위당 순실현가능가치)

(차)	재고자산평가손실[주1]	×××	(대)	재고자산평가충당금[주2]	×××

주1 매출원가에 가산

주2 재고자산의 차감계정

예를 들어, 전자제품을 판매하는 H마트에서 신개념 스마트냉장고의 출시시점에 판매목적으로 한 대당 취득원가 ₩2,000,000에 구입하여 보관하고 있는데, 얼마 지나지 않아 동일 규격에 성능이 보다 나은 냉장고가 출시되어 한 대당 ₩1,200,000에 구입할 수 있는 상황이 되었다고 하자. H마트에서는 취득원가기준에 따라 재무제표에 재고자산을 ₩2,000,000의 가액으로 표시하게 되겠지만, 정보이용자의 입장에서는 현 시세 ₩1,200,000에 비해 크게 부풀려진 금액으로 판단하게 될 것이고, 따라서 이 경우 취득원가로 기록된 정보의 유용성은 떨어지게 될 것이다.

이와 같이 냉장고의 취득원가(₩2,000,000)에 비해 순실현가능가치(₩1,200,000)가 낮은 경우, H마트는 저가기준을 적용하여 낮은 가격인 ₩1,200,000으로 평가하게 된다. 이때 취득원가와 순실현가능가치의 차이인 ₩800,000은 재고자산평가손실로 인식하여 매출원가에 포함해 계산한다. 이와 동시에 평가차이 ₩800,000만큼을 재고자산평가충당금계정 대변에 기록한다. 이에 관한 기말 수정분개는 다음과 같이 표시된다.

(차) 재고자산평가손실(매출원가)	800,000	(대) 재고자산평가충당금	800,000

저가기준 적용으로 인한 가치하락분인 재고자산평가손실은 비용으로 처리하되, 일반적으로 매출원가에 포함시킨다고 했으므로 비용계정인 매출원가의 차변에 재고자산평가손실 ₩800,000을 가산하여 기록한다. 동시에 그만큼을 재고자산에서 직접 차감하는 대신 재고자산의 차감계정인 재고자산평가충당금계정을 설정하여 대변에 기록한다.

이 경우 재무상태표와 손익계산서에는 각각 다음과 같이 표시된다.

재무상태표

유동자산		
재 고 자 산	2,000,000	
재고자산평가충당금	(800,000)	
	1,200,000	

손익계산서

매 출 액	×××××
매 출 원 가	×××××
재고자산평가손실(매출원가)	+ 800,000

재고자산의 가치하락분을 의미하는 재고자산평가충당금은 재고자산의 차감 항목이기 때문에 재무상태표의 재고자산에서 차감하는 형식으로 표시되고 있다. 한편, 실무에서는 재고자산평가충당금계정을 설정하지 않고 해당 재고자산에서 직접 차감하여 표시하되, 재무제표 주석란에 재고자산의 취득원가와 가치하락액을 상세히 공시하는 방법을 사용하기도 한다. 만일 차기에 저가 평가된 재고자산의 순실현가능가치가 전년도보다 상승한 경우, 최초의 취득원가의 범위 내에서 상승분을 환입시키되 이를 매출원가에서 차감하여 계산한다. 이와 함께 동일 금액을 재고자산평가충당금에서 차감한다. 냉장고 사례에서 차기에 해당 재고자산의 순실현가능가치가 ₩1,200,000에서 ₩1,400,000으로 회복되었다면, 회복된 가치 ₩200,000을 환입하기 위한 기말 수정분개는 다음과 같다.

(차) 재고자산평가충당금	200,000	(대) 재고자산평가충당금환입	200,000

여기서 재고자산평가충당금환입액 ₩200,000은 이익을 의미하지만, 이를 별도의 계정으로 처리하기보다는 매출원가를 감소시키는 것으로 보아 매출원가계정의 대변에 기록한다.

지금까지 우리는 재고자산이 하나의 품목으로 구성된 경우를 가정하여 설명하였다. 그런데 여러 종류의 재고자산을 보유하고 있는 경우에는 재고자산의 가치 하락이나 상승이 항목별로 서로 다를 수도 있다. 종목별이 아닌 총액을 기준으로 저가법을 적용하면, 재고자산평가손실이 상대적으로 줄어들 수 있다. 이와 관련하여 한국채택국제회계기준(K-IFRS)에서는 종목별 기준을 적용하도록 하고 있으며, 총액기준은 인정되지 않는다. 예를 들어, K회사가 A상품과 B상품의 두 가지 재고자산을 보유하고 있는데, 기말시점의 각 종목 취득원가와 순실현가능가치가 다음과 같다고 가정하자.

종목	취득원가	순실현가능가치	저가
A상품	₩3,000	₩3,300	₩3,000
B상품	7,000	6,500	6,500
합계	₩10,000	₩9,800	₩9,500

만일 K회사가 총액기준으로 기말재고자산을 평가한다면 취득원가의 합계(₩10,000)와 순실현가능가치의 합계(₩9,800)를 비교하여 낮은 금액인 ₩9,800으로 기록하게 될 것이다. 이 경우에는 재고자산평가손실은 ₩200으로 인식된다. 이에 반해 종목별 기준으로 평가하는 경우 취득원가의 합계(₩10,000)와 종목별 저가의 합계(₩9,500)를 비교하여 낮은 금액인 ₩9,500으로 기록되며, 따라서 재고자산평가손실은 ₩500으로 인식된다. 이러한 차이는 총액기준에 의할 경우 A상품에서 ₩300만큼의 재고자산평가이익이 인식되어 B상품의 재고자산평가손실과 상쇄되어 나타나기 때문이다.

여러 종류의 재고자산을 보유하고 있는 경우 저가기준을 종목별로 적용하도록 규정하고 있는데, 이는 총액기준보다 더 보수적인 종목별 기준을 적용하도록 함으로써 재고자산을 가능한 한 낮은 가액으로 기록할 수 있도록 하기 위한 것이다. 다만 재고자산의 종류가 많은 경우에는 서로 유사하거나 관련 있는 종목끼리 묶어서 조별 기준으로 평가할 수 있도록 허용하고 있다.

예제 5-20 재고자산평가손실(종목별기준과 총액기준) 회계처리

㈜신라의 기말재고자산 관련 자료는 다음과 같다.

물음 종목별기준과 총액기준에 의해 각각 기말재고자산을 평가하고 관련 수정분개를 표시하시오.

상품	장부상 재고수량	단위당 원가	예상판매가격	예상판매비(단위당)
K상품	800개	₩300	₩360	₩90
L상품	400	250	300	30
M상품	600	400	460	80

풀이

(1) 종목별기준

• 평가손실

K상품: 800개 × (₩300 − ₩270) = ₩24,000
M상품 : 600개 × (₩400 − ₩380) = 12,000
계 ₩36,000

(차) 재고자산평가손실(매출원가) 36,000 (대) 재고자산평가충당금 36,000

(2) 총액기준

• 평가손실

(원가) (800개 × ₩300) + (400개 × ₩250) + (600개 × ₩400) = ₩580,000
(시가) (800개 × ₩270) + (400개 × ₩270) + (600개 × ₩380) = 552,000
차이 ₩ 28,000

(차) 재고자산평가손실(매출원가) 28,000 (대) 재고자산평가충당금 28,000

4.2 재고자산감모손실

재고자산은 보관, 매입 또는 매출과정에서 분실, 도난, 파손, 계산상의 오류 등으로 인해 수량이 감소할 수 있다. 따라서 상품매매거래를 계속기록법에 의해 관리해오고 있는 기업이라 하더라도 기말에 재고실사를 통해서 장부상 기말재고수량과 실제 재고수량이 일치하는지를 반드시 확인해야 한다. 만일 실제 재고수량이 장부상의 재고수량보다 적은 경우, 그 수량차이로 인한 평가액을 **재고자산감모손실**로 인식한다. 동시에 동일 금액을 재고자산계정에서 차감하는 수정분개를 해야 한다.

재고자산감모손실 = (장부상 수량 − 실제수량) × 장부상 단가

그런데 회계기간 중 수많은 상품매매거래를 수행해야 하는 기업에서는 일반적으로 어느 정도의 수량부족 현상이 발생한다. 한국채택국제회계기준(K−IFRS)에 구체적인 규정은 없으나, 일반적으로 정상 수준에서의 관리체계 하에서도 불가피하게 나타나는 수량부족에 대해서는 **정상적 감모손실**로 인식하고, 이를 원가성이 있는 것으로 보아 매출원가에 포함시킨다. 그러나 이러한 정상적인 수준 이상으로 많은 수량부족 현상이 발생한 경우에는 이를 **비정상적 감모손실**로 인식하고, 원가성이 없는 것으로 보아 손익계산서의 기타비용으로 분류한다.

예를 들어, 기말재고상품의 실지조사 결과 재고수량이 40개(평가액 ₩4,000) 부족한 것으로 확인되었다고 하자. 이 중 10개 정도는 정상적인 감모손실로 간주할 수 있으나, 나머지 30개는 비정상적인 감모손실인 것으로 판단하였다면, 다음과 같이 기말 수정분개를 행해야 한다.

차변	금액	대변	금액
(차) 재고자산감모손실(매출원가)	1,000	(대) 재고자산	4,000
재고자산감모손실(기타비용)	3,000		

여기서 ₩1,000의 재고자산감모손실은 정상적인 것으로 보아 매출원가로 인식하며, ₩3,000의 재고자산감모손실은 손익계산서의 기타비용으로 기록하고 있다.

만일 기업에서 상품매매거래를 실지재고조사법에 의해 기록하고 있는 경우, 기말 실지재고조사에 의해 확인된 실제 재고수량이 기말재고수량으로 적용된다. 따라서 이 경우에는 재고자산감모손실이 모두 자동적으로 매출원가에 포함되어진다. 예컨대 회계기간 중에 실제로 10개의 상품이 도난당했다면 실사에 의한 재고수량도 10개가 부족한 수량으로 확인될 것이며, 그만큼이 판매된 상품으로 간주되어 매출원가에 포함되어 계산된다. 따라서 이 경우에는 비록 비정상적인 감모손실이 이루어졌다 하더라도 모두 정상적인 감모손실로 간주된다.

실무상으로는 실지재고조사법에 의해 상품매매거래를 기록하는 경우에도, 일반적으로 상품판매 시 매출상품의 단가는 기록하지 않더라도 판매수량만은 지속적으로 기록한다.

4.3 재고자산평가손실과 재고자산감모손실의 관계

앞의 산식에서 재고자산감모손실 수량감소분(장부상수량 − 실제수량)을 장부상의 단위원가에 곱하여 계산하며, 재고자산평가손실은 가격하락분(장부상단가 − 단위당 순실현가능가치)을 실제수량에 곱하여 계산한다고 앞서 설명했다. 따라서 재고자산감모손실과 재고자산평가

손실의 관계는 다음 [그림 5-7]과 같이 표시할 수 있다. 이는 결국 재고자산감모손실을 먼저 인식한 후에 재고자산평가손실을 인식하는 결과가 된다.

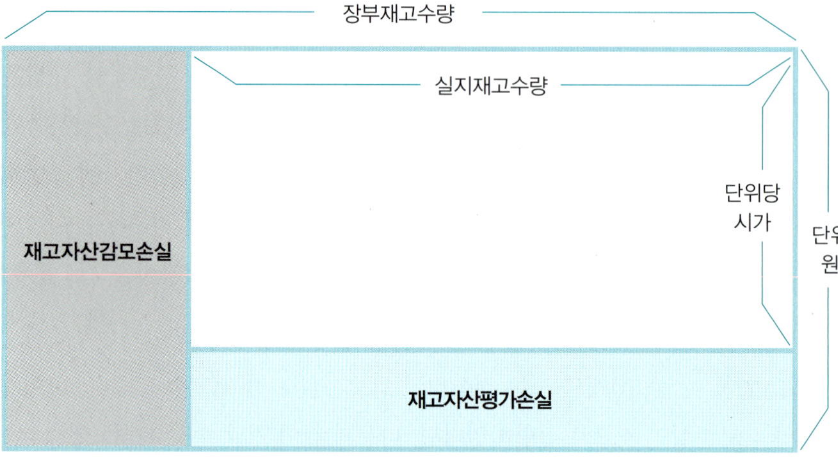

그림 5-7 재고자산감모손실과 재고자산평가손실의 관계

보론 받을어음의 권리 이전

1 받을어음의 배서양도

어음은 만기일까지 보유하다가 만기일에 어음대금을 추심하는 것이 일반적이지만, 만기일 이전에 다른 사람에게 그 권리를 양도할 수도 있다. 예컨대 비품을 매입하고 그 대금으로 내 어음을 발행하여 줄 수도 있지만, 대신 다른 사람에게서 받았던 어음을 줄 수도 이다. 이렇게 어음의 권리를 양도할 때에는 어음의 뒷면에 서명 날인해야 하는데, 이런 행위를 **배서양도**(背書讓渡)라고 한다. 어음을 배서양도하면 받을어음의 권리가 다른 사람에게 이전되므로 매출채권에서 제거해야 한다.

㈜백제가 20×1년 7월 1일에 ㈜신라로부터 상품 ₩100,000을 구입하고 그 대금으로 자신의 약속어음을 발행해 주었다면 다음과 같이 분개했을 것이다.

(차) 매　입	100,000	(대) 지급어음	100,000

만일 ㈜백제는 20×1년 7월 1일에 ㈜신라로부터 상품 ₩100,000을 구입하고, 이전에 상품 판매대금으로 받아서 보관 중이던 어음을 배서양도한 경우에는 다음과 같이 분개한다.

(차) 매　입	100,000	(대) 받을어음	100,000

어음을 배서양도하면 현금을 지급한 것과는 달리 추가로 신경 쓸 일이 있다. 어음수표법에 의하면, 배서양도자는 어음의 최종 소지인에게 어음대금이 최종 결제될 때까지 연대책임을 지게 되어 있다. 어음대금이 결제되지 못하는 상황을 부도라고 하는데, 배서어음의 부도가 발생하면 어음 배서양도자는 어음 소지인으로부터 어음대금을 청구받게 되는 상황이 발생할 수 있다. 이와 같이 미래에 어떤 사건의 전개로 인해 부채가 발생할 가능성을 **우발부채**라 하는데, 비록 재무상태표에 우발부채를 부채로 기록하지는 않지만, 이러한 상황을 적절한 방법으로 공시하여야 한다.

2 받을어음의 할인

상품을 판매하고 받은 어음을 회계처리를 할 때 받을어음으로 표기하지만, 일상에서는 흔히 상업어음 또는 진성어음이라 부르고 있다. 어음은 지급일(만기일)이 기록되어 있으므로 지급일에 가서야 비로소 현금화될 수 있다. 그래서 은행은 어음의 만기일 이전에 만기일까지의 이자(수수료)를 차감하고 받을어음을 현금으로 바꿔 주는데, 이 제도를 **어음의 할인**이라 한다. 어음의 할인도 일종의 배서양도에 속한다. 다만, 그 대상이 은행이라는 점과 만기까지의 이자를 미리 차감하고 현금화한다는 점이 다르다. 따라서 어음을 할인할 때는 할인시점까지 발생한 이자수익을 먼저 인식하고, 할인시점부터 만기까지의 기간 동안 만기금액에 대하여 할인료를 계산한다. 어음할인거래는 부채를 발생시키지 않는 자산의 이전이다.

예를 들어 ㈜백제는 20×1년 6월 1일 ㈜신라에 상품을 매출하고 3개월 만기, 이자율 12%, 액면 ₩10,000의 약속어음을 받았다. 그런데 한 달 뒤인 7월 1일에 위 어음을 금남은행에 연 15%의 이자율로 할인했다고 가정하자(단, 이자는 월할계산). 이러한 어음거래에 대한 일자별 분개는 다음과 같다.

(1) 어음을 받은 시점(6월 1일)의 분개

6/1	(차) 받을어음	10,000	(대) 매　출	10,000

(2) 어음을 할인한 시점(7월 1일)의 분개

할인료 = 만기금액 × 할인율 × 기간	
만기금액 = (액면 + 만기이자)	
= 10,000 + (10,000 × 12% × 3/12)	10,300
할인료 = (10,300 × 15% × 2/12)	(258)
현금수취액 = (10,300 − 258)	10,042
할인시점까지의 발생이자 = 10,000 × 12% × 1/12	100

7/1	(차) 미수이자	100	(대) 이자수익	100
	현　금	10,042	미수이자	100
	이자비용	58	받을어음	10,000

객관식 문제

개념의 이해

5-1 다음 중 '현금및현금성자산'으로 가장 올바르게 분류되는 항목만으로 묶인 것은?

> ㉠ 취득 당시 만기가 3개월 이내인 회사채
> ㉡ 상품 판매후 수령한 당좌수표
> ㉢ 12월 31일 현재 만기가 3개월 이내인 특정현금과 예금
> ㉣ 당좌예금

① ㉠, ㉡, ㉢, ㉣　　② ㉠, ㉡, ㉣

③ ㉠, ㉢, ㉣　　④ ㉠, ㉢

5-2 다음 중 현금에 해당하는 통화대용증권으로 볼 수 없는 것은?

① 자기앞수표　　② 수입인지

③ 타인발행수표　　④ 배당금지급통지표

5-3 재고자산에 대한 설명으로 옳은 것은?

① 기초재고자산 금액과 당기매입액이 일정할 때, 기말재고자산 금액이 과대계상될 경우 당기순이익은 과소계상된다.

② 선입선출법은 기말에 재고로 남아있는 항목은 가장 최근에 매입 또는 생산된 항목이라고 가정하는 방법이다.

③ 실지재고조사법을 적용하면 기록유지가 복잡하고 번거롭지만 특정시점의 재고자산 잔액과 그 시점까지 발생한 매출원가를 적시에 파악할 수 있는 장점이 있다.

④ 제조기업이 원재료를 투입하여 생산한 재고자산을 상품이라고 한다.

5-4 재고자산의 회계처리에 대한 설명으로 적절하지 않은 것은?

① 재고자산의 원가흐름의 가정 중 후입선출법은 인정하지 않는다.

② 재고자산의 취득원가는 매입원가, 전환원가 및 재고자산을 현재의 장소에 현재의 상태로 이르게 하는 데 발생한 기타 원가 모두를 포함한다.

③ 재고자산의 순실현가능가치가 장부가액 이하로 하락하여 발생하는 평가손실은 재고자산의 차감계정으로 표시하고 당기비용으로 인식한다.

④ 재고자산 장부수량과 실제수량의 차이에서 발생하는 감모손실과 저가법 평가손실이 동시에 발생한 경우 평가손실을 먼저 반영하고 감모손실을 인식한다.

5-5 재고자산 평가와 관련하여 가중평균법에 대한 설명으로 올바르지 않은 것은?

① 이동평균법은 계속기록법을 적용하는 경우의 가중평균법이다.

② 총평균법은 실지재고조사법을 적용하는 경우의 가중평균법이다.

③ 이동평균법을 적용하는 경우에는 재고자산 매입 시마다 새로운 단가가 산정된다.

④ 총평균법을 적용하는 경우에는 당기 중 판매 가능한 모든 재고를 대상으로 단가가 산정된다.

⑤ 일반적인 인플레이션 상황을 가정하는 경우 이동평균법으로 산정된 매출원가가 총평균법으로 산정한 매출원가보다 더 크다.

5-6 지속적인 디플레이션(물가 하락) 상태를 가정할 때, 재고자산 원가결정 방법 중 당기순이익이 많게 계상되는 방법부터 순서대로 바르게 나열한 것은?

① 후입선출법 > 이동평균법 > 선입선출법

② 선입선출법 > 이동평균법 > 후입선출법

③ 이동평균법 > 후입선출법 > 선입선출법

④ 후입선출법 > 선입선출법 > 이동평균법

5-7 ㈜백제는 회계연도 중 다른 회계처리는 적절하게 처리하였지만, 기말상품 재고액을 평가하면서 다른 장소에 보관중인 일부 재고자산을 누락하였다. 이 경우 ㈜백제의 자산, 부채, 자본, 손익에 미치는 영향을 바르게 설명하고 있는 것은?

	자산	부채	자본	당기순이익
①	과소	영향없음	과소	영향없음
②	과소	과소	영향없음	영향없음
③	영향없음	영향없음	영향없음	영향없음
④	영향없음	영향없음	과소	과소
⑤	과소	영향없음	과소	과소

5-8 ㈜신라의 당좌예금 장부상 잔액은 ₩2,000,000이며, 회사 당좌예금잔액과 거래은행의 당좌예금잔액 간의 차이내역이 다음과 같다고 할 때, 은행 당좌거래원장의 수정전 예금잔액은 얼마인가?

(1) ㈜백제가 ㈜신라에게 지급할 매입채무가 은행에 입금되었으나 ㈜신라의 장부에 기록되지 않은 금액이 ₩20,000이다.
(2) 회사가 발행했으나 아직 인출되지 않은 당좌수표금액은 ₩100,000이다.
(3) 은행이 당좌거래 수수료 ₩20,000을 부과하였으나 회사에 통보되지 않았다.
(4) 매입채무 상환을 위해 ₩30,000의 수표를 발행하였으나 거래처에 수표가 인도되지 않고 현재까지 ㈜신라가 보관하고 있다.
(5) ㈜신라는 매출채권 ₩420,000을 회수하고 이를 ₩240,000으로 기록하였다.

① ₩2,000,000 ② ₩2,090,000
③ ₩2,150,000 ④ ₩2,310,000
⑤ ₩2,500,000

5-9 ㈜백제는 재고자산의 원가흐름에 대해 가중평균법을 적용하고 있다. 아래 재고자산의 매입 및 매출 자료를 토대로 이동평균법과 총평균법을 각각 적용한 경우 매출원가의 차이는?

일자	구분	수량	매입단가	매출단가
기초		600	₩400	
2월 5일	매입	400	₩450	
8월 1일	매출	200		₩800
12월 5일	매입	200	₩600	

① ₩0 ② ₩4,000
③ ₩4,500 ④ ₩6,000
⑤ ₩6,400

5-10 ㈜백제의 기초 대손충당금 잔액은 ₩40,000이며, 당기 중 대손 확정된 금액은 ₩20,000, 대손채권 중 현금 회수된 금액은 ₩5,000이다. ㈜백제는 대손추산액을 산정하는 방법으로 연령분석법을 사용하고 있으며, 당기 말 채권에 대한 연령분석표가 다음과 같은 경우 당기 회사가 인식할 대손상각비(손상차손)는 얼마인가? (손실충당금을 대손충당금으로 표시한다.)

연령	매출채권 금액	회수예상률
3개월 이내	₩200,000	95%
9개월 이내	100,000	90%
12개월 이내	40,000	80%
12개월 초과	10,000	0%

① ₩13,000 ② ₩11,000
③ ₩12,000 ④ ₩15,000
⑤ ₩26,000

5-11 ㈜백제는 고객에게 60일을 신용기간으로 외상매출을 하고 있으며, 연령분석법을 사용하여 기대신용손실을 산정하고 있다. 20×7년 말 현재 ㈜백제는 매출채권의 기대신용손실을 산정하기 위해 다음과 같은 충당금설정률표를 작성하였다. 20×7년 말 매출채권에 대한 손실충당금(대손충당금) 대변잔액 ₩20,000이 있을 때, 결산 시 인식할 손상차손(대손상각비)은?

구분	매출채권 금액	기대신용손실률
신용기간 이내	₩1,000,000	1.0%
1일~30일	400,000	4.0%
31일~60일	200,000	20.0%
60일 이상	100,000	30.0%

① ₩66,000 ② ₩76,000
③ ₩86,000 ④ ₩96,000

5-12 ㈜백제는 신용거래에 '5/10, n/30'의 조건을 사용하고 있다. 다음의 신용거래 및 대금회수 자료의 경우에 11월 중 유입된 현금은?

- 11월 10일 신라상사에 상품 ₩200,000을 외상판매하였다.
- 11월 13일 대금의 40%가 회수되었다.
- 11월 30일 대금의 30%가 회수되었다.

① ₩165,950 ② ₩136,000
③ ₩138,250 ④ ₩168,750

5-13 ㈜백제가 당기 중 현금으로 회수한 매출채권은 ₩30,000이다. 기초매출채권 잔액이 ₩20,000이고 기말매출채권 잔액이 ₩14,000이라면, ㈜백제의 발생주의에 의한 당기매출액은 얼마인가?

① ₩20,000 ② ₩24,000
③ ₩43,000 ④ ₩30,000

5-14 ㈜백제의 20×1년 기초 대손충당금 잔액은 ₩50,000이며 당기 중 ₩36,000의 손상차손이 확정되었다. 20×1년 기말에 매출채권잔액에 대해 손상차손 검사를 행한 결과 매출채권 중 ₩28,000의 자산손상이 발생할 객관적 증거가 존재한다면, 이에 대한 기말의 적절한 회계처리는?

① (차) 대손상각비 24,000 (대) 대손충당금 24,000
② (차) 대손상각비 28,000 (대) 대손충당금 28,000
③ (차) 대손상각비 14,000 (대) 대손충당금 14,000
④ (차) 대손상각비 22,000 (대) 대손충당금 22,000

기출문제

5-1 기말재무상태표에 현금및현금성자산으로 보고될 금액은? ▸ 2022 국가직 9급

• 우표	₩4,000	• 당좌차월	₩50,000
• 당좌예금	10,000	• 타인발행수표	20,000
• 지폐와 주화	12,000	• 우편환증서	5,000
• 수입인지	8,000	• 환매채(취득당시 60일이내 환매조건)	40,000
• 보통예금	16,000		

① ₩98,000 ② ₩103,000
③ ₩116,000 ④ ₩166,000

5-2 ㈜발해는 20×1년 말 현재 다음의 항목을 보유하고 있다. 20×1년 말 현금 및 현금성자산으로 보고할 금액은? ▸ 2024 관세사

• 보관중인 현금	₩200	• 선일자수표	₩700
• 타인발행수표	600	• 당좌개설보증금	400
• 배당금지급 통지서	500	• 우편환 증서	200

① ₩800 ② ₩1,000
③ ₩1,300 ④ ₩1,500
⑤ ₩2,200

5-3 20×1년 말 ㈜백제의 올바른 당좌예금 금액을 구하기 위한 자료는 다음과 같다. ㈜백제의 입장에서 수정 전 당좌예금계정 잔액에 가산 또는 차감해야 할 금액은? ▸ 2023 감정평가사

> (1) 수정 전 잔액
> - 은행의 당좌예금잔액증명서상 금액: ₩4,000
> - ㈜백제의 당좌예금 계정원장상 금액: ₩2,100
>
> (2) 은행과 ㈜백제의 당좌예금 수정 전 잔액 차이 원인
> - 20×1년 말 현재 ㈜백제가 발행 · 기록한 수표 중 은행에서 미결제된 금액: ₩1,200
> - 20×1년도 은행이 기록한 수수료 미통지 금액: ₩100
> - 20×1년 말 받을어음 추심으로 당좌예금 계좌에 기록되었으나, ㈜백제에 미통지된 금액: ₩1,000
> - 20×1년 중 거래처로부터 받아 기록하고 추심 의뢰한 수표 중 은행으로부터 부도 통지 받은 금액: ₩200

	가산할 금액	차감할 금액
①	₩1,000	₩300
②	₩1,100	₩200
③	₩1,300	₩1,400
④	₩1,400	₩100
⑤	₩2,200	₩300

5-4 ㈜신라는 20×2년 중 ₩13,000의 매출채권을 대손처리하였고, 20×2년 말 매출채권 잔액의 5%를 기대신용손실로 추정하였다. ㈜신라의 매출채권 잔액이 다음과 같을 경우, 20×2년도에 인식할 대손상각비는? ▸ 2020 경영지도사

구분	20x1년 말	20x2년 말
매출채권	₩800,000	₩900,000
대손충당금	35,000	?

① ₩13,000 ② ₩22,000
③ ₩23,000 ④ ₩35,000
⑤ ₩45,000

5-5 ㈜신라는 모든 매출이 외상으로 발생하는 회사이다. 당기 총매출액은 ₩800,000이며, 매출채권으로부터 회수한 현금유입액은 ₩600,000이다. 다음의 당기 매출채권 관련 자료를 사용하여 ㈜신라가 인식할 당기 손상차손(대손상각비)은? ▶ 2021 국가직 9급

구분	기초	기말
매출채권	₩500,000	₩450,000
손실충당금(대손충당금)	50,000	50,000

① ₩250,000 ② ₩350,000
③ ₩450,000 ④ ₩550,000

5-6 재고자산에 관한 설명으로 옳지 않은 것은? ▶ 2023 관세사

① 재고자산은 정상적인 영업활동을 통하여 판매할 목적으로 보유하는 자산이라는 점에서 사용할 목적으로 보유하는 유형자산과는 구별된다.
② 선입선출법, 평균법 등의 평가방법은 실제 물량흐름과 상관없이 일정한 가정을 전제로 정의된 것이다.
③ 재고자산의 취득원가는 매입가격 이외에도 재고자산을 현재의 상태에 이르기까지 소요된 부대비용을 포함하여 인식한다.
④ 기업이 선택한 방법에 의하여 측정한 재고자산의 원가보다 순실현가치가 낮은 경우 저가법을 선택한 경우에 한하여 재고자산평가손실을 계상할 수 있다.
⑤ 수입한 재고자산의 취득원가에는 수입관세(과세당국으로부터 추후 환급받을 수 있는 금액은 제외)가 포함된다.

5-7 ㈜발해의 20×1년 재고자산 관련 자료는 다음과 같다. 선입선출법과 평균법 간의 기말재고자산 금액 차이는? (단, 실지재고조사법을 적용하고, 재고자산감모손실과 평가손실은 없다.) ▶ 2022 관세사

일자	내역	수량(개)	매입단가(₩)
1월 1일	기초재고	300	150
3월 3일	매입	450	165
5월 6일	매출	600	
9월 3일	매입	300	180
12월 5일	매출	300	

① ₩0 ② ₩1,125
③ ₩2,250 ④ ₩3,375
⑤ ₩4,500

5-8 동일한 규격의 상품을 판매하는 ㈜발해의 1월 중 재고자산에 대한 거래내역은 다음과 같다. 선입선출법에 의한 ㈜발해의 1월 매출총이익은? (단, 재고자산감모손실과 평가손실은 없다.) ▶ 2024 관세사

일자	내역	수량(개)	매입단가(₩)	단위당 판매 가격(₩)
1일	재고	150	300	
3일	매입	200	350	
8일	매출	180		600
15일	매입	350	400	
26일	매출	250		600

① ₩111,000 ② ₩129,000
③ ₩155,643 ④ ₩165,000
⑤ ₩94,000

5-9 ㈜고구려는 재고자산을 관리하기 위하여 계속기록법과 평균법을 적용하고 있으며, 기말재고자산의 장부수량과 실지재고수량은 일치한다. 다음은 ㈜고구려의 20×1년 매입과 매출에 관한 자료이다. ▸ 2022 KICPA

일자	적요	수량(개)	매입단가(₩)
1월 1일	기초재고	100	300
5월 1일	매입	200	400
6월 1일	매입	200	300
9월 1일	매입	100	200
12월 15일	매입	100	200
8월 1일	매출	200	600
10월 1일	매출	200	500

20×1년 기말재고자산의 단위당 순실현가능가치가 ₩200인 경우 ㈜고구려가 20×1년 말에 인식할 재고자산평가손실액은 얼마인가? 단, 기초재고자산과 관련된 평가충당금은 없다.

① ₩21,000　② ₩24,000
③ ₩27,000　④ ₩30,000
⑤ ₩33,000

5-10 다음은 도 · 소매 기업인 ㈜신라의 상품과 관련된 자료이다. 정상적 원인에 의한 재고감모손실은 매출원가로, 비정상적 감모손실은 기타비용으로 보고하는 경우 ㈜신라가 당기에 인식해야 할 매출원가는? (단, 재고감모손실의 30%는 비정상적 원인, 나머지는 정상적 원인에 의해 발생되었다.)

▸ 2020 국가직 9급

- 기초상품재고액　₩100,000
- 당기상품매입액　₩900,000
- 기말상품재고액(장부금액)　₩220,000
- 기말상품재고액(실사금액)　₩200,000

① ₩766,000　② ₩786,000
③ ₩794,000　④ ₩800,000

5-11 ㈜신라의 20×1년 12월 31일 재고자산 관련 자료는 다음과 같다.

• 장부상 재고수량	5,000개
• 실지재고 조사수량	4,500개
• 재고자산 단위당 취득원가	₩500/개
• 재고자산 단위당 순실현가능가치	₩350/개

㈜신라가 20×1년 12월 31일에 인식해야 할 재고자산감모손실과 재고자산평가손실을 바르게 연결한 것은? ▸ 2022 국가직 9급

	재고자산감모손실	재고자산평가손실
①	₩175,000	₩175,000
②	₩175,000	₩750,000
③	₩250,000	₩675,000
④	₩250,000	₩750,000

5-12 ㈜신라의 20×1년 말 재고자산(상품) 관련 자료는 다음과 같다.

▸ 2024 지방직 9급

• 장부상 재고수량	1,100개
• 실지재고 조사수량	1,000개
• 재고자산감모손실	₩50,000
• 재고자산평가손실	₩40,000

㈜신라의 20×1년 말 재고자산(상품)의 단위당 순실현가능가치는?

① ₩40 ② ₩460

③ ₩500 ④ ₩540

연습문제

5-1 [은행계정조정표1]

㈜백제의 20×1년 7월 31일자 은행잔액증명서의 잔액은 ₩188,000으로 기업장부의 잔액 ₩203,000과 일치하지 않았다. 그 원인은 다음과 같았다.

① 회사가 거래처로부터 받아서 은행에 예금했던 수표 ₩26,000이 부도처리되었다.

② 회사가 거래처에 발행한 수표 ₩46,000이 아직 은행에서 인출되지 않았다.

③ 회사는 입금으로 처리한 예금 ₩34,000이 은행에서 아직 입금처리되지 않았다.

④ 당좌차월에 대하여 은행이 인출한 이자 ₩1,000이 있었다.

요구사항

(1) 올바른 은행계정조정표를 작성하시오.

(2) 은행계정조정에 따라 ㈜백제가 행하여야 할 분개를 수행하시오.

5-2 [현금과부족]

다음 일련의 거래를 분개하시오.

(1) 현금의 실제잔액이 현금계정잔액보다 ₩400,000 부족함을 발견했다.

(2) 위 부족액 중 ₩300,000은 이자를 수입한 것을 이중으로 기록했기 때문인 것으로 밝혀졌다.

(3) 결산일 현재 나머지 현금부족액은 원인이 밝혀지지 않았다.

5-3 [현금과부족]

다음 일련의 거래를 분개하시오.

(1) 현금의 실제잔액이 현금계정잔액보다 ₩400,000 더 많은 것을 발견하였다.

(2) 위 금액 중 ₩300,000은 이자를 지급한 것을 이중 기록하였기 때문인 것으로 밝혀졌다.

(3) 위의 현금과부족 총 잔액에 대하여 결산일까지 원인이 밝혀지지 않았다. 또한 결산일에 현금의 실제잔액이 현금계정잔액보다 ₩30,000이 많은 것을 발견하였다.

5-4 [은행계정조정표2]

다음은 20×5년 4월에 발생한 거래와 관련된 정보이다.

4월 30일자 은행장부상 당좌예금잔액	₩160,000
4월 중 은행수수료	300
4월 30일자 기업장부상 당좌예금잔액	185,000
4월 30일 현재 은행미기록예금	34,000
매출채권회수 – 미통지입금	24,000
회수된 매출채권에서 발생한 이자수익	700
회수된 매출채권에 대한 은행수수료	400
4월 30일 현재 미인출수표	15,000

요구사항

위 자료를 이용하여 20×5년 4월 30일자로 은행계정조정표를 작성하고 필요한 분개를 하시오.

5-5 [충당금설정법1]

사업을 개시한 첫해인 20×1년에 상품 ₩4,500,000을 외상으로 판매하였으며, 20×1년 12월 31일에 매출채권잔액은 ₩700,000이었다. 신용담당자가 매출채권 손상여부를 평가한 결과 기말 매출채권잔액의 회수가능가액은 ₩680,000으로 평가되었다.

요구사항

(1) 20×1년 12월 31일에 수행해야 할 대손회계처리를 하시오.

(2) 20×1년 12월 31일 현재 매출채권 외에 현금 ₩200,000, 재고자산 ₩300,000, 선급비용 ₩50,000이 있다고 가정하고 재무상태표의 유동자산 부분을 어떻게 보고하여야 하는가를 제시하시오.

5-6 [충당금설정법2]

㈜백제는 20×1년 12월 31일 현재 매출채권 ₩600,000과 대손충당금 ₩20,000을 기록하고 있다. 20×2년 4월 10일에 ㈜신라에 대한 매출채권 ₩14,000의 대손이 확정되었다.

요구사항

(1) ㈜백제가 20×2년 4월 10일에 기록할 대손처리를 하시오.

(2) ㈜신라에 대한 매출채권의 대손처리 전과 대손처리 후의 매출채권의 장부금액은 얼마인가?

(3) 이미 대손처리한 ㈜신라에 대한 매출채권 회수 노력을 끈질기게 한 결과 그 중 ₩4,000을 20×2년 8월 15일에 회수하는 데 성공하고 나머지는 포기하기로 하였다면 ㈜백제가 20×2년 8월 15일에 회수한 금액에 대하여 어떻게 회계처리하여야 하는가?

5-7 [매입할인]

다음 일련의 거래를 분개하시오.

(1) 송장가격 ₩2,000,000의 상품을 2/10, n/30의 현금할인 조건으로 외상으로 매입하였다.

(2) 외상대금 중 50%를 7일 만에 현금으로 상환하였다.

(3) 나머지 외상대금 전부를 25일 만에 현금으로 상환하였다.

5-8 [매출할인]

다음 일련의 거래를 A사의 입장에서 분개하시오.

(1) 2월 20일 A사는 B사에게 송장가격 ₩2,000,000의 상품을 2/10, n/30의 현금할인 조건으로 외상매출하였다.

(2) 2월 27일 A사는 위의 외상대금 중 40%를 현금으로 회수하였다.

(3) 3월 5일 A사는 위의 외상대금잔금 60%를 현금으로 회수하였다.

5-9 [대손충당금]

다음 일련의 거래를 분개하시오.

(1) 기말에 매출채권계정의 잔액 ₩1,000,000에 대하여 3%의 대손충당금을 설정하였다. 설정전 남아 있는 대손충당금 잔액은 ₩10,000이었다.

(2) 거래처의 파산으로 인하여 매출채권 중 ₩40,000이 대손으로 확정되었다.

(3) 대손으로 확정 처리했던 위의 매출채권 ₩40,000을 전액 현금으로 회수하였다.

5-10 [매출채권과 대손충당금]

다음의 자료를 이용하여 당기 매출액을 구하시오. 매출은 전액 외상매출이다.

구분	기초	기말
매출채권	₩850,000	₩955,000
대손충당금	₩34,000	₩40,000

- 손익계산서의 대손상각비: ₩38,000
- 매출채권의 현금 회수액: ₩650,000

5-11 [재고자산 취득원가]

무역회사인 ㈜신라는 K상품 50개를 ₩3,500,000에 수입하였다. 이 상품의 수입과 관련하여 수입처로부터 매입할인 명목으로 ₩80,000을 돌려받았으나, 상품의 특별 배송을 위해 추가로 운송료 ₩90,000과 보험료 ₩54,000을 ㈜신라가 부담하여 지급하였다.

요구사항 ㈜백제가 K상품의 취득원가는 얼마인가?

5-12 [상품 매입과 매출 시의 부대비용]

㈜신라는 수입품 K상품 40개(원가 ₩2,000,000)를 백제상회에 판매하고 그 대금으로 현금 ₩3,700,000을 받았다. K상품 판매와 관련하여 운송비 ₩7,000은 판매자가 부담하기로 하였으며, 운송비는 아직 지급하지 않았다. 각 회사는 계속기록법을 적용한다.

요구사항

(1) 판매자인 ㈜신라의 회계처리를 기록하고, 위 거래와 관련하여 매출총이익과 당기순이익에 미치는 영향을 구하시오.

(2) 구매자인 백제상회의 회계처리를 기록하시오.

5-13 [매입과 재고자산]

㈜백제는 실지재고조사법에 의해 기말재고수량을 파악하고 원가흐름에 대한 가정으로 선입선출법을 적용한다. 20×1년 재고자산과 관련된 자료는 다음과 같다.

㈜백제의 20×1년 판매량은 600개이며, 단위당 판매가격은 ₩22이다.

20×1년 재고자산과 관련한 회계처리를 하고, 매출총이익을 계산하시오.

거래	수량(개)	단가(₩)	총액(₩)
기초재고	200	11	2,200
5월 6일 매입	500	14	7,000
9월 15일 매입	100	16	1,600
합계	800	합계	10,800

5-14 [상품재고장 기록 방법]

안경렌즈를 전문으로 판매하는 대리점을 운영하고 있는 신라상사의 5월 중 매입 · 매출거래는 다음과 같다.

① 5월 2일 2월 말 현재 창고에 남아 있는 에어컨은 13대(@₩500)이다.

② 5월 4일 에어컨 8대를 대당 ₩800에 판매하고 대금은 현금으로 받다.

③ 5월 8일 에어컨 20대(@₩530)를 매입하고 대금은 외상으로 하다.

④ 5월 15일 에어컨 15대를 대당 ₩820에 판매하고 대금은 현금으로 받다.

⑤ 5월 20일 에어컨 10대(@₩550)를 추가로 매입하고 대금은 현금으로 지급하다.

⑥ 5월 25일 에어컨 12대를 대당 ₩850에 판매하고 대금은 외상으로 하다.

요구사항

(1) 상품재고장을 선입선출법에 의해 기록하는 경우, 5월 중 매출원가와 5월 말의 상품재고액은 각각 얼마인가?

(2) 상품재고장을 후입선출법에 의해 기록하는 경우, 5월 중 매출원가와 5월 말의 상품재고액은 각각 얼마인가?

(3) 상품재고장을 이동평균법에 의해 기록하는 경우, 5월 중 매출원가와 5월 말의 상품재고액은 각각 얼마인가?

(4) 상품재고장을 총평균법에 의해 기록하는 경우, 5월 중 매출원가와 5월 말의 상품재고액은 각각 얼마인가?

(5) 위의 각 상품재고장 기록 방법 간에 결과적으로 계산되는 매출원가의 크기를 비교해 보시오.

5-15 [상품매매거래의 분개]

㈜백제는 ㈜신라와 다음과 같은 상품 매매거래를 수행하였다.

① 8월 2일 ㈜신라에 상품 ₩900,000을 외상으로 판매하였다.

② 8월 5일 ㈜신라로부터 판매상품의 하자를 이유로 상품 ₩40,000을 환입 받았다.

③ 8월 7일 ㈜신라의 추가적인 상품 하자 항의에 대금 중 ₩20,000을 감해주기로 했다.

요구사항 다음 거래를 실지재고조사법에 따라 회계처리한다고 가정하시오.

(1) 판매기업인 ㈜백제의 입장에서 각 거래를 분개하시오.

(2) 구매기업인 ㈜신라의 입장에서 각 거래를 분개하시오.

5-16 [상품매매이익의 계산]

㈜백제, ㈜신라, ㈜고구려의 상품 매매활동 관련 자료는 다음과 같다.

항목	㈜백제	㈜신라	㈜고구려
총매출액	₩274,000	₩44,000	(⑦)
매출에누리와 환입	10,000	(④)	₩ 12,000
순매출액	(①)	37,000	188,000
기초재고	88,000	7,000	(⑧)
매　입	(②)	44,000	200,000
매입에누리와 환출	16,000	3,000	20,000
기말재고	60,000	(⑤)	100,000
매출원가	(③)	32,000	(⑨)
매출총이익	48,000	(⑥)	44,000

요구사항 위 표의 빈칸을 채우고, 각각 계산근거를 제시하시오.

5-17 [매출원가와 매출총이익]

㈜백제는 실지재고조사법을 이용하여 상품 매매거래를 기록하고 있으며, 20×6년 중에 일어난 상품 관련 거래는 다음과 같다.

매　입	₩610,000	매입에누리와 환출	₩15,000
매입운임	8,000	매입할인	12,000
매　출	900,000	기초재고	60,000
기말재고	80,000	매출할인	10,000

요구사항

(1) ㈜백제의 순매입액은 얼마인가?

(2) ㈜백제의 매출원가는 얼마인가?

(3) ㈜백제의 매출총이익은 얼마인가?

5-18 [매출할인의 분개]

7월 5일 ㈜백제는 ㈜신라에게 '2/15, n/45'의 조건으로 ₩800,000의 상품을 외상으로 판매하였다. 그런데 7월 7일 판매된 상품에 일부 하자가 발견되어 대금 중 ₩40,000을 에누리해주기로 합의하였다.

요구사항 다음 일시에 ㈜백제와 ㈜신라의 분개를 각각 표시하시오.

(1) 7월 5일 (판매일)

(2) 7월 7일 (에누리 결정일)

(3) 7월 18일에 외상대금이 지급되었다고 가정하는 경우

(4) 8월 15일에 외상대금이 지급되었다고 가정하는 경우

5-19 [상품매매거래의 분개]

다음은 ㈜백제와 ㈜신라 간의 9월 중 상품매매거래이다.

① 9월 5일 ㈜신라는 ㈜백제으로부터 A상품 ₩650,000을 외상구입하고, 구매자가 부담하기로 한 운임 ₩20,000을 별도로 현금 지급하였다.

② 9월 10일 ㈜백제는 ㈜신라가 판매하고 있는 B상품 ₩300,000을 외상으로 구입하였다. 다만 운임 ₩5,000은 판매자가 부담하기로 하고 현금으로 지급되었다.

③ 9월 12일 ㈜신라는 위 ①의 A상품 대금을 현금으로 지급하였다.

④ 9월 16일 ㈜백제는 위 ②의 구매상품 대금을 현금으로 지급하였다.

요구사항 다음 거래를 실지재고조사법에 따라 회계처리한다고 가정하시오.

(1) ㈜백제의 입장에서 위의 일련의 거래를 분개하시오.

(2) ㈜신라의 입장에서 위의 일련의 거래를 분개하시오.

5-20 [기말재고자산의 종목별 평가]

12월 31일 기말시점 현재 ㈜백제의 재고자산 관련 자료는 다음과 같다.

상품	장부상 재고수량	단위당 원가	예상판매가격	예상판매비(단위당)
A	500개	₩5,000	₩6,000	₩1,200
B	400개	7,000	8,000	1,500
C	300개	3,500	4,000	250

요구사항

(1) 종목별기준에 의해 기말재고자산 금액을 평가하고 관련된 분개를 행하시오.

(2) 총액기준에 의해 기말재고자산 금액을 평가하고 관련된 분개를 행하시오.

(3) 장부상에 기록해야 할 재고자산평가손실은 얼마인가?

5-21 [기말재고자산의 감모손실]

12월 31일 기말시점에 ㈜신라는 기말재고상품에 대한 재고실사를 수행한 결과 재고수량이 장부상의 수량에 비해 100개(평가액 ₩1,000,000) 부족한 것으로 확인되었다. 이 중 30개는 정상적인 부족분으로, 나머지 70개는 비정상적인 부족분으로 판단하였다.

요구사항 기말재고자산 실사와 관련된 수정분개를 행하시오.

CHAPTER 06

금융자산의 회계처리

학습 목표

본 장에서는 기업이 보유하는 다양한 금융자산의 개념과 종류를 이해한 후, 지분상품과 채무상품을 중심으로 하여 재무제표에 어떻게 분류하여 평가하는지를 학습한다. 금융자산은 최초 인식 시 분류가 중요하기 때문에 계약상 현금흐름과 사업모형에 대한 이해가 중요하다. 그리고 취득시점 이후에는 금융자산을 공정가치 또는 상각후원가로 측정하는 차이를 비교하여 익힌다. 이를 통해 금융자산과 관련된 회계정보가 왜 중요한지 인식하고, 재무제표의 자본에는 어떻게 표시되는지 이해한다.

SECTION 01

금융자산의 의의와 구분

국제회계기준에서는 **금융자산**(financial assets)을 현금 및 현금성자산, 다른 기업의 지분이나 채권, 또는 거래상대방으로부터 다른 금융자산을 수취할 수 있는 계약상의 권리(예: 매출채권, 미수금, 대여금) 등으로 정의하고 있다. 현금 및 현금성자산과 수취채권에 대해서는 제5장에서 학습하였으며, 본 장에서는 유가증권(주식, 채권)을 중심으로 학습한다.

기업에 일시적으로 여유자금이 생겼을 때 이를 어떻게 활용하는 것이 좋을까? 하나의 방법으로, 여유자금을 가지고 건물이나 토지 등 부동산에 투자하는 방안을 생각할 수 있다. 그러나 이 경우 자금이 필요한 시점에 보유 중인 부동산이 바로 팔리지 않으면 자금 운용에 어려움을 겪을 수 있다. 자금의 유동성을 우선으로 고려한다면 은행에 단기적으로 예금해두는 것이 좋겠지만, 저금리 시대의 낮은 수익률의 예금 또한 매력적인 대안은 아니다. 이러한 경우에 생각할 수 있는 또 다른 대안은 증권시장에서 주식이나 채권를 매입해두는 것이다. 주식이나 채권를 매입해두면 보유기간 동안 배당금수익 또는 이자수익을 얻으면서, 자금이 필요한 시점에는 증권시장에 매도하여 쉽게 현금화할 수 있다. 이러한 이유로 많은 기업에서 여유자금을 운용할 때 이 방법을 사용하기도 한다. 이제 유가증권을 중심으로 금융자산이 무엇인지, 그 종류와 회계처리 방법은 어떻게 되는지에 대해 좀 더 자세히 살펴보자.

주식이나 채권과 같은 재산적 권리를 표시하는 증권이나 증서를 **유가증권**(securities)이라고 한다. 흔히 기업에서는 여유자금을 활용하여 단기적인 투자수익을 얻을 목적으로 유가증권에 투자하기도 한다. 그러나 경우에 따라서는 특정 기업을 지배하거나 통제하기 위한 목적, 또는 경영권을 확보할 목적으로 주식에 투자하기도 한다. 유가증권은 크게 지분상품과 채무상품으로 구분된다. **지분상품**은 기업의 자산에서 모든 부채를 차감한 후의 잔여지분에 대한 투자로서 보통주, 우선주 등의 주식과 소유지분을 취득할 수 있는 권리를 나타내는 신주인수권, 주식매입선택권 등이 있다. **채무상품**은 거래상대방에게 현금 등 금융자산을 수취하기로 한 계약상 권리를 가진다. 채무상품의 대표적인 종류는 국가가 발행하는 국채, 국가나 지방공공단체가 발행하는 공채, 그리고 일반기업에서 발행하는 회사채(사채) 등이 있다. 이 외에도 상법에서는 어음이나 수표 등도 유가증권으로 포함하고 있지만, 기업회계에서는 어음과 수표를 유가증권으로 분류하지 않는다.

금융자산의 성격에 따라 유가증권을 지분상품(주식)과 채무상품(채권)으로 구분하지만, 회계상으로는 해당 유가증권의 보유 목적에 따라 상각후원가측정금융자산, 기타포괄손익-공정가치측정금융자산, 당기손익-공정가치측정금융자산, 관계기업투자주식 등으로 구분하고 있다.

표 6-1 유가증권의 구분

분류	채무상품	지분상품
AC금융자산	계약상 현금흐름(원리금) 수취 목적	해당 없음
FVOCI금융자산	계약상 현금흐름(원리금) 수취와 매도 목적	단기매매 이외 목적 + 선택시
FVPL금융자산	단기매매 목적 등	원칙
관계기업투자주식	해당 없음	유의한 영향력(의결권 20% 이상)

먼저 계약상 현금흐름 특성과 사업모형에 따라 [표 6-1]과 같이 분류할 수 있다.

계약상 현금흐름 특성은 원금과 이자의 지급만으로 구성되어 있는지로 구분한다. 지분상품(주식)의 경우 사전적으로 정해진 현금흐름(원금과 이자)이 없으므로 이 특성에 해당하지 않는다. 다음으로 **사업모형**은 현금흐름을 창출하기 위해 금융자산을 관리하는 방식(계약상 현금흐름의 수취 또는 금융자산의 매도)을 말한다.

앞에서 서술한 계약상 현금흐름 특성과 사업모형에 따라 금융자산을 ① 상각후원가측정금융자산, ② 기타포괄손익-공정가치측정금융자산, ③ 당기손익-공정가치측정금융자산으로 분류하고 측정한다. 그리고 일반적으로 피투자회사에 대한 의결권이 20% 이상을 소유할 경우 관계기업투자주식으로 분류한다.

- **상각후원가측정금융자산**(Financial Assets measured at Amortized Cost; 이하 AC금융자산): 계약상 현금흐름인 원금과 이자(원리금)만을 수취하기 위한 목적으로 보유하는 금융자산을 말한다. 따라서 유가증권 중에서도 현금흐름이 원금과 이자로 구성되는 채무상품만 AC금융자산으로 분류될 수 있으며, 지분상품은 분류될 수 없다. AC금융자산은 보유기간 동안 계약상 수취하는 현금흐름(원금과 이자)에 주된 관심이 있으므로 최초 취득 시 공정가치로 측정하고 이후 보유기간 동안 공정가치로 평가하지 않는다.
- **기타포괄손익-공정가치측정금융자산**(Financial Assets measured at Fair Value through Other Comprehensive Income; 이하 FVOCI금융자산): 계약상 현금흐름인 원리금 수취와 금융자산의 매도라는 두 가지 목적을 모두 달성하기 위해 보유하는 금융자산을 말한다. FVOCI금융자산은 최초 취득할 때뿐만 아니라 이후 보유기간 동안 후속측정 시 공

정가치로 평가한다. 지분상품의 경우 현금흐름이 원금과 이자로 구성되지 않지만, 단기매매 이외의 목적으로 취득하고, 기업이 선택한 경우 FVOCI금융자산으로 분류할 수 있다.

- **당기손익-공정가치측정금융자산**(Financial Asset measured at Fair Value through Profit or Loss; 이하 FVPL금융자산): AC금융자산이나 FVOCI금융자산으로 분류되지 않는 경우로 주로 단기간에 매각이나 재매입을 통해 매매차익을 얻을 목적으로 취득한 금융자산을 말한다.

- **관계기업투자주식**: 기업이 다른 기업의 주식을 취득할 때, 그 목적은 단순히 투자수익을 얻는 데에만 있지 않다. 오히려 다른 기업을 지배하고 통제할 목적도 있다. 이때 다른 기업을 지배 · 통제하기 위해서는 상당히 많은 양의 주식을 보유해야 한다. 일반적으로 어떤 기업(모기업)이 다른 기업(자기업)의 의결권주식 20% 이상을 직접적으로, 혹은 종속기업을 통하여 간접적으로 소유하면 유의적인 영향력을 가진 것으로 본다. 이때 다른 기업(자기업)을 **관계기업**이라고 한다. 그러므로 기업이 다른 기업의 의결권주식의 20% 이상을 소유하면 그런 주식을 관계기업투자주식으로 분류한다.

SECTION 02 당기손익 –공정가치측정금융자산

앞에서 서술하였듯이, AC금융자산이나 FVOCI금융자산으로 분류되는 경우가 아니면 당기손익–공정가치측정금융자산(FVPL금융자산)으로 분류한다. 금융자산은 계약상 현금흐름의 특성과 사업모형(수취목적, 매도목적 등)에 따라 분류하기 때문에, 현금흐름이 원금과 이자로 구성되는 채무상품과 기타의 현금흐름으로 구성되는 지분상품으로 구분할 수 있다.

지분상품은 원칙적으로 FVPL금융자산으로 분류한다. 다만 단기매매 이외 목적으로 취득하여, 후속적인 공정가치 변동을 기타포괄손익으로 선택한 경우 FVOCI금융자산으로 분류할 수 있다. 이때 한번 선택하면 이를 취소할 수 없다.

채무상품 또한 단기매매 목적과 같이 ① 원리금수취를 목적(AC금융자산)으로 하지 않고, ② 원리금수취와 매매 둘 다를 목적(FVOCI금융자산)으로 하지 않는 경우 FVPL금융자산으로 분류한다. 이 책에서는 지분상품(주식)을 중심으로 FVPL금융자산과 FVOCI금융자산 회계처리를 주로 설명한다.

FVPL금융자산을 최초 취득할 때 공정가치로 측정한다. 이때 중개수수료, 감독기구와 증권거래소의 부과금 등 취득과 관련된 거래원가(transaction cost)는 취득원가에 가산하지 않고 당기비용으로 기록한다. 후술하는 AC금융자산과 FVPL금융자산의 경우 거래원가를 취득원가에 가산한다는 점에서 차이가 있다.

(1) 최초로 취득한 경우

㈜백제는 20×1년 11월 1일에 유가증권시장에 상장된 ㈜신라의 보통주 100주를 주당 ₩1,000에 취득하고 거래수수료 ₩2,000을 포함하여 ₩102,000을 현금으로 지급하였다. ㈜신라의 보통주는 FVPL금융자산으로 분류하였다.

(차) FVPL금융자산	100,000	(대) 현 금	102,000
수 수 료 비 용	2,000[주1]		

주1 당기손익

최초 취득 이후 보유기간 중에도 공정가치로 평가되는데, 이때 발생하는 공정가치의 변동분은 FVPL금융자산이라는 자산의 증가 또는 감소로 기록되며, 동시에 FVPL금융자산평가이익 또는 손실 항목으로 기록되어 당기손익 계산에 포함된다. 즉, 공정가치 변동에 따른 FVPL금융자산평가손익은 당기손익 계산에 영향을 미치는 요소이다.

(2) 공정가치가 상승한 경우

결산일인 20×1년 12월 31일 현재의 ㈜신라의 주가는 주당 ₩1,200이다(취득 시 주당 ₩1,000).

(차) FVPL금융자산	20,000	(대) FVPL금융자산평가이익	20,000[주1]

주1 당기손익

(3) 공정가치가 하락한 경우

결산일인 20×1년 12월 31일 현재의 ㈜신라의 주가는 주당 ₩800이다(취득 시 주당 ₩1,000).

(차) FVPL금융자산평가손실	20,000[주1]	(대) FVPL금융자산	20,000

주1 당기손익

만일 FVPL금융자산을 보유하는 기간에 이 증권에 대하여 현금배당을 받았다면, 이를 배당금수익으로 기록한다. 이때 배당금수익은 당기순이익을 증가시키는 요소이다.

20×2년 3월 2일에 ㈜신라로부터 주당 ₩50의 현금배당을 받았다.

(차) 현금	5,000	(대) 배당금수익	5,000[주1]

주1 당기손익

FVPL금융자산을 처분할 때는 처분대가와 장부금액과의 차액을 처분손익으로 기록하고 당기손익으로 처리한다. 예를 들어 20×2년 4월 1일에 ㈜신라의 주식 전부를 팔고 수수료 ₩3,000을 제외한 ₩130,000을 현금으로 받았다고 가정하면, 다음과 같이 처리한다.

(4) 보유기간 중 공정가치가 상승한 경우

FVPL금융자산은 취득할 때 ₩100,000에 매입하였지만, 보유기간에 주가가 상승하여 장부가액이 ₩140,000으로 변경되어 있었다.

(차) 현 금	130,000	(대) FVPL금융자산	140,000
FVPL금융자산처분손실	10,000[주1]		

주1 당기손익

(5) 보유기간 중 공정가치가 하락한 경우

FVPL금융자산은 취득할 때 ₩100,000에 매입하였지만, 보유기간에 주가가 하락하여 장부가액이 ₩80,000으로 변경되어 있었다.

(차) 현 금	130,000	(대) FVPL금융자산	80,000
		FVPL금융자산처분이익	50,000[주1]

주1 당기손익

SECTION

03 상각후원가측정금융자산

상각후원가측정금융자산(AC금융자산)은 다음 두 가지 조건을 모두 충족하는 상품을 말한다.

(1) 계약상 현금흐름을 수취하기 위해 보유하는 것이 목적인 사업모형 아래에서 금융자산을 보유한다.

(2) 금융자산의 계약 조건에 따라 특정일에 원금과 원금잔액에 대한 이자 지급만으로 구성된 현금흐름이 발생한다.

위 조건과 같이 AC금융자산은 보유기간 동안 계약상 현금흐름인 원금과 이자를 수취하는 것이 목적이므로 최초 취득 이후 보유기간에 공정가치로 평가하지 않고, 유효이자율법에 따라 상각후원가로 금융자산을 평가한다. 즉, 중도처분을 통한 시세차익보다는 만기까지 원금과 이자를 수취하는 것이 보유 목적이므로 그사이 공정가치의 변동에 대한 정보는 유용하지 않다는 의미이다. AC금융자산을 취득할 때 이 금융자산의 공정가치에 취득 관련 수수료를 합산하여 취득원가를 재무상태표에 표시한다. 이에 반해 FVPL금융자산의 경우에는 앞에서 살펴보았듯이 취득 관련 수수료를 취득원가에 가산하지 않고, 취득한 기간의 비용으로 처리한다.

다음으로 취득 후 AC금융자산을 만기까지 보유하고 있으면 기대현금흐름으로 ① 액면금액에 비례하는 이자(액면이자)와 ② 그 자산의 액면금액을 받게 된다. 이때 취득원가가 액면금액보다 적은 경우에는 취득원가와 만기에 받는 액면금액 간의 차액도 보유자 입장에서 투자수익이 된다. **상각후원가**(amortized cost)는 이러한 취득원가와 만기에 받을 액면금액과의 차액을 만기까지 **유효이자율법**을 적용하여 상각한 금액을 가감하여 산출한 금액을 말한다. 유효이자율법은 8장에서 사채에 관한 회계처리 방법을 설명할 때 자세히 다루기로 한다.

SECTION 04

기타포괄손익 -공정가치측정금융자산

기타포괄손익-공정가치측정금융자산(FVOCI금융자산)은 계약상 현금흐름인 원금과 이자의 수취와 금융자산의 매도 둘 다를 사업목적으로 하는 금융자산을 말한다. 계약상 현금흐름을 수취하기 위해 금융자산을 보유하는 것이 목적인 사업모형과 비교하면, 이러한 사업모형에서는 대체로 더 빈번하게 더 많은 금액을 매도할 것이다.

지분상품(주식)은 단기매매 이외 목적으로 취득하여, 후속적인 공정가치 변동을 기타포괄손익으로 표시하기로 선택한 경우에 FVOCI금융자산으로 분류할 수 있다. 다만, 한번 선택하면 이를 취소할 수 없다. FVOCI금융자산을 취득할 때는 **공정가치**로 평가한 구입대가에 수수료 등 부대비용을 포함하여 취득원가로 기록한다.

예를 들어 ㈜백제가 20×1년 1월에 단기매매 이외 목적으로 유가증권시장에서 주식 ₩100,000을 취득하고 수수료 ₩1,000과 함께 현금으로 지급하였다면, 다음과 같이 회계처리한다. 회사는 FVOCI금융자산으로 분류하기로 선택하였다.

(차) FVOCI금융자산	101,000	(대) 현 금	101,000

FVOCI금융자산의 보유기간 중에는 **공정가치**로 평가하며, 공정가치 변동에 따른 평가손익은 **FVOCI금융자산평가손익**(기타포괄손익)으로 기록한다. FVOCI금융자산은 단기매매 이외의 목적으로 보유하기 때문에 미실현된 공정가치변동을 당기손이익에 반영하는 것은 기업의 성과에 대한 정보를 적절하게 반영하지 못할 수 있다. 따라서 FVOCI금융자산평가손익은 당기손익이 아닌 **기타포괄손익**으로 구분하며, 재무상태표에서 자본의 한 항목인 기타포괄손익누계액에 반영되어 표시된다. 또한 당기손익에 반영되지 않지만, 기타포괄손익에 반영되므로 포괄손익계산서에서 **총포괄손익**으로 인식된다.

표 6-2 FVPL금융자산과 FVOCI금융자산의 비교

구분	FVPL금융자산	FVOCI금융자산
취득원가	공정가치	공정가치
취득 시 거래원가	당기 비용	취득원가에 가산
후속 측정	공정가치	공정가치
공정가치 변동	FVPL금융자산평가손익 (당기손익 항목)	FVOCI금융자산평가손익 (기타포괄손익 항목)

앞의 내용에서 ㈜백제가 20×1년 1월에 취득한 주식에 대한 20×1년 12월 31일(결산일) 현재의 공정가치가 ₩104,000이라면, ㈜백제가 결산일에 행할 분개는 다음과 같다.

(차) FVOCI금융자산	3,000	(대) FVOCI금융자산평가이익 (기타포괄손익)	3,000

이로부터 1년 후인 20×2년 12월 31일 이 주식의 공정가치가 ₩99,000이라면, 다음과 같이 회계처리한다.

(차) FVOCI금융자산평가이익[주1]	3,000	(대) FVOCI금융자산	5,000
FVOCI금융자산평가손실[주1]	2,000		

주1 FVOCI금융자산평가이익과 평가손실 모두 기타포괄손익 항목임

여기서 1년 전인 20×1년 12월 31일보다 ₩5,000만큼 하락하였으므로 FVOCI금융자산평가손실 ₩5,000이 발생하였지만, 전기에서 이월된 FVOCI금융자산평가이익 ₩3,000이 이미 존재하고 있기 때문에, 결국 이 자산에서는 총 평가손실 ₩2,000이 발생한 셈이다(20×2년 평가액 ₩99,000 − 20×1년 취득가액 ₩101,000 = − ₩2,000). 따라서 20×2년 말에는 이미 기타포괄손익으로 계상되어 있는 FVOCI금융자산평가이익 ₩3,000을 먼저 상계하고, 새로 FVOCI금융자산평가손실 ₩2,000을 계상한다.

그런데 만일 다시 1년 후인 20×3년 12월 31일에 이 주식의 공정가치가 ₩105,000으로 평가되었다면, 다음과 같이 회계처리한다.

(차) FVOCI금융자산	6,000	(대) FVOCI금융자산평가손실[주1]	2,000
		FVOCI금융자산평가이익[주1]	4,000

주1 FVOCI금융자산평가손실과 평가이익 모두 기타포괄손익 항목임

여기서 1년 전인 20×2년 12월 31일에 비하여 ₩6,000이 평가절상 되었으므로 FVOCI금융자산평가이익 ₩6,000이 발생하였지만, 전기에서 이월된 FVOCI금융자산평가손실 ₩2,000이 이미 존재하고 있기 때문에, 결국 이 자산에서는 총평가이익 ₩4,000이 발생한 셈이다(20×3년 평가액 ₩105,000 − 20×1년 최초 취득가액 ₩101,000=₩4,000). 따라서 먼저 FVOCI금융자산평가손실로 이월된 ₩2,000을 상계처리하고, 새로 FVOCI금융자산평가이익 ₩4,000을 인식한 것이다.

한편, FVOCI금융자산의 보유기간에 발생하는 이자수익이나 배당금수익은 그대로 당기손익에 포함된다. 예를 들어 ㈜백제가 20×3년 3월 10일에 이 주식에 대하여 배당금 ₩3,000을 받았다고 가정하는 경우에는 다음과 같이 회계처리한다.

(차) 현 금	3,000	(대) 배 당 금 수 익	3,000

㈜백제가 20×4년 6월 1일에 이 주식을 처분하고, 대금 ₩108,000을 현금으로 받았다고 가정하는 경우에는 다음과 같이 회계처리한다.

(차) 현 금	108,000	(대) F V O C I 금 융 자 산	105,000
		FVOCI금융자산평가이익[주1]	3,000

주1 FVOCI금융자산평가이익은 기타포괄손익 항목임

FVOCI금융자산을 처분하는 경우 처분시점에서 공정가치로 재측정하고 평가손익(기타포괄손익)을 인식한다. 앞에서 공정가치변동을 기타포괄손익으로 인식하였듯이, 처분 시에도 공정가치변동(₩3,000)을 기타포괄손익으로 인식하여 당기손익은 발생하지 않는다. 다만, 기타포괄손익의 누계액인 총 ₩7,000(= ₩4,000 + ₩3,000)은 자본 내 이익잉여금으로 대체할 수 있다. 결과적으로 FVOCI금융자산의 평가손익과 처분손익은 당기순이익으로 인식되지 않는다. 지금까지 지분상품(주식)을 중심으로 살펴보았다. FVOCI금융자산의 처분에 관한 자세한 내용은 중급회계에서 학습하도록 한다.

어떤 주식을 FVPL금융자산으로 분류한 경우와 FVOCI금융자산으로 분류한 경우, 수수료비용이 손익에 미치는 영향이 달라진다. 예컨대 A사는 연초에 상장주식을 ₩500,000에 구입하고 수수료 ₩5,000과 함께 현금 지급하였으며, 이 주식의 연말 공정가치는 ₩502,000이었다고 가정해 보자. 이 주식을 FVPL금융자산으로 분류했을 때는 다음과 같이 처리한다.

취득일	(차) F V P L 금 융 자 산	500,000	(대) 현 금	505,000
	수 수 료 비 용	5,000		
결산일	(차) F V P L 금 융 자 산	2,000	(대) FVPL금융자산평가이익	2,000

그런데 이 주식을 FVOCI금융자산으로 분류하면 다음과 같이 처리한다.

취득일	(차) F V P L 금 융 자 산	505,000	(대) 현 금	505,000
결산일	(차) FVPL금융자산평가손실[주1]	3,000	(대) F V P L 금 융 자 산	3,000

주1 FVOCI금융자산평가손실은 기타포괄손익 항목임

취득한 주식을 FVPL금융자산으로 분류했을 때는 수수료비용으로 ₩5,000, 평가이익으로 ₩2,000을 기록하여, 총 ₩3,000의 손실을 본 셈이다. 이에 반해 FVOCI금융자산으로 분류했을 때는 평가손실만 ₩3,000을 기록하여, 이 경우에도 결국 총 ₩3,000의 손실을 본 셈이다. 이와 같이 FVPL금융자산으로 분류하든 FVOCI금융자산으로 분류하든 결과적인 총손익 관계는 동일하다. 다만, 재무제표에 기록될때는 분류에 차이가 있다. FVPL금융자산으로 분류한 경우는 수수료비용 ₩5,000과 평가이익 ₩2,000이 모두 당기손익으로 손익계산서에 집계되어 결국 당기순이익을 ₩3,000만큼 감소시킨다. 그러나 FVOCI금융자산으로 분류한 경우는 평가손실 ₩3,000이 당기손익이 아니고 기타포괄손익으로 분류되어, 재무상태표의 기타포괄손익누계액에 기록된다.

SECTION

05 관계기업투자주식

A사가 유의적인 영향력을 행사할 목적으로 B사가 발행한 주식(의결권 있는 주식)의 20% 이상을 보유할 때, B사를 A사의 **관계기업**이라고 한다. 이때 A사를 **투자회사**라 하고, B사를 **피투자회사**라 한다. 여기서 **유의적인 영향력**(significant infuence)은 피투자자의 재무 · 영업 정책에 관한 의사결정에 참여할 수 있는 능력을 말한다. 투자회사가 보유하고 있는 피투자회사의 주식은 투자회사의 자산으로 기록되는데, 그 자산을 **관계기업투자주식**이라고 한다. 관계기업투자주식은 **지분법**으로 처리한다. 지분법은 회계원리를 처음 배우는 사람에게 다소 어렵게 느껴질 수 있는 개념이므로 주의를 기울여 살펴볼 필요가 있다.

지분법을 이해하기 위해 다음 질문을 함께 생각해 보자.

갑은 A사의 주식 1%를 구입했다. 갑은 실제로 무엇을 구입했는가?

갑은 A사의 주식을 취득하였으며 주된 목적은 배당금수익을 받거나 나중에 매각할 경우 시세차익을 얻기 위한 것이다. 갑은 이익을 얻기 위하여 이 주식을 구입했기 때문에, 이 주식이 이익을 가져오지 못할 것으로 판단된다면 A사 주식을 처분하고 다른 주식을 취득할 수 있다. 그렇다면 이제 다른 질문을 해보자.

을은 B사의 주식 100%를 구입했다. 을은 실제로 무엇을 구입했는가?

이 경우에 을은 주식을 취득했다고 말하기보다 회사 자체를 취득했다고 말할 수 있다. 즉 취득한 목적은 이 회사를 소유하기 위해서라고 할 수 있다. 그러므로 을은 이 회사의 주가가 일시적으로 오른다고 해서 시세차익을 얻기 위하여 즉시 팔지는 않고, 장기적으로 주식을 보유하게 된다. 을은 시세차익을 통하여 이익을 얻기보다는, B사를 소유 · 경영함으로 이익을 얻고자 한다. 을은 이 회사의 100% 주주이기 때문에, 회사의 이익은 100% 을의 이익이면서 반대로 회사의 손실은 100% 을의 손실이 된다.

앞의 예에서 갑은 A사 주식의 배당금과 시세차익에 관심이 있지만, 두 번째 예에서 을은 B사의 전체 기업 성과에 더 관심을 두게 된다. 따라서 [그림 6-1]과 같이 을(투자회사)의 자산(관계기업투자주식)은 B사(피투자회사)의 자본에 비례한다. B사의 이익이 증가하여 B사의 총자본 금액이 증가하면 을의 관계기업투자주식 금액도 증가하고, B사의 결손으로 B사의 총자본 금액이 감소하면 을의 관계기업투자주식 금액도 감소하는데 이를 **지분법**이라고 한다.

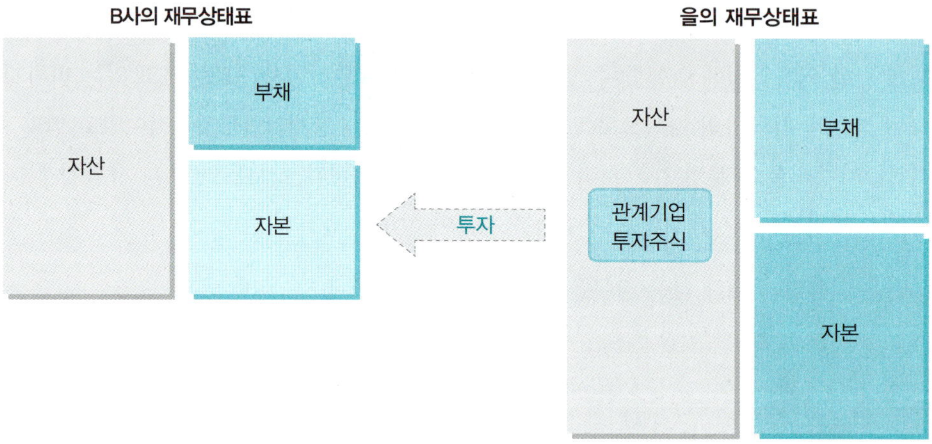

그림 6-1 관계기업투자주식과 지분법

그렇다면 이제 다음의 질문을 해보자.

> 을이 B사 주식의 50%를 구입했다면, 그것은 주식을 구입한 것인가, 아니면 B라는 회사를 구입한 것으로 보아야 할까?

이 경우에도 을은 B사의 절반을 구입한 것으로 볼 수 있다. 그렇다면 만약 40%를 구입한 경우에는 어떻게 판단해야 할까? 또는 30%를 구입한 경우에는 어떻게 해석해야 할까? 을이 B사 주식을 어느 정도 까지 보유해야 해당 회사를 구입한 것으로 볼 수 있을까? 어느 수준까지의 지분 보유를 단순한 주식 취득으로 간주할 수 있을까? 이러한 판단은 관점에 따라 다르겠지만, 국제회계기준은 일반적으로 20%를 기준으로 삼는다. 따라서 투자회사가 피투자회사 주식의 20% 이상을 보유하면 **관계기업투자주식**으로 처리해야 한다.

이제 지분법의 회계처리에 대해 살펴보자. 투자회사가 피투자회사의 주식을 취득하면, 그 가액을 장부상에 취득원가로 기록한다. 취득시점 이후에 피투자회사에 **손익**이 발생하면, 투자회사는 그 손익 중 **지분율**에 해당하는 금액만큼을 **투자손익**으로 인식하고, 관계기업투자주식의 취득원가에 가감해야 한다. 따라서 FVPL금융자산이나 FVOCI금융자산과 달리 공정가치로 평가하지 않는다.

A사가 B사의 보통주(의결권 있는 주식) 30%를 ₩10,000,000을 취득했다고 가정하는 경우, 다음과 같이 회계처리한다.

(차) 관계기업투자주식	10,000,000	(대) 현 금	10,000,000

이후에 A사는 B사의 당기순이익이 ₩5,000,000이라는 보고를 받았다고 가정하자. 따라서 B사의 당기순이익 중 30%가 A사의 몫이다. 이 경우에는 지분법에 따라 다음과 같이 처리한다.

(차) 관계기업투자주식	1,500,000	(대) 지 분 법 이 익	1,500,000

그리고 얼마 후 A사는 B사로부터 ₩1,000,000의 현금배당을 받았다고 가정하면, 다음과 같이 처리한다.

(차) 현 금	1,000,000	(대) 관계기업투자주식	1,000,000

B사로 부터 배당금을 수령할 경우 피투자회사(B사)의 자본이 그만큼 감소하기 때문에 A사 입장에서는 관계기업투자주식이 동시에 감소하게 된다. 피투자회사에 대한 지분율이 50% 이상이 되는 경우 유의한 영향력을 넘어 **지배력**(control)을 갖게 된다. 이에 대한 자세한 내용은 고급회계에서 학습하도록 한다.

객관식 문제

개념의 이해

6-1 금융자산의 분류에 대한 설명으로 적합하지 않은 것은?

① 기업이 보유기간 중 처분을 통해 시세차익을 얻을 목적으로 채권을 취득하면 공정가치측정금융자산으로 분류한다.

② 기업이 원금과 이자만을 받을 목적으로 금융자산을 취득, 보유하고 있으면 상각후원가측정금융자산으로 분류한다.

③ 만기보유를 목적으로 취득한 사채와 만기에 현금을 받을 목적으로 빌려준 대여금은 상각후원가측정금융자산의 예로 들 수 있다.

④ 공정가치측정금융자산은 취득시점의 공정가치로 측정하여 보고기간 말의 재무상태표에 표시한다.

6-2 당기손익－공정가치측정금융자산에 대한 설명으로 옳지 않은 것은?

① 주로 주식과 단기매매차익의 목적으로 보유하는 채권이 여기에 해당한다.

② 취득 이후의 보고시점에 공정가치의 변동으로 장부금액과 공정가치 간에 차이가 발생할 수 있다. 이 평가손익은 미실현보유손익으로 손익이 실현되지 않았기에 당기손익에 반영하지 않는다.

③ 당기손익－공정가치측정금융자산의 기말 공정가치 평가액이 평가직전 장부금액보다 상승하면 그 차이를 FVPL금융자산평가이익으로 계상한다.

④ 취득할 때 소요되는 직접적인 거래비용은 취득원가에 포함하지 않는다.

6-3 기타포괄손익-공정가치측정금융자산에 대한 설명으로 옳지 않은 것은?

① 계약상 현금흐름인 원리금 수취와 금융자산의 매도 둘 다를 목적으로 보유하는 금융자산이다.

② 주식 등 지분상품은 기타포괄손익－공정가치측정금융자산이 될 수 없다.

③ 기타포괄손익－공정가치측정금융자산 평가손익은 기타포괄손익 항목으로 분류한다.

④ 기타포괄손익－공정가치측정금융자산 취득과 관련하여 소요된 거래원가는 공정가치에 가산하여 자본화한다.

6-4 관계기업투자주식에 대한 설명으로 옳지 않은 것은?

① 장기간 보유할 목적이므로 기말 평가손익은 FVOCI금융자산의 경우와 동일하게 회계처리한다.

② 해당 기업에 유의한 영향력을 행사할 목적으로 보유하는 것이므로 해당 기업 발행주식의 일정 비율 이상을 보유하여야 한다.

③ 해당 주식을 보유하는 것은 기업 고유의 영업목적과는 직접적으로 관련이 없어도 된다.

④ 취득원가는 매입금액에 거래수수료 등 모든 거래비용을 포함한 금액으로 한다.

6-5 다음 거래로 취득한 유가증권에 대한 분류와 취득원가로 옳은 것은?

> 20×1년 초 단기매매 이외의 목적으로 상장주식 5%를 ₩100,000에 구입하고 수수료 ₩5,000과 함께 현금으로 지급하였다. 공정가치변동은 기타포괄손익으로 표시하기로 선택하였다.

① FVPL금융자산 ₩100,000　② FVOCI금융자산 ₩105,000
③ FVPL금융자산 ₩105,000　④ 관계기업투자주식 ₩100,000

6-6 ㈜백제는 20×7년 9월 5일에 취득한 ㈜신라의 주식을 당기손익-공정가치측정금융자산으로 분류한 후 20×8년 12월 31일 현재에도 그대로 보유하고 있다. ㈜신라 주식의 공정가치가 다음과 같이 변화하였다면, ㈜백제가 20×8년 12월 31일에 행해야 할 분개는?

취득 시 공정가치	공정가치	
20×7년	20×7년 말	20×8년 말
₩500,000	₩480,000	₩510,000

	차변	금액	대변	금액
①	(차) FVPL금융자산	30,000	(대) FVPL금융자산평가손실	20,000
			FVPL금융자산평가이익	10,000
②	(차) FVPL금융자산 평가손실	30,000	(대) FVPL금융자산	30,000
③	(차) FVPL금융자산	30,000	(대) FVPL금융자산평가이익	30,000
④	(차) FVPL금융자산	10,000	(대) FVPL금융자산평가이익	10,000

6-7 단기매매 목적으로 취득한 지분상품과 관련된 자료가 다음과 같다고 할 때, 20×2년의 처분손익은 얼마인가?

> 20×1년 3월 취득: 1,000주, 취득단가 ₩850
> 20×1년 말 주당 공정가치: ₩800
> 20×2년 8월 처분: 400주, 처분단가 ₩920(처분수수료 ₩9,000)
> 20×2년 말 주당 공정가치: ₩880

① ₩30,000　　② ₩39,000
③ ₩19,000　　④ ₩7,000
⑤ ₩16,000

6-8 20×8년 1월 1일 계약상 현금흐름 수취를 목적으로 ㈜신라가 발행한 사채(액면금액 100,000, 표시이자율 연 20%, 이자지급일 매월말, 만기 3년)를 ₩88,000에 취득하였다. 사채 취득과 관련하여 거래원가 ₩2,000이 발생하였다. 이 경우 동 금융자산의 취득원가는?

① ₩88,000　　② ₩90,000
③ ₩92,800　　④ ₩94,800

6-9 ㈜백제는 기초 지분상품을 ₩10,000에 현금으로 취득하고 이를 기타포괄손익-공정가치측정금융자산으로 분류하였다. 동 지분상품의 취득 관련 거래원가는 ₩100이다. 기말 지분상품의 공정가치는 ₩12,000이다. 이 경우 동 금융자산의 기말시점 반영되는 기타포괄손익-공정가치측정 금융자산평가이익(평가손실) 금액은?

① ₩1,900 평가이익　　② ₩1,900 평가손실
③ ₩2,000 평가이익　　④ ₩2,000 평가손실

6-10 다음 일련의 상황 전개에 따라 20×2년 3월 현재 ㈜백제의 주식 장부가액 표시로 적절한 것은?

> ㈜백제는 20×1년 7월에 한국거래소에서 ㈜신라가 발행한 보통주의 30%를 ₩5,000,000에 취득하였다. 20×2년 1월에 ㈜신라의 당기순이익이 ₩10,000,000이라는 보고를 받았으며, 20×2년 2월에는 ㈜신라로부터 주식 보유비율에 따라 ₩2,000,000의 현금배당을 받았다.

① FVOCI금융자산 ₩6,000,000 ② 관계기업투자주식 ₩6,000,000
③ FVPL금융자산 ₩8,000,000 ④ 관계기업투자주식 ₩8,000,000

기출문제

6-1 금융자산 및 기업 간 투자에 대한 설명으로 옳지 않은 것은? ▸ 2015 국가직 9급 수정

① 관계기업투자주식을 보유한 기업이 피투자회사로부터 배당금을 받는 경우 관계기업투자주식의 장부가액은 감소한다.
② 타회사가 발행한 지분증권의 취득금액이 해당 기업의 보통주 가격의 20% 이상이 되는 경우, 해당 기업의 경영에 유의적인 영향력을 미칠 수 있기에 관계기업투자로 분류한다.
③ 금융자산이 계약조건에 따라 특정일에 원리금 지급만으로 구성되어 있는 현금흐름이 발생하며, 회사가 이를 계약상 현금흐름을 수취하기 위해 보유하는 것이 목적인 사업모형 하에서 보유하는 경우 해당 금융자산을 당기손익-공정가치로 측정한다.
④ 계약상 현금흐름의 수취와 금융자산의 매도 둘 다를 통해 목적을 이루는 사업모형 하에서 보유하는 경우 해당 금융자산을 기타포괄손익-공정가치로 측정한다.

6-2 금융자산에 대한 설명으로 옳은 것은? ▸ 2022 국가직 9급

① 금융자산은 상각후원가로 측정하거나 기타포괄손익－공정가치로 측정하는 경우가 아니라면, 당기손익－공정가치로 측정한다.

② 계약상 현금흐름을 수취하기 위해 보유하는 것이 목적인 사업모형 하에서 금융자산을 보유하고, 계약 조건에 따라 특정일에 원금과 원금잔액에 대한 이자 지급만으로 구성되어 있는 현금흐름이 발생한다면 금융자산을 기타포괄손익－공정가치로 측정한다.

③ 계약상 현금흐름의 수취와 금융자산의 매도 둘 다를 통해 목적을 이루는 사업모형 하에서 금융자산을 보유하고, 계약조건에 따라 특정일에 원리금 지급만으로 구성되어 있는 현금흐름이 발생한다면 금융자산을 상각후원가로 측정한다.

④ 당기손익－공정가치로 측정되는 지분상품에 대한 특정 투자에 대하여는 후속적인 공정가치 변동을 기타포괄손익으로 표시하도록 최초 인식시점에 선택할 수도 있다. 다만, 한번 선택했더라도 이를 취소할 수 있다.

6-3 다음 거래로 취득한 금융자산의 세부분류와 측정금액은? ▸ 2017 국가직 7급 수정

> ㈜한국은 한국거래소에서 투자목적으로 ㈜서울의 주식 1주를 ₩10,000에 구입하고 수수료 ₩1,000을 지급하였다. ㈜한국은 당해 주식을 단기간 내에 매각할 예정이다.

① 당기손익－공정가치측정금융자산 ₩11,000

② 기타포괄손익－공정가치측정금융자산 ₩11,000

③ 당기손익－공정가치측정금융자산 ₩10,000

④ 기타포괄손익－공정가치측정금융자산 ₩10,000

6-4 다음은 ㈜한국이 보유하고 있는 금융자산에 관한 자료이다. 2011년 말 금융자산평가손익이 총포괄손익에 미치는 영향은? (단, 기타포괄손익-공정가치측정금융자산은 중대한 영향력을 행사할 수 없다.) ▶ 2013 국가직 9급 수정

구분	2010/5/1 취득원가	2010/12/31 공정가치	2011/12/31 공정가치
당기손익-공정가치측정금융자산	₩1,200,000	₩1,100,000	₩1,400,000
기타포괄손익-공정가치측정금융자산	₩1,000,000	₩1,500,000	₩1,700,000

① ₩200,000　② ₩300,000
③ ₩500,000　④ ₩900,000

6-5 ㈜대한은 2016년 초에 ㈜민국의 주식 10주를 ₩300,000(주당 ₩30,000)에 취득하고 수수료 ₩20,000을 별도로 지급하였으며, 동 주식을 당기손익-공정가치측정금융자산으로 분류하였다. 2016년 말 동 주식의 공정가치가 주당 ₩34,000이라면 ㈜대한이 얼마의 평가이익을 인식해야 하는가? ▶ 2016 지방직 9급 수정

① ₩10,000　② ₩20,000
③ ₩30,000　④ ₩40,000

6-6 ㈜한국은 2016년 중 A주식을 매입하고 기타포괄손익 - 공정가치측정금융자산으로 분류하고, B주식을 매입하고 당기손익 - 공정가치측정금융자산으로 분류하였다. ㈜한국은 2016년 말 A주식과 B주식을 보유하고 있으며, 두 주식에 대한 취득원가와 공정가치는 다음과 같다. 2016년 말 재무제표에 미치는 영향으로 옳지 않은 것은? (단, 취득한 주식은 발행기업에 유의한 영향을 미치지 않는다.) ▶ 2016 국가직 7급

종목	취득원가	2016년 말 공정가치
A주식	₩100,000	₩90,000
B주식	₩60,000	₩70,000

① 당기순이익이 ₩10,000 증가한다.

② 기타포괄손익이 ₩10,000 감소한다.

③ 이익잉여금은 변하지 않는다.

④ 총포괄손익은 변하지 않는다.

6-7 ㈜서울은 20×1년 중에 지분상품을 ₩101,000의 현금을 지급하고 취득하였다. 취득 시 지급한 현금에는 ₩1,000의 취득 관련 거래원가가 포함되어 있으며, ㈜서울은 지분상품을 기타포괄손익-공정가치측정금융자산으로 분류하는 것을 선택하였다. ㈜서울은 20×2년 2월 초에 지분상품 전부를 처분하였다. ㈜서울이 20×1년도 재무제표와 20×2년도 재무제표에 상기 지분상품과 관련하여 인식할 기타포괄손익의 변동은? (단, 20×1년 말과 20×2년 초 지분상품의 공정가치는 각각 ₩120,000과 ₩125,000이며, 처분 시 거래원가는 고려하지 않는다.)

▸ 2019 서울시 9급

		20×1년	20×2년
①	기타포괄이익	₩19,000 증가	변동 없음
②	기타포괄이익	₩19,000 증가	₩5,000 증가
③	기타포괄이익	₩20,000 증가	변동 없음
④	기타포괄이익	₩20,000 증가	₩5,000 증가

6-8 ㈜한국은 2015년 중 단기시세차익을 목적으로 ㈜대한과 ㈜민국의 주식을 다음과 같이 매입하였다. 취득 시 총 매입금액의 1%인 ₩8,200을 거래수수료로 지급하였다. 주식의 주당 취득원가와 결산일인 2015년 12월 31일 현재 주식의 주당 공정가치가 다음과 같을 경우, 주식평가에 대한 회계처리로 옳은 것은? ▸ 2015 국가직 7급

구분	보유수량	주당 취득원가	주당 공정가치
(주)대한	100주	₩8,000	₩10,000
(주)민국	10주	₩2,000	₩3,000

① (차) FVPL금융자산 201,800 (대) FVPL금융자산평가이익 201,800
② (차) FVPL금융자산 210,000 (대) FVPL금융자산평가이익 210,000
③ (차) FVOCI금융자산 201,800 (대) FVPL금융자산평가이익 201,800
④ (차) FVOCI금융자산 210,000 (대) FVPL금융자산평가이익 210,000

6-9 ㈜한국은 20×1년 중에 ㈜서울의 주식 10%를 장기투자목적으로 1주당 ₩13,000에 총10주를 취득하였다. ㈜서울의 1주당 공정가치가 20×1년 말 ₩15,000이고, 20×2년 말 현재 ₩12,000이라면 20×2년 말 현재 재무상태표상 표시될 FVOCI금융자산평가손익은 얼마인가? ▸ 2015 서울시 9급

① FVOCI금융자산평가손실 ₩10,000
② FVOCI금융자산평가이익 ₩10,000
③ FVOCI금융자산평가손실 ₩30,000
④ FVOCI금융자산평가이익 ₩30,000

6-10 12월 결산법인인 서울㈜는 20×1년 1월 1일 단기투자목적으로 A사의 주식 500주를 주당 ₩1,000에 취득하였고 매입수수료 ₩10,000을 지출하였다. 20×1년 12월 31일 A사의 주식을 보유중이며, A사의 1주당 공정가치는 ₩2,000이다. 20×2년 1월 3일 A사의 주식 전량을 ₩880,000에 처분하고 현금으로 수취하였다. A사 주식과 관련된 회계처리에 대한 설명으로 올바른 것은? ▸ 2014 서울시 9급

① 20×1년 FVPL금융자산의 취득금액은 ₩510,000이다.
② 20×1년 FVPL금융자산의 평가이익은 ₩490,000이다.
③ 20×1년 FVPL금융자산의 평가이익은 없다.
④ 20×2년 FVPL금융자산의 처분손실은 ₩120,000이다.
⑤ 20×2년 FVPL금융자산의 처분손실은 ₩130,000이다.

6-11 ㈜감평은 20×1년 초 A사 주식 10주(보통주, @₩100)를 수수료 ₩100을 포함한 ₩1,100에 취득하여 당기손익-공정가치측정 금융자산으로 분류하였다. ㈜감평은 20×2년 7월 1일 A사 주식 5주를 1주당 ₩120에 매각하고, 거래수수료로 매각대금의 3%와 거래세로 매각대금의 2%를 각각 지급하였다. A사 주식의 1주당 공정가치는 20×1년 말 ₩90이고, 20×2년 말 ₩110일 때, ㈜감평의 20×2년도 포괄손익계산서의 당기순이익 증가액은?

▶ 2024 감정평가사

① ₩0
② ₩100
③ ₩140
④ ₩180
⑤ ₩220

6-12 ㈜한국은 20×1년 5월 1일 주식A 100주를 취득일의 공정가치인 주당 ₩100에 취득하고 당기손익-공정가치측정 금융자산으로 분류하였다. 20×1년 말과 20×2년 말의 주식A의 공정가치는 다음과 같다.

종목	20×1년 말	20×2년 말
주식 A 공정가치	₩120	₩140

㈜한국은 20×2년 5월 1일 주식A 50주를 처분일의 공정가치인 주당 ₩110에 처분하고, 나머지 50주는 계속 보유하고 있다. 20×2년 당기순이익에 미치는 영향은?

▶ 2024 주택관리사

① 영향 없음
② ₩500 감소
③ ₩500 증가
④ ₩1,000 감소
⑤ ₩1,000 증가

6-13 ㈜관세의 20×1년 당기손익-공정가치 측정 금융자산 관련 자료는 다음과 같다. 동 금융자산과 관련하여 ㈜관세가 20×1년 인식할 당기손익은?

▸ 2022 관세사

> 4월 1일: (주)한국의 주식 50주를 거래원가 ₩1,500을 포함하여 ₩41,500에 취득
> 6월 9일: 4월 1일 취득한 주식 중 30주를 주당 ₩900에 처분(처분시 거래원가는 없음)
> 12월 31일: (주)한국의 주당 공정가치는 ₩700임

① ₩1,000 손실 ② ₩500 손실 ③ ₩0
④ ₩1,000 이익 ⑤ ₩3,000 이익

6-14 ㈜관세는 20×1년 초 ㈜한국의 지분상품을 취득(매매수수료 ₩1,000을 포함하여 총 ₩11,000을 지급)하고 당기손익-공정가치 측정 금융자산으로 분류하였다. 20×1년 말 동 지분상품의 공정가치는 ₩9,000이다. ㈜관세는 20×2년 4월 초 동 지분상품을 공정가치인 ₩11,000에 처분하였다. ㈜관세가 동 지분상품과 관련하여 20×2년도에 인식할 당기손익은?

▸ 2023 관세사

① 손실 ₩1,000 ② 손실 ₩2,000 ③ ₩0
④ 이익 ₩1,000 ⑤ 이익 ₩2,000

6-15 ㈜한국은 20×1년 1월 1일 ㈜대한의 주식 10주를 ₩100,000에 취득하고, 당기손익-공정가치 측정(FVPL) 금융자산으로 분류하였다. 해당 주식 관련 자료는 다음과 같다. 주식 관련 거래가 ㈜한국의 20×1년 당기순이익에 미치는 영향은 얼마인가? ▸2022 보험계리사

> ㈜대한은 20x1년 3월 20일 주당 ₩500의 현금배당을 결의하였고, 3월 31일에 지급하였다.
> ㈜한국은 20x1년 6월 1일 ㈜대한 주식 5주를 주당 ₩9,000에 처분하였다.
> 20x1년 말 ㈜대한 주식의 1주당 주가는 ₩13,200이다.

① ₩9,000 증가 ② ₩11,000 증가
③ ₩12,000 증가 ④ ₩16,000 증가

연습문제

6-1 [유가증권의 회계처리]

결산일이 12월 31일인 ㈜고구려는 20×1년 여유자금을 활용하여 다음과 같이 유가증권에 투자하였다. 거래내역은 다음과 같다. ㈜백제의 주식은 FVPL금융자산으로 분류하고, 단기매매 외의 목적으로 취득한 ㈜신라의 주식은 FVOCI금융자산으로 분류하였다.

① 4월 1일: 상장회사인 ㈜백제의 주식 200주를 ₩1,200,000에 취득하고 제반 수수료 ₩6,000과 함께 현금으로 지급하였다.

② 5월 1일: 비상장회사인 ㈜신라의 주식 300주를 ₩2,100,000에 취득하고 제반 수수료 ₩11,000과 함께 현금으로 지급하였다.

③ 7월 15일: ㈜백제의 주식 200주를 ₩1,370,000에 취득하고 수수료 ₩5,000과 함께 현금으로 지급하였다.

④ 9월 10일: ㈜백제의 주식 300주를 주당 ₩8,000에 처분하고 수수료 등으로 1%를 차감한 금액을 현금으로 수령하였다.

⑤ 10월 20일: ㈜신라의 주식 100주를 주당 ₩6,000에 취득하고 수수료 0.5%와 함께 현금으로 지급하였다.

⑥ 12월 31일: 12월 31일 현재의 주가는 ㈜백제는 주당 ₩7,200, ㈜신라는 주당 ₩6,000이다.

요구사항

(1) 위의 거래를 분개하시오.

(2) 위의 거래가 당기순손익에 미치는 영향을 계산하시오.

(3) 위의 거래가 총포괄손익에 미치는 영향을 계산하시오.

6-2 [유가증권의 회계처리]

다음 일련의 거래를 분개하시오.

(1) 단기매매차익을 얻을 목적으로 다음 주식들을 취득하고, 그 대금은 증권회사에 대한 수수료와 함께 현금으로 지급하였다. 당사가 보유한 주식수는 이번 구입분을 합하여 모두 발행회사 총주식수의 20% 미만이다.

발행사	주수	액면가	주당 취득가	계정 분류	수수료
A	100	10,000	20,000	FVPL	20,000
B	100	10,000	30,000	FVPL	30,000
C	100	10,000	10,000	FVOCI	10,000

(2) 위의 주식 모두에 대하여 액면가의 3%에 상당하는 배당금을 수령하였다.

(3) 위의 주식 중 A사와 B사 주식을 모두 ₩6,500,000에 매각하였다.

6-3 [유가증권의 분류와 회계처리]

㈜백제 20×2년 1월 1일에 A사와 B사의 상장주식 5%를 각각 다음과 같이 취득하였다.

- A사 주식: ₩10,000,000을 장기투자 목적으로 취득
- B사 주식: ₩15,000,000을 단기 시세차익 목적으로 취득

한편, A사와 B사의 주식의 20×2년 12월 31일 현재 공정가치는 다음과 같다.

- A사 주식의 공정가치: ₩11,500,000
- B사 주식의 공정가치: ₩13,000,000

요구사항 ㈜백제의 A사와 B사 주식의 취득 분개 및 수정분개를 표시하고 재무상태표와 포괄손익계산서에 각각 어떤 영향을 미치는가를 비교 설명하시오.

6-4 [당기손익-공정가치측정금융자산의 기말평가와 부분재무상태표]

20×6년 12월 31일 ㈜백제의 당기손익-공정가치측정금융자산 명세서의 내용은 다음과 같다.

종목	취득원가	공정가액
A	₩17,500	₩15,000
B	12,500	14,000
C	23,000	21,000
	₩53,000	₩50,000

요구사항 20×6년 12월 31일 공정가액을 반영하기 위한 수정분개를 하시오.

6-5 [기타포괄손익-공정가치측정금융자산의 기말평가와 부분재무제표]

요구사항 [연습문제 6-4]의 주식들이 FVOCI금융자산이라고 가정하고 20×6년 12월 31일 공정가액을 반영하기 위한 수정분개를 하시오.

6-6 [기타포괄손익-공정가치측정금융자산]

다음은 A사의 거래 내용이다. 다음 거래를 분개하시오.

(1) 20×1년 5월 A사는 장기투자이익을 얻을 목적으로 시장성 있는 B사 보통주(100주)를 ₩3,000,000(B사 발행주식의 10%)에 취득하고, 수수료 ₩100,000과 함께 전액 현금지급하였다. B사 주식은 FVOCI금융자산으로 분류하였다.

(2) 20×1년 12월 31일 결산시점에서 B사 주식의 공정가액은 ₩3,300,000이며, B사의 당기순이익은 ₩500,000이다.

(3) 20×2년 3월 15일 이 주식에 대한 배당금 ₩30,000이 현금으로 입금되었다.

(4) 20×2년 12월 31일 결산시점에서 B사 주식의 공정가액은 ₩3,000,000이며, B사의 당기순이익은 ₩300,000이다.

6-7 [관계기업투자주식]

다음 거래를 A사의 입장에서 분개하시오.

(1) 20×1년 5월 1일에 A사는 B사의 의결권 있는 보통주(총 발행주식의 30%)를 ₩8,000,000에 취득하여 유의적인 영향력을 행사할 수 있게 되었다. 수수료 ₩50,000과 함께 그 대금은 현금으로 지급하였다.

(2) 20×1년도 B사의 당기순손실은 ₩600,000이라는 보고를 받았다.

(3) 20×2년 3월 20일에 B사는 주주들에게 총 ₩100,000을 현금 배당하였다. 따라서 A사는 자기 몫의 현금배당을 수령하였다.

CHAPTER 07

비유동자산의 회계처리

학습 목표

본 장에서는 기업이 장기간 보유하여 사용하는 자산인 비유동자산의 개념과 회계처리 방법을 학습한다. 유형자산의 취득, 사용, 처분 시 회계처리 과정을 익히고 감가상각이 무엇이며 어떻게 계산하는지 살펴본다. 또한 특허권, 상표권 등 무형자산의 의미와 회계적 처리 방법을 학습한다. 비유동자산이 재무제표에 어떻게 표시되는지를 이해하고, 자산 측면에서 재무상태표를 해석하는 능력을 기른다.

SECTION

01 유형자산과 취득원가 결정

비유동자산은 유동자산과 구분되는 개념으로, 일반적으로 1년 이내에 현금화될 수 있는 유동자산에 비해 현금화되는데 1년 이상 걸리는 장기보유 목적의 자산을 의미한다. 과거에는 이러한 자산을 고정자산(fixed assets)이라고 부르기도 했다. 비유동자산은 유형자산, 무형자산, 투자자산, 기타비유동자산 등으로 구분된다.

1 유형자산 의의

유형자산(property, plant, and equipment)은 재화나 용역의 생산, 제공, 타인에 대한 임대, 관리활동 등 기업의 영업활동을 위해 장기적으로 사용할 목적으로 보유하는 물리적 형체가 있는 자산을 말한다. 여기서 장기적으로 사용할 목적이란 한 회계기간을 초과하여 기업의 영업활동에 사용하는 것을 의미하며, 사용할 목적이 아닌 판매목적으로 자산을 취득하는 경우는 이에 해당하지 않는다. 예를 들어 판매목적으로 노트북을 구매하면 재고자산으로 분류하며, 사무용 등 영업활동에 사용할 목적으로 취득하면 유형자산으로 분류한다. 유형자산은 일반적으로 1년 이내에 현금화될 수 있는 유동자산과는 구분되는 개념으로 투자자산, 무형자산 등과 함께 비유동자산으로 분류한다.

더 알아보기 **유형자산의 정의 (한국채택국제회계기준서 제1016호)**

재화나 용역의 생산이나 제공, 타인에 대한 임대 또는 관리활동에 사용할 목적으로 보유하는 물리적 형태가 있는 자산으로서 한 회계기간을 초과하여 사용할 것이 예상되는 자산을 유형자산이라 한다.

유형자산으로 인식되기 위해서는 다음의 인식기준을 모두 충족하여야 한다.

(1) 자산으로부터 발생하는 미래경제적효익이 기업에 유입될 가능성이 높다.
(2) 자산원가를 신뢰성 있게 측정할 수 있다.

이 두 가지 조건 중 어느 하나라도 충족하지 못하는 경우에는 발생시점에 당기비용으로 인식한다.

유형자산과 관련된 모든 원가는 발생시점을 기준으로 평가하며, 이 원가에는 유형자산을 매입하거나 건설할 때 최초로 발생하는 원가뿐만 아니라 후속적으로 증설, 부품대체, 수선 · 유지와 관련하여 드는 원가를 포함한다. 이러한 유형자산에 속하는 항목은 토지, 건물, 구축물, 기계장치, 건설중인 자산, 기타자산 등을 예로 들 수 있다.

안전이나 환경상의 이유로 취득하는 유형자산은 그 자체로 직접적인 미래경제적효익을 얻을 수 없지만, 다른 자산에서 미래경제적효익을 얻기 위해 필수적인 경우에는 자산으로 인식할 수 있다. 이는 해당 자산을 취득함으로써, 관련 자산으로부터 미래경제적효익을 기대할 수 있기 때문이다.

표 7-1 유형자산의 분류

유형자산 분류	포함 범위
토지	영업활동에 사용할 목적으로 보유하는 토지
건물	건물, 냉난방, 전기, 통신, 기타 건물부속설비 등
구축물	교량, 궤도, 갱도, 정원설비, 기타 토목설비, 공작물 등
기계장치	컨베이어, 호이스트, 기중기 등과 같은 운송설비, 기계장치, 기타 부속설비 등
건설중인자산	유형자산 건설을 위한 재료비, 노무비, 경비 등
기타자산	차량운반구, 선박, 비품, 공기구 등

2 유형자산의 취득원가 결정

유형자산은 취득시점의 원가를 기준으로 인식한다. 원가는 자산을 취득하기 위하여 자산의 취득시점이나 건설시점에서 지급한 현금 또는 현금성자산이나 제공한 기타 대가의 공정가치를 말한다. 여기서 원가는 자산의 구입가격에 관세 및 환급불가능한 취득 관련 세금을 가산하고 매입할인과 리베이트를 차감한다. 또한 경영진이 그 자산을 취득한 목적으로 사용할 수 있는 상태와 장소에 도달하도록 하는 데 직접 관련된 지출원가를 모두 포함한다. 예를 들어 기계장치의 경우는 운전 가능한 상태, 건물의 경우는 입주 가능한 상태에 이르게 하는 데 필요한 모든 정상적인 지출을 취득원가로 처리한다. 그러나 유형자산이 경영진이 의도한 목적으로 가동될 수 있는 상태와 장소에 이른 후에 발생한 원가는 취득원가에 포함하지 않는다.

유형자산의 취득원가 = 구입가격 등 + 취득부대비용

유형자산은 그 종류에 따라 취득원가를 산정하는 방법에 다소 차이가 있다. 이에 대해 구체적으로 살펴보자.

2.1 토지

토지는 기업의 영업활동을 위해 한 회계기간을 초과하여 사용할 목적으로 구입한 땅을 의미하며, 사용목적에 따라 유형자산, 투자자산, 또는 재고자산으로 분류된다. 예를 들어 기업이 영업활동을 위해 토지를 취득한 경우는 유형자산으로 분류하지만, 아파트를 분양할 목적으로 취득한 토지는 재고자산, 투자목적으로 취득한 토지는 투자자산으로 분류한다.

토지의 취득원가는 토지의 매입원가뿐만 아니라, 소유권이전 등기비 등의 법률비용, 부동산 중개수수료, 취득세 등의 취득부대비용을 모두 포함한다. 또한 일부 토지는 구건물의 철거, 땅을 돋우거나 정지하는 작업, 하수구 정비작업, 기본도로 개설작업 등을 거쳐야 경영진이 토지를 취득한 목적대로 사용할 수 있는 상태로 전환되는 경우가 있다. 이러한 작업에 드는 비용도 토지를 취득목적에 맞게 사용할 수 있는 상태로 전환하기 위한 지출이므로, 토지의 취득원가에 포함한다.

토지의 취득원가 = 매입가격 + 취득부대비용

더 알아보기 구축물의 회계처리

구축물은 토지에 부착하여 설치되는 건물 이외의 구조물, 토목설비 또는 공작물 등을 말한다. 예를 들면, 댐, 저수지, 수로, 펌프시설, 부교, 철도, 교량, 담장, 굴뚝, 송유관, 방화벽, 옹벽, 자가변전시설, 통신, 배전, 양수시설, 상하수도시설 등으로 건축물로 분류하지 않는 공작물이 이에 해당한다. 구축물의 취득원가는 구입원가 또는 건설원가에 취득부대비용을 가산하여 산정한다. 토지와는 달리 구축물은 감가상각 대상자산으로 회계처리하고 있다.

예제 7-1 토지의 취득원가

㈜신라는 영업활동에 사용할 목적으로 토지를 매입하고 현금으로 지급하였다.

물음

다음의 토지 매입과 관련된 정보를 바탕으로 토지의 취득원가를 계산하시오.

- 토지의 구입가격: ₩900,000
- 토지 위에 있던 구건물의 철거: ₩50,000
- 토지의 정지작업: ₩30,000
- 부동산 중개수수료: ₩20,000
- 등록세 및 취득세: ₩40,000

풀이

토지의 구입가격	900,000
구건물의 철거비용	50,000
정지작업	30,000
부동산 중개수수료	20,000
등록세와 취득세	40,000
토지의 취득원가	1,040,000

토지 취득시점의 분개: (차) 토 지 1,040,000 (대) 현 금 1,040,000

2.2 건물

기업의 영업활동을 위해 사용할 목적으로 취득한 건물과 냉난방설비, 전기설비, 급배수설비, 기타 건물부속설비 등을 건물의 범주에 포함하고 있다. 건물의 취득원가는 건물의 매입원가 또는 건설원가, 부동산 중개수수료, 취득세 등 건물을 사용 가능한 상태로 만드는 데 필요한 정상적인 지출을 모두 포함한다. 예를 들어, 구건물을 취득하여 사용 가능한 상태로 전환하기 위해 발생한 수리비용도 건물의 취득원가에 포함해야 한다. 또한 건물을 새로 건축하는 경우에는 설계비, 건축비용, 취득세 등이 모두 취득원가에 포함된다.

2.3 기계장치

기계장치는 운송설비, 기계장치, 기타 부속설비 등을 포함하는 자산을 말한다. 기계장치의 취득원가는 기계장치의 매입가격에 운송비, 설치비, 시운전비, 취득세 등의 취득부대비용을 가산하여 산정한다.

예제 7-2 | 기계장치의 취득원가

㈜신라는 화장품 제조업체로 화장품 포장용 기계를 ₩500,000의 현금을 지급하고 취득하였다. 이때 추가적으로 ₩20,000의 운송비와 ₩2,000의 운송보험료, 설치와 시운전에 ₩15,000을 지출하였다.

물음

이를 바탕으로 기계장치의 취득원가를 계산하고 분개를 수행하시오.

구입가격	500,000
운송비	20,000
운송보험료	2,000
설치 및 시운전비	15,000
취득원가	537,000

풀이 (차) 기계장치 537,000 (대) 현 금 537,000

2.4 건설중인 자산

건설중인 자산은 기업이 영업활동을 위해 사용할 목적으로 현재 건설중에 있는 유형자산을 말한다. 건설중인 자산의 취득원가는 유형자산의 건설을 위해 투입된 재료비, 노무비 및 경비(도급금액 포함) 등 모든 원가 요소와 유형자산을 취득하기 위해 지출한 계약금 및 중도금 등을 포함한다. 건설중인 자산계정은 완성되기 전의 유형자산이므로 기업이 영업활동 목적으로 사용할 수 없으며 수익창출에도 공헌하지 못한다. 따라서 건설중인 자산은 다른 유형자산과 달리 감가상각 대상 자산에서 제외한다. 현재 건설중인 자산이 완성된 후에는 건물이나 기계장치 등 그 성격을 반영한 계정으로 대체하는 회계처리를 행해야 한다.

2.5 기타 유형자산

이 밖에도 차량운반구, 선박, 항공기, 비품, 그리고 공기구 등이 기타 유형자산에 속한다. 기업이 영업활동을 위해 사용할 목적으로 보유한 기타 유형자산의 취득원가는 앞서 언급한 다른 유형자산과 마찬가지로 자산을 사용 가능한 상태로 만들기 위해 정상적으로 발생한 지출을 포함하여 산정한다.

SECTION

02 유형자산의 취득 후 지출

유형자산의 취득 후 사용하는 과정에서도 일상적인 수선, 유지, 증설, 개량 등의 추가적인 지출이 발생할 수 있다. 이때 발생하는 지출을 당기 비용으로 처리할지 아니면 유형자산의 취득원가, 즉 장부금액에 포함할지를 판단해야 한다. 예를 들어 주거용 건물에서도 인테리어, 수선, 도배 등과 같은 일상적인 지출이 수반되듯이, 유형자산도 사용 중 다양한 유지 · 보수 비용이 발생할 수 있다. 통상적인 수선 · 유지활동과 관련된 지출은 유형자산의 장부금액에 포함하여 인식하지 않고 당기의 비용으로 처리한다. 즉 유형자산이 원래 가지고 있던 성능을 회복하거나 유지하기 위하여 지출하는 경우 당기 비용으로 처리하며, 이를 **수익적 지출**(revenue expenditures)이라고 한다. 예를 들어 자동차 엔진오일 교환, 건물의 페인트 칠, 기계장치의 벨트 교환 등은 모두 통상적인 수선 · 유지활동으로 당기 비용으로 처리한다. 반면, 유형자산의 생산능력을 증가시키는 증설, 개량 등에 대한 지출은 자산의 미래경제적효익을 증가시키는 지출활동으로 간주되어 유형자산의 장부금액에 포함하여 인식한다. 이러한 지출은 **자본적 지출**(capital expenditures)이라 하며, 해당 유형자산의 증가로 기록하고 잔여 내용연수에 걸쳐 감가상각비로 반영한다.

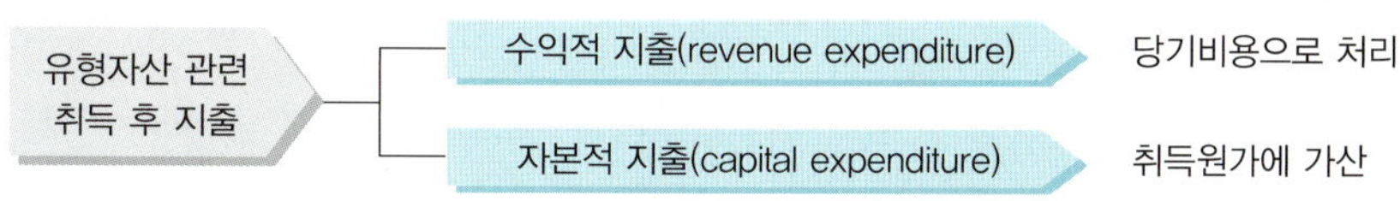

그림 7-1 수익적 지출과 자본적 지출

예제 7-3 수익적 지출과 자본적 지출

㈜백제는 20×1년도에 사용 중인 기계장치에 고장이 생겨 수선을 하면서 위험 시 자동정지하는 장치를 새로이 부착하였다. ㈜백제는 일상적인 수선 명목으로 ₩40,000을 지출하고, 기계장치 성능을 개선시키는 자동정지장치에 ₩100,000을 지출하였다.

물음 이와 관련된 분개를 수행하시오. 다만, 감가상각비의 영향은 고려하지 않는다.

풀이

(차) 수 선 비	40,000	(대) 현 금	140,000
기계장치	100,000		

SECTION 03

감가상각

1 감가상각의 의의

유형자산은 여러 해 동안 영업활동에 사용되기 때문에 장기간 수익의 획득에 공헌하지만 지출은 취득시점에 일시에 발생한다. 따라서 유형자산의 취득원가는 사용하는 기간 동안 발생하는 수익과 대응시키기 위하여 합리적인 방법으로 여러 회계기간에 걸쳐 비용으로 배분하는 절차가 필요하다. 이와 같이 유형자산의 취득원가를 비용으로 배분하는 절차를 감가상각이라 한다. **감가상각**(depreciation)이란 토지를 제외한 유형자산의 감가상각대상금액을 합리적이고 체계적인 방법을 이용하여 자산의 내용연수에 걸쳐 감가상각비라는 비용으로 각 회계연도에 배분하는 절차를 말한다. 회계적 관점에서 감가상각은 원가의 배분과정(cost allocation)의 개념으로 이해해야 하며, 유형자산의 가치감소액을 평가(valuation)하여 기록하는 절차가 아님에 유의해야 한다.

2 감가상각 결정요소

감가상각비를 계산하기 위해서는 유형자산의 **취득원가**(cost), **추정내용연수**(estimated useful life), **추정잔존가치**(estimated salvage value), **감가상각대상금액**(depreciable costs) 등의 정보가 필요하다. 여기서 취득원가는 유형자산을 사용 가능한 상태로 만들기까지 필요한 모든 정상적인 지출을 의미한다. 내용연수는 유형자산의 예상사용기간 또는 유형자산으로부터 획득할 수 있는 생산량 등의 단위를 말하며, 자산의 사용목적, 수선유지방침, 진부화가능성 등을 고려하여 유형자산 취득시점에 추정한다. 잔존가치는 유형자산의 내용연수가 종료되는 시점에 그 자산의 예상처분대가에서 추정처분비용을 차감한 금액을 말한다. 마지막으로 감가상각대상금액은 유형자산의 취득원가에서 잔존가치를 차감한 금액을 말한다.

감가상각대상금액 = 취득원가 − 잔존가치

3 감가상각방법

감가상각방법은 유형자산의 취득원가를 내용연수에 걸쳐 합리적이고 체계적으로 배분하는 방법으로 정액법, 체감잔액법(예: 정률법 등), 그리고 생산량비례법으로 분류할 수 있다. 감가상각액을 인식하는 방법은 유형자산의 미래경제적 효익의 소멸 형태가 변하지 않는 한 기존 감가상각방법을 계속 적용해야 한다.

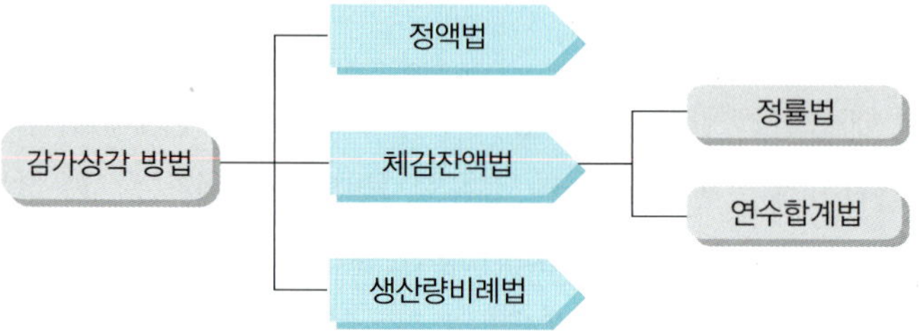

그림 7-2 **감가상각방법**

3.1 정액법

정액법(straight-line method)은 유형자산의 내용연수 동안 각 연도에 동일한 감가상각액을 인식하는 방법이다. 정액법은 계산이 가장 단순한 감가상각방법으로, 감가상각대상금액을 내용연수로 나눈 금액으로 결정된다.

$$\text{정액법 감가상각비} = \frac{\text{감가상각대상금액(취득원가} - \text{잔존가치)}}{\text{내용연수}}$$

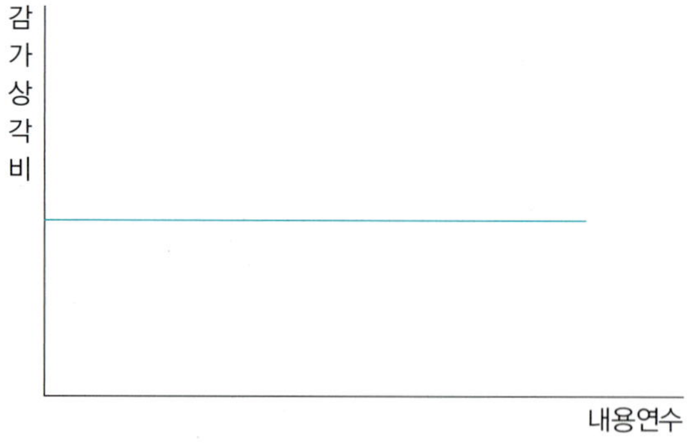

그림 7-3 **정액법**

예제 7-4 정액법 감가상각

㈜신라는 신형 기계장치를 20×1년도 1월 중에 ₩1,000,000에 취득하였으며, 내용연수는 5년, 잔존가치는 ₩100,000으로 추정하였다. 그리고 감가상각방법으로 정액법을 적용한다.

물음 매년 인식해야 할 감가상각비는 얼마인가?

풀이

정액법

연도	계산	감가상각비	감가상각누계액
20×1년	(1,000,000 – 100,000) / 5년 (취득원가 – 잔존가치) / 내용연수	180,000	180,000
20×2년		180,000	360,000
20×3년		180,000	540,000
20×4년		180,000	720,000
20×5년		180,000	900,000

3.2 체감잔액법(가속상각법)

체감잔액법(declining balance method)은 감가상각 초기에 많은 상각금액을 비용으로 처리하고, 기간이 경과함에 따라 감가상각 금액이 점차 줄어드는 방식이다. 이는 초기에 많은 감가상각비를 기록한다는 의미에서 **가속상각법**(accelerated depreciation method)이라고도 부른다. 대표적인 체감잔액법으로는 정률법과 연수합계법 등이 있다.

3.2.1 정률법

정률법(fixed percentage method)은 유형자산의 내용연수 기간 동안 인식하는 각 연도별 감가상각액이 매년 감소하는 방법으로, 기초장부금액(= 취득원가 – 기초 감가상각누계액)에 일정한 상각률을 곱하여 감가상각비를 계산하는 방법이다. 정률법은 초기에 많은 감가상각비를 인식하는 방법으로, 비용증가에 따른 이익감소 효과를 통해 초기에 법인세를 낮출 수 있다는 장점이 있다.

정률법에서 감가상각액은 취득원가에서 감가상각누계액을 차감한 장부금액을 기준으로 매년 동일한 상각률을 적용하여 계산한다. 기간이 경과할수록 감가상각누계액은 증가하기 때문에 동일한 상각률이 적용되더라도 매년 계산되는 감가상각비는 점점 줄어들게 된다.

$$\text{정률법 감가상각비} = \text{기초장부금액} \times \text{감가상각률}$$

$$\text{기초장부금액} = (\text{취득원가} - \text{전기말 감가상각누계액})$$

$$\text{감가상각률} = 1 - \sqrt[n]{(\text{잔존가치} / \text{취득원가})} \quad \text{단, } n\text{: 내용연수}$$

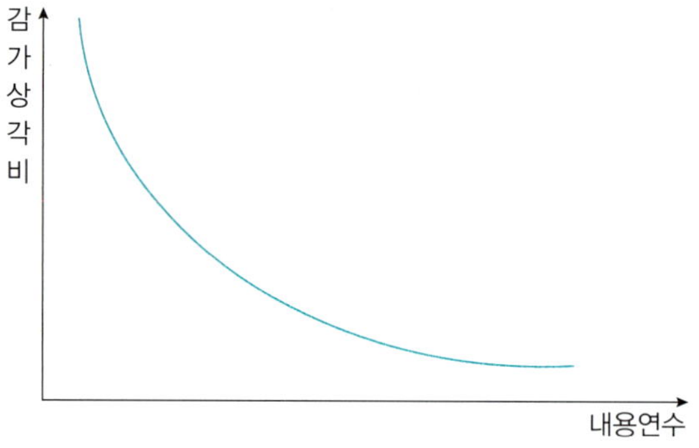

그림 7-4 정률법

예제 7-5 정률법 감가상각

㈜신라는 새로운 기계장치를 20×1년도 1월 중에 ₩1,000,000에 취득하였으며, 내용연수는 5년, 잔존가치는 ₩100,000으로 추정하였다. 그리고 감가상각방법으로 정률법(상각률 = 36.9%)을 적용한다.

물음 매년 인식해야 할 감가상각비는 얼마인가?

풀이

정률법

연도	기초장부금액	계산과정	감가상각비	기말 감가상각누계액
20×1년	1,000,000	1,000,000 × 0.369	369,000	369,000
20×2년	631,000	631,000 × 0.369	232,840	601,840
20×3년	398,160	398,160 × 0.369	146,920	748,760
20×4년	251,240	251,240 × 0.369	92,710	841,470
20×5년	258,530	900,000 − 841,470	58,530	900,000

* 마지막 연도 감가상각비는 (상각대상금액 − 전기말 감가상각누계액)이다.

3.2.2 연수합계법

연수합계법(sum−of−the year's digits method)은 체감잔액법의 일종으로, 잔여내용연수를 연수합계로 나누어 계산된 상각률을 바탕으로 감가상각액을 산정하는 방법이다. 예컨대 내용연수가 3년이라면, 연수합계는 1 + 2 + 3 = 6이므로 이를 분모로 사용한다. 분모로 사용되는 연수합계액은 매년 일정하지만, 잔여내용연수는 자산의 사용기간 경과에 따라 감소하므로 상각률 또한 매년 감소하여 감가상각 후기로 갈수록 감가상각액은 줄어들게 된다.

$$\text{연수합계법 감가상각비} = \text{감가상각대상금액} \times \text{잔존내용연수}/\text{연수합계}$$

$$\text{감가상각대상금액} = (\text{취득원가} - \text{잔존가치})$$

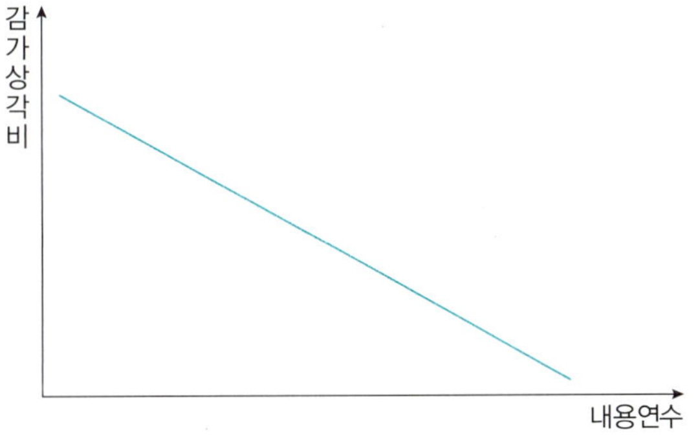

그림 7-5 연수합계법

예제 7-6 연수합계법 감가상각

㈜신라는 새로운 기계장치를 20×1년도 1월 중에 ₩1,000,000에 취득하였으며, 내용연수는 5년, 잔존가치는 ₩100,000으로 추정하였다. 그리고 감가상각방법으로 연수합계법을 적용한다.

물음 매년 인식해야 할 감가상각비는 얼마인가?

풀이

연수합계법

연도	상각대상액	계산과정	감가상각비	기말 감가상각누계액
20×1년		900,000 × 5/15	300,000	300,000
20×2년		900,000 × 4/15	240,000	540,000
20×3년	900,000	900,000 × 3/15	180,000	720,000
20×4년		900,000 × 2/15	120,000	840,000
20×5년		900,000 × 1/15	60,000	900,000

3.3 생산량비례법

생산량비례법(units-of activity method)은 유형자산의 총예상생산량 대비 당기생산량에 근거하여 감가상각비를 계산하는 방법이다. 생산량비례법에서 감가상각액은 감가상각대상금액(취득원가-잔존가치)을 그 유형자산이 내용연수 동안 생산할 수 있을 것으로 예상되는 총생산량으로 나누어 단위당 감가상각비를 계산한 후, 그 금액을 기중 실제 생산량에 곱하여 계산한다. 이 방법은 단순히 사용기간이 경과한 정도가 아니라 실제 사용량, 즉 당기의 실제 생산량에 비례하여 감가상각비를 반영함으로써 자산의 수익 창출 기여도에 따라 비용을 배분하는 방식이라 할 수 있다.

생산량비례법 감가상각비 = 감가상각대상금액 × (당기생산량/총예상생산량)

감가상각대상금액 = (취득원가 − 잔존가치)

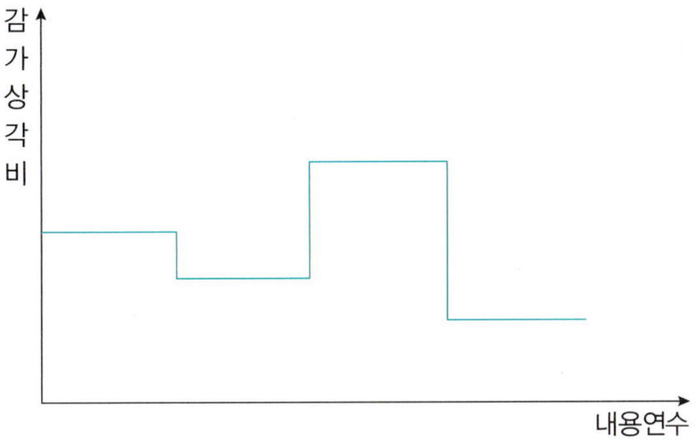

그림 7-6 생산량비례법

예제 7-7 연수합계법 감가상각

㈜신라는 20×1년에 새로운 기계장치를 ₩1,000,000에 취득하여 2,200개의 제품을 생산하였다. 내용연수 5년 동안 10,000개의 제품을 생산할 것으로 예상하였으며, 잔존가치는 ₩100,000이다.

물음 생산량비례법으로 20×1년도의 감가상각비를 계산하시오.

풀이 당기 감가상각비 = (1,000,000 − 100,000) × (2,200 / 10,000) = ₩198,000

지금까지 살펴본 감가상각방법을 정리하면 [표 7−2]와 같다. 이 표에서 볼 수 있듯이, 정률법을 제외한 나머지 계산공식에서는 취득원가에서 잔존가치를 제외한 감가상각대상금액을 기준으로 감가상각비를 추정하고 있다.

표 7-2 감가상각방법의 비교

감가상각방법	감가상각비 계산공식
정액법	$\frac{(\text{취득원가} - \text{잔존가치})}{\text{내용연수}}$
정률법	(취득원가 − 감가상각누계액) × 정률
연수합계법	$(\text{취득원가} - \text{잔존가치}) \times \frac{\text{남은 내용 연수}}{\text{연수합계}}$
생산량비례법	$(\text{취득원가} - \text{잔존가치}) \times \frac{\text{당기 생산량}}{\text{총 예상 생산량}}$

4 감가상각방법의 선택

감가상각방법에는 정액법, 정률법, 연수합계법, 생산량비례법 등 다양한 방법이 있다. 그렇다면 이 중에서 어떤 방법을 어떻게 선택하고 적용하는 것이 좋을까? 일반적으로 특정 유형자산에 반드시 적용해야 하는 감가상각방법이 미리 정해져 있는 것은 아니다. 기본적으로 해당 자산으로부터 예상되는 미래경제적 효익이 소비되는 형태를 반영하여 기업이 자유롭게 선택하여 적용할 수 있다. 예를 들어 매년 사용 형태에 큰 변화가 없는 건물이나 비품 등의 경우에는 주로 정액법이 적용되며, 기술진보 등에 의해 평가가치나 내용연수에 변화가 이루어질 수도 있는 기계장치 등에는 정률법과 같은 체감잔액법이 자주 사용된다. 자산의 소비형태 등 특별한 변화가 없는 한, 선택한 감가상각방법은 매 회계기간에 일관되게 적용되어야 한다.

한편 감가상각방법에 따라 연간 감가상각비가 달라지기 때문에, 연도별 법인세 부담이나 당기순이익에도 영향을 줄 수 있다. 이로 인해 기업은 세무상 또는 회계상의 고려에 따라 감가상각방법을 결정하기도 한다. 예를 들어 연간 매출액이 ₩1,000,000으로 일정하며, 감가상각비 외의 다른 수익 · 비용 항목이 없고, 법인세율이 30%라고 가정하자. 앞의 정액법과 정률법에 의해 계산된 매년의 감가상각비의 영향은 [표 7-3]을 참고하여 비교할 수 있다.

표 7-3 정액법과 정률법이 당기순이익에 미치는 영향 비교

연도	매출액	감가상각비	법인세차감전이익	법인세	당기순이익
[정액법을 적용한 경우]					
1	1,000,000	180,000	820,000	246,000	574,000
2	1,000,000	180,000	820,000	246,000	574,000
3	1,000,000	180,000	820,000	246,000	574,000
4	1,000,000	180,000	820,000	246,000	574,000
5	1,000,000	180,000	820,000	246,000	574,000
합계		900,000		1,230,000	2,870,000
[정률법을 적용한 경우]					
1	1,000,000	369,000	631,000	189,300	441,700
2	1,000,000	232,840	767,160	230,148	537,012
3	1,000,000	146,920	853,080	255,924	597,156
4	1,000,000	92,710	907,290	272,187	635,103
5	1,000,000	58,530	941,470	282,441	659,029
합계		900,000		1,230,000	2,870,000

[표 7-3]에서 정액법을 적용한 경우 매년 감가상각비와 당기순이익이 일정하게 계산된다. 반면, 정률법을 적용하면 감가상각비는 자산의 잔존가액이 줄어듦에 따라 초기에 크고 이후에는 점차 감소하는 형태로 계산된다. 이로 인해 초기의 당기순이익은 작게, 후기로 갈수록 크게 나타나는 것을 확인할 수 있다. 이처럼 각 기간의 감가상각비와 당기순이익에는 차이가 있지만, 전체 5개년의 감가상각비 총액(₩900,000)은 두 방법 모두 동일하다. 즉 감가상각이란 취득원가를 내용연수 동안 나누어 비용으로 배분하는 과정으로서, 감가상각방법에 따라 연도별 배분 금액은 다를 수 있으나 총액은 동일하다. 또한 전체적으로는 어떤 감가상각방법을 선택하더라도 계상된 당기순이익과 법인세 합계액은 동일하게 나타난다.

그럼에도 불구하고 정액법에 비해 정률법 계산 결과에서는 초기의 법인세 지출이 현저히 적게 나타나고 있다. 이는 유형자산 취득을 위해 거액을 지출한 기업의 입장에서는 초기에 가능한 한 적은 세금을 납부하는 방식이 자금 유출을 줄이는 데 유리하다고 판단될 수 있기 때문이다. 반대로 초기에 보다 높은 성과를 기대하는 기업이라면 정률법보다는 정액법을 선택하는 것이 유리할 수 있다. 그러나 궁극적으로 어떤 감가상각방법을 선택하더라도, 총 감가상각비 · 당기순이익 · 법인세 합계액은 동일하게 계산된다.

5 감가상각비의 회계처리

앞에서 언급했듯이 감가상각은 장기간에 걸쳐 사용되는 유형자산을 취득시점에 한꺼번에 비용 처리하지 않고 자산으로 인식한 후, 사용 기간에 따라 일정한 기준에 따라 매년 이를 비용으로 배분하는 과정이다. 따라서 감가상각과 관련된 회계처리는 수익 · 비용 대응의 원칙에 따라 유형자산의 취득원가를 내용연수 동안 감가상각비라는 비용으로 인식하는 부분과 해당 유형자산의 장부금액을 매년 감가상각비로 인식한 만큼 감소시키는 부분으로 구성된다.

유형자산의 장부금액 = 취득원가 − 감가상각누계액

(차) 감가상각비[주1]	×××	(대) 감가상각누계액[주2]	×××

주1 비용

주2 유형자산의 차감계정

위 회계처리와 같이 선택한 감가상각방법에 따라 매년 계산된 감가상각비는 비용계정으로 차변에 기록되며, 포괄손익계산서에는 비용으로 표시된다. 한편 매년 비용으로 계산된 감가상각비 금액은 동시에 감가상각누계액 계정으로 대변에 기록된다. 감가상각누계액은 대변에 잔액을 갖는 재무상태표 계정이지만, 부채가 아닌 자산에 대한 차감계정이다. 여기서 감가상각누계액은 매년 인식한 감가상각비가 누적되면서 총액이 점차 증가하기 때문에, 취득원가에서 이 감가상각누계액을 차감하여 계산되는 장부금액은 그만큼 매년 감소하게 된다. 즉 감가상각누계액은 해당 유형자산에 대해 누적된 감가상각비를 반영하고 있는 계정이라 할 수 있다.

이와 같이 감가상각누계액은 해당 유형자산의 누적된 감가상각비를 반영하는 계정이므로, 일반적으로 해당 유형자산별로 각각의 감가상각누계액을 따로 구분하여 표시한다. 또한 각 유형자산은 취득시점, 취득원가, 내용연수, 잔존가치 등이 모두 다를 수 있다. 자산을 처분할 때는 해당 자산의 감가상각누계액도 함께 제거해야 한다. 따라서 건물에 대한 감가상각누계액은 건물감가상각누계액, 비품에 대한 감가상각누계액은 비품감가상각누계액 등과 같이 각각의 자산별로 구분하여 해당 유형자산의 이름을 붙여 따로 관리하는 것이 일반적이다.

[당기 감가상각액 ₩128,000, 기초 감가상각누계액 ₩330,000인 경우 가정]

- 당기 감가상각비의 회계처리

(차) 감가상각비	128,000	(대) (건물)감가상각누계액	128,000

- 재무제표 표시

재무상태표			포괄손익계산서	
⋮			⋮	
유형자산			판매비와 관리비	
건물	1,000,000		감가상각비	128,000
감가상각누계액[주1]	(458,000)	542,000		

주1 458,000 = 330,000 + 128,000

6 기중 취득한 유형자산의 감가상각비 계산

지금까지는 설명의 편의를 위해 유형자산을 연초에 취득한 것으로 가정하고, 취득연도에도 1년분의 감가상각비를 모두 반영하는 것으로 설명했다. 그러나 실제로는 대부분의 유형자산 취득이 기중에 이루어지는 경우가 더 일반적이다. 이처럼 기중에 취득한 유형자산에 대해서는 실제로 사용한 기간을 반영하여 감가상각비를 계산해야 한다. 실제로 사용한 기간은 구체적인 일수를 기준으로 계산할 수도 있지만, 보통 월단위의 월할계산을 이용한다. 예를 들어, 10월 중에 자산을 구입한 경우 취득한 1차연도는 3개월(10월~12월)분의 상각액을 감가상각비로 인식한다.

다만 월할계산 방식은 해당 기업이 감가상각방법으로 정액법을 사용하는지, 아니면 정률법 등의 체감잔액법을 사용하는지에 따라 계산 방법이 달라진다. 자산에 대해 **정액법** 감가상각을 적용하는 경우, 내용연수 기간 중 동일한 금액의 감가상각비를 인식한다. 따라서 자산 취득연도 또는 내용연수 마지막 기간에도 동일한 1년분 감가상각비에 대해 실제 사용한 월수만큼의 비율로 월할계산하여 감가상각비를 산정한다. 예를 들어, 20×1년 6월 2일에 비품(취득원가 ₩400,000, 잔존가치 10%, 내용연수 3년, 정액법 상각)을 취득한 경우, 내용연수 기간 중 매년 감가상각비는 다음과 같이 계산된다.

20×1년 감가상각비 = (₩400,000−40,000)/3×7/12 = ₩70,000
20×2년 감가상각비 = (₩400,000−40,000)/3 = ₩120,000
20×3년 감가상각비 = (₩400,000−40,000)/3 = ₩120,000
20×4년 감가상각비 = (₩400,000−40,000)/3×5/12 = ₩50,000

위에서 계산한 결과는 [그림 7-7]에 정리되어 있다.

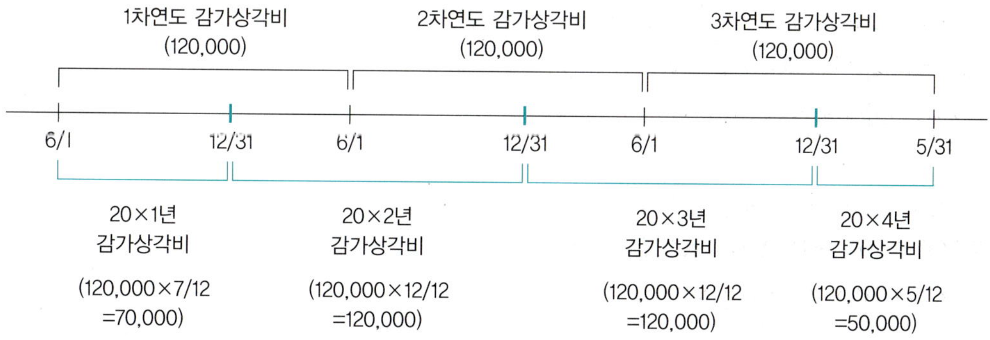

그림 7-7 기중 취득한 유형자산 감가상각비 계산(정액법)

여기서 내용연수는 3년(36개월)이므로 취득시점의 사용기간 7개월과 마지막 연도(4차연도)의 사용기간 5개월을 포함하여 실제로 감가상각이 이루어지는 회계기간은 4개년도(36개월)에 걸쳐 인식된다. 그런데 만일 해당 자산에 대해 **정률법** 등의 체감잔액법에 따른 감가상각을 행하고 있는 경우에는 매년 계산되는 감가상각비가 달라지기 때문에, 단순히 연간 감가상각비를 월할계산하는 방식의 정액법으로는 정확한 감가상각비를 산정할 수 없다. 이 경우에는 내용연수를 기준으로 한 매차년도의 감가상각비 계산액과 취득일을 기준으로 한 월할계산이 복합적으로 이루어져야 한다. 예를 들어 앞의 정액법 사례와 동일한 조건에서 정액법 대신 정률법을 사용하는 기업이라고 가정하자. 즉, 20×1년 6월 2일에 비품(취득원가 ₩400,000, 잔존가치 10%, 내용연수 3년, 정률법 상각, 정률은 0.536)을 취득한 경우, 내용연수 기간 중 매년 감가상각비는 다음과 같은 4단계의 절차를 통해 산정된다.

- **1단계**: 실제 감가상각이 적용되는 회계연도와 관계없이, 전체 내용연수를 기준으로 각 내용연수에 배분되는 감가상각비 금액을 먼저 계산한다. 본 예에서는 내용연수가 3년이므로 정률법을 적용하여 1차연도부터 3차연도까지 각 내용연수별 감가상각비를 구한다.

  1차연도 감가상각비 = (₩400,000 − 0) × 0.536 = ₩214,400
  2차연도 감가상각비 = (₩400,000 − 214,400) × 0.536 = ₩99,482
  3차연도 감가상각비 = (₩400,000 − 313,882) × 0.536 = ₩46,118[주1]

  주1 계산액은 ₩46,159이지만 잔존가치에 맞게 조정된 금액임)

- **2단계**: 감가상각이 처음 적용되는 회계연도의 감가상각비를 계산한다. 첫 번째 회계연도는 20×1년 6월부터 12월까지 7개월에 해당하므로, 위에서 계산된 1차연도 감가상각비 중 7개월분을 20×1년도 감가상각비로 인식한다.

  20×1연도 감가상각비 = 1차연도 감가상각비 계산액 × 7/12
  = ₩214,400 × 7/12 = ₩125,067

- **3단계**: 내용연수 기간 중 12개월을 모두 사용한 경우에는 1단계에서 계산된 해당 차년도의 적용기간을 각각 월할계산하여 합계금액으로 구한다. 예를 들어 20×2년도의 감가상각비는 1차연도분의 나머지 5/12와 2차연도분의 7/12을 계산한 후 이를 더하여 구한다.

  20×2년도 감가상각비 = 1차연도 감가상각비 × 5/12 + 2차연도 감가상각비 × 7/12
  = ₩214,400 × 5/12 + 99,482 × 7/12 = ₩147,364

  20×3년도 감가상각비 = 2차연도 감가상각비 × 5/12 + 3차연도 감가상각비 × 7/12
  = ₩99,482 × 5/12 + 46,118 × 7/12 = ₩68,353

- **4단계**: 마지막 회계연도에는 남은 내용연수에 해당하는 월 계산분(1월~5월)만을 반영한다. 본 예에서는 내용연수가 3년이지만 자산을 기중 취득하였기 때문에, 4차연도의 기중(5월 말)에 내용연수가 끝나게 되어 3차년도 감가상각비의 5/12만을 반영하여 계산한다.

  20×4년도 감가상각비 = 3차년도 감가상각비 × 5/12
  = ₩46,118 × 5/12 = ₩19,216

이로써 잔존가치 10%를 제외한 내용연수 3년의 감가상각비(214,400 + 99,482 + 46,118 = ₩360,000)는 4개 회계기간(20×1년~20×4년)에 걸쳐 동일한 합계금액(₩360,000)이 연도별로 서로 다른 금액(125,067 / 147,364 / 68,353 / 19,216)으로 배분되어 기록된다.

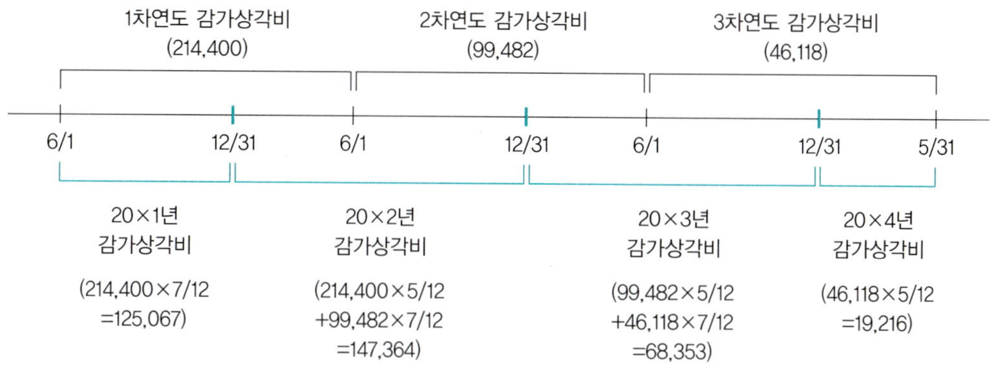

그림 7-8 기중 취득한 유형자산 감가상각비 계산(정률법)

7 감가상각 추정의 변경

일반적으로 감가상각방법은 특정 유형자산의 성격이나 소비 형태에 따라 기업이 자유롭게 선택하여 적용할 수 있다. 그러나 선택한 감가상각방법에 따라 매년 비용처리되는 감가상각비 금액이 달라지며, 이는 당기순이익에도 영향을 미친다. 따라서 특정 유형자산에 대한 감가상각방법은 기업이 임의로 선택하여 적용하되, 일단 선택된 방법과 기준은 매기 일관되게 적용하여야 한다. 또한 특별한 변경사유가 없는 한 임의로 변경해서는 안 된다. 이는 감가상각방법의 변경이 이익조작을 위한 수단으로 악용될 가능성을 방지하기 위함이다.

그럼에도 불구하고 사용 중인 기계장치의 주요 부품을 대폭 교체하여 성능이 향상되면 내용연수가 연장될 수 있다. 반대로 정보통신기술의 발전으로 전자기기 설비가 빠르게 진부화되면 추정내용연수나 잔존가치가 단축되거나 감소할 수도 있다. 이처럼 감가상각 대상자산이 환경 변화나 주요 개량활동 등에 의해 취득원가, 잔존가치, 내용연수 등이 변경된 경우, 이를 반영하여 새로운 추정치를 적용하거나 다른 상각 방법으로 전환할 수 있다. 이러한 변경을 **회계추정의 변경**이라고 한다. 이와 같은 변경이 불가피한 경우라도 과거에 이미 인식한 감가상각비나 감가상각누계액 등을 소급하여 수정하지 않으며, 변경시점 이후의 기간에 새로운 방법이나 기준을 적용한다. 이러한 방식의 적용을 **전진법**이라고 한다.

예제 7-8 감가상각 추정의 변경

㈜신라는 20×5년 1월 1일에 새로운 기계장치를 ₩12,000,000에 구입하였으며, 동 기계의 내용연수는 5년, 잔존가치는 ₩1,000,000으로 추정하고, 정액법에 의한 상각을 해오고 있다. 취득 후 만 2년이 경과된 20×7년 초에 환경 변화를 반영하여 내용연수를 5년에서 8년으로, 잔존가치를 ₩1,000,000에서 ₩700,000으로 변경하였다.

물음 이와 관련하여 20×5년과 20×7년에 인식해야 할 감가상각비를 계산하시오.

풀이

(1) 20×5년에 인식해야 할 감가상각비 = (12,000,000 – 1,000,000)/5년
= 2,200,000

* 20×6년까지 2년간 감가상각누계액 = 2,200,000 × 2년 = 4,400,000

① 변경 전 장부금액 = 최초의 취득원가 – 추정변경 전 감가상각누계액
= 12,000,000 – 4,400,000 = 7,600,000

② 새로운 잔존가치 = 700,000

③ 변경 후의 잔여내용연수 = 8년 – 2년 = 6년

(2) 20×7년에 인식해야 할 감가상각비 = (7,600,000 – 700,000)/6년
= 1,150,000

SECTION 04 유형자산의 재평가와 처분

1 유형자산 재평가

유형자산은 취득시점의 원가를 기준으로 인식한다. 그리고 인식시점 이후에는 원가모형이나 재평가모형 중 하나를 선택하여 적용한다. **원가모형**(cost model)이란 유형자산을 취득한 후 원가에서 감가상각누계액과 손상차손누계액을 조정한 금액을 장부금액으로 하는 방법을 말하며, 공정가치(fair value) 변동으로 인한 평가손익을 인정하지 않는다. 또한 손상차손(impairment loss)이 발생하면 당기의 비용으로 인식해야 한다.

유형자산의 장부금액 = 취득원가 − 감가상각누계액 − 손상차손누계액

손상차손 = 유형자산의 장부금액 − 회수가능액

회수가능액 = Max(순공정가치[주1], 사용가치[주2])

주1 순공정가치 = 공정가치 − 처분부대원가
주2 사용가치 = 자산이 벌어들일 미래현금흐름의 현재가치

재평가모형(revaluation model)은 유형자산을 공정가치로 측정하는 방법으로, 재평가일의 공정가치에서 이후의 감가상각누계액과 손상차손누계액을 조정한 재평가금액을 장부금액으로 한다. 여기서 공정가치란 합리적인 판단력과 거래의사가 있는 독립된 당사자 사이의 거래에서 자산이 교환되거나 부채가 결제될 수 있는 금액을 말한다. 재평가모형은 유형자산의 공정가치가 장부금액보다 하락한 경우 **재평가손실**을 손익계산서의 당기 비용으로 인식한다. 반면에 공정가치금액이 장부금액보다 큰 경우는 **재평가이익**이라는 계정으로 인식하며, 이후 마감분개를 통해 재무상태표에는 기타포괄손익누계액에 **재평가잉여금**이라는 계정으로 인식한다.

[유형자산의 재평가차액]

(1) 공정가치가 장부금액보다 큰 경우 (공정가치 > 장부금액)

(차) 유 형 자 산	×××	(대) 재평가이익[주1]	×××

주1 기타포괄손익 항목

(2) 공정가치가 장부금액보다 작은 경우 (공정가치 < 장부금액)

(차) 재평가손실[주2]	×××	(대) 유 형 자 산	×××

주2 당기손익 항목

예제 7-9 유형자산의 재평가(재평가모형)

다음 각각의 경우에 재평가에 대한 회계처리를 행하시오.

물음

(1) ㈜백제가 20×1년도 현재 보유하고 있는 장부금액 ₩1,000,000의 토지에 대한 공정가치는 ₩1,800,000이다.

(2) ㈜백제가 20×1년도 현재 보유하고 있는 장부금액 ₩1,000,000의 토지에 대한 공정가치는 ₩800,000이다.

풀이

(1) 토지의 재평가이익 = ₩1,800,000 − ₩1,000,000 = ₩800,000

(차) 토　　지 800,000　　(대) 재평가이익[주1] 800,000

주1 기타포괄손익

(2) 토지의 재평가손실 = ₩1,000,000 − ₩800,000 = ₩200,000

(차) 재평가손실[주2] 200,000　　(대) 토　　지 200,000

주2 당기손익

2 유형자산 처분

유형자산을 처분했을 때는 유형자산의 장부금액과 처분가액을 비교하여 차액이 발생하는 경우 이를 **처분손익**으로 인식한다. 이때 기준이 되는 장부금액은 처분일까지 감가상각비를 인식한 후 남은 금액으로 한다

유형자산의 처분손익 = 처분가액 – 장부금액(처분 시까지의 감가상각누계액 반영)

유형자산을 처분한 경우에는 해당 유형자산과 관련된 기록을 제거(derecognition)해야 한다. 유형자산을 처분한 경우에는 해당 유형자산계정에서 취득원가와 관련 감가상각누계액계정을 동시에 장부에서 제거하고, 처분대가로 받은 현금을 자산으로 장부에 기록한다. 이때 장부금액과 처분대가와의 차이를 처분손익으로 기록한다. 유형자산 처분과 관련된 회계처리에 대해 정리한 내용은 다음과 같다.

(1) 처분시점까지의 감가상각비 처리

(차) 감 가 상 각 비	×××	(대) 감가상각누계액	×××

(2) 유형자산 처분 및 처분손익 처리

① 장부금액 < 처분가액인 경우

(차) 현 금	×××	(대) 유 형 자 산	×××
감가상각누계액	×××	유형자산처분이익	×××

② 장부금액 > 처분가액인 경우

(차) 현 금	×××	(대) 유 형 자 산	×××
감가상각누계액	×××		
유형자산처분손실	×××		

예제 7-10 유형자산의 처분

㈜신라는 20×1년 1월 1일에 ₩600,000에 취득하였던 기계장치를 20×5년 7월 1일에 매각하였다. 20×5년 1월 1일 현재 기계장치에 대한 감가상각누계액이 ₩400,000이었다. ㈜신라는 동 기계장치에 대하여 정액법으로 감가상각을 하며 1년간의 감가상각비는 ₩100,000이다.

물음 ㈜신라가 동 기계장치를 ₩200,000에 매각한 경우와 ₩120,000에 매각한 경우를 가정하여 처분시점의 회계처리를 행하시오.

풀이

처분 시의 장부금액 = ₩600,000 − (₩400,000 + ₩50,000(6개월분 감가상각비))

= ₩150,000

(1) 처분시점까지 감가상각비 관련 회계처리

(차) 감 가 상 각 비	50,000	(대) 감가상각누계액	50,000

(2) 처분시점의 회계처리

① ₩200,000원에 매각한 경우 (장부가액 < 처분가액)

(차) 현 금	200,000	(대) 기 계 장 치	600,000
감가상각누계액	450,000	기계장치처분이익	50,000

② ₩120,000원에 매각한 경우 (장부가액 > 처분가액)

(차) 현 금	120,000	(대) 기 계 장 치	600,000
감가상각누계액	450,000		
기계장치처분손실	30,000		

SECTION
05 무형자산의 회계처리

1 무형자산의 의의

무형자산(intangible assets)이란 물리적 형체는 없지만 식별 가능한 비화폐성자산을 말한다(한국채택국제회계기준서 제1038호). 무형자산은 사업결합 과정에서 인식되는 영업권과 구별되며, 이를 위해 식별가능성 요건을 충족해야 한다. 여기서 말하는 식별 가능한 자산이란 기업의 의도와는 무관하게 기업과 분리 가능하고, 자산이 계약상 권리 또는 기타 법적 권리로부터 발생해야 한다.

무형자산은 기업의 자원을 이용하여 과학적 · 기술적 지식, 새로운 공정 · 시스템의 설계와 실행, 라이선스, 지적재산권, 시장에 대한 지식과 상표 등의 무형자원을 취득 · 개발 · 유지 또는 개선하는 일련의 활동을 통해 확보한 자산을 말한다. 대표적인 무형자산의 예로는 특허권, 저작권, 판매권, 어업권, 프랜차이즈, 컴퓨터 소프트웨어 등이 있다.

2 무형자산의 인식과 측정

무형자산으로 인식되기 위해서는 해당 자산이 미래 경제적 효익을 유입시킬 가능성이 높고 그 자산의 원가를 신뢰성 있게 측정할 수 있어야 한다. 무형자산은 특허권이나 상표권 등과 같이 개별적으로 취득할 수 있는 것도 있지만, 영업권과 같이 사업결합을 통해서만 취득할 수 있는 것도 있다. 따라서 무형자산의 취득원가 인식도 취득 방법에 따라 다음과 같은 차이를 보인다. 무형자산은 최초인식시점에 **원가**로 측정하며, 개별 취득하는 무형자산의 원가는 자산의 구입가격에 자산을 의도한 목적으로 사용하기까지 직접 관련된 원가를 포함한다. 그리고 사업결합으로 취득한 무형자산의 원가는 취득일의 **공정가치**를 기준으로 측정한다.

표 7-4 **무형자산의 원가**

구분	포함 범위
직접 관련되는 원가	(1) 그 자산을 사용 가능한 상태로 만드는 데 직접 관련 되는 종업원 급여 (2) 그 자산을 사용 가능한 상태로 만드는 데 직접 관련 되는 전문가 수수료 (3) 그 자산이 적절하게 기능을 발휘하는지 검사하는 데 발생하는 원가
무형자산 원가에 포함되지 않는 지출	(1) 새로운 제품이나 용역의 홍보원가 (예: 광고와 판매촉진 활동비) (2) 새로운 지역에서 또는 새로운 계층의 고객을 대상으로 사업을 수행하여 발생하는 원가(예: 교육훈련비) (3) 관리원가와 기타 일반경비원가

3 무형자산의 상각과 평가

무형자산 인식 후의 회계처리는 크게 무형자산 재평가와 무형자산에 대한 상각으로 나뉜다. 유형자산에 대한 취득원가를 비용으로 배분하는 과정을 **감가상각**(depreciation)이라 하며, 무형자산에 대한 취득원가를 비용으로 배분하는 과정을 **상각**(amortization)이라고 부른다. 무형자산의 내용연수가 유한한지 또는 비한정인지를 평가하여, 내용연수가 유한한 무형자산에 대해서만 취득원가를 비용으로 배분하는 상각을 하여야 한다. 이때 내용연수가 유한한 무형자산의 잔존가치는 영(0)으로 가정한다. 반면 영업권과 같이 내용연수를 한정할 수 없는 무형자산의 경우에는 상각하지 않는다.

더 알아보기 **잔존가치를 영(0)으로 볼 수 없는 경우**

(1) 내용연수 종료시점에 제3자가 자산을 구입하기로 한 약정이 있는 경우

(2) 잔존가치를 무형자산의 활성시장에서 결정할 수 있는 경우

무형자산은 유형자산과 동일하게, 최초 인식 후에 무형자산의 원가에서 상각누계액과 손상차손누계액을 차감한 금액을 장부가액으로 하는 **원가모형**과 재평가일의 공정가치에서 상각누계액과 손상차손누계액을 차감한 금액을 장부가액으로 하는 **재평가모형**을 선택적용할 수 있다. 또한 무형자산의 회수가능액이 장부금액에 미달하게 되는 경우 그 차액을 **손상차손**으로 인식한다. 특히, 내용연수가 비한정인 영업권의 경우에는 매년 손상 여부를 판단한다.

무형자산은 그 자산을 처분하거나 같은 자산의 미래 경제적 효익이 기대되지 않을 때 장부에서 제거해야 한다. 무형자산의 제거로 인해 발생하는 순매각금액과 장부금액의 차이는 당기손익에 반영한다.

예제 7-11 | 무형자산의 회계처리

㈜백제는 20×1년 초에 특허권을 ₩500,000에 현금으로 취득하고 재평가모형을 적용하기로 하였다. 20×1년 말 기준으로 해당 특허권의 가치는 ₩550,000으로 평가되었다.

물음 이를 바탕으로 취득시점과 기말시점에 필요한 분개를 행하시오.

풀이

(1) 20×1년 1월 1일 분개

(차) 특허권	500,000	(대) 현 금	500,000

(2) 20×1년 12월 31일 분개

(차) 특허권	50,000	(대) 재평가이익	50,000

4 영업권의 회계처리

내부적으로 창출한 영업권과는 달리, 사업결합을 통하여 취득한 **영업권**(goodwill)은 재무상태표에 무형자산으로 인식한다. 사업결합으로 인한 영업권이란, 기업이 다른 기업을 합병하거나 인수할 때 부담한 대가와 해당 기업의 순자산의 공정가치 차이를 말한다.

영업권 = 피취득기업에게 부담한 대가 − 순자산의 공정가치

영업권은 그 내용연수에 걸쳐서 자산을 비용으로 배분하는 상각을 하지는 않지만, 매년 영업권의 **손상차손**을 평가하여야 한다.

예제 7-12 영업권의 회계처리

㈜백제는 ㈜신라를 현금 ₩100,000,000을 주고 합병하였다. 합병 시 ㈜신라의 자산과 부채의 공정가치는 다음과 같다.

재무상태표

㈜신라 (단위: 만원)

자산	장부가치	공정가치	부채와 자본	장부가치	공정가치
매출채권	10,000,000	10,000,000	매입채무	30,000,000	30,000,000
재고자산	15,000,000	12,000,000	자본금	50,000,000	
토지	40,000,000	60,000,000	이익잉여금	5,000,000	
건물	20,000,000	35,000,000			
합계	85,000,000	117,000,000	합계	85,000,000	

물음 이때 ㈜경영이 인식해야 할 영업권의 가치는 얼마인지 계산하고 영업권에 대한 회계처리를 수행하시오.

풀이

(1) 영업권 = 100,000,000 − (117,000,000 − 30,000,000)
= 13,000,000

(2) 합병분개 (단위: 만원)

(차) 매출채권	10,000,000	(대) 매입채무	30,000,000
재고자산	12,000,000	현금	100,000,000
토지	60,000,000		
건물	35,000,000		
영업권	13,000,000		

5 연구개발투자의 회계처리

내부적으로 창출한 무형자산은 그 창출과정을 연구단계와 개발단계로 구분하여 무형자산의 인식기준 충족 여부를 평가한다. 이에 대한 예시는 [표 7-5]와 같다. 이때 연구활동에 대한 지출은 당기비용으로 인식하며, 개발단계의 지출은 무형자산의 원가로 인식할 수 있다.

표 7-5 연구단계 및 개발단계 예시

구 분	포함 범위
연구단계	(1) 새로운 지식을 얻고자 하는 활동 (2) 연구결과나 기타 지식을 탐색, 평가, 최종 선택, 응용하는 활동 (3) 재료, 장치, 제품, 공정, 시스템이나 용역에 대한 여러 가지 대체안을 탐색하는 활동 (4) 신규 또는 개선된 재료, 장치, 제품, 공정, 시스템이나 용역에 대한 여러 가지 대체안을 제안, 설계, 평가, 최종 선택하는 활동
개발단계	(1) 생산이나 사용 전의 시제품과 모형을 설계, 제작, 시험하는 활동 (2) 새로운 기술과 관련된 공구, 지그, 주형, 금형 등을 설계하는 활동 (3) 상업적 생산 목적으로 실현 가능한 경제적 규모가 아닌 시험공장을 설계, 건설, 가동하는 활동 (4) 신규 또는 개선된 재료, 장치, 제품, 공정, 시스템이나 용역에 대하여 최종적으로 선정된 안을 설계, 제작, 시험하는 활동

객관식 문제

개념의 이해

7-1 다음 중 유형자산으로 분류하기 위한 조건에 해당하지 않는 것은?

① 물리적 실체가 있는 자산

② 판매 목적으로 보유하고 있는 고가의 자산

③ 재화나 용역의 생산, 제공을 위해 사용할 목적으로 취득한 자산

④ 한 회계기간을 초과하여 사용할 것으로 기대되는 자산

7-2 다음 중 자산의 회계처리에 대한 설명으로 적합하지 않은 것은?

① 자동차 회사가 제조한 자동차를 운송하기 위하여 사용하는 운송용 차량은 유형자산으로 분류하고, 감가상각도 행해야 한다.

② 비품 형태로 사용되는 경우라 하더라도 1년 이내에 사용후 소멸되는 자산은 유형자산으로 분류하지 않는다.

③ 자동차 판매기업이 판매를 목적으로 보유하고 있는 자동차는 재고자산으로 본다.

④ 신규사업을 위해 건설 중인 건물도 유형자산이므로 감가상각후 비용으로 인식해야 한다.

7-3 다음 중 자본적 지출과 수익적 지출의 분류가 올바르게 짝지어진 것은?

㉠ 생산능력 증대를 위한 설비교체
㉡ 기계장비의 정기점검 비용
㉢ 낡은 엔진을 고성능 엔진으로 교체하여 성능이 향상된 경우
㉣ 건물 외벽의 도색비용
㉤ 내용연수 종료를 앞두고 소규모 보수를 한 경우
㉥ 기존 건물에 신규 엘리베이터를 설치한 경우
㉦ 매년 정기적으로 이루어지는 유지보수 계약 비용
㉧ 노후 설비를 동일 사양의 새 장비로 교체

	수익적 지출	자본적 지출
①	㉡, ㉣, ㉤, ㉦	㉠, ㉢, ㉥, ㉧
②	㉡, ㉢, ㉤, ㉧	㉠, ㉣, ㉥, ㉦
③	㉠, ㉡, ㉢, ㉣	㉤, ㉥, ㉦, ㉧
④	㉠, ㉣, ㉥, ㉦	㉡, ㉢, ㉤, ㉧

7-4 유형자산과 관련한 수익적 지출을 자본적 지출로 잘못 회계처리하였다. 이 경우 자산, 비용, 당기순이익에 미치는 영향으로 바르게 표시한 것은?

① 자산 과대계상, 비용 과소계상, 당기순이익 과대계상
② 자산 과소계상, 비용 과소계상, 당기순이익 과대계상
③ 자산 과소계상, 비용 과대계상, 당기순이익 과소계상
④ 자산 과대계상, 비용 과소계상, 당기순이익 과소계상

7-5 유형자산에 대한 감가상각방법으로 정액법을 선택했을 때 정률법을 선택한 경우에 비해 상각 초기의 당기순이익 및 유형자산의 장부금액에 미치는 영향으로 옳은 것은?

① 이익은 많게, 유형자산의 장부금액도 크게 표시된다.
② 이익은 적게, 유형자산의 장부금액도 적게 표시된다.
③ 이익은 많게, 유형자산의 장부금액은 적게 표시된다.
④ 이익은 적게, 유형자산의 장부금액은 크게 표시된다.

7-6 다음 유형자산의 감가상각과 관련된 설명으로 가장 적절한 것은?

① 모든 감가상각비는 당기비용으로 처리하여 손익계산서에 보고한다.
② 감가상각은 유형자산의 시장가격을 반영하기 위한 평가의 과정이다.
③ 유형자산의 잔존가치와 내용연수는 적어도 매 회계연도 말에 재검토한다.
④ 유형자산의 감가상각은 자산을 실제로 사용할 때부터 시작한다.
⑤ 한번 선택한 감가상각방법은 절대로 변경될 수 없다.

7-7 다음 중 감가상각에 대한 설명으로 옳지 않은 것은?

① 감가상각 누계액은 유형자산의 장부가액에서 차감되는 자산의 차감 계정이다.

② 잔존가치는 해당 자산의 사용이 종료된 후에도 기대되는 회수 가능 금액을 의미한다.

③ 감가상각은 시간이 지나면서 자산의 가치가 실제로 떨어지는 것을 회계처리하는 것이다.

④ 감가상각은 잔존가치를 차감한 후 남은 금액을 내용연수 동안 합리적으로 배분하는 것이다.

7-8 다음 무형자산에 대한 설명으로 적절하지 않은 것은?

① 내용연수가 무한하다고 판단되는 무형자산은 상각하지 않아도 좋다.

② 무형자산의 상각비는 전체 내용연수에 걸쳐 체계적인 방법으로 배분하여야 한다.

③ 무형자산의 종류로는 물리적 실체는 없지만 식별 가능한 비화폐성자산과 사업결합으로 인해 발생하는 영업권이 있다.

④ 개별 취득하는 무형자산과 사업결합으로 취득하는 무형자산은 인식 조건 중 미래경제적 효익의 유입가능성은 항상 충족되는 것으로 본다.

⑤ 최초에 비용으로 인식한 무형 항목에 대한 지출은 그 이후에 기업의 회계정책변경의 경우에 한하여 무형자산의 원가로 인식할 수 있다.

7-9 ㈜백제는 회사사옥의 신규건립을 목적으로 기존건물이 있는 토지를 ₩350,000에 취득하였다. 이 토지의 취득과정에서 다음과 같은 추가지출과 수입이 발생하였다. 토지의 취득원가는?

• 기존건물 철거비용	₩15,000	• 취득세와 등록세	₩9,000
• 철거 폐자재 처분수입	₩5,000	• 토지의 구획정리비용	₩4,000

① ₩335,000 ② ₩359,000 ③ ₩363,000 ④ ₩373,000

7-10 ㈜백제는 20×0년 7월 1일에 취득원가 ₩650,000, 잔존가치 ₩50,000의 기계장치를 취득한 후 사용해 오고 있다. 이 기계장치의 내용연수가 3년이고, 기계장치에 대한 감가상각방법으로 정액법을 사용한다고 할 때, 20×1년 말 재무상태표에 보고되어야 할 이 기계장치의 장부금액은?

① ₩300,000　　② ₩350,000
③ ₩400,000　　④ ₩450,000

7-11 ㈜백제는 20×1년 10월 1일에 기계장치를 현금으로 구입하여 즉시 제품생산에 투입하였다. 취득시점에서 이 기계장치의 내용연수는 3년 잔존가치는 ₩12,000으로 추정하였다. ㈜백제는 이 기계장치에 대해 원가모형을 적용하여 연수합계법으로 감가상각을 하고 있는데, 20×1년 말에 인식한 감가상각비는 ₩60,000이었다. 20×2년 12월 31일 기계장치의 장부금액은 얼마인가? 단, 감가상각비는 월할계산이다.

① ₩160,000　　② ₩200,000
③ ₩212,000　　④ ₩260,000
⑤ ₩272,000

7-12 ㈜백제는 20×7년 5월 1일에 기계장치를 취득하였다. 이 기계장치는 20×7년 7월 1일부터 사용하기 시작하였고 정액법으로 감가상각한다. 기계장치의 내용연수는 10년이고 잔존가치는 취득원가의 10%이다. 20×8년 말의 감가상각누계액이 ₩135,000일 때, 동 기계의 취득원가는? (단, 기계장치는 월할상각한다.)

① ₩1,000,000　　② ₩1,500,000
③ ₩1,700,000　　④ ₩2,000,000

7-13 ㈜백제는 20×8년 초에 ₩5,000,000에 3층 건물을 취득하여 임대목적으로 사용하기 시작하였다. 건물의 내용연수는 10년이며, ㈜백제는 보유하는 모든 건물에 대해서 잔존가치 없이 정액법으로 감가상각한다. 20×8년 말 현재 건물의 공정가치가 ₩5,400,000이라고 할 때, 재평가모형을 적용할 경우 20×8년에 건물에 대해서 인식할 총포괄손익은 얼마인가?

① 총포괄이익 ₩100,000
② 총포괄이익 ₩400,000
③ 총포괄손실 ₩100,000
④ 총포괄손실 ₩500,000

7-14 ㈜백제는 20×8년 1월 ㈜신라를 ₩5,000,000에 인수하기로 하였다. ㈜신라의 장부상 자산총계는 ₩7,500,000, 부채총계는 ₩3,500,000이었고, 인수를 위하여 ㈜신라의 자산과 부채의 공정가치를 감정한 결과 토지의 공정가치가 장부금액을 ₩400,000 초과하였다. 또한 ㈜신라의 장부에는 인식되지 않은 고객목록의 공정가치가 ₩100,000임을 확인하였다. ㈜백제가 ㈜신라을 합병하는 경우 발생하는 영업권의 가치는 얼마인가?

① ₩400,000
② ₩500,000
③ ₩600,000
④ ₩1,000,000
⑤ ₩1,500,000

기출문제

7-1 유형자산에 대한 설명으로 옳지 않은 것은? ▶ 2024 국가직 9급

① 유형자산의 일상적인 수선·유지와 관련하여 발생하는 원가는 해당 유형자산의 장부금액에 포함하여 인식하지 아니한다.

② 안전 또는 환경상의 이유로 취득하는 유형자산은 다른 자산에서 미래경제적 효익을 얻기 위해 필요한 경우에도 그 자체로는 미래경제적 효익을 얻을 수 없으므로 자산으로 인식하지 아니한다.

③ 유형자산으로 인식되기 위해서는 자산으로부터 발생하는 미래경제적 효익이 기업에 유입될 가능성이 높아야 한다.

④ 유형자산으로 인식되기 위하서는 자산의 원가를 신뢰성 있게 측정할 수 있어야 한다.

7-2 유형자산의 취득원가에 가산되지 않는 것은? ▶ 2021 경영지도사

① 매입할인과 리베이트

② 최초의 운송 및 취급 관련 원가

③ 설치장소 준비원가

④ 전문가에게 지급하는 수수료

⑤ 유형자산 취득과 관련된 취득세

7-3 기계장치와 관련된 지출 중 성격이 다른 것은? ▶ 2020 경영지도사

① 생산량을 증가시키기 위한 보조장치의 부착

② 정상적인 성능을 유지하기 위한 윤활유의 교체

③ 불량률을 감소시키기 위해 기존부품을 첨단부품으로 교체

④ 성능을 증가시키는 핵심부품의 교체

⑤ 내용연수를 연장시키기 위한 기존부품의 교체

7-4 유형자산의 감가상각에 대한 설명 중 옳지 않은 것은? ▸ 2017 세무직

① 유형자산의 기말 공정가치 변동을 반영하기 위해 감가상각한다.

② 감가상각방법은 자산의 미래경제적 효익이 소비될 것으로 예상되는 형태를 반영한다.

③ 각 기간의 감가상각액은 다른 자산의 장부금액에 포함되는 경우가 아니라면 당기손익으로 인식한다.

④ 잔존가치, 내용연수, 감가상각방법은 적어도 매 회계연도 말에 재검토한다.

7-5 자산의 감가상각 및 상각에 대한 설명으로 옳지 않은 것은? ▸ 2019 관세직 9급

① 유형자산을 구성하는 일부의 원가가 당해 유형자산의 전체 원가에 비교하여 유의적이라면, 해당 유형자산을 감가상각할 때 그 부분은 별도로 구분하여 감가상각한다.

② 내용연수가 유한한 무형자산의 상각기간과 상각 방법은 적어도 매 회계연도 말에 검토한다.

③ 내용연수가 비한정적인 무형자산에 대해 상각비를 인식하지 않는다.

④ 정액법을 적용하여 상각하던 기계장치가 유휴상태가 되면 감가상각비를 인식하지 않는다.

7-6 무형자산에 대한 설명으로 옳은 것은? ▸ 2024 국가직 9급

① 무형자산의 회계처리는 내용연수에 따라 다르다. 내용연수가 유한한 무형자산은 상각하고, 내용연수가 비한정인 무형자산은 상각하지 아니한다.

② 무형자산을 창출하기 위한 내부 프로젝트를 연구단계와 개발단계로 구분할 수 없는 경우에는 그 프로젝트에서 발생한 지출은 모두 개발단계에서 발생한 것으로 본다.

③ 무형자산의 내용연수는 자산의 내용연수를 추정하는 시점에 평가된 표준적인 성능수준을 유지하기 위하여 필요한 지출을 초과하는 계획된 미래지출이 예상되는 경우 비한정으로 판단한다.

④ 내용연수가 유한한 무형자산은 그 자산을 더 이상 사용하지 않을 때에는 상각을 중지한다.

7-7 ㈜신라는 20×1년 1월 1일 건물을 ₩110에 취득하였다. 건물의 잔존가치는 ₩10이며, 내용연수는 10년이고, 정액법으로 감가상각을 하기로 하였다. 해당 건물에 대한 감가상각과 관련한 설명으로 옳지 않은 것은?

▶ 2023 국가직 9급

① 감가상각대상금액 ₩110이 내용연수 10년에 걸쳐 배분된다.

② 20×1년에 인식되는 감가상각비는 ₩10이다.

③ 20×2년 말 해당 건물의 감가상각누계액은 ₩20으로 보고된다.

④ 20×3년 말 해당 건물의 장부금액은 ₩80으로 보고된다.

7-8 ㈜대한은 20×1년 9월 1일 내용연수 5년의 기계장치를 취득하였다. 이 기계장치는 정률법을 사용하여 감가상각하며, 감가상각률은 36%이다. 20×2년도에 인식한 감가상각비는 ₩253,440이다. 20×3년도에 인식할 기계장치의 감가상각비는 얼마인가? 단, 계산방식에 따라 단수차이로 인해 오차가 있는 경우, 가장 근사치를 선택한다. ▶ 2014 KICPA

① ₩85,999 ② ₩91,238

③ ₩102,005 ④ ₩103,809

⑤ ₩162,202

7-9 ㈜발해는 20×1년 7월 1일에 기계설비를 취득(취득원가: ₩1,000,000, 내용연수: 4년, 잔존가치: 취득원가의 10%)하고, 원가모형을 적용한다. 정률법(ㄱ)과 연수합계법(ㄴ)에 따른 20×2년도의 감가상각비는? (단, 정률상각률은 0.5로 적용하고, 감가상각은 월할 계산한다.) ▶ 2023 관세사

① ㄱ : ₩250,000, ㄴ : ₩180,000

② ㄱ : ₩375,000, ㄴ : ₩315,000

③ ㄱ : ₩625,000, ㄴ : ₩495,000

④ ㄱ : ₩375,000, ㄴ : ₩270,000

⑤ ㄱ : ₩625,000, ㄴ : ₩450,000

7-10 ㈜한국은 20×1년 10월 1일에 기계장치를 ₩1,200,000(내용연수 4년, 잔존차기 ₩200,000)에 취득하고 연수합계법을 적용하여 감가상각하고 있다. 20×2년 말 포괄손익계산서와 재무상태표에 보고할 감가상각비와 감가상각누계액은? (단, 감가상각비는 월할계산한다.) ▸ 2018 국가직 9급

	감가상각비	감가상각누계액
①	₩375,000	₩475,000
②	₩375,000	₩570,000
③	₩450,000	₩475,000
④	₩450,000	₩570,000

7-11 ㈜구봉은 20×1년 1월 1일에 생산용 기계 1대를 ₩100,000에 구입하였다. 이 기계의 내용연수는 4년 잔존가액은 ₩20,000으로 추정되었으며 정액법에 의해 감가상각하고 있었다. ㈜구봉은 20×3년도 초에 동 기계의 성능을 현저히 개선하여 사용할 수 있게 하는 대규모의 수선을 시행하여 ₩16,000을 지출하였다. 동 수선으로 내용연수는 2년이 연장되었으나 잔존가치는 변동이 없을 것으로 추정된다. 이 기계와 관련하여 20×3년도에 인식될 감가상각비는? ▸ 2018 지방직 9급

① ₩28,000　② ₩24,000
③ ₩20,000　④ ₩14,000

7-12 ㈜신라는 20×1년 10월 초 기계장치를 ₩100,000(내용연수 4년, 잔존가치 ₩20,000, 연수합계법, 월할 상각)에 취득한 후, 20×2년 1월 초 ₩30,000의 자본적 지출을 하였다. 그 결과 20×2년 1월 초 기계장치의 내용연수는 10년, 잔존가치는 ₩50,000으로 추정되었다. ㈜신라가 20×2년 1월 초부터 감가상각방법을 정액법으로 변경하였다면, 20×2년 포괄손익계산서에 보고할 감가상각비는? (단, 원가모형을 적용하고, 손상차손은 발생하지 않았다.) ▸ 2023 지방직 9급

① ₩7,200　② ₩10,200
③ ₩12,200　④ ₩37,200

7-13 ㈜백제는 20×1년 초 기계장치 (취득원가 ₩1,000,000, 내용연수 5년, 잔존가치 ₩50,000, 정액법 상각)를 구입하고, 원가모형을 적용하였다. 20×4년 초 ㈜백제는 기계장치의 내용연수를 당초 5년에서 7년으로, 잔존가치도 변경하였다. ㈜백제가 20×4년에 인식한 감가상각비가 ₩100,000인 경우, 기계장치의 변경된 잔존가치는? ▸ 2021 감정평가사

① ₩20,000 ② ₩30,000
③ ₩50,000 ④ ₩70,000
⑤ ₩130,000

7-14 12월 결산법인인 서울㈜는 20×1년 5월 1일 건물을 ₩250,000에 구입하면서 중개수수료 ₩50,000, 취득세 ₩50,000을 지출하였다. 건물의 내용연수는 5년, 잔존가치는 ₩50,000이다. 서울㈜는 건물을 정액법으로 감가상각하고 있다. 20×3년 11월 1일 건물을 ₩100,000에 처분할 경우 유형자산처분손익은 얼마인가? ▸ 2014 서울시 9급

① 유형자산처분이익 ₩50,000 ② 유형자산처분이익 ₩100,000
③ 유형자산처분손실 ₩20,000 ④ 유형자산처분손실 ₩50,000
⑤ 유형자산처분손실 ₩100,000

7-15 ㈜서울은 2016년 3월 1일 기계장치를 ₩1,000,000에 취득하였다. 기계장치의 내용연수 3년, 추정 잔존가치는 ₩100,000이고 정액법을 이용하여 감가상각한다. ㈜서울은 2017년 7월 1일에 기계장치를 ₩730,000에 처분할 경우, 처분시점의 감가상각누계액과 처분손익을 얼마인가? ▸ 2017 서울시 9급

① 감가상각누계액 ₩400,000 처분이익 ₩130,000
② 감가상각누계액 ₩450,000 처분이익 ₩180,000
③ 감가상각누계액 ₩400,000 처분손실 ₩130,000
④ 감가상각누계액 ₩450,000 처분손실 ₩180,000

7-16 ㈜한국은 2016년 5월 1일에 기계장치를 ₩4,000,000에 취득하였다. 추정 잔존가치는 취득원가의 10%, 내용연수는 3년, 감가상각방법은 연수합계법이며 감가상각비는 월할로 계산한다. ㈜한국이 이 기계장치를 2017년 8월 31일 ₩2,000,000에 처분할 경우 처분시점의 감가상각누계액과 처분손익은? (단, 원가모형을 적용하며 손상차손은 없다고 가정한다.) ▸ 2018 관세직 9급

① 감가상각누계액	₩1,000,000	처분손실	₩1,000,000
② 감가상각누계액	₩1,800,000	처분손실	₩200,000
③ 감가상각누계액	₩2,200,000	처분이익	₩200,000
④ 감가상각누계액	₩2,600,000	처분이익	₩600,000

7-17 ㈜신라는 20×1년 10월 1일 기계장치를 ₩80,000(내용연수 5년, 잔존가치 ₩5,000, 연수합계법, 월할 상각)에 취득하였다. 동 기계장치를 20×3년 3월 31일 ₩40,000에 처분할 경우, 처분시점의 장부금액과 처분손익을 바르게 연결한 것은? (단, 기계장치는 원가모형을 적용하고 손상차손은 발생하지 않았다.) ▸ 2022 국가직 9급

	장부금액	처분손익
①	₩35,000	손실 ₩5,000
②	₩35,000	이익 ₩0,000
③	₩45,000	손실 ₩5,000
④	₩45,000	이익 ₩5,000

7-18 20×8년 초에 ㈜서울은 ㈜한성을 흡수합병하였다. 취득일 현재 ㈜한성이 보유한 자산의 장부금액과 공정가치는 각각 ₩100,000과 ₩120,000이고, 부채의 장부금액과 공정가치는 각각 ₩40,000과 ₩70,000이다. 합병 과정에서 ㈜서울은 이전대가로 현금 ₩50,000과 ㈜서울의 주식(액면금액 ₩20,000, 공정가치 ₩30,000)을 지급하였다. 이 합병으로 인해 ㈜서울이 인식할 영업권 금액은? ▸ 2018 서울시 9급

① ₩0
② ₩10,000
③ ₩20,000
④ ₩30,000

연습 문제

7-1 [토지의 취득원가]

㈜백제는 공장용 부지로 사용하기 위해 3월 중 토지를 매입하였으며, 이와 관련된 지출은 다음과 같다.

토지 구입가격	₩1,000,000
부동산중개수수료	20,000
토지정지비	50,000
구건물철거비	10,000
건축설계비	42,000
취득세	30,000

요구사항 ㈜백제의 토지 취득원가는 얼마인가?

7-2 [기계장치의 취득원가]

㈜백제는 새로운 포장기계를 취득하면서 기계장치 구입가격 ₩360,000, 운송비 ₩20,000, 취득세 ₩18,000, 설치비 ₩1,000, 기계시험가동비 ₩5,000을 지출하였고, 취득후 기계수선유지비 ₩5,000을 지출하였다.

요구사항 ㈜백제가 구입한 포장기계의 취득원가는 얼마인가?

7-3 [자본적 지출과 수익적 지출]

㈜백제는 제조용 기계장치에 다음과 같은 추가지출이 이루어졌다. 이 회사가 추가적으로 지출한 내역은 다음과 같다.

• 기계 손잡이 페인트	₩10,000	• 마모된 벨트 교체	₩30,000
• 내용연수 연장 위한 지출	70,000	• 성능향상 위한 제어기 설치	100,000

요구사항 ㈜백제가 추가로 지출한 내역을 바탕으로 분개를 수행하시오(단, 모든 거래는 현금으로 이루어졌음을 가정).

7-4 [정액법과 정률법]

㈜백제는 영업용 차량 3대를 총 ₩1,200,000에 취득하였다. 영업용 차량의 내용연수는 5년, 잔존가치는 ₩20,000일 것으로 추정하였다.

요구사항

(1) 정액법을 적용할 때 매년 인식해야 할 감가상각비는 얼마인가?

(2) 정률법(상각률 = 35.5%)을 적용할 때 첫해 연도에 인식해야 할 감가상각비는 얼마인가?

7-5 [연수합계법]

㈜백제는 새로운 기계장치를 20×1년도 1월 중에 ₩600,000에 취득하였다. 취득 당시 동 기계장치의 내용연수는 3년, 잔존가치는 없는 것으로 추정하였다.

요구사항 연수합계법을 적용할 때 매년 인식해야 할 감가상각비는 얼마인가?

7-6 [내용연수의 변경]

20×1년 1월 1일 ㈜신라는 기계장치를 ₩320,000에 취득하였다. 취득 당시 동 기계장치의 내용연수는 5년, 잔존가치는 ₩20,000, 감가상각방법은 정액법을 사용하였다. 그러나 20×3년 1월 1일 동 기계장치를 5년 더 사용할 수 있으며, 잔존가치는 당초의 추정대로 ₩20,000인 것으로 나타났다.

요구사항 ㈜신라의 20×3년 12월 31일에 기계장치의 감가상각비 금액은 얼마인가?

7-7 **[상각방법과 내용연수의 변경]**

㈜신라는 20×1년 초 기계장치를 ₩600,000(잔존가치 ₩100,000, 내용연수 4년, 정액법상각)에 취득하여 사용하기 시작하였다. 20×2년 초에 감가상각방법을 정액법에서 연수합계법으로 변경하고, 잔존내용연수를 4년으로 새롭게 추정하였다.

요구사항 20×2년 말 재무상태표에 반영되는 기계장치에 대한 감가상각누계액은?

7-8 **[유형자산의 처분]**

㈜백제는 20×1년도 1월 1일에 ₩1,240,000을 지급하고 구입한 기계장치를 20×6년 6월 30일에 ₩800,000에 처분하였다. 그 기계장치의 내용연수는 10년, 잔존가치는 ₩40,000인 것으로 추정하였다. ㈜백제는 동 기계장치를 정액법에 의해 감가상각 해왔다.

요구사항 ㈜백제가 기계장치를 처분한 시점의 분개를 하시오.

7-9 **[영업권]**

㈜백제는 ㈜신라를 합병하는 대가로 ₩350,000을 지급하였다. 그리고 ㈜신라의 자산과 부채의 공정가치는 각각 ₩650,000과 ₩450,000이었다.

요구사항 이때 ㈜백제가 인식해야 할 영업권 금액은 얼마인가?

CHAPTER 08

부채의 회계처리

학습 목표

부채는 기업의 입장에서 현금 등의 수단으로 상환해야 하는 의무로, 일반적으로 유동부채와 비유동부채로 구분하여 표기된다. 본 장에서는 유동부채와 비유동부채의 주요 계정 항목을 구체적으로 파악하고, 각 항목에 대한 회계처리 방법을 학습하는 것을 주요 목표로 한다. 또한, 화폐의 시간가치 개념을 이해하고, 이 개념을 바탕으로 사채의 특성과 사채 발행 시 발생하는 회계적 처리 방법에 대해 학습한다. 이를 통해 부채와 관련된 다양한 회계처리 기법을 종합적으로 이해하고, 실제 기업 회계에서 어떻게 적용되는지에 대해 깊이 있게 배운다.

SECTION 01

부채의 정의 및 분류

1 부채의 정의

기업이 자금을 조달하는 방법은 크게 두 가지로 나뉜다. 하나는 소유주가 자기자본을 투자하는 것이고, 다른 하나는 타인으로부터 자금을 빌리는 것이다. 타인에게서 자금을 빌린 경우를 **부채**라 하며, 외부 자금 조달의 의미로 **타인자본**이라고도 한다. 부채는 과거의 거래나 사건으로 인해 기업이 현재 부담하고 있으며, 미래에 자원의 유출 또는 사용이 예상되는 경제적 의무로 정의된다. 여기서 의무란 기업이 회피할 수 없는 책무나 책임을 말하며, 법적의무뿐만 아니라 기업의 과거 실무 관행이나 공개된 경영 방침 등에서 발생할 수 있는 의제의무도 포함된다. 예를 들어 재화를 인도하거나 용역을 제공할 의무, 그 대가를 현금으로 지급할 의무 등이 있다.

2 부채의 분류

부채는 상환 시점에 따라 유동부채와 비유동부채로 분류한다. 보고기간 후 1년 이내(또는 정상영업주기 이내)에 결제될 것으로 예상되는 부채는 **유동부채**로 분류하고 그 외의 부채는 **비유동부채**로 분류한다. 또한 한국채택국제회계기준(K-IFRS)에서는 부채를 크게 금융부채와 비금융부채로 구분한다. **금융부채**는 현금 등 금융자산을 인도하기로 한 계약상 의무를 가진 부채를 말한다. **비금융부채**는 금융자산으로 결제되지 않고, 상품이나 서비스의 제공 등으로 의무가 이행되는 부채를 말한다.

한편, 재무상태표일 현재 그 금액 및 지출시기를 확정적으로 결정할 수 있는 부채를 **확정부채**라고 한다. **충당부채**는 과거의 거래나 사건으로 발생한 현재의무로, 결제를 위해 필요한 지출의 시기나 금액이 불확실한 부채를 말한다. 반면, 성격상 충당부채와 유사하지만 지출가능성이 불확실한 경우에는 **우발부채**로 분류한다.

더 알아보기 **부채항목의 예시**

(1) 유동부채: 매입채무, 단기차입금,미지급금,미지급비용,선수금,선수수익 등

(2) 비유동부채: 사채, 장기차입금, 퇴직급여충당부채, 장기제품보증충당부채, 장기미지급금, 장기선수금 등

(3) 금융부채: 매입채무, 미지급금, 미지급비용, 차입금, 사채 등

(4) 비금융부채: 선수금, 선수수익 등

(5) 충당부채: 제품보증충당부채, 복구충당부채, 퇴직급여충당부채 등

* 부채는 보고기간 종료일로부터 1년 이내 (또는 정상영업주기 이내) 여부를 기준으로 유동부채와 비유동부채로 분류한다. 그러나 일반적으로 보고기간 종료일로부터 1년 이내를 기준으로 유동부채를 구분하기에 이후 서술에서는 이를 기준으로 한다.

SECTION
02 매입채무와 기타유동부채

1 매입채무

기업의 주된 영업활동에서 재화나 용역을 외상으로 구입함으로써 발생하는 유동부채로, 이에 해당하는 계정으로는 **외상매입금**과 **지급어음**이 있다. 이를 통틀어 **매입채무**라고 한다. 예를 들어, 상품매매기업이 재판매를 목적으로 외상으로 상품을 구입하는 경우, 해당 거래는 매입채무로 분류한다. 또한 제조기업의 경우에는 제품생산을 위한 원재료를 외상으로 구입한 경우에 이를 주된 영업활동으로 보아 그 외상대금을 매입채무로 분류할 수 있다. 다만 상환 기간이 1년 이내이면 단기매입채무로, 1년을 초과하면 장기매입채무로 분류한다.

더 알아보기 **외상매입금과 지급어음**

외상매입금: 원재료나 상품 등 재고자산을 구입할 때 신용카드 등과 같이 어음 이외의 수단을 활용하여 외상으로 구매한 구매대금을 의미한다.

지급어음: 원재료나 상품 등 재고자산을 구입할 때 그 대금을 약속어음, 환어음 등의 어음을 발행하여 지급한 경우를 의미한다.

예제 8-1 **매입채무와 관련된 회계처리**

㈜고구려는 ㈜백제로부터 상품 ₩1,000,000을 매입하고 ₩700,000은 현금으로 지급하였으며 나머지 잔액은 외상으로 하였다.

물음 ㈜고구려가 수행해야 할 분개를 작성하시오.

풀이

(차) 매입(또는 상품)	1,000,000	(대) 현　　금	700,000
		매입채무	300,000

2 단기차입금

은행과 같은 금융기관으로부터 단기간 차입한 부채로서, 결산일을 기준으로 하여 1년 이내에 상환해야 하는 차입금을 **단기차입금**이라 한다. 또한 금융기관 등으로부터 차입한 원금을 결산일로부터 1년 이후에 상환할 수 있는 차입금은 **장기차입금**으로 분류한다. 차입 당시에는 만기가 1년 이상 남아 있어 장기차입금으로 분류되었더라도, 기간이 경과하여 상환기일이 1년 이내로 도래하면 **유동성장기부채**로 재분류하게 된다.

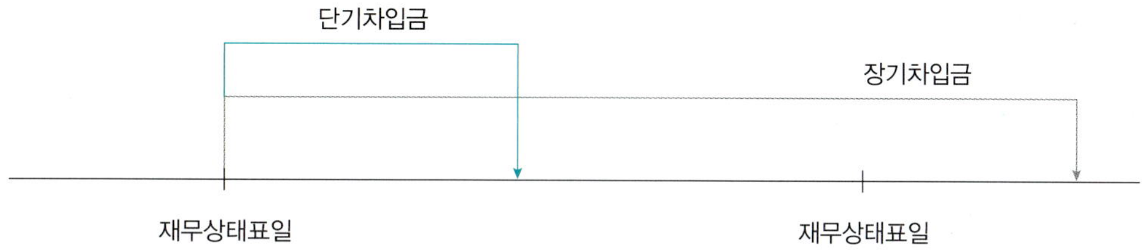

그림 8-1 **장 · 단기차입금의 분류**

예제 8-2 단기차입금 회계처리

㈜고구려는 운영자금으로 사용하기 위해 은행으로부터 20×1년 9월 1일에 1년 내에 상환하기로 하고 ₩1,000,000을 차입하였다.

물음 이에 대한 분개를 행하시오.

풀이 (차) 현　금　1,000,000　　(대) 단기차입금　1,000,000

3 미지급금과 미지급비용

미지급금은 기업이 일반적 상거래 이외의 목적으로 사용할 재화를 구입하였으나 그 대가를 아직 지급하지 않았을 때 발생하는 부채를 말한다. 즉 상품이나 원재료 등 일반적인 상거래를 위한 구입에 해당하는 외상대금인 매입채무와는 구분되며, 비품, 소모품, 건물 등 상거래 대상 외의 물품을 구입하고 그 대금을 외상으로 했을 때는 이를 미지급금으로 분류한다. 또한 상환 기간이 보고기간 종료일로부터 1년 이상인 경우에는 **장기미지급금**으로 분류하여 표시해야 한다.

한편, 물품을 구입 거래가 아니라 일정 기간 동안 제공받은 용역에 대한 대가로 지급해야 할

비용이지만, 아직 약속된 지급기일이 도래하지 않아 지급하지 못한 비용을 **미지급비용**이라고 한다. 이를 비용 항목에 따라 미지급이자, 미지급임차료, 미지급수선비 등으로 세분하여 표시할 수 있다. 예를 들어, 건물을 임차하고 일정 기간 동안 건물을 사용한 대가로 발생한 임차료가 아직 지급되지 않은 경우, 이를 미지급비용(또는 미지급임차료)으로 표시한다. 이때 약속된 대금지급기일이 보고기간 종료일로부터 1년을 초과하는 경우에는 **장기미지급비용**으로 구분하여 기록한다.

예제 8-3 미지급금과 미지급비용

㈜고구려는 20×1년 12월 5일에 사무용 비품을 구입하였으며, 이에 대한 대금 ₩100,000은 3개월 후에 지급하기로 하였다. 또한 ㈜고구려는 20×1년 12월 30일에 거래처로부터 단기간 빌린 차입금의 발생이자 ₩10,000을 다음 달 10일까지 갚겠다고 약속했다.

물음 이들 거래에 대해 ㈜고구려가 수행해야 할 분개를 작성하시오.

풀이

(1) 12월 5일의 분개

(차) 비 품 100,000 (대) 미 지 급 금 100,000

(2) 12월 30일의 분개

(차) 이 자 비 용 10,000 (대) 미지급이자 10,000

(3) 이자지급시점(다음달 10일)에서의 분개

(차) 미지급이자 10,000 (대) 현 금 10,000

4 선수금과 선수수익

선수금은 미지급금과 상대되는 개념으로, 일반적인 상거래에서 상품이나 용역을 제공하기로 하고 그 대금의 전부 또는 일부를 미리 받은 금액을 말한다. 예를 들어 아파트 분양계약금, 중도금, 미리 지급한 상품구입대금 등이 있다. **선수수익**은 미래에 용역을 제공하기로 하고 대금을 미리 받은 이자, 임대료, 보험료 등의 수익 중 아직 용역을 제공하지 못한 부분을 의미한다. 즉, 선수수익은 대가의 수입은 이루어졌으나 수익의 귀속시기가 차기 이후인 것을 말한다. 선수수익의 대표적 예로는 선수이자, 선수임대료, 선수보험료 등이 있다. 선수금과 선수수익은 부채로 분류되지만, 금전으로 변제되는 부채가 아니라 일반적으로 상품이나 계속적인 용역의 제공을 통해 변제되는 부채이다.

예제 8-4 선수금과 선수수익

(1) ㈜고구려는 20×1년 5월 1일, 거래처로부터 신제품을 안정적으로 공급해 달라는 요청과 함께 ₩1,500,000을 선불로 받았으며, 그 중 ₩800,000 상당의 신제품을 인도하였다.

(2) 20×1년 11월 1일에 ㈜고구려는 건물을 임대하고 6개월분의 임대료 ₩180,000을 현금으로 받았다.

물음 위 각각의 경우에 필요한 분개를 행하시오.

풀이

(1) 5월 1일의 분개

(차) 현 금	1,500,000	(대) 매 출	800,000
		선 수 금	700,000

(2) 11월 1일의 분개

(차) 현 금	180,000	(대) 선수임대료	180,000

결산일에 행할 분개

(차) 선수임대료	60,000	(대) 임대료수익	60,000

* 2개월분 임대료 = (₩180,000/6개월) × 2개월 = ₩60,000

또는 다음과 같이 행할 수 있다.

(1) 11월 1일의 분개

(차) 현 금	180,000	(대) 임대료수익	180,000

(2) 결산일에 행할 분개

(차) 임대료수익	120,000	(대) 선수임대료	120,000

SECTION

03 화폐의 시간가치

1 현재가치와 미래가치

화폐의 시간가치란 같은 금액의 돈이라도 시점에 따라 그 가치가 달라질 수 있다는 개념을 의미한다. 즉, 현재의 1원과 1년 후의 1원은 동일한 가치를 지니지 않을 수 있다는 것이다. 예를 들어 현재 ₩1,000을 투자하여 연이율 5%로 1년 후 ₩1,050을 받을 수 있다면, 1년 후의 ₩1,050은 현재의 ₩1,000과 동일한 가치로 볼 수 있다. 이는 **현재가치**와 **미래가치**의 차이를 보여주는 것이다.

더 알아보기 **현재가치와 미래가치**

현재가치(present value): 미래의 화폐금액을 현재의 시점으로 평가한 가치

미래가치(future value): 현재의 화폐금액을 미래 특정시점에서 평가한 가치

시간에 따라 가치가 달라지는 이유는 여러 환경 요인으로 인해 미래의 현금흐름에 대한 불확실성이 커지기 때문이다. 이러한 미래의 불확실성에 대한 보상적 성격으로 이자(interest)개념을 도입하게 된다. 이자를 계산하는 방법에는 흔히 **단리**와 **복리** 계산 방식이 있다. **단리이자계산법**은 원금에 약정된 이자율과 기간을 곱하여 이자를 계산하는 방식이다. 반면 **복리이자계산법**은 일정 기간마다 이자를 원금에 더한 후, 그 합계금액을 기준으로 이자를 다시 계산하는 방식으로, 이자에 이자가 붙는 구조를 가진다. 복리이자계산법은 일정 기간마다 원금과 이자를 합산한 금액을 기준으로 이자를 계산하기 때문에, 같은 조건에서 기간이 길어질수록 단리보다 더 많은 이자가 발생하는 특징이 있다. 이러한 이유로 금융기관에서는 복리이자계산법을 사용하는 경우가 많다.

단리이자계산법: 원리금합계 = 원금 × (1 + 이자율 × 기간)

$$F = P\times(1+r\times n)$$

복리이자계산법: 원리금합계 = 원금 × $(1 + \text{이자율})^{\text{기간}}$

$$F = P\times(1+r)^n$$

2 단일금액의 미래가치와 현재가치

미래가치는 현재의 금액이나 자산이 일정 기간 동안 이자율 또는 투자 수익률에 따라 증가하여 미래에 가지게 될 가치를 말한다. 미래가치는 복리 계산 방식을 통해 원금에 발생한 이자가 이후 기간의 이자 계산 기준이 되는 과정을 반복함으로써 계산된다. 이러한 방식으로 미래가치를 구할 수 있으며, 그 계산식은 다음과 같다.

T년도	T+1년도	T+2년도
원금(P)	원금(P_1) = P	원금(P_2) = F_1
	이자(I_1) = $P\times r$	이자(I_2) = $F_1\times r$
	원리금합계(F_1) = $P+I_1$	원리금합계(F_2) = $F_1\times(1+r)$
	= $P(1+r)$	= $P\times(1+r)^2$

그림 8-2 단일금액의 미래가치 계산(복리적용)

현재금액에 대한 n 기간 후 미래가치 = $P\times(1+r)^n$

(여기서, P = 현재금액, r = 이자율, n = 기간)

예제 8-5 미래가치 계산

㈜고구려는 여유자금 ₩1,000,000을 연 5%의 이자율로 2년간 은행에 정기예금하였다.

물음 ㈜고구려가 2년 후에 찾게 될 정기예금액이 얼마인지 계산하시오. 단, 복리이자계산법을 적용한다.

풀이

2년 후에 찾게 될 금액 = ₩1,000,000 × $(1+0.05)^2$ = ₩1,102,500

한편, 현재금액 1원에 대한 미래가치는 단일금액 1원의 미래가치표(본 장의 부록 참조)를 이용하여 쉽게 계산할 수 있다. 예를 들어, n =2이며 r =5%이므로 미래가치표에서 확인된 미래가치 요소는 1.1025이다. 따라서 현재금액 ₩1,000,000과 미래가치 요소 1.1025를 곱하면, 2년 후 받을 미래가치는 ₩1,102,500이 된다.

단일금액 1원의 미래가치

n	1%	2%	3%	4%	5%
1	1.0100	1.0200	1.0300	1.0400	1.0500
2	1.0201	1.0404	1.0609	1.0816	1.1025
3	1.0303	1.0612	1.0927	1.1249	1.1576
4	1.0406	1.0824	1.1255	1.1699	1.2155
5	1.0510	1.1041	1.1593	1.2167	1.2763

현재가치는 미래에 발생할 금액을 특정 이자율을 기준으로 현재 시점에서 평가한 금전적 가치를 의미한다. 앞서 제시한 미래가치 계산식을 활용하면 현재가치를 계산하는 식을 도출할 수 있다. 이는 시간에 따른 가치 변화를 반영하여 미래 금액을 현재 기준으로 환산하는 과정으로, 미래의 금액을 현재 기준으로 평가할 수 있게 한다.

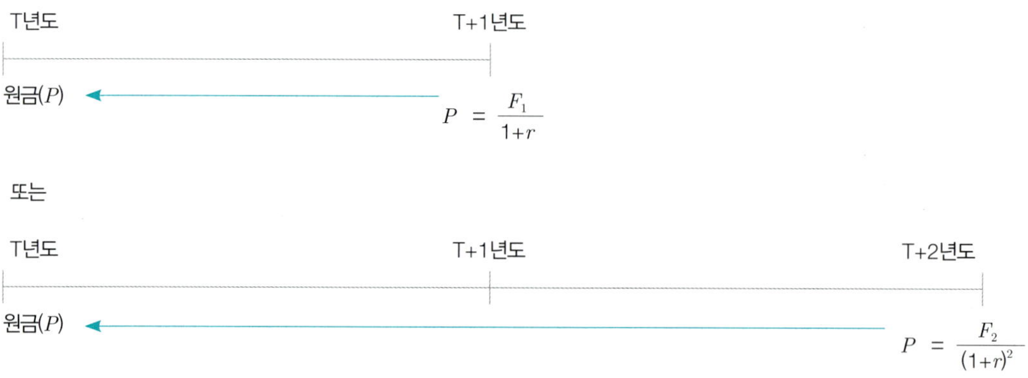

그림 8-3 단일금액의 현재가치 계산(복리적용)

$$n\text{기간 후 미래금액의 현재가치} = \frac{Fn}{(1+r)^n}$$

(F = 미래금액, r = 이자율, n = 기간)

예제 8-6 **현재가치 계산**

㈜고구려는 2년 후에 ₩1,102,500을 수령하기 위해 연 5% 이자율이 적용되는 정기예금 상품에 가입하고자 한다.

물음 ㈜고구려가 현재 입금해야 할 금액이 얼마인지 계산하시오. 단, 복리이자계산법을 적용한다.

풀이

현재 입금해야 할 금액 = $\frac{1,102,500}{(1+0.05)^2}$ = ₩1,000,000

미래금액의 현재가치도 단일금액 1원의 현재가치표(본 장의 부록 참조)를 이용하여 간편하게 계산할 수 있다. 예컨대, n = 2이며 r = 5%일 경우, 현재가치표에서 확인된 현재가치 요소는 0.9070이다. 따라서 미래금액 ₩1,102,500과 현재가치 요소 0.9070을 곱하면 현재가치금액은 ₩1,000,000으로 계산된다.

단일금액 1원의 현재가치

n	1%	2%	3%	4%	5%
1	0.9901	0.9804	0.9709	0.9615	0.9524
2	0.9803	0.9612	0.9426	0.9246	0.9070
3	0.9706	0.9423	0.9151	0.8890	0.8638
4	0.9610	0.9238	0.8885	0.8548	0.8227
5	0.9515	0.9057	0.8626	0.8219	0.7835

[예제 8-5]와 [예제 8-6]에서 볼 수 있듯이, ㈜고구려가 은행에 예치한 원금 ₩1,000,000은 현재가치로 볼 수 있으며, 2년 후에 찾게 될 정기예금액 ₩1,102,500은 미래가치로 볼 수 있다. 즉, ㈜고구려의 2년 후 미래가치 ₩1,102,500은 현재가치 ₩1,000,000과 동일한 가치를 지닌다는 것을 의미한다.

3 연금의 미래가치와 현재가치

연금은 매년 말에 동일한 금액의 현금흐름이 연속적으로 발생하는 정상연금과 매년 초에 동일 금액의 현금흐름이 연속적으로 발생하는 **선불연금**의 형태로 구분된다. 일반적으로 금융상품에서 정상연금 개념이 적용되므로 본 절에서는 정상연금의 현재가치와 미래가치 개념에 대해 살펴본다. 정상연금의 미래가치는 일정한 금액이 일정한 기간 동안 규칙적으로 지급될 때, 그 지급액이 미래 특정 시점에 얼마의 가치로 누적되는지를 계산한 금액을 의미한다. 이는 각 지급액이 이자율에 따라 누적되면서 형성되는 가치의 합으로 다음과 같이 측정한다.

그림 8-4 정상연금의 미래가치

예제 8-7 정상연금 현금흐름의 미래가치 계산

㈜고구려는 은행에 3년에 걸쳐 매년 말에 정기적으로 ₩100,000(이자율 5%)씩을 예금하고자 한다.

물음 ㈜고구려가 매년 말 동일한 금액(₩100,000)을 예치할 때 3년 뒤 통장잔고는 얼마인지 계산하시오. 단, 복리이자계산법을 적용한다.

연금의 미래가치=$100,000\times(1+0.05)^2+100,000(1+0.05)^1+100,000$=₩315,250

또한 정상연금 1원의 미래가치표(본 장의 부록 참조)를 이용하여 정상연금 현금흐름의 미래금액을 쉽게 계산할 수 있다. 예를 들어 n=3이며 r=5%일 경우, 미래가치표에서 확인된 미래가치 요소는 3.1525이다. 따라서 3년간 매년 말에 ₩100,000씩을 받는 연금의 미래가치는 미래가치 요소 3.1525를 곱한 값인 ₩315,250으로 계산된다.

정상연금 1원의 미래가치

n	1%	2%	3%	4%	5%
1	1.0000	1.0000	1.0000	1.0000	1.0000
2	2.0100	2.0200	2.0300	2.0400	2.0500
3	3.0301	3.0604	3.0909	3.1216	3.1525
4	4.0604	4.1216	4.1836	4.2465	4.3101
5	5.1010	5.2040	5.03091	5.4163	5.5256

정상연금의 현재가치란 일정 기간 동안 매년 말에 일정 금액의 현금흐름이 발생할 때, 이를 현재 시점에서의 가치로 환산한 금액을 의미한다. 이는 각 지급액을 이자율에 따라 현재가치로 할인한 금액의 합으로 계산되며, 다음과 같은 방식으로 측정된다.

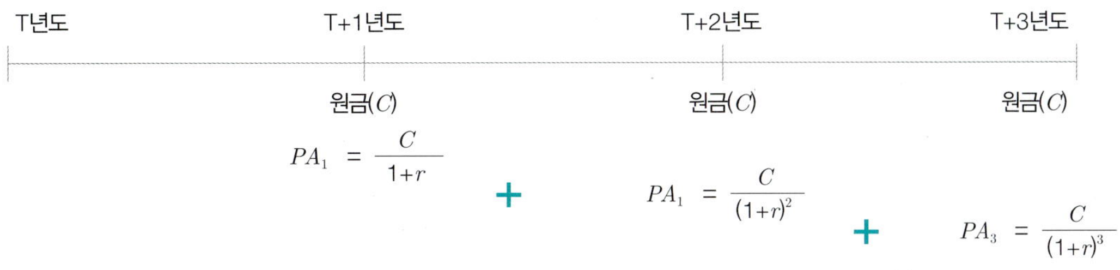

그림 8-5 정상연금의 현재가치

$$\text{매년 말 정상연금의 미래가치} = C \times \sum_{t=1}^{n}(1+r)^{n-t}$$

$$\text{매년 말 정상연금의 미래가치} = C \times \sum_{t=1}^{n}\frac{1}{(1+r)^{n}}$$

(여기서, C = 연금, r = 이자율, n = 기간)

예제 8-8 정상연금 현금흐름의 현재가치 계산

㈜고구려는 은행에 정기예치한 예금으로 인해 향후 3년에 걸쳐 매년 말에 정기적으로 ₩100,000(이자율 5%)씩을 받고자 한다.

물음 ㈜고구려가 현재 입금해야 할 금액이 얼마인지 계산하시오. 단, 복리이자계산법을 적용한다. 또한, 정상연금 1원의 현재가치표(본 장의 부록 참조)를 활용하면 정상연금 현금흐름의 현재가치를 손쉽게 계산할 수 있다. 예컨대, n=3이며 r=5%일 경우, 정상연금의 현재가치표에서 확인된 현재가치 요소는 2.7232이다. 따라서 3년간 매년 말 ₩100,000씩 받는이는 앞으로 3년간 ₩100,000씩 지급받는 금액이 현재 기준으로 ₩272,320의 가치를 가진다는 의미이다.

정상연금 1원의 현재가치

n	1%	2%	3%	4%	5%
1	0.9901	0.9804	0.9709	0.9615	0.9524
2	1.9704	1.9416	1.9135	1.8861	1.8594
3	2.9410	2.8839	2.8286	2.7751	2.7232
4	3.9020	3.8077	3.7171	3.6299	3.5460
5	4.8534	4.7135	4.5797	4.4518	4.3295

SECTION

04 사채

1 사채의 의의

사채는 기업이 자금조달 목적으로 발행하는 채무 증서를 의미한다. 흔히 **회사채**라고도 부르며, 투자자로부터 자금을 빌리고 일정한 이자를 지급한 뒤, 만기일에 원금을 상환하는 방식으로 장기자금을 조달하는 방법이다. 사채는 주식을 통한 자금조달 방법과는 달리 기업의 소유권을 양도하지 않고 자금을 조달할 수 있다는 이점이 있다. 현재는 전자등록제도의 시행에 따라 관련 법령을 근거로 사채 발행이 디지털화되어, 실물 증서 없이 전자 방식으로 발행·관리되고 있다. 사채는 발행한 기업의 입장에서는 비유동부채로 분류되지만, 이를 매입한 기업의 입장에서는 투자자산으로 분류된다.

2 사채의 발행

사채를 발행할 때 발행회사는 사채를 구입하는 채권자들로부터 현금을 지급받는 대가로 채권 증서를 교부한다. 이 채권에는 해당 채권의 액면금액, 이자율, 이자지급일, 만기일 등의 정보가 표시된다. 여기서 **액면금액**(face value)이란 사채의 표면에 기록된 금액이라는 의미로, 발행회사가 만기일에 상환하기로 약속한 금액이다. 또한 사채 발행회사는 사채의 표면에 기록된 이자율로 정해진 이자지급일에 정기적으로 이자를 지급하기로 약속한 것이다. 여기서 사채의 표면에 기록되어 있는 이자율을 **액면이자율**(표시이자율)이라고 한다. 따라서 사채 발행회사는 이러한 약속에 따라 정해진 이자지급일에 일정한 이자(=액면금액×액면이자율)를 만기에 이르기까지 계속 지급하게 된다. 사채 발행회사는 만기일에 상환하여야 하는 금액을 액면금액으로 하고, 투자자에게 지급하기로 약정한 액면이자율을 기준으로 이자금액을 계산한다.

사채의 액면이자율은 일반적으로 최소한 **시장이자율**(market interest rate)(보통 은행의 정기예금 이자율)과 같게 설정된다. 이는 투자자가 정기예금보다 높은 수익을 기대하기 때문이며, 사채가 충분한 수익을 제공하지 못하면 투자 유인이 떨어질 수 있기 때문이다.

사채의 발행 방식은 액면이자율과 시장이자율의 관계에 따라 액면발행, 할증발행, 할인발행으로 구분된다. **액면발행**은 사채의 액면이자율과 시장이자율이 동일하여 사채가 액면금액과 동일한 가격으로 발행되는 경우를 의미한다. 반면 **할증발행**은 액면이자율이 시장이자율보다 높은 경우에 발생한다. 예를 들어 시장이자율이 10%인 상황에서 사채 발행회사가 12%의 이자율로 지급하겠다고 하면, 투자자들은 은행이자보다 높은 수익을 기대하며 사채를 적극적으로 매입하려 할 것이다. 이에 따라 사채에 대한 수요가 증가하면서 사채 발행금액(발행회사가 실제로 납입받는 금액)이 액면금액보다 높아질 수 있다. 빈대로, **할인발행**은 액면이자율이 시장이자율보다 낮은 경우 발생한다. 예를 들어 시장이자율이 10%인데 사채 발행회사가 8%의 이자율로 지급하겠다고 하면, 투자자들은 은행이자보다 낮은 수익을 얻게 되므로 해당 사채에 투자하려 하지 않을 것이다. 그러나 회사가 자금 조달이 필요한 상황이라면, 투자자들이 매입할 수 있도록 액면금액보다 낮은 금액으로 할인하여 발행해야 한다. 할인발행의 경우, 사채 발행회사는 액면금액보다 적은 금액을 조달하게 되지만, 반대로 매 이자지급일에는 시장이자율보다 낮은 이자를 지급하므로 향후 경제적 부담이 줄어드는 효과가 있다. 또한, 기업이 사채를 발행하는 시점은 대개 자금 사정이 넉넉지 않은 경우가 많아, 실무에서는 미래의 자금 부담을 고려하여 할증발행보다는 할인발행이 일반적으로 더 많이 이루어진다.

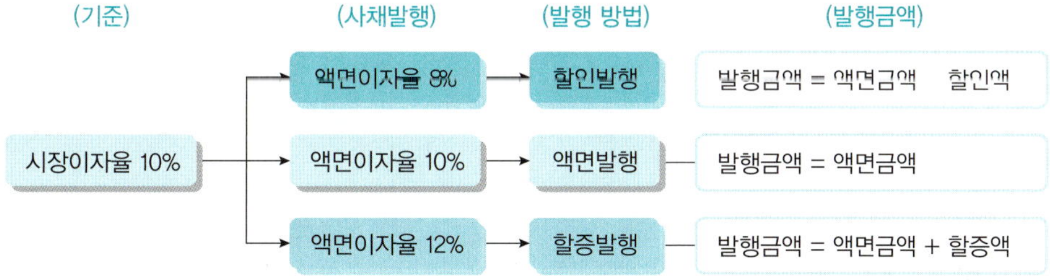

그림 8-6 액면이자율과 사채발행 방법

사채의 발행금액은 사채로부터 발생하는 모든 미래 현금흐름에 대한 현재가치로 결정된다. 즉, 사채발행금액은 사채 만기 시점에 지급해야 하는 원금상환액의 현재가치와 각 이자지급 시점에서 지출되는 사채이자의 현재가치를 합한 금액으로 계산된다. 예컨대 정기적으로 지급하기로 한 이자를 I, 이자율을 r, 만기 시점의 원금상환액을 P라 할 때, 사채의 발행금액은 [그림 8-7]과 같은 산식에 의해 결정된다.

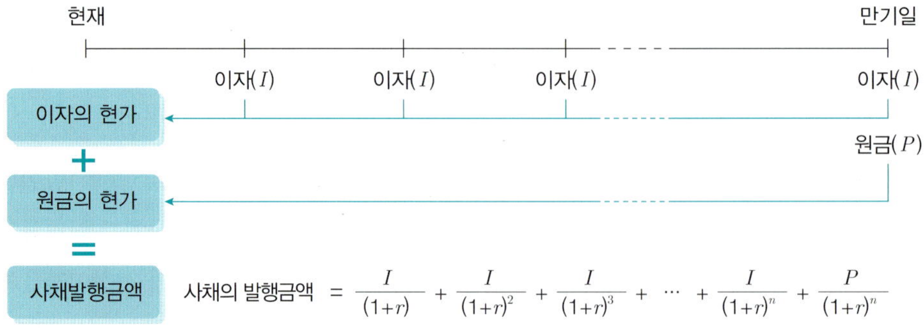

$$\text{사채의 발행금액} = \frac{I}{(1+r)} + \frac{I}{(1+r)^2} + \frac{I}{(1+r)^3} + \cdots + \frac{I}{(1+r)^n} + \frac{P}{(1+r)^n}$$

그림 8-7 사채의 발행금액 계산

사채의 발행금액 산식에서 만일 사채의 액면이자율이 시장이자율과 같은 경우(액면발행)에는 액면금액이 곧 사채발행금액이 된다. 그러나 사채의 액면이자율이 시장이자율보다 높은 경우(할증발행)에는 발행가액이 액면금액보다 높게 되며, 그 차이만큼을 **사채할증발행차금**이라고 한다. 한편 사채의 액면이자율이 시장이자율보다 낮은 경우(할인발행)에는 발행가액이 액면금액보다 작게 되며, 그 차이만큼을 **사채할인발행차금**이라고 한다.

한편, 사채를 발행할 때는 흔히 사채발행과 관련된 업무를 증권회사에서 대행하는데, 이와 관련하여 증권회사에 수수료를 지급하거나 사채모집과 관련된 광고비, 사채권 인쇄비 등을 지급해야 한다. 이와 같이 사채발행과 관련하여 직접적으로 발생하는 비용을 **사채발행원가**라고 하며, 사채발행원가가 발생한 경우에는 이를 사채의 발행가액에서 차감하여야 한다. 따라서 이러한 사채발행원가를 지급하고 난 후에 발행회사가 실제로 이용할 수 있는 순액이 사채의 발행금액이 된다. 사채를 발행하면, 사채발행원가를 차감한 순현금수령액(발행금액)을 현금 계정의 차변에 기록하고, 사채의 액면금액을 사채 계정의 대변에 계상한다. 이때 발행금액과 액면금액의 차액은 사채발행차금(사채할인발행차금 또는 사채할증발행차금) 계정에 각각 인식하여 분개한다.

(1) 할인발행인 경우의 분개

(차) 현 금	×××	(대) 사 채	×××
사채할인발행차금			

(2) 할인발행인 경우의 분개

(차) 현 금	×××	(대) 사 채	×××
		사채할증발행차금	

예제 8-9 사채의 액면발행, 할인발행, 할증발행

㈜고구려는 20×1년 1월 1일에 다음의 조건으로 사채를 발행했다.

- 발행일: 20×1년 1월 1일
- 만기일: 20×3년 12월 31일
- 액면금액: ₩100,000
- 액면이자율: 연 10%
- 이자지급: 연 1회, 매년 말 지급

물음

(1) 사채발행일의 시장이자율이 연 10%라고 할 때 사채발행가격은 얼마인가?

(2) 사채발행일의 시장이자율이 연 6%라고 할 때 사채발행가격은 얼마인가?

단, 연금의 현재가치 요소(n=3, r=6%) = 2.6730, 단일금액 현재가치 요소(n=3, r=6%) = 0.8396이다.

(3) 사채발행일의 시장이자율이 연12%라고 할 때 사채발행가격은 얼마인가?

단, 연금의 현재가치 요소(n=3, r=12%) = 2.4018, 단일금액 현재가치 요소(n=3, r=12%) = 0.7118이다.

풀이

(1) 시장이자율 연 10%인 경우:

$$\text{발행가격} = \frac{10,000}{(1+0.1)} + \frac{10,000}{(1+0.1)^2} + \frac{10,000}{(1+0.1)^3} + \frac{100,000}{(1+0.1)^3} = ₩100,000$$

(2) 시장이자율 연 6%인 경우:

$$\text{발행가격} = \frac{10,000}{(1+0.06)} + \frac{10,000}{(1+0.06)^2} + \frac{10,000}{(1+0.06)^3} + \frac{100,000}{(1+0.06)^3} = ₩110,690$$

(3) 시장이자율 연 12%인 경우:

$$\text{발행가격} = \frac{10,000}{(1+0.12)} + \frac{10,000}{(1+0.12)^2} + \frac{10,000}{(1+0.12)^3} + \frac{100,000}{(1+0.12)^3} = ₩95,198$$

예제 8-10 사채의 발행 회계처리

물음 [예제 8-9]에서 각각의 사채발행과 관련된 분개를 행하시오.

풀이

(1) 액면발행(액면이자율=시장이자율)인 경우

(차) 현 금	100,000	(대) 사 채	100,000

(2) 할증발행(액면이자율>시장이자율)인 경우

(차) 현 금	110,690	(대) 사 채	100,000
		사채할증발행차금	10,690

(3) 할인발행(액면이자율<시장이자율)인 경우

(차) 현 금	95,198	(대) 사 채	100,000
사채할인발행차금	4,802		

그러나 사채발행차금은 단순한 채무가 아니라, 사채의 발행금액이 만기 시점에서 원금 상환액과 일치하도록 조정하는 항목이다. 이에 사채발행차금은 재무상태표에서 사채의 액면금액에서 차감(할인발행의 경우)하거나 증가(할증발행의 경우)하는 형식으로 기재된다.

재무상태표

20×1년 1월 1일 현재

	비유동부채		
	사 채	100,000	
	사채할인발행차금	(4,802)	95,198

그림 8-8 사채할인발행차금의 차감 표시

재무상태표

20×1년 1월 1일 현재

	비유동부채		
	사 채	100,000	
	사채할증발행차금	10,690	110,690

그림 8-9 사채할증발행차금의 가산 표시

3 사채발행차금의 상각

사채발행차금은 사채에 대한 평가계정의 성격을 가지므로, 재무상태표에서 독립된 계정으로 표시되지 않고 사채의 액면금액에서 차감(할인발행) 또는 가산(할증발행)하는 방식으로 기재된다. 이렇게 조정된 사채의 순액은 해당 사채의 현재가치를 의미한다. 또한 사채발행차금은 사채의 액면이자율과 시장이자율 간의 차이로 인해 발생한 선지급 또는 선수령된 이자로 볼 수 있다. 따라서 매기 말에 사채의 현재가치를 다시 계산할 때, 해당 선이자의 상각 또는 환입 금액을 사채이자에 반영하도록 규정되어 있다. 이를 **사채발행차금의 상각**이라 하며, 사채 존속기간 동안 분할하여 이자비용으로 조정한다. 상각액 역시 이자비용으로 간주되므로, 특정 회계기간의 이자비용은 액면이자율에 따른 현금지급액과 사채발행차금 상각액의 합계로 계산된다.

한편, **유효이자율**(effective interest rate)은 사채의 미래 현금흐름을 현재가치로 환산하는 할인율로 투자자들이 요구하는 실제 시장이자율을 반영한 개념이다. 사채발행차금을 상각할 때에는 유효이자율법을 적용하여 상각액을 측정하는데, 이는 유효이자율이 해당 사채의 실질적인 이자율이기 때문이다. 유효이자율법에 따른 사채발행차금 상각은 다음과 같은 단계로 진행된다.

1단계: 사채장부금액의 계산

사채의 장부금액 = 사채의 액면금액 − 사채발행차금

2단계: 사채이자비용 계산

사채이자비용 = 사채의 장부금액 × 유효이자율

3단계: 현금지급이자의 계산

현금지급이자 = 사채의 액면금액 × 액면이자율

4단계: 사채발행차금 상각액 계산

사채발행차금 상각액 = 사채이자비용 − 현금지급이자

(1) 결산 시 사채할인발행차금상각액의 분개

(차) 사 채 이 자 비 용	×××	(대) 사채할인발행차금	×××

(2) 결산 시 사채할증발행차금상각액의 분개

(차) 사채할증발행차금	×××	(대) 사 채 이 자 비 용	×××

더 알아보기 **유효이자율(effective interest rate)**

유효이자율은 만기 지급시점까지 사채의 액면금액과 이자의 현재가치 합계액을 사채의 발행가액과 서로 일치시켜주는 이자율(할인율)로, 일반적으로 사채발행 당시의 시장이자율을 유효이자율이라고 한다. 그런데 사채발행 당시에 금융기관수수료 등 사채발행원가가 소요되는 경우 이를 사채 발행금액에서 차감하여 계산하기 때문에, 사채발행원가가 존재하는 경우에는 유효이자율이 시장이자율보다 커지게 된다. 만일 사채발행원가가 없다고 가정하는 경우 유효이자율과 시장이자율은 서로 일치한다. 따라서 사채를 할인발행하고 사채발행원가가 발생한 경우에는 유효이자율>시장이자율>액면이자율이 된다.

유효이자율은 투자자 입장에서 보면 사채에 투자함으로써 얻으려고 하는 기대수익률을 의미하며, 발행자 입장에서 보면 사채를 발행함으로써 부담하게 되는 실질이자율을 의미한다. 따라서 기말에 사채발행차금을 상각하는 경우 이 유효이자율을 사용하고 있다.

사채를 할인발행하거나 할증발행한 경우, 최초 발행 시점에서는 사채의 액면금액과 장부금액이 사채할인발행차금 또는 사채할증발행차금만큼의 차이가 존재한다. 그러나 기간이 경과하면서 이들 차금이 점진적으로 상각되며, 만기 시점에는 사채의 장부금액이 액면금액과 일치하게 된다. 이러한 관계를 시각적으로 나타낸 것이 [그림 8-10]이다.

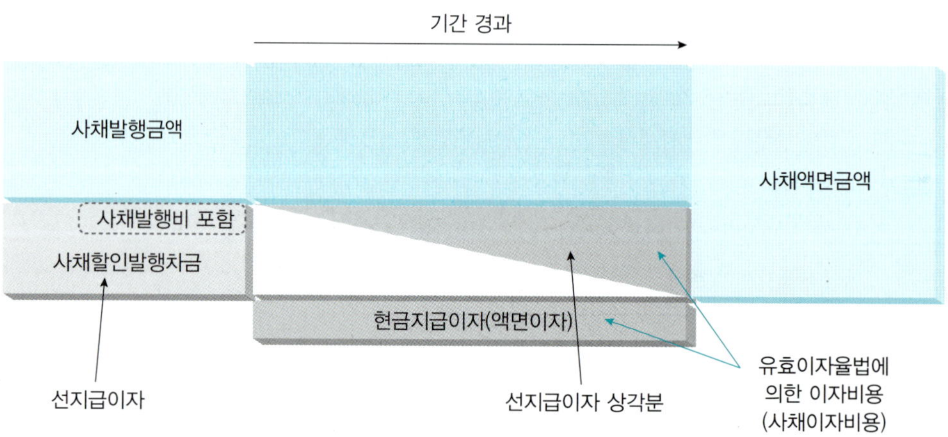

그림 8-10 유효이자율에 의한 사채발행비 상각

결과적으로, 유효이자율법에 따른 사채발행차금 상각액은 사채 유효이자와 액면이자(표시이자)의 차이로 결정된다. 이에 따라 사채발행차금 상각표를 작성하여 연도별로 상각하는 회계처리를 다음의 [예제 8-11]을 통해 살펴보기로 한다.

예제 8-11 사채할인발행차금의 상각

㈜고구려는 20×1년 1월 1일에 다음의 조건으로 사채를 발행했다.

- 발행일: 20×1년 1월 1일
- 만기일: 20×3년 12월 31일
- 액면금액: ₩100,000
- 액면이자율: 연 10%
- 시장이자율: 12%
- 이자지급: 연1회, 매년말 지급

물음 위의 사채발행 자료를 기초로 사채발행차금 상각표를 작성하고, 연도별 해당 회계처리를 수행하시오.

풀이

연금의 현재가치 요소(n=3, r=12%) = 2.4018, 단일금액 현재가치 요소(n=3, r=12%) = 0.7118

사채발행원가가 없으므로 유효이자율=시장이자율. (할인발행)

$$\text{사채발행금액} = \frac{10,000}{(1+0.12)} + \frac{10,000}{(1+0.12)^2} + \frac{10,000}{(1+0.12)^3} + \frac{100,000}{(1+0.12)^3} = ₩95,198$$

사채할인발행차금: 100,000 − 95,198 = ₩4,802

- 사채할인발행차금 상각표

일자	이자비용(A)	현금이자(B)	사채할인발행차금 감소(C)	사채장부금액 (D)
	기초D×12%	100,000×10%	A−B	기초D+C
사채발행일: 20×1/1/1	−	−	−	95,198
1차연도 말: 20×1/12/31	11,423	10,000	1,423	96,621
2차연도 말: 20×2/12/31	11,594	10,000	1,594	98,215
3차연도 말: 20×3/12/31	11,785	10,000	1,785	100,000
	34,802	30,000	4,802	

- 사채발행 관련 분개

일자	차변	금액	대변	금액
20×1/1/1	(차) 현금	95,198	(대) 사채	100,000
	사채할인발행차금	4,802		
20×1/12/31	(차) 사채이자비용	10,000	(대) 현금	10,000
	사채이자비용	1,423	사채할인발행차금	1,423
20×2/12/31	(차) 사채이자비용	10,000	(대) 현금	10,000
	사채이자비용	1,594	사채할인발행차금	1,594
20×3/12/31	(차) 사채이자비용	10,000	(대) 현금	10,000
	사채이자비용	1,785	사채할인발행차금	1,785

예제 8-12 사채할증발행차금의 상각

㈜고구려는 20×1년 1월 1일에 다음의 조건으로 사채를 발행했다.

- 발행일: 20×1년 1월 1일
- 만기일: 20×3년 12월 31일
- 액면금액 ₩100,000
- 액면이자율: 연 10%
- 시장이자율: 6%
- 이자지급: 연 1회, 매년말 지급

물음 위의 사채발행 자료를 기초로 사채발행차금 상각표를 작성하고, 연도별 해당 회계처리를 수행하시오.

풀이

연금의 현재가치 요소(n=3, r=6%) = 2.6730, 단일금액 현재가치 요소(n=3, r=6%) = 0.8396

사채발행원가가 없으므로 유효이자율=시장이자율. (할증발행)

$$\text{사채발행금액} = \frac{10,000}{(1+0.06)} + \frac{10,000}{(1+0.06)^2} + \frac{10,000}{(1+0.06)^3} + \frac{100,000}{(1+0.06)^3} = ₩110,690$$

사채할증발행차금: 110,690 − 100,000 = ₩10,690

- 사채할증발행차금 상각표

일자	이자비용(A)	현금이자(B)	사채할증발행차금 감소(C)	사채장부금액 (D)
	기초D×6%	100,000×10%	A−B	기초D−C
사채발행일: 20×1/1/1	−	−	−	110,690
1차연도 말: 20×1/12/31	6,642	10,000	3,358	107,330
2차연도 말: 20×2/12/31	6,440	10,000	3,560	103,770
3차연도 말: 20×3/12/31	6,228	10,000	3,772	100,000
	19,310	30,000	10,690	

- 사채발행 관련 분개

일자		차변	금액		대변	금액
20×1/1/1	(차)	현금	110,690	(대)	사채	100,000
					사채할증발행차금	10,690
20×1/12/31	(차)	사채이자비용	10,000	(대)	현금	10,000
		사채할증발행차금	3,358		사채이자비용	3,358
20×2/12/31	(차)	사채이자비용	10,000	(대)	현금	10,000
		사채할증발행차금	3,560		사채이자비용	3,560
20×3/12/31	(차)	사채이자비용	10,000	(대)	현금	10,000
		사채할증발행차금	3,770		사채이자비용	3,770

[예제 8-11]과 같이 사채의 할인발행(액면이자율이 시장이자율보다 낮은 경우)이 이루어진 경우, 발행연도 말(20×1.12.31)에 재무상태표와 손익계산서에 표시되는 관련 내용은 다음과 같다.

재무상태표

20×1년 12월 31일 현재

	비유동부채		
	사 채	100,000	
	사채할인발행차금	(3,379)	96,621

손익계산서

20×1년 1월 1일부터 12월 31일까지

금융비용		
사채이자비용	11,423	

또한 [예제 8-12]와 같이 사채의 할증발행(액면이자율이 시장이자율보다 높은 경우)이 이루어진 경우, 발행연도 말(20×1.12.31)에 재무상태표와 손익계산서에 표시되는 관련 내용은 다음과 같다.

재무상태표

20×1년 12월 31일 현재

	비유동부채		
	사 채	100,000	
	사채할증발행차금	7,332	107,332

손익계산서

20×1년 1월 1일부터 20×1년 12월 31일까지

금융비용		
사채이자비용	6,642	

4 사채의 상환

사채는 발행기업이 언젠가는 상환해야 할 부채로 만기일에 상환하는 경우를 **만기상환**, 만기 이전에 상환하는 경우를 **조기상환**이라고 한다. 대부분의 사채는 만기일에 액면금액으로 상환되며, 이때까지 사채발행차금이 모두 상각되어 장부금액과 액면금액이 일치하므로 상환으로 인한 손익은 발생하지 않는다. 반면, 조기상환의 경우 남아 있는 사채발행차금이 존재하며, 상환가격이 장부금액과 다를 수 있다. 이 차이는 **사채상환손익**으로 인식되며, 사채 상환 시 액면금액과 미상각된 사채발행차금을 모두 장부에서 제거해야 한다. 발생한 사채상환손익은 손익계산서에 반영된다.

예제 8-13 사채의 상환

㈜고구려는 [예제 8-11]에서 발행한 사채를 20×2년 말에 전액 상환하고자 한다. 유효이자율법으로 사채발행차금을 상각하여 왔으며, 상환가액은 ₩98,500이다.

물음 사채상환과 관련된 분개를 표시하시오.

풀이

(1) 20×2년도 이자비용에 대한 처리

(차)	사채이자비용	11,594	(대) 현금	10,000
			사채할인발행차금	1,594

(2) 사채상환에 대한 처리

(차)	사채	100,000	(대) 현금	98,500
	사채상환손실	285	사채할인발행차금	1,785

SECTION 05

충당부채와 기타비유동부채

1 충당부채

발생주의 회계에서는 현금 지출 여부와 관계없이 비용이 실제로 발생한 시점에 이를 인식하고 해당 기간의 부채로 기록한다. 즉 특정 회계기간에 비용으로 인식해야 하지만 아직 지급되지 않은 금액을 미지급비용이라 하며, 미지급이자, 미지급보험료, 미지급임차료 등 지급해야 할 금액이 확정된 미지급비용은 부채로 기록된다. 반면에 제품보증비와 같이 장래에 부담할 가능성이 있지만 금액이나 시기가 불확실한 경우에는 **충당부채**로 인식되며, 이는 결제에 필요한 미래 지출의 시기 또는 금액이 불확실하다는 점에서 매입채무나 미지급비용과 같은 확정된 부채와 구별된다. 이를 충당부채로 인식하기 위해서는 다음 세 가지 요건을 모두 충족해야 한다.

(1) 과거 사건의 결과로 현재 의무가 존재하여야 한다.
(2) 해당 의무를 이행하기 위하여 경제적 효익을 갖는 자원의 유출가능성이 높다.
(3) 해당 의무를 이행하기 위해 필요한 금액을 신뢰성 있게 측정할 수 있다.

충당부채는 확정된 금액의 미지급금과 달리 불확실한 추정부채이며, 지출 시기에 따라 유동부채 또는 비유동부채로 구분된다. 한국채택국제회계기준서(K-IFRS) 제1037호 '충당부채, 우발부채 및 우발자산'에서는 충당부채의 예시로 제품보증, 오염된 토지 정화, 해저 유전 복구, 환불정책, 사업부 폐쇄, 법규정에 따른 매연여과장치 설치, 손실부담계약, 소송사건 등을 제시하고 있다. 본 장에서는 제품보증충당부채와 퇴직급여충당부채에 대해 간략히 설명한다.

더 알아보기 **충당부채와 우발부채의 관계**

충당부채는 관련 지출의 시기나 금액이 불확실한 부채이며, 이와 유사한 개념으로 우발부채가 있다. 두 개념 모두 불확실성을 포함하지만, 충당부채는 지출 가능성이 높아(50% 이상) 부채로 인식하는 반면, 우발부채는 가능성이 낮거나 금액을 신뢰성 있게 추정할 수 없어 부채로 인식하지 않고 주석으로 공시한다. 이를 표로 정리하면 다음과 같다.

구분	금액을 신뢰성있게 추정 가능	금액을 신뢰성있게 추정 불가능
자원유출가능성 매우 높음	충당부채	우발부채(주석공시)
자원유출가능성 어느 정도 있음	우발부채(주석공시)	
자원유출가능성 매우 낮음	공시하지 않음	

1.1 제품보증충당부채

제품보증은 판매회사가 일정 기간 동안 제품의 결함이나 하자를 무료로 수리하거나 교체해주겠다고 약정하는 것이다. 제품을 판매하면 판매회사는 보증을 제공해야 하는 법적 의무를 지게 되며, 결함 발생 시 수리나 교체 비용을 부담해야 한다. 이에 따라 향후 예상되는 보증비용을 미리 반영하는데, 이를 **제품보증충당부채**라고 한다. 판매회사는 수익 · 비용 대응 원칙에 따라 제품 판매 시점에 제품보증충당부채를 인식하며, 과거 보증 서비스 경험과 유사한 제품 데이터를 바탕으로 신뢰성 있게 추정하여 기록한다.

예제 8-14 **제품보증충당부채**

㈜고구려는 에어컨을 제조하여 판매하는 회사로, 판매한 제품에 대해 2년 이내에 하자가 발생할 경우 이를 무상으로 교체해주기로 보증하였다. 에어컨의 1대당 판매가격은 ₩30,000이며, 20×3년의 에어콘 판매대수는 1,000개이다. 과거의 경험에 비추어 보증기간 2년 동안 하자신고비율은 2%이며, 에어컨 1대당 교체비용은 ₩20,000이다.

물음

(1) 20×3년 말의 제품보증충당부채 관련 분개를 행하시오.

(2) 20×4년에 에어컨 12대를 무상 교체한 경우, 수행해야 할 분개를 작성하시오.

풀이

(1) 20×3년 말 제품보증충당부채 관련 분개

(차) 제품보증비 400,000 (대) 제품보증충당부채 400,000

※ 1,000개 × 2% × 20,000 = 400,000

(2) 20×4년 하자발생 교체신청 시 분개

(차) 제품보증충당부채 240,000 (대) 에 어 컨 240,000

※ 12개 × 20,000 = 240,000

1.2 퇴직급여충당부채

퇴직급여충당부채란 종업원의 근무 기간 동안 발생한 퇴직급여 지급 의무를 반영하여 인식하는 부채이다. 퇴직급여는 종업원의 퇴직 시 또는 이후에 지급되며, 비록 퇴직 시점에 일시에 지급되지만 근무 기간 중 기업의 운영에 대한 보상의 성격을 가진다. 이에 따라 수익 · 비용 대응 원칙에 따라 기업은 매 회계기간마다 종업원의 근무 기간에 비례하여 향후 부담해야 할 예상 퇴직금 증가분을 퇴직급여 비용으로 인식하고, 이를 누적하여 퇴직급여충당부채로 기록한다. 퇴직급여충당부채는 보고기간 말 기준으로 모든 종업원이 일시에 퇴직할 경우 지급해야 할 퇴직금에 상당하는 금액으로 측정된다.

종업원이 퇴직할 때 또는 퇴직한 후에 일시불이나 연금의 형식으로 급여를 지급하도록 하는 퇴직연금제도는 확정급여형과 확정기여형으로 구분한다. 일례로, 확정급여형퇴직연금제도에서는 종업원이 퇴직 전인 경우, 보고기간 말 기준 퇴직 시 지급해야 할 퇴직일시금을 추정하여 퇴직급여충당부채로 인식한다. 퇴직 후 연금 형태로 지급하는 경우, 예상 퇴직연금의 현재가치를 계산하여 '퇴직연금미지급금'으로 인식하며, 할인율과 보험수리적 가정 변경에 따른 변동액은 퇴직급여 비용으로 반영한다.

더 알아보기 **퇴직연금제도의 유형**

확정급여형(DB; defined benefit system): 종업원이 수령할 금액이 확정되어 있는 제도로, 동 금액이 지급되기까지는 회사의 부채로 인식한다.

확정기여형(DC; defined contribution system): 기업은 일정 금액만 연금운용기관에 출연하며, 이때 회사의 의무는 이행된 것으로 보아 자산이나 부채로 기록할 필요가 없다. 다만, 그 연금기금의 운용실적에 따라 종업원이 수령할 금액이 달라질 수 있다.

예제 8-15 퇴직급여충당부채

20×1년도 말 결산시점에서 ㈜고구려는 보험수리적 방법을 적용하여 당기말 퇴직금을 ₩6,000,000으로 산출하였다. 결산을 행하기 전 현재의 퇴직급여충당부채 잔액은 ₩5,000,000이다. 이후 20×2년도 3월에 김회계 씨가 퇴직하여 퇴직금 ₩1,800,000을 현금으로 지급하였다.

물음

(1) 20×1년 말 결산 시 수행해야 할 분개를 작성하시오.

(2) 20×2년 3월 종업원 퇴직에 따른 분개를 작성하시오.

풀이

(1) 20×1년도 말 분개

(차) 퇴 직 급 여	1,000,000	(대) 퇴직급여충당부채	1,000,000

(2) 20×2년 3월의 분개

(차) 퇴직급여충당부채	1,800,000	(대) 현 금	1,800,000

2 기타비유동부채

2.1 예수금과 가수금

예수금은 고객이나 종업원 등으로부터 받은 현금을 일시적으로 보관했다가 일정 요건이 충족되면 반환해야 하는 부채 계정이다. 대표적으로 부가가치세예수금, 소득세예수금, 건강보험료예수금 등이 이에 해당한다. 반면, **가수금**은 기업이 현금을 수령했으나 내역이 확정되지 않은 경우 임시로 기록하는 계정이다. 이에 대응하는 계정으로 **가지급금**이 있으며, 이는 특정 지출이 발생했으나 계정과 금액이 확정되지 않은 경우 임시로 기록된다. 이들 계정은 원인이 명확해지면 즉시 정리하여 적절한 계정으로 재분류해야 한다.

2.2 이연법인세부채

손익계산서에서는 회계기준에 따라 수익과 비용을 인식하여 법인세차감전순익을 계산하고, 여기에 법인세율을 적용하여 법인세비용을 산출한다. 그러나 실제 납부할 법인세는 세법에 따라 별도로 계산되며, 회계기준과 세법의 차이로 인해 법인세액이 다르게 산출될 수 있다. 이와 같이 회계기준에 따라 손익계산서 작성과정에서 계산된 법인세액과 세법상 납부해야 할 법인세액의 차이를 이연법인세부채 또는 이연법인세자산계정으로 기록한다. 이연법인세자산과 이연법인세부채는 재무상태표에서 당기법인세 항목과 구분하여 표시되며, 관련 자산 · 부채 항목에 따라 유동 또는 비유동으로 분류된다. 또한, 세무상 결손금 등과 관련된 이연법인세 항목은 예상 소멸 시기에 따라 분류된다. **이연법인세부채**는 가산할 일시적 차이로 인해 미래에 추가 부담할 법인세를 의미하며, 이연법인세자산은 차감할 일시적 차이, 이월공제 가능한 결손금 및 세액공제 등으로 인해 미래에 경감될 법인세를 의미한다.

부록 현재가치 및 미래가치표

단일금액 1원의 미래가치 $FVn=(1+r)^n$

기간 \ 이자율	1%	2%	3%	4%	5%	6%	7%	8%	9%	10%
1	1.0100	1.0200	1.0300	1.0400	1.0500	1.0600	1.0700	1.0800	1.0900	1.1000
2	1.0201	1.0404	1.0609	1.0816	1.1025	1.1236	1.1449	1.1664	1.1881	1.2100
3	1.0303	0.0612	1.0927	1.1249	1.1576	1.1910	1.2250	1.2597	1.2950	1.3310
4	1.0406	1.0824	1.1255	1.1699	1.2155	1.2625	1.3108	1.3605	1.4116	1.4641
5	1.0510	1.1041	1.1593	1.2167	1.2763	1.3382	1.4026	1.4693	1.1586	1.6105
6	1.0615	1.1262	1.1941	1.2653	1.3401	1.4185	1.5007	1.5869	1.6771	1.7716
7	1.0721	1.1487	1.2299	1.3159	1.4071	1.5036	1.6058	1.7138	1.8280	1.9487
8	1.0829	1.1717	1.2668	1.3686	1.4775	1.5938	1.7182	1.8509	1.9926	2.1436
9	1.0937	1.1951	1.3048	1.4233	1.5513	1.6895	1.8385	1.9990	2.1719	2.3579
10	1.1046	1.2190	1.3439	1.4802	1.6289	1.7908	1.9672	2.1589	2.3674	2.5937
11	1.1157	1.2434	1.3842	1.5395	1.7103	1.8983	2.1049	2.3316	2.5804	2.8531
12	1.1268	1.2682	1.4258	1.6010	1.7959	2.0122	2.2522	2.5182	2.8127	3.1384
13	1.1381	1.2936	1.4685	1.6651	1.8856	2.1329	2.4098	2.7196	3.0658	3.4523
14	1.1495	1.3195	1.5126	1.7317	1.9799	2.2609	2.5785	2.9372	3.3417	3.7975
15	1.1610	1.3459	1.5580	1.8009	2.0789	2.3966	2.7590	3.1722	3.6425	4.1772

기간 \ 이자율	11%	12%	13%	14%	15%	16%	17%	18%	19%	20%
1	1.1100	1.1200	1.1300	1.1400	1.1500	1.1600	1.1700	1.1800	1.1900	1.2000
2	1.2321	1.2544	1.2769	1.2996	1.3225	1.3456	1.3689	1.3924	1.4161	1.4400
3	1.3676	1.4049	1.4429	1.4815	1.5209	1.5609	1.6016	1.6430	1.6852	1.7280
4	1.5181	1.5735	1.6305	1.6890	1.7490	1.8106	1.8739	1.9388	2.0053	2.0736
5	1.6851	1.7623	1.8424	1.9254	2.0114	2.1003	201924	2.2878	2.3864	2.4883
6	1.8704	1.9738	2.0820	2.1950	2.3131	2.4364	2.5652	2.6996	2.8398	2.9860
7	2.0762	2.2107	2.3526	2.5023	2.6600	2.8262	3.0012	3.1855	3.3793	3.5832
8	2.3045	2.4760	2.6584	2.8526	3.0590	3.2784	3.5115	3.7589	4.0214	4.2998
9	2.5580	2.7731	3.0040	3.2519	3.5179	3.8030	4.1084	4.4355	4.7854	5.1598
10	2.8394	3.1058	3.3946	3.7072	4.0456	4.4114	4.8068	5.2338	5.6947	6.1917
11	3.1518	3.4785	3.8359	4.2262	4.6524	5.1173	5.6240	6.1759	6.7767	7.4301
12	3.4985	3.8960	4.3345	4.8179	5.3503	5.9360	6.5801	7.2876	8.0642	8.9161
13	3.8833	4.3635	4.8980	5.4924	6.1528	6.8858	7.6987	8.5994	9.5964	10.6993
14	4.3104	4.8871	5.5348	6.2613	7.0757	7.9875	9.0075	10.1472	11.4198	12.8392
15	4.7846	5.4736	6.2543	7.1379	8.1371	9.2655	10.5387	11.9737	13.5895	15.4070

단일금액 1원의 현재가치 $PV_n = \dfrac{1}{(1+r)^n}$

이자율 기간	1%	2%	3%	4%	5%	6%	7%	8%	9%	10%
1	0.9901	0.9804	0.9709	0.9615	0.9524	0.9434	0.9346	0.9259	0.9174	0.9091
2	0.9803	0.9612	0.9426	0.9246	0.9070	0.8900	0.8734	0.8573	0.8417	0.8264
3	0.9706	0.9423	0.9151	0.8890	0.8638	0.8396	0.8163	0.7938	0.7722	0.7513
4	0.9610	0.9238	0.8885	0.8548	0.8227	0.7921	0.7629	0.7350	0.7084	0.6830
5	0.9515	0.9057	0.8626	0.8219	0.7835	0.7473	0.7130	0.6806	0.6499	0.6209
6	0.9420	0.8880	0.8375	0.7903	0.7462	0.7050	0.6663	0.6302	0.5963	0.5645
7	0.9327	0.8706	0.8131	0.7599	0.7107	0.6651	0.6227	0.5835	0.5470	0.5132
8	0.9235	0.8535	0.7894	0.7307	0.6768	0.6274	0.5820	0.5403	0.5019	0.4665
9	0.9143	0.8368	0.7664	0.7026	0.6446	0.5919	0.5439	0.5002	0.4604	0.4241
10	0.9053	0.8203	0.7441	0.6756	0.6139	0.5584	0.5083	0.4632	0.4224	0.3855
11	0.8963	0.8043	0.7224	0.6496	0.5847	0.5268	0.4751	0.4286	0.3875	0.3505
12	0.8874	0.7885	0.7014	0.6246	0.5568	0.4970	0.4440	0.3971	0.3555	0.3186
13	0.8787	0.7730	0.6810	0.6006	0.5303	0.4688	0.4150	0.3677	0.3262	0.2897
14	0.8700	0.7579	0.6611	0.5775	0.5051	0.4423	0.3878	0.3405	0.2992	0.2633
15	0.8613	0.7430	0.6419	0.5553	0.4810	0.4173	0.3624	0.3152	0.2745	0.2394

이자율 기간	11%	12%	13%	14%	15%	16%	17%	18%	19%	20%
1	0.9009	0.8929	0.8850	0.8772	0.8696	0.8621	0.8547	0.8475	0.8403	0.8333
2	0.8116	0.7972	0.7831	0.7695	0.7561	0.7423	0.7305	0.7182	0.7062	0.6944
3	0.7312	0.7118	0.6931	0.6750	0.6575	0.6407	0.6244	0.6086	0.5934	0.5787
4	0.6587	0.6355	0.6133	0.5921	0.5718	0.5523	0.5337	0.5158	0.4987	0.4823
5	0.5935	0.5674	0.5428	0.5194	0.4972	0.4761	0.4561	0.4371	0.4190	0.4019
6	0.5346	0.5066	0.4803	0.4556	0.4323	0.4104	0.3898	0.3704	0.3521	0.3349
7	0.4817	0.4523	0.4251	0.3996	0.3759	0.3538	0.3332	0.3139	0.2959	0.2791
8	0.4339	0.4039	0.3762	0.3506	0.3269	0.3050	0.2848	0.2660	0.2487	0.2326
9	0.3909	0.3606	0.3329	0.3075	0.2843	0.2630	0.2434	0.2255	0.2090	0.1938
10	0.3522	0.3220	0.2946	0.2697	0.2472	0.2267	0.2080	0.1911	0.1756	0.1615
11	0.3173	0.2875	0.2607	0.2366	0.2149	0.1954	0.1778	0.1619	0.1476	0.1346
12	0.2858	0.2567	0.2307	0.2076	0.1869	0.1685	0.1520	0.1372	0.1240	0.1122
13	0.2575	0.2292	0.2040	0.1821	0.1625	0.1452	0.1299	0.1163	0.1042	0.0935
14	0.2320	0.2046	0.1807	0.1597	0.1413	0.1252	0.1110	0.0985	0.0876	0.0779
15	0.2090	0.1827	0.1599	0.1401	0.1229	0.1079	0.0949	0.0835	0.0736	0.0649

정상연금 1원의 미래가치 $FVA_n = \sum_{t=1}^{n}(1+r)^{n-t} = \frac{(1+r)^n - 1}{r}$

이자율 기간	1%	2%	3%	4%	5%	6%	7%	8%	9%	10%
1	1.0000	1.0000	1.0000	1.0000	1.0000	1.0000	1.0000	1.0000	1.0000	1.0000
2	2.0100	2.0200	2.0300	2.0400	2.0500	2.0600	2.0700	2.0800	2.0900	2.1000
3	3.0301	3.0604	3.0909	3.1216	3.1525	3.1836	3.2149	3.2464	3.2781	3.3100
4	4.0604	4.1216	4.1836	4.2465	4.3101	4.3764	4.4399	4.5061	4.5731	4.6410
5	5.1010	5.2040	.503091	5.4163	5.5256	5.6371	5.7507	5.8666	5.9847	6.1051
6	6.1520	6.3081	6.4684	6.6330	6.8019	6.9753	7.1533	7.3359	7.5233	7.7156
7	7.2135	7.4343	7.6625	7.8983	8.1420	8.3938	8.6540	8.9228	9.2004	9.4872
8	8.2857	8.5830	8.8923	9.2142	9.5491	9.8975	10.2598	10.6366	11.0285	11.4359
9	9.3685	9.7546	10.1591	10.5828	11.0266	11.4913	11.9780	12.4876	13.0210	13.5795
10	10.4622	10.9497	11.4639	12.0061	12.5779	13.1808	13.8164	14.4866	15.1929	15.9374
11	11.5668	12.1687	12.8078	13.4864	14.2068	14.9716	15.7836	16.6455	17.5603	18.5312
12	12.6825	13.4121	14.1920	15.0258	15.9171	16.8699	17.8885	18.9771	20.1407	21.3843
13	13.8093	14.6803	15.6178	16.6268	17.7130	18.8821	20.1406	21.4953	22.9534	24.5227
14	14.9474	15.9739	17.0863	18.2919	19.5986	21.0151	22.5505	24.2149	26.0192	27.9750
15	16.0969	17.2934	18.5989	20.0236	21.5786	23.2760	25.1290	27.1521	29.3609	31.7725

이자율 기간	11%	12%	13%	14%	15%	16%	17%	18%	19%	20%
1	1.0000	1.0000	1.0000	1.0000	1.0000	1.0000	1.0000	1.0000	1.0000	1.0000
2	2.1100	2.1200	2.1300	2.1400	2.1500	2.1600	2.1700	2.1800	2.1900	2.2000
3	3.3421	3.3744	3.4069	3.4396	3.4725	3.5056	3.5389	3.5724	3.6061	3.6400
4	4.7097	4.7793	4.8498	4.9211	4.9934	5.0665	5.1405	5.2154	5.2913	5.3680
5	6.2278	6.3528	6.4803	6.6101	6.7424	6.8771	7.0144	7.1542	7.2966	7.4416
6	7.9129	8.1152	8.3227	8.5355	8.7537	8.9775	9.2068	9.4220	9.6830	9.9299
7	9.7833	10.0890	10.4047	10.7305	11.0668	11.4139	11.7720	12.1415	12.5227	12.9159
8	11.8594	12.2997	12.7573	13.2328	13.7268	14.2401	14.7733	15.3270	15.9020	16.4991
9	14.1640	14.7757	15.4157	16.0853	16.7858	17.5185	18.2847	19.0859	19.9234	20.7989
10	16.7220	17.5487	18.4197	19.3373	20.3037	21.3215	22.3931	2.5213	24.7089	25.9587
11	19.5614	20.6546	21.8143	23.0445	24.3493	25.7329	27.1999	28.7551	30.4035	32.1504
12	22.7132	24.1331	25.6502	27.2707	29.0017	30.8502	32.8239	34.9311	37.1802	39.5805
13	26.2116	28.0291	29.9847	32.0887	34.3519	36.7862	39.4040	42.2187	45.2445	48.4966
14	30.0949	32.3926	34.8827	37.5811	40.5047	43.6720	47.1027	50.8180	54.8409	59.1959
15	34.4054	37.2797	40.4175	43.8424	47.5804	51.6595	56.1101	60.9653	66.2607	72.0351

정상연금 1원의 현재가치 $$PVA_n = \sum_{t=1}^{n} \frac{1}{(1+r)^n} = \frac{1-(1+r)^{-n}}{r}$$

기간 \ 이자율	1%	2%	3%	4%	5%	6%	7%	8%	9%	10%
1	0.9901	0.9804	0.9709	0.9615	0.9524	0.9434	0.9346	0.9259	0.9174	0.9091
2	1.9704	1.9416	1.9135	1.8861	1.8594	1.8334	1.8080	1.7833	1.7591	1.7355
3	2.9410	2.8839	2.8286	2.7751	2.7232	2.6730	2.6243	2.5771	2.5313	2.4868
4	3.9020	3.8077	3.7171	3.6299	3.5460	3.4651	3.3872	3.3121	3.2397	3.1699
5	4.8534	4.7135	4.5797	4.4518	4.3295	4.2124	4.1002	3.9927	3.8897	3.7908
6	5.7955	5.6014	5.4172	5.2421	5.0757	4.9173	4.7665	4.6229	4.4859	4.3553
7	6.7282	6.4720	6.2303	6.0021	5.7864	5.5824	5.3893	5.2064	5.0330	4.4684
8	7.6517	7.3255	7.0197	6.7327	6.4632	6.2098	5.9713	5.7466	5.5348	5.3349
9	8.5660	8.1622	7.7861	7.4353	7.1078	6.8017	6.5152	6.2469	5.9952	5.7590
10	9.4713	8.9826	8.5302	8.1109	7.7217	7.3601	7.0236	6.7101	6.4177	6.1446
11	10.3676	9.7868	9.2526	8.7605	8.3064	7.8869	7.4987	7.1390	6.8052	6.4951
12	11.2251	10.5753	9.9540	9.3851	8.8633	8.3838	7.9427	7.5361	7.1607	6.8137
13	12.1337	11.3484	10.6350	9.9856	9.3936	8.8527	8.3577	7.9038	7.4869	7.1034
14	13.0037	12.1062	11.2961	10.5631	9.8986	9.2950	8.7455	8.2442	7.7862	7.3667
15	13.8651	12.8493	11.9379	11.1184	10.3797	9.7122	9.1079	8.5595	8.0607	7.6061

기간 \ 이자율	11%	12%	13%	14%	15%	16%	17%	18%	19%	20%
1	0.9009	0.8929	0.8850	0.8772	0.8696	0.8621	0.8547	0.8475	0.8403	0.8333
2	1.7125	1.6901	1.6681	1.6467	1.6257	1.6052	1.5852	1.5656	1.5465	1.5278
3	2.4437	2.4018	2.3612	2.3216	2.2832	2.2459	2.2096	2.1743	2.1399	2.1065
4	3.1024	3.0373	2.9745	2.9137	2.8550	2.7982	2.7432	2.6901	2.6386	2.5887
5	3.6959	3.6048	3.5172	3.4331	3.3522	3.2743	3.1993	3.1272	3.0576	2.9906
6	4.2305	4.1114	3.9975	3.8887	3.7845	3.6847	3.5892	3.4976	3.4098	3.3255
7	4.7122	4.5638	4.4226	4.2883	4.1604	4.0386	3.9224	3.8115	3.7057	3.6046
8	5.1461	4.9676	4.7988	4.6389	4.4873	4.3436	4.2072	4.0776	3.9544	3.8372
9	5.5370	5.3282	5.1317	4.9464	4.7716	4.6065	4.4506	4.3030	4.1633	4.0310
10	5.8892	5.6502	5.4262	5.2161	5.0188	4.8332	4.6586	4.4941	4.3389	4.1925
11	6.2065	5.9377	5.6869	5.4527	5.2337	5.0286	4.8364	4.6560	4.4865	4.3271
12	6.4924	6.1944	5.9176	5.6603	5.4206	5.1971	4.9884	4.7932	4.6105	4.4392
13	6.7499	6.4235	6.1218	5.8424	5.5831	5.3423	5.1183	4.9095	4.7147	4.5327
14	6.9819	6.6282	6.3025	6.0021	5.7245	5.4675	5.2293	5.0081	4.8023	4.6106
15	7.1909	6.8109	6.4624	6.1422	5.8474	5.5755	5.3242	5.0916	4.8759	4.6755

객관식 문제

개념의 이해

8-1 다음 부채에 관한 설명 중 옳지 않은 것은?

① 미지급법인세, 선수금, 장·단기충당부채 등은 비금융부채에 해당한다.
② 금융자산이나 자기지분상품으로 상환되어야 하는 계약상의 의무를 금융부채라 한다.
③ 충당부채는 미래에 불확실성이 높으므로 부채로 계상하지 않는다.
④ 일정기간이 경과된 후 주식을 인수할 수 있는 권리가 부여된 사채를 신주인수권부사채라 한다.

8-2 다음 중 유동부채에 대한 설명으로 적당하지 않은 것은?

① 매입채무, 단기차입금, 미지급금 등은 유동부채에 해당한다.
② 만기가 1년 이내에 도래하므로 현재가치로 평가하지 않고 최종상환금액으로 평가한다.
③ 지급기일이 재무상태표일로부터 1년 이내에 도래하는 채무를 말한다.
④ 유동부채는 흔히 유형자산을 구매하는 데 사용된다.

8-3 다음 중 사채할인발행차금에 대한 설명으로 옳은 것은?

① 사채의 유효이자율이 액면이자율보다 높은 경우에 발생한다.
② 사채할인발행차금은 매년 정액법에 의해 상각한다.
③ 유효이자율법을 적용하는 경우 사채할인발행차금상각액은 초기에 보다 많은 금액이 상각된다.
④ 사채할인발행차금상각액은 사채계정에 가산하여 표시한다.

8-4 사채를 할증발행하는 경우 사채 유효이자율에 대한 설명으로 옳은 것은?

① 액면이자율과는 무관하다. ② 액면이자율과 같다.
③ 액면이자율보다 높다. ④ 액면이자율보다 낮다.

8-5 다음 중 사채발행비에 대한 설명으로 잘못된 것은?

① 사채발행비가 있는 경우 유효이자율이 시장이자율보다 약간 낮다.

② 사채발행비는 발행기관 지급수수료, 사채권발행비 등 사채발행과 관련된 부대비용을 의미한다.

③ 사채발행비는 미래의 이자비용을 증가시키는 효과가 있다.

④ 사채발행비는 사채의 발행금액에서 차감한다.

8-6 충당부채에 관한 설명으로 적절한 것은?

① 충당부채를 인식하기 위해서는 과거사건이나 거래가 발생하여 미래의무가 존재하여야 한다.

② 충당부채로 인식하기 위해서는 미래 경제적 효익의 유출이 기업의 행위에 종속적이어야 한다.

③ 충당부채로 인식하기 위해서는 미래 자원의 유출가능성이 낮아야 한다.

④ 충당부채로 인식할 금액이 범위 값으로 추정되는 경우 범위 값 중에서 가장 작은 값으로 충당부채를 인식한다.

⑤ 충당부채를 인식할 의무는 법률이나 계약상 의무뿐만 아니라 기업의 오랜 관행으로 인해 기업이 이행해 온 의제의무도 포함한다.

8-7 다음 중 충당부채의 발생을 야기하는 사유에 해당하지 않는 것은?

① 정기적으로 이루어지는 대규모 수선

② 손실부담계약

③ 타인의 채무에 대한 보증

④ 계류 중인 소송사건

⑤ 구조조정 계획

8-8 다음 중 충당부채에 해당하지 않는 것은?

① 제품보증충당부채　　② 경품충당부채

③ 퇴직급여충당부채　　④ 대손충당금

8-9 결산시점에서의 다음 분개를 보고 가장 적절하게 추정한 것은?

(차)	사채이자비용	570,000	(대)	현 금	500,000
				사채할인발행차금	70,000

① 사채이자 ₩500,000을 현금으로 지급하다. 이로 인해 사채할인발행차금이 ₩70,000 증가하였다.

② 사채이자 ₩570,000을 현금으로 지급하다. 이로 인해 사채할인발행차금이 ₩70,000 감소하였다.

③ 사채이자 ₩570,000을 현금으로 지급하고, 사채할인발행차금이 ₩70,000도 함께 지급하였다.

④ 사채이자 ₩500,000을 현금으로 지급하다. 또한 사채할인발행차금상각 ₩70,000을 계상하다.

8-10 ㈜고구려는 20×6년 1월 3일 액면가액 ₩1,000,000(표시이자율 연 10%, 이자지급일 매년 말 후급, 만기일 20×9년 12월 31일)의 사채를 발행하였으며 발행 시 유효이자율은 12%였다. 이 사채를 발행한 때의 분개 항목 구성으로 올바른 것은?

	(차)		(대)		
①	현 금	×××		사 채	×××
		×××		사채할증발행차금	×××
②	현 금	×××		사 채	×××
		×××		사채할증발행차금	×××
③	현 금	×××		사 채	×××
	사채할증발행차금	×××			
④	현 금	×××		현 금	×××
	사채할증발행차금	×××			

8-11 ㈜고구려가 발행한 회사채의 내역은 다음과 같다. ㈜고구려가 사채상환기간에 걸쳐 계상하게 될 총이자비용을 구하라. (단, 회사는 해당 사채를 상각후원가로 평가하고 있다.)

액면금액: ₩100,000	액면이자율: 5%
사채 발행일: 2001년 1월 1일	사채 만기일: 2003년 12월 31일
이자지급일: 매년 말일 후급	발행시 시장이자율: 10%

현가계수

기간	10% 현가계수
1년	0.90909
2년	0.82645
3년	0.75131
3년 연금	2.48685

① ₩12,435 ② ₩15,000 ③ ₩27,435
④ ₩30,000 ⑤ ₩0

8-12 ㈜고구려는 2017년 1월 1일에 액면 ₩100,000의 사채(표시이자율 10%, 만기 3년)를 ₩95,200에 발행하였다. 이 사채로 인하여 만기까지 인식해야 할 이자비용 총액은 얼마인가?

① ₩4,800 ② ₩30,000
③ ₩34,800 ④ ₩45,000

8-13 ㈜고구려는 2018년 1월 1일에 사채(액면가액 ₩1,000,000, 표시이자율 10%, 이자지급일 매년 12월 31일 후불조건, 만기 3년)를 발행하였다. 사채 발행시점에 적용된 유효이자율이 15%라고 할 때, 사채의 발행금액은? (단, 사채발행금액 계산에 다음의 현가 자료를 이용한다.)

- 단일금액 ₩1의 현재가치 요소 (10%, 3년) = 0.75
- 단일금액 ₩1의 현재가치 요소 (15%, 3년) = 0.66
- 정상연금 ₩1의 현재가치 요소 (10%, 3년) = 2.49
- 정상연금 ₩1의 현재가치 요소 (15%, 3년) = 2.28

① ₩847,000　② ₩888,000
③ ₩999,000　④ ₩1,000,000

8-14 ㈜고구려는 2001년 4월 1일에 다음과 같은 조건으로 회사채를 발행하였다. 2001년 4월 1일 회사채발행으로 회사가 수취한 현금은 얼마인가?

사채 액면가액: ₩800,000	사채 발행일: 2001년 4월 1일
사채의 만기일: 2004년 3월 31일	표시이자율: 8%
표시이자지급일: 매년 3월 말	발행 시 시장이자율: 12%
3년 현가계수(12%): 0.7118	3년연금 현가계수(12%): 2.4018

① ₩723,155　② ₩738,340
③ ₩759,313　④ ₩781,007
⑤ ₩800,000

8-15 ㈜고구려는 컴퓨터를 판매하는 회사이다. 회사는 판매한 컴퓨터 중 결함이 있는 제품에 대해 2년간 무료로 부품을 교체해주고, 필요한 수선서비스를 해준다는 계약 하에 컴퓨터를 판매하고 있다. 2001년도에 이 회사는 단위당 ₩100,000의 가격으로 컴퓨터 100대를 현금으로 판매하였다. 과거의 경험으로 보아 2년간의 품질보증비는 단위당 서비스에 대해서 ₩300, 부품에 대해서 ₩200이 소요될 것으로 추정된다. 2001년도에 회사의 실제 제품보증비는 부품에 대해 ₩10,000, 서비스에 대해서 ₩10,000이 발생하였다. 2001년 12월 31일의 포괄손익계산서에 제품보증비로 보고할 금액은 얼마인가?

① ₩20,000　② ₩30,000
③ ₩40,000　④ ₩50,000
⑤ ₩60,000

기출문제

8-1 부채에 관한 설명으로 옳지 않은 것은? ▶ 2021 경영지도사

① 우발부채는 재무제표에 부채로 인식하지 아니한다.
② 미래의 예상 영업손실은 충당부채로 인식한다.
③ 충당부채는 의무의 상대방이 누구인지 반드시 알아야 하는 것은 아니다.
④ 충당부채로 인식되는 금액은 현재의무를 보고기간 말에 이행하기 위하여 소요되는 지출에 대한 최선의 추정치이어야 한다.
⑤ 예상되는 자산처분이 충당부채를 생기게 한 사건과 밀접하게 관련되었더라도 예상되는 자산처분이익은 충당부채를 측정하는 데 고려하지 않는다.

8-2 다음 중 ㈜관세의 금융부채를 발생시키는 거래를 모두 고른 것은? ▶ 2020 관세사

ㄱ. ㈜관세는 거래처로부터 ₩500을 차입하였다.
ㄴ. ㈜관세는 제품을 판매하기로 하고 선금 ₩500을 받았다.
ㄷ. ㈜관세는 ₩500의 비품을 구입하고 그 대가로 거래 상대방에게 자기지분상품 5주(주당액면금액 ₩100)를 인도하기로 하였다.
ㄹ. ㈜관세는 보유자가 확정된 금액으로 상환을 청구할 수 있는 권리가 부여된 상환우선주 10주(주당액면금액 ₩500)를 주당 ₩700에 발행하였다.

① ㄱ, ㄷ ② ㄱ, ㄹ ③ ㄴ, ㄷ ④ ㄴ, ㄹ ⑤ ㄷ, ㄹ

8-3 사채에 대한 설명으로 옳지 않은 것은? ▶ 2024 국가직 9급

① 사채발행 시 시장이자율이 액면이자율보다 높은 경우 할인발행된다.
② 사채를 할인발행한 경우 매년 인식할 이자비용은 증가한다.
③ 사채할증발행차금 잔액은 매년 감소한다.
④ 사채할인발행차금 상각액은 매년 감소한다.

8-4 사채의 발행에 관한 설명으로 옳지 않은 것은? ▸ 2015 관세직 9급

① 할인발행은 유효이자율이 표시이자율보다 큰 경우이다.
② 할증발행의 경우 발행연도의 현금지급이자는 사채이자비용보다 크다.
③ 할인발행의 경우 만기가 가까워질수록 사채의 이자비용이 감소한다.
④ 할증발행과 할인발행은 사채의 만기금액이 동일하다.

8-5 사채발행차금을 유효이자율법에 따라 상각할 때 설명으로 옳지 않은 것은? (단, 이자율은 0보다 크다.) ▸ 2016 국가직 관세직 9급

① 할증발행 시 상각액은 매기 감소한다.
② 할인발행 시 이자비용은 매기 증가한다.
③ 할인발행 시 상각액은 매기 증가한다.
④ 할증발행 시 이자비용은 매기 감소한다.

8-6 사채 이자비용에 대한 설명으로 옳은 것은? (단, 이자율은 0보다 크다.)
▸ 2017 관세직 9급

① 사채가 액면발행된다면 매년 사채의 유효이자는 액면이자와 같지 않다.
② 사채가 할증발행된다면 매년 사채의 유효이자는 액면이자보다 적다.
③ 사채가 할인발행된다면 만기에 가까워질수록 매년 사채의 유효이자는 감소한다.
④ 사채가 할증발행된다면 만기에 가까워질수록 매년 사채의 유효이자는 증가한다.

8-7 사채의 발행과 관련한 설명으로 옳은 것은? ▸ 2020 보험계리사

① 유효이자율법에 의해 사채발행차금을 상각할 때, 할인발행이나 할증발행의 경우 모두 기간이 경과할수록 사채발행차금의 상각액은 증가한다.
② 할인발행은 사채의 표시이자율보다 시장이 기업에게 자금 대여의 대가로 요구하는 수익률이 낮은 상황에서 발생한다.
③ 할인발행의 경우 발행 기업이 인식하는 이자비용은 기간이 경과할수록 매기 감소한다.

④ 할증발행의 경우 발행 기업은 매기 현금이자 지급액보다 많은 이자비용을 인식한다.

8-8 충당부채와 우발부채에 관한 설명으로 옳지 않은 것은? ▶ 2022 관세사

① 충당부채와 관련하여 포괄손익계산서에 인식한 비용은 제삼자의 변제와 관련하여 인식한 금액과 상계하여 표시할 수 있다.
② 과거사건으로 생겼으나, 기업이 전적으로 통제할 수는 없는 하나 이상의 불확실한 미래사건의 발생 여부로만 그 존재 유무를 확인할 수 있는 잠재적 의무는 우발채무이다.
③ 어떤 의무를 제삼자와 연대하여 부담하는 경우에 이행하여야 하는 전체 의무 중에서 제삼자가 이행할 것으로 예상되는 정도까지만 우발부채로 처리한다.
④ 충당부채는 과거사건의 결과로 현재의무가 존재하며, 의무 이행에 경제적 효익이 있는 자원의 유출가능성이 높고, 그 금액을 신뢰성있게 추정할 수 있을 때 인식한다.
⑤ 예상되는 자산 처분이 충당부채를 생기게 한 사건과 밀접하게 관련된 경우에 예상되는 자산 처분이익은 충당부채를 측정하는 데에 차감한다.

8-9 다음 중 충당부채로 인식 가능한 것은? ▶ 2022 보험계리사

① 자원 유출이 필요할 가능성이 높은 현재 의무가 존재한다.
② 자원 유출 가능성이 희박한 잠재적 의무 또는 현재의무가 존재한다.
③ 경제적 효익의 유입이 거의 확실하며, 현재의 권리가 명백하게 존재한다.
④ 자원 유출이 필요할 수는 있지만, 그렇지 않을 가능성이 높은 잠재적 의무 또는 현재의무가 존재한다.

8-10 충당부채, 우발부채 및 우발자산에 대한 설명으로 옳지 않은 것은?

▶ 2024 국가직 9급

① 충당부채는 결제에 필요한 미래 지출의 시기 또는 금액에 불확실성이 있다는 점에서 매입채무와 미지급비용과 같은 그 밖의 부채와 구별된다.

② 과거사건에 의하여 발생하였으나, 기업이 전적으로 통제할 수 없는 하나 이상의 불확실한 미래사건의 발생 여부에 의하여서만 그 존재가 확인되는 잠재적 의무는 충당부채로 처리한다.

③ 우발자산은 미래에 전혀 실현되지 않을 수도 있는 수익을 인식하는 결과를 가져올 수 있기 때문에 재무제표에 인식하지 아니한다.

④ 충당부채의 인식요건인 현재의 의무는 법적의무뿐만 아니라 의제의무도 포함한다.

8-11 ㈜관세는 20×1년 초 액면금액 ₩100,000, 매년 말 액면이자 연 8% 지급 조건, 5년 만기의 사채를 ₩92,416에 발행하였다. 동 사채 발행일의 시장이자율(연 10%)과 유효이자율은 일치하며, 유효이자율법에 따라 사채발행차금을 상각한다. ㈜관세가 20×3년도에 상각할 사채할인발행차금은? (단, 계산금액은 소수점 첫째자리에서 반올림한다.)

▶ 2024 관세사

① ₩1,242　　② ₩1,366

③ ₩1,502　　④ ₩1,653

⑤ ₩1,821

8-12 ㈜한국은 20×1년 1월 1일 액면금액이 ₩1,000,000인 사채(액면이자율 8%, 만기 3년)를 ₩950,263에 발행하였다. ㈜한국이 발행한 사채와 관련한 설명으로 옳지 않은 것은? (단, 액면이자는 매년 말 지급하고, 원금은 만기에 일시 상환한다.)

▶ 2023 국가직 9급

① 사채발행 시 액면이자율이 시장이자율보다 낮다.

② 매년 인식해야 할 이자비용은 증가한다.

③ 만기까지 인식해야 할 이자비용의 총액은 ₩240,000이다.

④ 이자비용으로 지출하는 현금은 매년 ₩80,000으로 일정하다.

8-13 ㈜서울이 20×1년 1월 1일에 액면금액 ₩500,000, 매년 말 액면이자 8%, 3년 만기인 사채를 할인 발행하였다. 사채할인발행차금은 유효이자율법에 따라 상각한다. 20×1년 말과 20×2년 말 사채 장부금액이 〈보기〉와 같고, 해당 사채가 만기상환 되었다고 할 때, ㈜서울이 20×2년부터 20×3년까지 2년 간 사채와 관련하여 인식한 총 이자비용은? ▸ 2020 서울시 7급

- 20×1년 말 사채 장부금액: ₩482,600
- 20×2년 말 사채 장부금액: ₩490,900

① ₩86,500　② ₩89,100
③ ₩97,400　④ ₩106,500

8-14 ㈜한국은 20×1년 1월 1일 액면금액 ₩1,000,000, 액면이자율 연 10%, 만기 3년, 매년말 이자지급조건의 사채를 ₩951,980에 발행하였다. 사채의 발행차금에 대한 회계처리는 유효이자율법을 적용하고 있으며, 사채발행일의 시장이자율은 연 12%이다. 사채발행일의 시장이자율과 유효이자율이 일치한다고 할 때, ㈜한국이 사채의 만기일까지 3년간 인식할 총 이자비용은?
▸ 2022 국가직 9급

① ₩300,000　② ₩348,020
③ ₩360,000　④ ₩368,020

8-15 ㈜감평은 20×1년 초 사채(액면금액 ₩60,000, 표시이자율 연 10%, 매년 말 이자지급, 만기 3년, 매년 말 20,000씩 원금상환 조건)를 발행하였다. 동 사채의 발행 당시 유효이자율은 연 12%이다. 다음 현재가치를 이용하여 계산한 사채의 발행가액과 20×2년도에 인식할 이자비용은? 단 금액은 소수점 첫째자리에서 반올림하여 계산한다.) ▸ 2023 감정평가사

단일금액 ₩1의 현재가치

기간	10%	12%
1년	0.9091	0.8929
2년	0.8264	0.7972
3년	0.7513	0.7118

	발행가액	20×2 이자비용
①	₩48,353	₩3,165
②	₩48,353	₩3,279
③	₩52,487	₩3,934
④	₩58,008	₩4,675
⑤	₩58,008	₩6,961

8-16 ㈜한국은 20×1년 1월 1일에 액면가 ₩10,000, 만기 3년, 표시이자율 8%, 이자지급일이 매년 12월 31일인 사채를 ₩9,503에 할인발행하였다. 이 사채를 20×2년 1월 1일에 ₩9,800을 지급하고 조기상환할 때, 사채상환손익은? (단, 발행일의 유효이자율은 10%이고, 금액은 소수점 첫째자리에서 반올림한다.) ▸ 2021 국가직 9급

① 사채상환손실 ₩18 ② 사채상환손실 ₩147

③ 사채상환이익 ₩18 ④ 사채상환이익 ₩147

8-17 ㈜한국은 20×1년 7월 1일에 액면금액 ₩1,000,000의 사채(유효이자율 연 10%, 표시이자율 연 8%, 만기 5년, 이자는 매년 6월 30일에 후급)를 ₩924,164에 발행하였다. 20×2년 말 동 사채의 장부금액은? (단, 이자는 월할계산하며, 단수차이로 인한 오차가 있다면 가장 근사치를 선택한다.)

▶ 2023 경영지도사

① ₩936,580
② ₩943,409
③ ₩948,356
④ ₩950,238
⑤ ₩965,262

8-18 ㈜한국은 액면금액이 ₩1,000,000인 사채를 발행하여 매년 말 이자를 지급하고 상각후원가로 측정하고 있다. 사채와 관련된 자료가 다음과 같을 때 표시이자율은?

▶ 2020 주택관리사

- 사채발행금액: ₩875,650
- 유효이자율: 연 10%
- 1차년도 사채할인발행차금 상각액: ₩37,565

① 4%
② 5%
③ 6%
④ 7%
⑤ 8%

연습문제

8-1 [부채의 분류]

다음 항목을 부채 상환시기에 따라 유동부채 또는 비유동부채로 분류하시오.

① 매입채무 ② 단기차입금 ③ 장기차입금
④ 장기미지급금 ⑤ 장기선수금 ⑥ 선수이자
⑦ 선수임대료 ⑧ 미지급금 ⑨ 미지급이자
⑩ 유동성장기부채

8-2 [선수수익]

㈜고구려상사는 20×1년 11월 1일에 사무실의 일부를 3개월 동안 임대하기로 하고 임대료 ₩120,000을 미리 받았다. 그리고 ㈜고구려상사의 결산일은 매월 말일이라고 가정하였다.

요구사항 이와 관련된 회계처리를 수행하시오.

8-3 [미지급비용과 미지급금]

아래 물음에 관련된 분개를 수행하시오.

요구사항

(1) ㈜고구려는 11월 초 은행으로부터 ₩200,000을 장기차입하였으며, 연이자 1.5%를 매월 말에 지급하기로 하였다.

(2) ㈜백제는 12월 초 영업활동에 필요한 차량을 ₩150,000에 구입하였으며, 이 중 ₩50,000은 현금지급하고 나머지는 3개월 후에 지급하기로 하였다.

8-4 [제품보증충당부채]

㈜고구려는 컴퓨터를 판매하는 회사이다. 동 기업은 컴퓨터 무상보증 기간을 1년 제공하고 있으며, 과거의 경험을 기초로 볼 때 판매된 제품의 5%가 1년 이내에 하자가 발생할 것으로 예측하였다. 그리고 컴퓨터 수리비용은 1대당 평균 ₩50,000이 발생할 것으로 예상하였다. ㈜고구려가 11월 한 달 동안 판매한 컴퓨터는 300대인 것으로 나타났다.

요구사항 이를 바탕으로 11월 판매된 컴퓨터에 대한 제품보증비용을 계산하고 이와 관련된 분개를 수행하시오.

8-5 [미래가치와 현재가치]

다음의 각 조건에 따라 미래가치 또는 현재가치를 계산하시오(연 10%의 이자율을 가정).

① 20×1년 1월 1일에 ₩50,000을 3년간 복리로 예금한 경우 만기에 받을 원리금은 얼마인가?

② 20×1년 1월 1일에 1복리로 매년 초에 ₩10,000씩 5년간 적립하기로 하였다. 만기인 20x6년 1월 1일에 받게 될 원금과 이자의 합계는 얼마인가?

③ 20×3년 12월 31일에 ₩100,000을 받기로 되어 있다. 이를 복리로 할인하는 경우 20×1년 1월 1일 현재 얼마의 가치를 가지는가?

④ 향후 5년간 ₩50,000을 정기적으로 받기 위해서 현재 얼마를 투자해야 하는가?

8-6 [사채의 발행]

㈜고구려는 다음과 같은 조건으로 사채를 발행하였다.

사채발행일자: 20x1년 1월 1일	만기일자: 20×4년 12월 31일
액면금액: ₩1,000,000	액면이자율: 연 8%
이자지급: 연 1회, 매년 말 지급	

요구사항

(1)사채발행일의 시장이자율이 8%일 때 사채발행가액은?

(2) 사채발행일의 시장이자율이 5%일 때 사채발행가액은?

(3) 사채발행일의 시장이자율이 10%일 때 사채발행가액은?

8-7 [사채 발행의 회계처리]

요구사항 위의 [문제 8-8]을 바탕으로 사채발행과 관련된 분개를 수행하시오.

8-8 [사채할인발행차금 상각]

아래의 표는 ㈜고구려의 사채할인발행차금 상각표의 일부이다.

이자지급기간	현금이자	이자비용	할인차금	장부금액
발행일				93,660
20x1	8,000	9,366	1,366	95,026
20x2	8,000	9,503	1,503	96,529
20x3	8,000	9,653	1,653	98,182
20x4	8,000	9,818	1,818	100,000

요구사항

(1) 20×1년도 말과 20×2년도 말의 이자지급 및 사채할인발행차금 상각에 대한 분개를 수행하시오.

(2) 사채이자비용이 현금으로 지급되는 이자비용보다 큰 이유를 설명하시오.

8-9 [사채의 상환]

㈜고구려는 다음과 같은 조건으로 사채를 발행하였다.

사채발행일자: 20×1년 1월 1일	만기일자: 20×5년 12월 31일
액면금액: ₩500,000	액면이자율: 연 10%
이자지급: 연 1회, 매년 말 지급	시장이자율: 12%

20×3년도 말에 사채를 전액 상환하고자 한다. ㈜고구려는 유효이자율법으로 사채발행차금을 상각하여 왔으며, 만기에 전액 상환하였다.

요구사항

(1) ㈜고구려의 사채발행가액은 얼마인가?

(2) 사채발행차금상각표를 작성하시오.

(3) 사채 상환과 관련된 회계처리를 수행하시오.

CHAPTER 09

자본의 회계처리

학습 목표

자본은 기업의 자금 조달과 재무 구조를 이해하는 데 핵심적인 요소이다. 이에 본 장에서는 자본의 주요 구성 요소인 자본금, 자본잉여금, 이익잉여금, 자본조정, 기타포괄손익누계액의 개념을 학습하고 각 항목에 대한 회계처리 방법을 익힌다. 또한 주식의 발행과 소각, 배당금 지급, 이익잉여금 처분 등 자본 변동이 발생하는 과정과 그에 따른 회계처리를 살펴본다. 마지막으로, 자본변동표의 작성 방법을 익혀 기업의 자본 흐름을 분석하고 재무 상태를 평가하는 능력을 기른다.

SECTION

01 자본의 구성

1 자본의 의의

기업의 자금 조달 방식은 크게 타인자본과 자기자본으로 구분할 수 있다. **타인자본**은 기업이 운영에 필요한 자금을 금융기관에서 대출받거나 회사채를 발행하여 조달하는 방식으로 만기 시점에 원금을 상환해야 하며, 정해진 기간마다 이자를 지급해야 하는 부담이 따른다. 반면, 자기자본은 주식 발행을 통해 조달되며, 기업이 이를 투자자들에게 반환해야 하는 의무가 없다. 기업의 입장에서 타인자본은 부채로, 자기자본은 자본 항목으로 분류한다. 일반적으로 **자본**이라고 하면 **자기자본**을 의미한다. 기업의 자산은 부채(채권자지분)와 자본(주주지분)의 합으로 구성되며, 자본은 기업이 보유한 총자산에서 부채를 제외한 잔여지분(residual equity)을 의미하기 때문에 **순자산**이라고도 한다. 즉 자본은 기업이 보유한 총자산에서 총부채를 차감한 잔여액 또는 순자산을 의미하며, 기업 실체의 자산에 대한 소유주의 잔여청구권을 나타낸다. 이에 자본은 자산이나 부채처럼 독립적으로 측정되지 않고 전체 자산에서 부채를 차감한 나머지 부분이 주주에게 귀속되는 몫으로 규정한다.

자산 = 채권자지분(부채) + 주주지분(자본)

자본 = 자산 − 채권자지분(부채)

2 자본의 분류

자본은 주주가 납입한 자본, 기업의 영업활동을 통해 창출되어 유보된 이익, 그리고 기업의 손실이나 배당 지급으로 인해 감소한 금액이 반영된 결과를 의미한다. 또한 자본은 분배나 사용에 제한 또는 특정한 사용 목적에 따라 구분하여 표시된다.

더 알아보기 **자본의 정의와 분류**

일반기업회계기준 15.2: 자본은 기업의 자산에서 모든 부채를 차감한 후의 잔여지분을 나타내며, 주주로부터의 납입자본에 기업활동을 통하여 획득하고 기업의 활동을 위해 유보된 금액을 가산하고, 기업활동으로부터의 손실 및 소유자에 대한 배당으로 인한 주주지분 감소액을 차감한 잔액이다.

한국채택국제회계기준(K-IFRS) 제1001호 78-(5): 납입자본과 적립금은 자본금, 주식발행초과금, 적립금 등과 같이 다양한 분류로 세분화한다.

자본은 일반적으로 잔여지분(residual equity)으로 정의되며 발생 원천에 따라 납입자본, 이익잉여금, 기타자본구성요소로 구분할 수 있다. 즉 자본은 주주가 회사에 출자한 납입자본(paid-in capital), 이를 운용하여 얻은 순이익 중에서 배당하지 않고 유보한 이익잉여금(retained earnings), 그리고 순이익에 포함되지 않는 기타포괄손익누계액 등 기타자본구성요소를 합한 금액으로 구성된다.

기업이 주식을 발행하여 조달한 **납입자본**은 자본금과 주식발행초과금 등으로 이루어지며, **자본금**은 발행된 주식의 종류에 따라 보통주자본금과 우선주자본금으로 구분된다. **주식발행초과금**은 주식을 액면가보다 높은 가격으로 발행할 때, 액면가를 초과하여 조달된 금액을 의미한다. 한편, 자본잉여금은 주주와의 거래에서 발생하여 자본을 증가시키는 잉여금으로, 일반기업회계기준에 따라 주식발행초과금은 자본잉여금으로 회계 처리된다. 또한, 자기주식처분이익과 감자차익 등도 자본잉여금으로 분류된다.

이익잉여금은 법정적립금, 임의적립금, 미처분이익잉여금(또는 미처리결손금)으로 구분된다. 법정적립금과 임의적립금의 세부 내역 및 법령에 따라 배당이 제한되는 이익잉여금 항목은 주석으로 기재된다. **자본조정** 항목 중에서 기업이 유통 중인 주식을 매입하여 취득하는 자기주식은 별도로 표시하며, 주식할인발행차금, 주식선택권, 출자전환채무, 감자차손, 자기주식처분손실 등은 기타자본조정 항목으로 통합하여 표시할 수 있다. **기타포괄손익누계액**은 포괄손익계산서에서 아직 당기손익으로 반영되지 않은 기타포괄손익이 누적된 금액을 의미한다. 이는 FVOCI금융자산평가손익, 해외사업환산손익, 현금흐름위험회피 파생상품평가손익 등으로 구분되어 표시된다. 이러한 구분은 정보이용자가 기업의 자본 구조를 파악하고, 자본 변동 및 배당 정책을 이해하는 데 유용하다.

[표 9-1]과 같이 자본은 그 발생 원천에 따라 납입자본, 이익잉여금, 자본조정, 그리고 기타포괄손익누계액 등으로 구분된다. 자본의 구성에 대해서는 이어지는 절에서 구체적으로 설명한다.

표 9-1 **자본의 구성**

구분	자본의 구성	자본의 구성 요소	구성 요소의 예
자본	납입자본	자본금	보통주자본금, 우선주자본금
		주식발행초과금	액면금액을 초과한 부분
	이익잉여금	법정적립금	이익준비금 등
		임의적립금	사업확장적립금, 감채적립금 등
		미처분이익잉여금	아직 사용 목적을 결정하지 않은 이익잉여금
	기타자본 구성요소	기타포괄손익누계액	FVOCI금융자산평가손익, 해외사업환산손익, 현금흐름위험회피 파생상품평가손익 등
		자본조정	자기주식, 주식할인발행차금, 자기주식처분손실, 주식선택권 등

SECTION 02

주식의 발행과 자본금

1 주식의 종류

주식회사제도 하에서는 기업이 안정적으로 자본을 조달하기 위해 **주식**(stock)을 발행하여 자기자본을 조달한다. 주식 발행을 기반으로 운영되는 주식회사는 증권시장과 불가분의 관계에 있으며, 독립된 법인격을 가진다는 이점이 있다. 따라서 주식회사는 발행된 주식을 자유롭게 타인에게 양도할 수 있으며, 주주는 출자한 자본금을 한도로 손실을 부담하는 **유한책임**을 진다. 이와 같이 주주는 자신이 보유하고 있는 주식을 자유롭게 양도하거나 처분할 수 있기 때문에 회사는 주주가 변경되더라도 지속적으로 경영활동을 수행할 수 있다.

더 알아보기 주식회사의 유한책임

우리나라 상법은 사원이나 주주의 책임 한도에 따라 합자회사, 합명회사, 유한회사, 주식회사로 구분한다. 이 중 주식회사는 주주가 출자한 자본액을 한도로 책임을 지는 유한책임 제도를 따른다. 예를 들어, 개인사업자는 기업이 도산할 경우 부채를 모두 변제할 책임이 있어, 자산을 처분한 후에도 남은 채무를 사재로 갚아야 할 수도 있다. 반면, 주식회사의 주주는 출자한 금액만큼의 손실만 부담하면 되며, 추가적인 변제 의무는 없다. 즉, 주식회사의 유한책임 제도는 주주의 손실을 출자액으로 제한하여 위험을 분산시키는 장점이 있다. 이에 따라, 주식회사의 설립, 출자, 배당 등은 상법 및 관련 법규에 의해 다양한 제한을 받는다.

또한 주식(자기자본)과 사채(타인자본)를 통한 자금 조달 방식은 다음과 같은 차이가 있다.

(1) 사채는 만기 시 원금을 상환해야 하지만, 주식은 기업이 청산되지 않는 한 상환 의무가 없다.
(2) 사채는 기업의 이익 여부와 관계없이 정해진 이자를 지급해야 하지만, 주식은 이익이 발생한 경우에만 주주총회의 결의에 따라 배당금을 지급하면 된다.
(3) 기업 청산 시 사채권자는 주주보다 우선하여 채무를 변제받으며, 주주는 채무 변제 후 남은 잔여재산에 대해서만 권리를 가진다.
(4) 사채권자는 기업의 의사결정에 참여할 수 없지만, 주주는 주주총회를 통해 경영의사결정에 직·간접적으로 참여할 수 있다.

지금까지 설명한 사채와 주식을 통한 자금 조달 방식의 차이는 [표 9-2]에 정리되어 있다.

표 9-2 사채와 주식을 통한 자금조달 방식의 차이

구분	사채(타인자본)	주식(자기자본)
자본조달 방법	회사채 발행	주식 발행
원금 상환	상환의무 있음	상환의무 없음
자본공급자	채권자	주주
자본사용대가	약정이자 지급	이익발생 시 배당금 지급
회계상 분류	부채	자본
할인발행	자유로움	법정요건 구비 시

상법은 주주총회의 결의에 따라 정관에 발행할 주식의 종류, 수량, 금액 등을 사전에 규정하도록 하고 있으며, 이를 **수권자본**(authorized capital stock)이라 한다. 기업은 이 수권자본의 범위 내에서 이사회 의결을 통해 주식을 발행할 수 있으며, 실제로 발행된 주식을 **발행주식**(issued stock)이라고 한다. 또한, 기업이 경영활동을 수행하는 과정에서 자기 회사의 주식을 취득하거나 보유하는 경우가 발생할 수 있는데, 이러한 주식을 **자기주식**(treasury stock)이라 한다. 한편, 한편, 발행주식 중 자기주식을 제외한 나머지 주식이 실제 시장에서 유통되며, 이를 **유통주식**(outstanding stock)이라 한다.

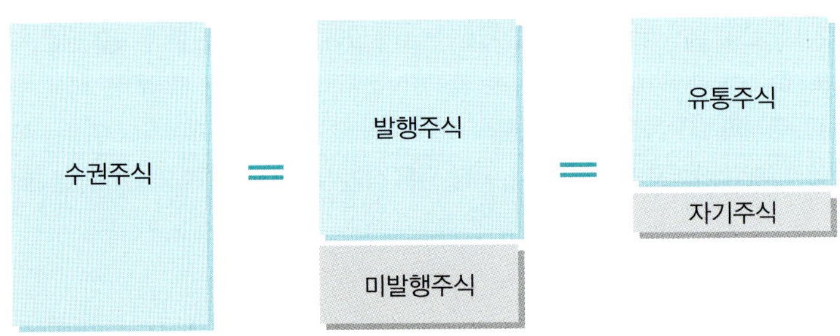

그림 9-1 수권주식의 분류

더 알아보기 **수권자본제도**

수권자본이란 주식회사가 정관에 따라 발행할 수 있는 최대 주식 총수를 의미한다. 회사 설립 시 발행할 수 있는 주식의 최대한도(수권자본)를 정해두고, 운영 중 자금이 필요할 경우 이사회의 결의로 미발행주식을 발행할 수있다. 법적으로 수권자본의 4분의 1 이상만 발행하면 되므로, 나머지 미발행주식은 추후 자금 조달을 위해 남겨둔다. 수권자본의 범위 내에서 실제로 발행하여 자본금으로 확정된 금액이 납입자본금이다. 이처럼 정관이나 설립등기에 회사가 정한 자본금의 최고한도가 기재되며, 설립등기와 동시에 해당 한도 내에서 주식을 발행할 권한이 부여된다. 이를 수권자본금, 해당 제도를 수권자본제도라고 한다.

발행되는 주식의 종류는 크게 보통주와 우선주로 구분된다. **보통주**(common stock)는 일반적으로 의결권이 부여된 주식으로, 주식회사 운영에 있어 가장 기본적인 형태이다. 보통주를 소유한 주주는 기업이 이익을 창출할 경우 배당을 통해 이익을 분배받을 권리를 가지며, 기업 청산 시에는 채무 및 우선주 변제 후 잔여재산에 대한 청구권이 인정된다. **우선주**(preferred stock)는 보통주에 비하여 특정 권리가 우선하여 적용되는 주식으로, 일반적으로 배당을 우선적으로 지급받을 권리가 주어지는 경우가 많다. 그러나 우선주에 대해서는 이러한 우선권을 부여하는 대신에 의결권이 제한되기도 한다.

더 알아보기 **우선주 분류**

우선주에 대한 권리로 배당에의 참여 방법 등에 따라 참가적 우선주(participating preferred stock), 누적적 우선주(cumulative preferred stock), 그리고 전환우선주(convertible preferred stock) 등으로 구분된다. 참가적 우선주는 일정 배당률을 초과하는 경우 그 초과분에 대해서 추가적으로 이익분배에 참여할 수 있는 우선주를 말한다. 비참가적 우선주는 일정 배당금만을 우선적으로 배당받고 추가적 이익분배에는 참여할 수 없는 우선주를 말한다. 한편 누적적 우선주는 특정 연도에 정해진 배당을 받지 못한 경우 그 부족액을 이월하여 다음 기에 가산하여 지급하도록 하는 것이다. 반대로 비누적적 우선주는 배당부족액에 대한 권리의 이월이 인정되지 않는 우선주이다. 이 밖에도 일정 요건이 충족되면 보통주로 전환할 수 있는 권리가 부여되어 있는 전환우선주가 있으며, 일정 기간 후 발행회사의 의사에 따라 주식대금을 상환할 수 있는 상환우선주(redeemable preferred stock)도 있다.

2 자본금

자본금은 발행한 주식의 액면금액으로 기록된다. 즉, 자본금계정은 1주당 액면금액에 발행주식총수를 곱하여 계산된 금액이다.

자본금 = 1주당 액면금액 × 발행주식총수

주식의 발행가는 일반적으로 시장가격을 반영하여 결정되므로, 액면금액과 발행가액이 다를 수 있다. 특히, 과거 경영성과가 우수하여 이익잉여금이 누적된 기업은 신주를 액면금액 이상으로 할증 발행하는 경우가 많다. 이때, 발행가액이 액면금액을 초과하면 초과 금액이 발생하게 된다.

주주가 신주를 구매할 때 회사에 납입하는 금액을 **납입자본**(paid-in capital)이라 하며, 이 중 액면금액(자본금)을 초과하는 부분을 **주식발행초과금**이라 한다. 따라서 납입자본은 자본금과 주식발행초과금으로 구성된다.

납입자본(주주들로부터 받은 금액) = 자본금(액면금액) + 주식발행초과금

(차) 현 금	×××	(대) 자 본 금	×××
		주식발행초과금	×××

대부분의 주식은 발행회사가 직접 발행하는 것이 아니라 금융기관 등을 통해 발행되므로, 이에 따른 수수료 등의 비용이 발생한다. 따라서 주식발행회사가 실제로 조달하는 순금액은 주주들로부터 받은 발행금액에서 주식발행수수료 등 발행원가를 차감한 금액이 된다.

주식발행금액 = 주주들로부터 받은 금액(납입자본) − 주식발행원가

기업은 주식의 발행 시점의 시장가격과 기업의 여건을 고려하여 액면금액으로 발행하거나, 액면금액보다 높은 가격(할증발행) 또는 낮은 가격(할인발행)으로 발행할 수 있다. **액면발행**은 주식 발행 대가로 납입된 현금이나 현물자산의 가치가 주식의 액면가액과 동일한 경우를 의미한다. **할증발행**은 발행가액이 액면가액보다 높은 경우로, 초과 금액은 주식발행초과금 계정에 기록한다. 반대로, 액면가액보다 낮은 금액으로 주식을 발행하는 경우를 **할인발행**이라 하며, 이때 발생하는 액면가액과의 차이는 주식할인발행차금 계정에 기록한다.

발행가액 > 액면금액 ⇒ 할증발행 (일반적인 형태)
발행가액 = 액면금액 ⇒ 액면발행
발행가액 < 액면금액 ⇒ 할인발행

더 알아보기 **현물출자**

현물출자란 주식 발행 대가로 현금 대신 유형자산이나 무형자산을 납입하는 것을 의미한다. 이 경우, 발행된 주식의 가액은 제공받은 현물의 공정가치를 평가하여 이를 기준으로 자본에 기록한다.

예제 9-1 주식발행과 관련된 회계처리

물음

(1) ㈜고구려는 액면금액 ₩5,000인 보통주 10주를 주당 ₩9,000에, 액면금액 ₩5,000인 우선주 20주를 주당 ₩8,000에 발행하고, 대금은 보통예금에 입금하였다. 주식발행과 관련된 분개를 행하시오.

(2) ㈜백제는 액면금액 ₩5,000인 보통주 10주를 주당 ₩4,000에 발행하였다. 주식발행과 관련하여 주식인쇄 등 관련 비용 ₩3,000을 현금으로 지급하고, 나머지 대금은 전액 현금으로 납입 받아 당좌예금계좌로 입금하였다. 주식발행과 관련된 분개를 행하시오.

풀이

(1) 분개

(차) 현금	250,000	(대) 보통주자본금	50,000
		주식발행초과금	40,000
		우선주자본금	100,000
		주식발행초과금	60,000

(2) 분개

(차) 당좌예금	37,000[주1]	(대) 보통주자본금	50,000
주식할인발행초과금	13,000		

주1 주식발행비 ₩3,000을 차감한 금액임. 따라서 주식발행비는 주식할인발행차금에 포함되어 계산됨.

SECTION
03 이익잉여금

1 이익잉여금의 의의

기업이 수익 창출 활동을 통해 얻은 순이익은 의사결정에 따라 자유롭게 처분할 수 있다. 매년 결산을 통해 일부는 배당금으로 지급되고, 나머지는 사내에 유보되어 누적된다. 이처럼 배당 등으로 외부에 유출되지 않고 사내에 남아있는 이익을 **이익잉여금**(retained earnings)이라 하며, 처분이 유보된 이익이라는 의미에서 유보이익이라고도 한다. 다만 이익잉여금은 현금으로 별도 적립된 것이 아니라, 자산의 일부로 활용되는 수치상의 잔여이익을 의미한다.

2 이익잉여금의 처분

기업의 순이익에서 배당 후 남은 이익잉여금은 주주총회의 결의를 통해 사용 목적이 결정되며, 이를 이익잉여금의 처분이라 한다. 이익잉여금은 용도에 따라 법정적립금, 임의적립금, 미처분이익잉여금(또는 미처리결손금)으로 구분하여 표시한다. 법정적립금은 법적 규정에 따라 주주, 채권자, 소비자 보호를 위해 적립되고 임의적립금은 기업이 자발적으로 향후 투자나 부채 상환을 위해 적립하는 금액이다. 한편, 사용 목적이 결정되지 않은 잔여 이익잉여금은 미처분이익잉여금이라 한다.

2.1 법정적립금

기업이 발생한 이익을 모두 배당하면 추가 재원을 확보하기 어려워지고, 경기 불황 시에는 자본잠식의 위험도 발생할 수 있다. 이에 우리나라 상법(제458조)에서는 기업의 유지와 채권자 보호를 위해 매 결산기 이익배당 시 배당액의 1/10 이상을 **이익준비금**으로 적립하도록 규정하고 있다. 이를 **법정적립금**이라 하며, 자본금의 1/2에 도달할 때까지 적립을 지속해야 하고 초과 시 추가 적립은 필요하지 않다. 다만 증자로 인해 자본금이 증가하면 다시 적립을 시작해야 한다. 법정적립금은 기업의 배당을 제한하여 재무적 안정성을 강화하는 역할을 하며, 상법(제460조)에 따라 결손 보전 이외의 용도로 사용할 수 없다.

2.2 임의적립금

임의적립금은 기업이 미래 성장을 준비하거나 특정 지출에 대비하기 위해 주주총회의 결의를 통해 자발적으로 적립하는 이익잉여금을 의미한다. 이는 상법에 따라 강제적으로 적립되는 법정적립금과 달리, 기업이 배당을 줄이고 자체적으로 적립하는 자금이다. 임의적립금은 사용 목적에 따라 사업확장적립금, 감채적립금, 퇴직급여적립금, 배당평균적립금, 건물신축적립금 등으로 구분된다. 일례로 사업확장적립금은 기업이 공장 증설, 신규 사업 진출 등 사업 확장을 위해 적립하는 자금이다. 감채적립금은 사채나 대출금 상환을 대비하여 마련하는 적립금이며, 퇴직급여적립금은 직원 퇴직금 지급을 위해 적립하는 자금이다. 또한 배당평균적립금은 주주에게 지급하는 배당금을 일정하게 유지하기 위해 마련되며, 건물신축적립금은 새로운 사옥이나 공장 건설 등을 대비하여 적립하는 자금이다. 이러한 적립금은 기업이 미래 지출에 대비하고 재무적 안정을 유지하기 위해 활용된다.

2.3 미처분이익잉여금

미처분이익잉여금은 기업이 벌어들인 이익 중에서 아직 배당이나 적립금으로 사용되지 않은 금액을 의미한다. 이는 사용 목적이 정해지지 않은 상태의 이익잉여금으로, 주주에게 배당이 가능한 금액이다. 미처분이익잉여금은 기말에 당기순이익이 발생하면 증가하며, 과거에 적립했던 임의적립금을 배당 가능한 항목으로 이입하는 경우에도 증가한다. 반면 기업이 주주총회를 통해 적립금 사용목적을 정하거나 배당을 결의하면 재무상태표상의 미처분이익잉여금은 감소하게 된다. 그러나 배당이나 적립금으로 사용되지 않은 미처분이익잉여금은 다음 회계기간으로 이월되어 향후 활용될 수 있다. 이들의 관계를 요약하면 [그림 9-2]와 같다.

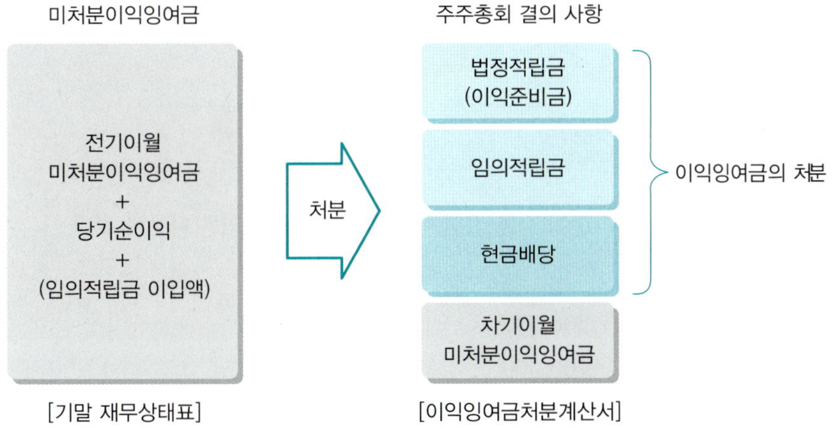

그림 9-2 미처분이익잉여금의 처분

주주총회의 결의로 **배당금**(dividend) 지급이 결정되면, 그만큼 이익잉여금이 감소한다. 배당금은 기업이 유보이익이 있을 때 주주에게 지급하는 투자에 대한 보상 성격이며, 반면 채권자에게 지급하는 이자는 유보이익과 관계없이 정기적으로 지급된다. 배당은 현금으로 지급하는 **현금배당**과 주식을 발행하여 지급하는 **주식배당**으로 나뉜다. 일반적으로 배당이라고 하면 현금배당을 의미한다.

배당 절차는 다음과 같이 진행된다. 먼저 배당기준일(record date)에 배당받을 주주를 확정하지만, 이때 별도의 회계처리는 하지 않는다. 이후, 배당기준일로부터 3개월 이내에 주주총회에서 배당금 지급 여부와 금액을 결정하며, 이를 배당선언일(declaration date)이라 한다. 배당이 선언되면, 기업은 지급 의무가 발생하므로 미처분이익잉여금을 감소시키고 미지급배당금(부채) 계정을 증가시키는 회계처리를 한다. 배당선언일로부터 1개월 이내에 실제 배당금이 지급되며, 이를 배당지급일(payment date)이라 한다. 배당지급일에는 부채로 계상되어 있는 미지급배당금(부채) 계정을 장부에서 제거하고 대신 현금의 감소나 자본의 증가와 관련된 회계처리가 필요하다. 기업이 현금배당을 결의하고 배당금을 지급하는 일련의 과정과 관련 회계처리 내용은 아래 [그림 9-3]으로 요약된다.

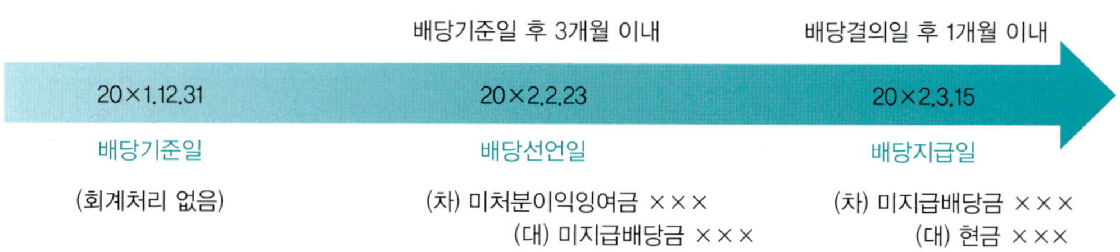

그림 9-3 현금배당의 회계처리

예제 9-2 이익잉여금의 처분

㈜고구려의 20×1년 말 당기순이익 반영 전 이익잉여금 관련 내역은 다음과 같다.

• 이익잉여금:

이익준비금	₩300,000
배당평균적립금	100,000
미처분이익잉여금	50,000

그리고 20×1년 말 ㈜고구려의 당기순이익은 ₩130,000 발생했으며, 20×2년 2월 주주총회 결의 사항은 다음과 같다(배당금 실제지급일은 20×2년도 3월 14일).

- 배당평균적립금 중 ₩60,000을 이입한다.
- 20×1년도 현금배당으로 ₩110,000을 지급한다.

물음

(1) 이와 관련된 분개를 행하시오.

(2) 이익잉여금 처분 후의 미처분이익잉여금은 얼마인가?

풀이

(1) 관련 분개

20×1년 말 당기순이익 반영 후 이익잉여금 = 전기 미처분이익잉여금 + 당기순이익

= ₩50,000 + ₩130,000 = ₩180,000

- 배당평균적립금 이입 분개:

(차) 배당평균적립금	60,000	(대) 미처분이익잉여금	60,000

- 배당결의 시:

(차) 미처분이익잉여금	121,000	(대) 미지급배당금	110,000
		이익준비금	11,000

※ 현금배당의 경우 배당액의 1/10 이상을 이익준비금으로 계상

- 배당금 지급 시:

(차) 미처분이익잉여금	110,000	(대) 현금	110,000

(2) 이익잉여금 처분 후의 미처분이익잉여금:

50,000 (전기이월 미처분이익잉여금)
\+ 130,000 (당기순이익)
\+ 60,000 (배당평균적립금 이입액)
− 110,000 (현금배당액)
− 11,000 (이익준비금 적립액)

= 119,000

주식배당은 현금 유출 없이 주주에게 배당 효과를 제공하는 장점이 있다. 따라서 기업은 현금 유출을 줄이기 위해 주식배당을 선호할 수 있지만, 이를 위해서는 미발행주식이 충분히 남아 있어야 한다. 주식배당은 주주의 지분비율에 비례하여 지급되므로, 보유 주식 수는 증가하지만 지분비율에는 변동이 없다. 또한 자산과 부채에는 영향을 미치지 않으며, 미처분이익잉여금이 감소하는 대신 자본금이 증가하여 자본총액은 변하지 않는다. 단, 발행주식 수가 증가하므로 이에 대한 비망기록을 남긴다.

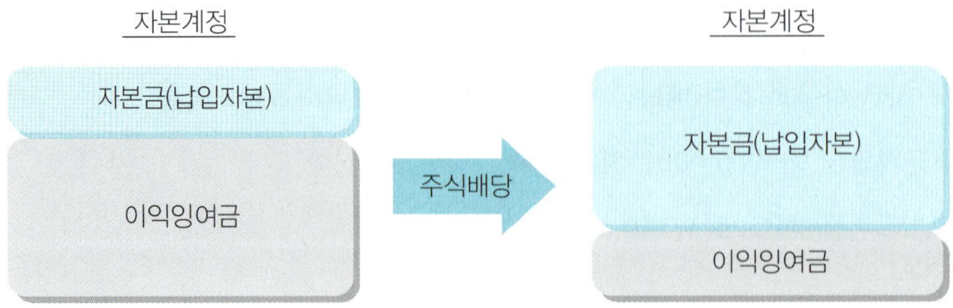

그림 9-4 주식배당의 영향

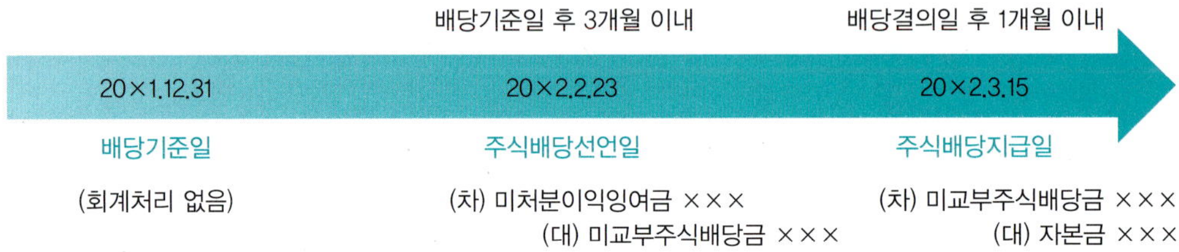

그림 9-5 주식배당의 회계처리

예제 9-3 주식배당

㈜고구려는 주주총회에서 보통주의 10%를 주식배당하기로 결의하였다. 주식배당 전 주당 액면금액은 ₩500이며, 주식배당 전의 발행주식 수는 2,000주였다.

물음 주식배당 결의 후 신주를 발행하고 교부하였을 때 각각 필요한 분개를 수행하시오.

※ 자본금으로 전입되는 금액 = (2,000주 × ₩500) × 10% = ₩100,000

풀이

(1) 주식배당 결의 시

(차) 미처분이익잉여금	100,000	(대) 미교부주식배당금	100,000

(2) 신주발행 교부 시

(차) 미교부주식배당금	100,000	(대) 보 통 주 자 본 금	100,000

※ 주식배당 관련 회계처리를 살펴보면, 미처분이익잉여금이 감소하는 대신 자본금이 증가하여 자본총액은 변하지 않는 것을 확인할 수 있다.

SECTION 04 자본조정과 기타포괄손익누계액

1 자본조정

자본조정은 주주지분에서 조정되거나 최종적으로 다른 자본 항목으로 대체될 가능성이 있는 항목을 임시로 반영하는 계정이다. 자본조정 항목의 예로는 주식할인발행차금, 자기주식, 주식선택권, 감자차손 등이 있으며, 이 중 가장 많이 언급되는 자기주식에 대해 설명한다. **자기주식**(treasury stock)은 기업이 자사가 발행한 주식을 다시 매입한 것을 의미한다. 이는 발행된 주식 수를 줄이는 효과가 있어 재무상태표에서 자본에서 차감하는 방식으로 표시된다. 일반적으로 상법에서는 투자자 보호를 위해 기업이 자기주식을 취득하는 것을 제한하지만, 예외적인 경우에는 허용된다. 이때 기업이 취득한 자기주식은 즉시 소각되지 않을 수도 있으며, 향후 다시 처분할 가능성이 있기 때문에 자본의 차감 항목으로 기록된다.

(차) 자기주식[주1]	×××	(대) 현　　　금	×××

주1 자본의 차감 항목

또한 기업이 보유한 자기주식을 다시 시장에 처분(재발행)할 경우, 자기주식 처분 가격이 취득 원가보다 높거나 낮을 수 있다. 자기주식을 처분할 때 처분금액이 장부금액보다 크면 차액을 자기주식처분이익으로 자본잉여금에 기록한다. 반대로 처분금액이 장부금액보다 작으면, 먼저 기존의 자기주식처분이익과 상계하고 부족한 금액은 자기주식처분손실로 자본조정에 반영한다. 다만, 이익잉여금으로 상각되지 않은 자기주식처분손실은 이후 발생하는 자기주식처분이익과 우선적으로 상계한다.

(차) 현　　금	×××	(대) 자 기 주 식	×××
		자기주식처분이익	×××

(차) 현 금	×××	(대) 자기주식	×××
자기주식처분이익	×××		
자기주식처분손실	×××		

기업이 보유한 자기주식을 시장에 재발행하지 않고 소멸시키는 것을 자기주식 소각이라고 하며, 이는 발행주식 수를 줄여 주주가치를 높이거나 주가를 부양하기 위한 목적으로 시행된다. 기업이 이미 발행한 주식을 유상으로 취득하여 소각할 때, 취득원가가 액면금액보다 적으면 감자차익으로 자본잉여금에 기록하고, 취득원가가 액면금액보다 크면 감자차익과 우선 상계한 후 부족분은 감자차손으로 자본조정에 반영한다. 이때, 상각되지 않은 감자차손은 이후 발생하는 감자차익과 먼저 상계한다.

(차) 자 본 금	×××	(대) 자기주식	×××
		감자차익	×××

(차) 자 본 금	×××	(대) 자기주식	×××
감 자 차 익	×××		
감 자 차 손	×××		

예제 9-4 자기주식의 취득 · 처분 · 소각

㈜고구려는 20×1년 3월 1일 주당 액면가액 ₩5,000인 자기회사 발행주식 50주를 주당 ₩7,000씩 지급하고 취득하였다.

물음

(1) 거래내역에 대한 분개를 수행하시오.

(2) ㈜고구려가 앞서 취득한 자기주식 중에서 10주를 주당 ₩8,000에 처분한 경우, 필요한 분개를 수행하시오.

(3) ㈜고구려가 앞서 취득한 자기주식 중에서 10주를 소각하기로 결정한 경우, 필요한 분개를 수행하시오.

풀이

(1) (차) 자기주식 350,000[주1] (대) 현 금 350,000

주1 자기주식가액은 취득시점 가액인 ₩7,000을 기준으로 산정.

(2) (차) 현 금 80,000[주2] (대) 자 기 주 식 70,000
자기주식처분이익 10,000

주2 자기주식가액은 취득시점 가액인 ₩7,000을 기준으로 산정.

(3) (차) 자 본 금 50,000[주3] (대) 자 기 주 식 70,000
감자차손 20,000

주3 자기주식가액은 취득시점 가액인 ₩7,000을 기준으로 산정.

2 기타포괄손익누계액

기타포괄손익누계액(other comprehensive income)은 기업이 일정 기간 동안 소유주와의 자본거래를 제외한 거래나 사건에서 발생한 손익 중 당기손익으로 즉시 반영되지 않고 자본 변동으로 기록되는 기타포괄손익의 누적 금액을 의미한다. 주요 항목으로는 FVOCI 금융자산평가손익, 해외사업환산손익, 현금흐름위험회피 파생상품평가손익 등이 포함된다.

FVOCI금융자산평가손익은 FVOCI금융자산으로 분류된 주식을 공정가치로 평가할 때 발생하는 차액을 기록하는 항목이다. 해외사업환산손익은 해외사업장의 재무제표를 원화로 환산하여 본사 재무제표에 합산할 때, 환율 변동으로 인해 발생하는 차액이다. 파생상품평가손익은 금리나 환율 변동으로 인한 손실을 줄이기 위해 사용된 파생상품의 평가 차액을 기록하는 계정이다. 포괄손익계산서에 포함된 당기의 기타포괄손익 항목들은 재무상태표의 기타포괄손익누계액으로 반영되며 [표 9-3]과 같이 표시된다.

표 9-3 (부분) 재무상태표와 포괄손익계산서의 관계

(부분) 재무상태표

㈜고구려	20x1년 12월 31일 현재	(단위: 원)

자산	부채
	자본
	자 본 금
	자 본 잉 여 금
	기타포괄손익누계액
	이 익 잉 여 금

(부분) 포괄손익계산서

㈜고구려	20x1년 1월 1일부터 20x1년 12월 31일부터	(단위: 원)

당기순손익

기타포괄손익
FVOCI금융자산평가손익
해외사업환산손익
현금흐름위험회피 파생상품평가손익
....

총포괄손익

더 알아보기 **기타포괄손익의 분류**

기타포괄손익은 당기손익으로 재분류되지 않는 항목과 후속적으로 당기손익으로 재분류될 수 있는 항목으로 구분된다(K-IFRS 제1001호). 당기손익으로 재분류되지 않는 항목은 일정 기간 동안 자본 변동으로 인식되며, 이후에도 당기손익으로 반영되지 않는다. 대표적으로 자산재평가차익, 확정급여제도의 재측정요소, 관계기업의 기타포괄손익 지분 등이 있다. 반면 후속적으로 당기손익으로 재분류될 수 있는 항목은 현재는 기타포괄손익으로 기록되지만, 향후 특정 조건이 충족되면 당기손익으로 전환될 수 있다. 예를 들어 해외사업장 환산 외환차이, 매도가능금융자산 평가손익, 현금흐름위험회피 손익 등이 있다.

SECTION
05 자본변동표

자본변동표(statement of changes in equity)는 한 회계기간 동안 소유주지분의 변동 사항을 보여주는 재무제표로 납입자본, 이익잉여금, 기타자본(기타포괄손익누계액 및 자본조정) 등의 변동 사항에 대한 정보를 제공한다. 자본변동표에는 자본을 구성하는 각 항목에 대하여 기초잔액과 기중 변동 사항 및 기말잔액 등을 표시한다. 자본변동표에서 각 항목의 변동 원인은 다음과 같다. 납입자본(예: 자본금 및 주식발행초과금)은 유상증자 · 감자, 무상증자 · 감자, 주식배당 등의 요인으로 변동되며, 이익잉여금은 전기의 이월금에 당기순이익을 추가하고 배당금 등을 차감하여 결정된다. 기타자본(예: 기타포괄손익누계액)에는 FVOCI금융자산평가손익, 해외사업환산손익, 현금흐름위험회피 파생상품평가손익 등을 포함하여 표시한다. 또한 전기에 보고된 이익잉여금(결손금)이 당기에 발생한 회계정책 변경이나 중대한 전기오류 수정으로 변동된 경우, 수정 전 금액과 수정 후 금액을 별도로 표시하여 그 영향을 구분하여 공시해야 한다. 기본적인 자본변동표의 구성의 예시는 [표 9-4]와 같다.

표 9-4 자본변동표 예시

㈜고구려 20x1년 1월 1일부터 20x1년 12월 31일부터 (단위: 원)

구분	자본금	주식발행 초과금	이익잉여금	자본조정	기타포괄 손익누계액	총계
20x2. 1. 1 (기초)	10,000	5,000	3,000		1,000	19,000
전기분 배당			(2,000)			(2,000)
처분후 이월이익잉여금			1,000			17,000
유상증자	5,000	1,000				6,000
당기순이익			2,000			2,000
자기주식 취득				(100)		(100)
FVOCI금융자산평가손익					300	300
20x2. 12. 31 (기말)	15,000	6,000	3,000	(100)	1,300	25,200

보론 주당순이익

기업의 수익성을 평가할 때 당기순이익은 중요한 지표로 사용된다. 그러나 당기순이익은 절대적인 금액으로 표시되므로, 기업 간 단순 비교 시 규모 차이를 반영하지 않아 잘못된 판단을 초래할 수 있다. 따라서 기업 규모를 고려한 단일 지표가 필요하며, 이를 위해 활용되는 지표가 **주당순이익**(EPS; Earnings Per Share)이다.

주당순이익은 회계기간 동안의 당기순이익을 기업 규모로 나누어 계산하는데, 일반적으로 기업 규모를 나타내는 기준으로 보통주의 수량을 사용한다. 이는 기업이 창출한 이익이 보통주 1주당 얼마나 귀속되는지를 나타내는 수치로, 투자자들이 투자의사결정을 내리는 데 중요한 기준이 된다. 특히, 투자자들은 주로 보통주를 보유하고 있기 때문에 보통주에 귀속되는 당기순이익을 가중평균유통보통주식 수로 나누어 주당 이익을 산출한다. 주당순이익은 기업의 수익성을 기업 규모와 연계하여 측정하는 대표적인 지표로, 기업 간 수익성 비교 및 투자 의사결정에 중요한 참고 자료로 활용된다.

$$\text{주당순이익(EPS)} = \frac{\text{보통주에게 귀속되는 당기순이익}}{\text{가중평균유통보통주식 수}} = \frac{\text{당기순이익} - \text{우선주배당금}}{\text{가중평균유통보통주식 수}}$$

보통주에 귀속되는 당기순이익은 당기순이익에서 우선주배당금을 차감한 금액으로 산정된다. 이는 보통주가 이익잉여금에 대한 배당 권리를 가지지만, 우선주 배당이 선행된 후 잔여이익에 대한 청구권을 행사하기 때문이다. 따라서 주당순이익(EPS) 계산 시, 우선주 배당금을 차감한 당기순이익을 분자로 설정한다. 한편, 분모로 사용되는 가중평균유통보통주식 수는 특정 회계기간 동안 유통된 주식 수의 변동을 반영하여 가중치를 부여한 평균 주식 수를 의미한다. 이를 통해 기업의 자본 구조 변동을 고려한 보다 정확한 주당순이익을 산출할 수 있다.

㈜고구려의 20×1년 1월 1일 현재 보통주 유통주식 수는 12,000주이며, 8월 1일에 보통주 6,000주를 추가로 발행하였다면, 가중평균유통보통주식 수는 다음과 같이 계산된다.

$$\begin{aligned}\text{가중평균유통보통주식 수} &= 12{,}000\text{주} \times 7\text{개월} \div 12\text{개월} + 18{,}000\text{주} \times 5\text{개월} \div 12\text{개월} \\ &= 7{,}000\text{주} + 7{,}500\text{주} = 14{,}500\text{주}\end{aligned}$$

이와 같이 산출된 주당순이익(EPS)은 기업의 주요 성과 지표 중 하나로, 자본구조와 무관하게 기업의 수익성을 평가할 수 있다는 장점을 가진다. 또한 주당순이익은 투자자들의 투자의사결정에 활용되는 주가수익률(PER; Price-Earnings Ratio) 계산의 기초 자료로 사용된다. 주가수익률은 보통주의 주식가격을 주당순이익으로 나눈 값으로, 이는 주당순이익 1단위가 자본시장에서 얼마의 시장가치로 평가되고 있는지를 나타내는 지표이다. 주가수익률은 기업의 주식이 자본시장에서 적정한 가치로 평가되고 있는지를 판단하는 지표로 활용되며, 미래 주가 변동을 예측하는 데에도 중요한 참고 자료로 사용된다.

$$\text{주가수익률(PER)} = \frac{\text{1주당 주가}}{\text{주당순이익}}$$

객관식 문제

개념의 이해

9-1 다음 자본에 대한 설명으로 옳은 것은?

① 자기주식 처분이익은 당기손익으로 처리한다.
② 전환우선주의 전환권이 주주에게 있는 경우 자본으로 분류한다.
③ 신주발행 시 발생한 주식발행비는 판매비와관리비로 처리한다.
④ 주식배당은 주주가 받은 이익이므로 당기수익으로 인식한다.

9-2 다음 중 자본에 대해 올바르게 설명하고 있는 것은?

① 주식발행을 통해 납입된 현금 또는 자산의 가액은 자본금으로 기록한다.
② 이익잉여금은 손실이 발행하거나 배당금을 지급할 때만 감소된다.
③ 실질적 감자의 경우와는 달리 형식적 감자의 경우에는 순자산이 감소하지 않는다.
④ 주식배당을 하면 이익잉여금은 줄어들지만 자본잉여금은 증가한다.

9-3 다음 중 자본에 영향을 미치는 거래가 아닌 것은?

① 창고에 화재가 발생하여 보관중인 상품 중 일부가 소실되다.
② 임차한 건물에 대한 임차료를 현금으로 지급하다.
③ 정기 주주총회에서 10%의 현금배당을 결의하다.
④ 건물을 구입하고, 대금 중 절반은 현금으로 지급하고 잔액은 외상으로 하다.

9-4 다음 중 자본에 변동을 초래하지 않는 거래는?

① 현물출자를 통해 토지를 취득하고 우선주를 발행하였다.
② 주가의 하락으로 인해 주가방어를 위해 주식을 병합하였다.
③ 주식을 액면 이하로 할인발행하고 대금을 현금으로 납입 받았다.
④ 증권시장에서 유통중인 자기회사 주식을 발행금액보다 낮은 금액으로 취득하였다.
⑤ 보유 중인 당기손익-공정가치측정금융자산의 공정가치가 상승하였다.

9-5 다음 중 자본 항목과 그에 해당하는 계정의 연결이 올바른 것은?

① 자본잉여금 — 감자차손, 자기주식처분손실

② 자본조정 — 주식할인발행차금, 자기주식

③ 기타포괄손익누계액 — 감자차익, 주식발행초과금

④ 일반적립금 — 법정적립금, 재평가잉여금

9-6 다음 자본과 관련된 항목 중 성격이 다른 것은?

① 주식할인발행차금 ② 자기주식처분손실

③ 미교부주식배당금 ④ 자기주식

⑤ 감자차손

9-7 다음 중 주식회사의 자본을 실질적으로 증가시키는 거래는?

① 주주총회에서 주식배당을 선언하였다.

② 이익준비금을 재원으로 하여 무상증자를 실시하였다.

③ 특정 주주로부터 건물을 무상으로 기부받았다.

④ 주총회에서 배당평균적립금을 적립하기로 하였다.

⑤ 사업확장적립금을 감채적립금으로 전환하였다.

9-8 ㈜백제는 액면금액 ₩500인 주식 10주를 주당 ₩550에 발행 하였는데, 주식발행비로 ₩300이 지출되었다. 주식발행이 ㈜백제의 재무제표에 미치는 영향에 대한 설명으로 옳은 것은? (단 법인세 효과는 무시한다.)

① 당기순이익이 ₩200 증가한다. ② 자본금이 ₩5,500 증가한다.

③ 자산총액이 ₩5,500 증가한다. ④ 자본총액이 ₩5,200 증가한다.

9-9 다음의 장부마감 전 자료를 토대로 기말자본 총액을 계산하면?

• 수익합계	₩2,000,000	• 비용합계	₩800,000
• 자본금	1,000,000	• 자본잉여금	300,000
• 기초이익잉여금	700,000	• 자기주식	100,000

① ₩3,500,000　　② ₩3,300,000

③ ₩3,100,000　　④ ₩3,000,000

9-10 ㈜백제는 액면가액 ₩5,000인 보통주 100주를 주당 ₩11,000에 발행하였다. 발행대금은 전액 당좌예금에 입금하였고, 주식인쇄 등 주식발행과 직접 관련된 비용 ₩20,000을 현금으로 지급하였다. 이 주식발행으로 인해 발생한 주식발행초과금은?

① ₩1,100,000　　② ₩500,000

③ ₩480,000　　④ ₩580,000

9-11 ㈜신라는 2018년 1월 1일에 수권주식 수 60,000주(보통주, 액면가 ₩5,000)로 설립하였으며, 다음과 같은 자본거래활동을 하였다. 이 자본거래활동으로 인한 2018년 말 주식발행초과금과 유통발행주식 수는?

- 1월 2일 발행가액 1주당 ₩5,500에 20,000주 발행
- 5월 1일 발행가액 1주당 ₩6,000에 10,000주 발행
- 8월 1일 자기주식 5,000주를 1주당 ₩5,100에 취득

	주식발행초과금	유통발행주식 수
①	₩20,000,000	30,000주
②	₩20,000,000	25,000주
③	₩20,900,000	30,000주
④	₩20,900,000	25,000주

9-12 다음은 ㈜백제의 기초 및 기말 재무제표 자료 중 일부이다. 당기 중 무상증자 ₩2,000,000이 있었으며, 현금배당 ₩1,000,000 및 주식배당 ₩600,000이 결의 및 지급되고, 토지재평가이익 ₩200,000이 있었다면, 당기순이익은?

구분	기초	기말
자산총계	₩22,000,000	₩30,000,000
부채총계	10,000,000	12,000,000

① ₩4,800,000　② ₩5,600,000
③ ₩6,000,000　④ ₩6,800,000
⑤ ₩8,200,000

9-13 ㈜백제는 주주총회에서 배당금을 20% 지급하되, 이 중 50%는 주식배당을 하기로 하였다. ㈜백제의 현재 발행주식수는 1,000주이며, 1주당 액면금액은 ₩5,000이다. 주주총회의 결의에 따르는 경우 상법에 의해 최소한 의무적으로 적립해야 할 이익준비금은 얼마인가?

① ₩10,000　② ₩15,000
③ ₩25,000　④ ₩50,000
⑤ ₩500,000

9-14 보통주(액면 ₩5,000, 배당률 10%) 50,000주, 우선주(액면 ₩5,000, 배당률 10%) 5,000주를 발행하고 있는 ㈜백제에서는 2017년 말 당기순이익을 ₩10,000,000으로 보고하였다. ㈜백제의 주당순이익은 얼마인가?

① ₩43　② ₩50
③ ₩100　④ ₩150

9-15 ㈜신라는 주당 액면금액 ₩5,000인 주식 1,000주를 주당 ₩8,000에 발행하였다. 이 주식발행에 대한 올바른 회계처리는?

	차변	금액	대변	금액
①	(차) 현금	5,000,000	(대) 자본금	5,000,000
②	(차) 현금	8,000,000	(대) 자본금	8,000,000
③	(차) 현금	5,000,000	(대) 자본금	8,000,000
	주식할인발행차금	3,000,000		
④	(차) 현금	8,000,000	(대) 자본금	5,000,000
			주식발행초과금	3,000,000

기출문제

9-1 자본의 감소를 가져오는 거래는? ▶ 2023 관세사

① 주주총회에서 보통주에 대해 현금배당을 지급하기로 결의하였다.
② 자기주식을 재발행하고 자기주식처분이익을 인식하였다.
③ 보통주를 현금납입 받아 신주발행하였다.
④ 이월결손금을 보전하기 위하여 보통주자본금을 무상감자하였다.
⑤ 주주총회에서 사업확장적립금을 별도적립금으로 대체하기로 결의하였다.

9-2 자본의 변동을 가져오는 거래는? (단, 제시된 거래 이외의 거래는 고려하지 않는다.) ▶ 2018 국가직 9급

① 기계장치를 외상으로 구입하였다.
② 자기주식을 현금으로 구입하였다.
③ 미래에 제공할 용역의 대가를 미리 현금으로 받았다.
④ 외상으로 판매한 대금이 전액 회수되었다.

9-3 자본에 대한 설명 중 잘못된 것은? ▶ 제82회 전산회계 1급

① 자본금은 우선주자본금과 보통주자본금으로 구분하며, 발행주식 수와 주당 발행가액의 곱으로 표시된다.

② 잉여금은 자본잉여금과 이익잉여금으로 구분 표시한다.

③ 주식의 발행은 할증발행, 액면발행, 할인발행이 있으며, 어떠한 발행을 하여도 자본금은 동일하다.

④ 자본은 자본금, 자본잉여금, 이익잉여금, 자본조정 및 기타포괄손익누계액으로 구분 표시한다.

9-4 자본에 관한 설명 중 옳지 않은 것은? ▶ 2021 국가직9급

① 자본조정은 당해 항목의 성격상 자본거래에 해당하지만, 자본의 차감 성격을 가지는 것으로 자본금이나 자본잉여금으로 처리할 수 없는 누적적 적립금의 성격을 갖는 계정이다.

② 상환우선주의 보유자가 발행자에게 상환을 청구할 수 있는 권리를 보유하고 있는 경우, 이 상환우선주는 자본으로 분류하지 않는다.

③ 자본잉여금은 납입된 자본 중에서 액면금액을 초과하는 금액 또는 주주와의 자본거래에서 발생하는 잉여금을 처리하는 계정이다.

④ 기타포괄손익누계액 중 일부는 당기손익으로의 재분류조정과정을 거치지 않고 직접 이익잉여금으로 대체할 수 있다.

9-5 다음은 ㈜신라의 20×1년도 자기주식과 관련된 거래이다. 자본 총계가 증가하는 거래만을 모두 고르면? ▶ 2023 국가직9급

ㄱ. 자기주식 1,000주를 주당 ₩700에 취득하였다.
ㄴ. 자기주식 200주를 주당 ₩800에 재발행하였다.
ㄷ. 자기주식 300주를 소각하였다.
ㄹ. 자기주식 500주를 주당 ₩600에 재발행하였다.

① ㄱ, ㄴ ② ㄱ, ㄷ ③ ㄴ, ㄹ ④ ㄷ, ㄹ

9-6 20×1년 1월 1일 설립한 ㈜신라의 자본 관련 거래는 다음과 같다.

▶ 2022 국가직9급

일자	거래내역
1월 1일	보통주 1,000주를 주당 ₩120(액면금액 ₩100)에 발행하고, 주식 발행과 관련된 직접비용 ₩700을 현금 지급하였다.
7월 1일	보통주 1,000주를 주당 ₩90(액면금액 ₩100)에 발행하고, 주식발행과 관련된 직접비용은 발생하지 않았다.

이와 관련된 설명으로 옳은 것은?

① 1월 1일 현금 ₩120,000이 증가한다.

② 1월 1일 주식발행과 관련된 직접비용 ₩700을 비용으로 계상한다.

③ 7월 1일 자본금 ₩90,000이 증가한다.

④ 12월 31일 재무상태표에 주식발행초과금으로 표시될 금액은 ₩9,300이다.

9-7 다음 중 임의적립금에 해당하지 않는 것은? ▶ 2004 국가직 9급

① 결손보전적립금 ② 이익준비금

③ 배당평균적립금 ④ 사업확장적립금

9-8 ㈜신라의 20×1년 재무상태와 재무성과 자료는 다음과 같다. ▶ 2020 국가직9급

구분	기초	기말
총자산	₩5,000,000	₩6,500,000
총부채	₩2,000,000	?
총수익		₩1,000,000
총비용		₩800,000

20×1년 기중에 ₩500,000을 유상증자 하였으며, ₩100,000을 현금배당 하였을 경우, 기말부채는? (단, 다른 자본항목의 변동은 없다.)

① ₩2,700,000 ② ₩2,900,000

③ ₩3,600,000 ④ ₩4,300,000

9-9 포괄손익계산서를 작성할 때 당기순손익의 산정 이후에 포함될 수 있는 것만을 모두 고른 것은? ▸ 2016 지방직 9급

a. 당기손익-공정가치측정금융자산평가이익
b. 기타포괄손익-공정가치측정금융자산평가손실
c. 해외사업장 환산외환차이
d. 유형자산손상차손
e. 확정급여제도의 재측정 요소
f. 세후 중단영업손익

① a, b, d ② b, c, e
③ b, c, f ④ c, e, f

9-10 포괄손익계산서에서 당기순손익과 총포괄손익 간에 차이를 발생시키는 항목은? ▸ 2018 관세직 9급

① 확정급여제도 재측정 요소 ② 감자차손
③ 자기주식처분이익 ④ 사채상환손실

9-11 ㈜신라의 20×1년 초 자산과 부채 총계는 각각 ₩5,000,000과 ₩2,000,000이며, 20×1년 중 발생한 자본 관련 거래는 다음과 같다. ▸ 2024 지방직9급

- 3월 20일: 현금배당 ₩100,000을 결의하였으며, 현금배당의 10%를 이익준비금으로 적립하였다.
- 4월 1일: 3월 20일 결의한 현금배당 ₩100,000을 주주에게 지급하였다.
- 7월 15일: 보통주 100주(주당 액면금액 ₩500)를 주당 ₩800에 발행하였다.
- 8월 20일: 자기주식 30주를 최초로 취득(주당 취득금액 ₩700)하였다.
- 9월 20일: 자기주식 20주를 매각(주당 매각금액 ₩750)하였다.

㈜신라가 20×1년도 포괄손익계산서상 당기순이익과 총포괄이익으로 각각 ₩100,000과 ₩30,000을 보고했다면, 20×1년 말의 재무상태표상 자본 총계는?

① ₩2,994,000 ② ₩3,004,000
③ ₩3,016,000 ④ ₩3,104,000

9-12 다음의 장부마감 전 자료를 토대로 계산한 기말자본은? (단, 수익과 비용에는 기타포괄손의 항목이 포함되어 있지 않다.) ▶ 2016 관세직 9급

수익 합계	₩2,000,000	비용 합계	₩1,000,000
자본금	1,000,000	주식발행초과금	500,000
기초이익잉여금	500,000	자기주식	100,000
감자차익	100,000	재평가잉여금	200,000

① ₩3,500,000　② ₩3,300,000
③ ₩3,200,000　④ ₩3,000,000

9-13 다음 ㈜신라의 20×1년 보통주 변동내역은 다음과 같다. ▶ 2022 지방직9급

- 기초유통보통주식수 6,000주
- 7월 1일 보통주 무상증자 500주
- 9월 1일 보통주 공정가치 발행 유상증자 900주

20×1년 가중평균유통보통주식수는? (단, 기간은 월할 계산한다.)

① 6,550주　② 6,800주
③ 6,900주　④ 7,400주

9-14 ㈜신라의 20×1년 초 자본잉여금은 ₩ 1,000,000이다. 당기에 다음과 같은 거래가 발생하였을 때, 20×1년 말 자본잉여금은? (단, 다음 거래를 수행하는 데 충분한 계정 금액을 보유하고 있으며, 자기주식에 대하여 원가법을 적용한다.) ▶ 2020 국가직9급

- 2월에 1주당 액면금액이 ₩2,000인 보통주 500주를 1주당 ₩ 3,000에 발행하였다.
- 3월에 주주총회에서 총액 ₩200,000의 배당을 결의하였다.
- 4월에 자기주식 100주를 1주당 ₩ 2,500에 취득하였다.
- 3월에 결의한 배당금을 4월에 현금으로 지급하였다.
- 4월에 취득한 자기주식 40주를 9월에 1주당 ₩ 4,000에 처분하였다.

① ₩1,000,000　② ₩1,110,000
③ ₩1,510,000　④ ₩1,560,000

9-15 ㈜신라는 주식할인발행차금 잔액 ₩500,000이 있는 상태에서 주당 액면금액 ₩5,000인 보통주 1,000주를 주당 ₩10,000에 발행하였다. 주식발행과 관련한 직접적인 총비용은 ₩800,000이 발생하였다. 이 거래의 결과에 대한 설명으로 옳은 것은? (단, 모든 거래는 현금거래이다.) ▶ 2020 국가직9급

① 주식발행관련비용 ₩800,000은 비용처리 된다.
② 자본증가액은 ₩9,200,000이다.
③ 주식할인발행차금 잔액은 ₩500,000이다.
④ 주식발행초과금 잔액은 ₩4,500,000이다.

9-16 무상증자, 주식배당, 주식분할, 주식병합에 대한 설명으로 옳지 않은 것은? ▶ 2021 지방직9급

① 무상증자로 자본금은 변동하지 않는다.
② 주식배당은 발행주식수를 증가시킨다.
③ 주식분할은 발행주식수를 증가시킨다.
④ 주식병합으로 자본금은 변동하지 않는다.

9-17 ㈜백제의 20×1년 중 발생한 자본항목 사건이다. ▶ 2021 감정평가사

• 무상증자 시행	₩500	• 주식배당 결의	₩300
• 자기주식 취득	600	• 자기주식 소각	600
• 당기순이익 발생	1,000	• 기타포괄이익 발생	800

20×1년 초 ㈜백제의 자본은 ₩10,000이고 이 외에 자본 항목 사건은 없다고 가정할 때, 20×1년 말 ㈜백제의 자본은?

① ₩10,400　② ₩11,000
③ ₩11,200　④ ₩11,600
⑤ ₩11,800

9-18 이익잉여금의 변동을 가져오지 않는 것은? ▶ 2020 경영지도사

① 주식배당　② 현금배당

③ 중대한 전기오류수정손익　④ 회계정책변경으로 인한 누적효과

⑤ 자기주식 취득

9-19 다음은 ㈜신라의 20×1년 12월 31일 현재의 수정후시산표잔액이다.

계정과목	차변	계정과목	대변
현　　금	₩20,000	매 입 채 무	₩20,000
매 출 채 권	10,000	차　입　금	100,000
재 고 자 산	5,000	감가상각누계액	50,000
토　　지	100,000	대 손 충 당 금	2,000
건　　물	200,000	자　본　금	?
매 출 원 가	10,000	이 익 잉 여 금	9,000
감가상각비	5,000	매　　출	20,000
급　　여	1,000		
합　　계	351,000	합　　계	351,000

㈜신라의 20×1년 12월 31일 현재 재무상태표의 이익잉여금과 자본총계는? ▶ 2020 국가직9급

	이익잉여금	자본총계
①	₩13,000	₩163,000
②	₩13,000	₩150,000
③	₩10,000	₩150,000
④	₩10,000	₩163,000

9-20 ㈜신라는 보통주 10주(주당 액면금액 ₩5,000, 주당 발행가액 ₩6,000)를 ₩45,000에 매입 소각하였다. ㈜신라가 보통주 매입 소각과 관련하여 손익계산서에 인식할 손익은? ▶2020 경영지도사

① 손실 ₩15,000　② 손실 ₩5,000

③ ₩0　④ 이익 ₩5,000

⑤ 이익 ₩15,000

9-21 20×1년도 자본과 관련된 자료가 다음과 같을 때 주당이익은? (단, 우선주는 누적적우선주이다.) ▸2016 주택관리사

- 당기순이익: ₩26,000,000
- 기초 보통주(주당 액면금액 ₩5,000): 10,000주
- 기초 우선주(주당 액면금액 ₩5,000, 배당률 연 8%): 5,000주

① ₩1,500 ② ₩2,000 ③ ₩2,400
④ ₩2,500 ⑤ ₩3,000

9-22 2015년 ㈜신라의 보통주 발행주식 수 변동상황은 다음과 같다. 2015년 ㈜신라의 당기순이익이 ₩2,070,000이라면 기본주당순이익은 얼마인가? (단, 가중평균유통보통주식 수 계산은 월할로 하며, 기본주당순이익은 소수점 첫째자리에서 반올림하여 계산한다.) ▸2016 서울시 7급 수정

일자	변동내용	발행주식 수
2015.01.01	기초	1,500주
2015.10.01	유상증자	400주
2015.12.31	기말	1,900주

① ₩1,089 ② ₩1,218
③ ₩1,294 ④ ₩1,380

9-23 다음은 ㈜신라의 2018년 1월 1일 자본 관련 자료이다. 2018년 5월 초에 보통주 200주를 주당 ₩4,500에 발행(유상증자)하였으며 11월 말에 자기주식 100주를 주당 ₩6,000에 현금 취득하였다. 2018년도 당기순이익이 ₩500,000이었다면 2018년 말 자본총액은? ▸2019 서울시 9급

자본금		
보통주자본금	₩10,000,000	(주당액면가 ₩5,000)
자본잉여금		
주식발행초과금	1,000,000	
이익잉여금	2,300,000	
자본총액	13,300,000	

① ₩13,800,000 ② ₩14,100,000
③ ₩14,300,000 ④ ₩14,700,000

9-24 다음 자료를 기초로 기말자산 금액을 구하면 얼마인가? ▶ 2015 서울시 9급

• 기초자산	₩3,000	• 기초부채	₩1,800
• 기말부채	1,900	• 기말자본	?
• 총수익	2,000	• 총비용	1,700
• 주식배당	50	• 현금배당	50

감자의 회계처리

(차) 자본금	50	(대) 현　　금	30
		감자차익	20

① ₩3,200　② ₩3,270
③ ₩3,300　④ ₩3,320

9-25 ㈜발해의 2017년 이익잉여금 기초잔액은 ₩50,000이었으며, 2017년 중 다음의 거래가 있었다.

- 원가 ₩1,000의 컴퓨터 1대를 ₩5,000에 판매하였으며, 판매대금 중 ₩1,500은 현금으로 수취하였고 잔액은 외상으로 하였다.
- 건물에 대한 감가상각비 ₩200, 기계에 대한 감가상각비 ₩100을 인식하였다.
- 장기차입금에 대한 당기 이자비용 ₩400을 현금 지급하였다.
- 배당결의를 하고 배당금 ₩300을 현금 지급하였다.

㈜발해의 2017년도 당기순이익과 2017년 말 이익잉여금은 각각 얼마인가?

▶ 2018 관세직 9급

	당기순이익	이익잉여금
①	₩3,000	₩53,000
②	₩3,000	₩53,300
③	₩3,300	₩53,000
④	₩3,300	₩53,300

9-26 ㈜발해 기초자산은 ₩120,000이고, 기말자산은 ₩270,000이다. 또한 기초부채는 ₩70,000이고, 기말부채는 기초부채보다 ₩40,000이 증가하였다. 당기 중 현금출자로 인해 납입자본은 ₩42,000 증가하였고, 기타포괄이익은 ₩50,000(법인세효과 차감 후 금액) 증가하였으며, 현금배당(당기에 선언한 것임)으로 ₩20,000을 지급하였다면 당기순이익은? (단, 주어진 자료 이외의 사항은 고려하지 않는다.) ▸ 2014 관세직

① ₩32,000 ② ₩38,000

③ ₩42,000 ④ ₩48,000

연습문제

9-1 **[주식발행]**

㈜백제는 보통주 100주(@₩5,000)를 주당 ₩7,000에 발행하고 대금 전액을 현금으로 조달하였다. 이때 주식발행비 ₩1,000을 현금 지급하였다.

요구사항 주식발행과 관련된 분개를 수행하시오.

9-2 **[주식발행]**

㈜고구려는 20×1년 5월 1일에 보통주 1,000주(@₩10,000)를 주당 ₩13,000에 발행하여 발기인들로부터 현금을 납입받고 설립되었다. 이 중 주식발행비 ₩20,000을 지급하였다.

요구사항 주식발행에 관한 분개를 행하시오.

9-3 **[현물출자]**

㈜신라는 ㈜고구려로부터 장부금액이 ₩5,000,000인 건물을 구입하고 700주의 보통주를 발행하여 그 대금을 지급하였다. ㈜신라가 발행한 주식(@₩5,000)은 시장에서 ₩9,000에 거래되고 있다.

요구사항 이때 ㈜신라의 입장에서 분개를 수행하시오.

9-4 **[이익잉여금 처분]**

다음은 ㈜백제의 20×1년 당기순이익 반영 전 재무자료이다.

자본	
1. 보통주자본금	₩3,000,000
2. 주식발행초과금	100,000
3. 미처분이익잉여금	500,000

그리고 20×1년도 말 당기순이익은 ₩300,000이 발생하였다. ㈜백제는 20x2년 2월 말에 주주총회를 개최하여 현금배당 ₩80,000을 지급하기로 의결하였다. 단, 정관에서는 배당금 지급 시 배당액의 12%를 이익준비금으로 계상하도록 규정되어 있다.

요구사항 이 자료를 이용하여 ㈜백제의 20×2년 2월 말 현재의 미처분이익잉여금 금액을 계산하시오.

9-5 [이익잉여금 처분]

㈜고구려의 20×1년 말 자본 관련 내역(당기순이익 반영 전)은 다음과 같다.

(부분) 재무상태표

자본	
1. 보통주자본금	₩1,000,000
2. 이익잉여금	
이익준비금	200,000
미처분이익잉여금	500,000
자본총계	₩1,700,000

그리고 20×1년 ㈜고구려의 당기순이익은 ₩100,000이며, 20×2년 2월 말 주주총회에서 배당금 ₩50,000을 현금지급하기로 결정하고, 이익준비금 ₩10,000을 적립하기로 하였다.

요구사항

(1) 20×1년도 말 이익준비금은 얼마인가?

(2) 20×1년도 말 미처분이익잉여금은 얼마인가?

(3) 20×1년도 말 부분 재무상태표를 작성하시오.

9-6 [이익잉여금 처분]

㈜고구려의 20x0년 말 당기순이익 반영 전 이익잉여금 관련 내역은 다음과 같다.

이익잉여금	
1. 이익준비금	₩500,000
2. 배당평균적립금	150,000
3. 미처분이익잉여금	50,000

그리고 20×0년 말 ㈜고구려의 당기순이익은 ₩200,000이 발생하였으며, 20×2년 2월 주주총회 결의사항은 다음과 같다.

① 배당평균적립금 중 ₩100,000을 이입하기로 결의하였고, ② 20×1년도 현금배당으로 ₩10,000을 지급하기로 결의하였으며, ③ 사업확장적립금 ₩50,000을 적립하기로 결의하였다. 그리고 배당금의 실제지급일은 20×1년도 3월 10일이다.

요구사항 이와 관련된 분개를 수행하시오.

9-7 [현금배당과 주식배당]

㈜신라는 주주총회를 통해 5%의 현금배당과 10%의 주식배당을 하기로 결의하였으며, 주식배당 전 주당 액면금액은 ₩5,000이고, 주식배당 전의 발행주식 수는 1,000주였다. 이와 관련된 분개를 수행하시오.

요구사항

(1) 주식배당 결의 후 신주를 발행하고 교부하였을 때 필요한 분개를 수행 하시오.
(2) 현금배당과 관련된 분개를 수행하시오.

9-8 [자기주식]

20×1년 1월 1일 ㈜백제의 재무상태표상 자본내역과 자기주식 관련 거래내역은 다음과 같다.

보통주자본금(@₩500)	₩1,500,000
자본잉여금	1,000,000
이익잉여금	1,000,000

2월1일. ㈜백제는 자기회사 발행주식(@₩500) 100주를 주당 ₩1,000씩 지급하고 취득하였다.
5월1일. 2월 1일에 취득한 자기주식 중 50주를 주당 ₩1,500에 처분하고 그 대금을 현금으로 수령하였다.
6월1일. 2월 1일에 취득한 자기주식 중 20주를 주당 ₩900에 처분하고 그 대금을 현금으로 수령하였다.

요구사항 이를 바탕으로 일자별 자기주식 관련 거래에 대한 분개를 수행하시오.

9-9 [자본변동표]

㈜고구려의 20×1년 재무자료 중 자본 부분 내역이 다음과 같다.

구분	자본금	주식발행 초과금	이익잉여금	기타포괄손익 누계액	총계
20x1.1.1(기초)	20,000	3,000	40,000	1,000	64,000

그리고 20×1년도 ㈜고구려의 자본변동 내역은 다음과 같다.

(1) 전기분에 대한 배당액 ₩2,000

(2) 당기순이익 ₩10,000

(3) 당기 중간배당액 ₩5,000

(4) 유상증자내역(액면발행) ₩5,000

(5) 유형자산재평가이익 ₩1,000

요구사항 이를 이용하여 자본변동표를 작성하시오.

구분	자본금	주식발행 초과금	이익잉 여금	기타포괄손익 누계액	총계
20×1.1.1(기초)	20,000	3,000	40,000	1,000	64,000
전기분배당					
자본금					
당기순이익					
중간배당					
유형자산재평가이익					
20×1.12.31(기말)					

9-10 [주당순이익]

㈜고구려는 20×1년 1월 1일에 보통주(주당액면 ₩5,000)의 유통주식 수는 10,000주이며, 우선주(주당액면 ₩5,000)의 유통주식 수는 3,000주였다. 우선주를 보유한 주주에게는 우선주 기준연 5%의 배당을 지급하고 있다. 7월 1일에 보통주 5,000주를 추가로 발행하였다. ㈜고구려의 20×1년 당기순이익은 ₩5,600,000이다.

요구사항 이 자료를 바탕으로 20×1년도 주당순이익을 계산하시오.

PART

03

현금흐름표의 이해

CHAPTER 10

현금흐름표

학습 목표

현금흐름표는 기업의 현금 유출입 정보를 제공하는 핵심 재무제표로, 당기순이익만으로는 파악하기 어려운 자금 흐름의 실질적인 변화를 명확하게 분석할 수 있다는 점에서 그 중요성이 크다. 따라서 현금흐름표를 분석함으로써 기업의 재무 건전성을 평가하고, 투자 및 재무 의사결정을 보다 합리적으로 내릴 수 있다. 이에 본 장에서는 현금흐름표의 구조와 작성 방법을 이해하고, 이를 활용하여 기업의 경영 활동을 분석하는 방법을 학습한다. 또한 영업활동, 투자활동, 재무활동으로 구분된 현금흐름의 기본 개념을 익히고, 기업의 실질적인 현금 창출 능력을 평가하는 데 필요한 개념을 살펴본다.

SECTION

01 현금흐름표의 개념과 중요성

재무제표는 기업의 재무 상태와 성과를 보여주는 핵심 자료이다. 그중 현금흐름표는 기업의 실제 현금 유입과 유출을 명확히 파악할 수 있도록 하는 중요한 보고서이다. 손익계산서는 발생주의 기준으로 수익과 비용을 나타내지만, 현금흐름표는 실제 현금이 어디에서 들어오고 어떻게 사용되는지를 보여준다. 이와 같이 현금은 기업의 유동성을 평가하는 데 가장 중요한 지표 중 하나이다. 그러나 재무제표에 보고된 현금이 실제 보유 현금과 다를 수 있다. 예를 들어 기업의 장부상 현금 잔액과 실제 보유 현금이 다를 수도 있으며, 당기순이익이 높아도 운영자금이 부족하면 유동부채를 갚지 못해 흑자도산 할 위험이 있다.

따라서 기업의 현금 보유현황과 변동 내역을 설명하기 위해 기본재무제표의 하나로 현금흐름표를 작성하여 보고하도록 하고 있다. 여기서 **현금흐름표**(statement of cash flow)는 일정 기간 동안 기업의 현금유출입에 대한 정보를 제공해 주는 것으로, 영업활동, 투자활동, 재무활동 등과 관련된 현금흐름의 정보를 표시한다. 즉, 현금흐름표는 자산, 부채, 자본거래의 변동을 가져오는 현금흐름정보를 제공하고, 이를 통해 투자자들은 기업의 미래 현금흐름에 대한 정보를 유추하는 데 유용하게 활용할 수 있다.

현금흐름표는 발생주의 기반의 다른 재무제표와 달리 다음과 같은 차별적 정보를 제공할 수 있다.

(1) 손익계산서의 수익과 비용과 달리 실제 현금 유입 · 유출을 반영하여 영업활동으로 조달된 현금흐름을 보여준다. 이는 수익 과대계상(예: 매출채권 증가나 평가이익의 계상)이나 비용 과소계상(예: 감가상각비 축소)으로 인해 당기순이익이 왜곡될 가능성을 판단하는 데 유용하다.

(2) 현금흐름표는 자산의 취득과 처분으로 인한 현금유출입 내역뿐만 아니라, 자금조달 및 상환내역과 관련된 현금흐름정보도 제공해 준다.

(3) 기업의 장 · 단기 지급능력을 평가하는 데 유용한 정보를 제공해 준다. 예를 들어, 기업은 유동성비율(=영업활동 현금흐름을 유동부채로 나눈 값)을 통해 기업이 단기적으로 부채를 상환할 수 있을 만큼의 현금을 보유하고 있는가를 판단하는 데 활용할 수 있다.

현금흐름표는 기업의 주요 활동별 현금흐름 내역을 보여주며, 다음과 같은 의사결정 등에 유용한 정보를 제공한다.

(1) 기업이 미래 활동에 필요한 충분한 현금흐름을 창출하고 있는지 판단할 수 있다.
(2) 영업활동에서 발생한 현금흐름이 부채 상환이나 이자 지급을 감당할 수 있는지 평가할 수 있다.
(3) 현재의 경영활동을 유지하거나 미래 성장을 위해 얼마나 투자하고 있는지 확인할 수 있다.
(4) 투자활동 이후에도 순현금흐름이 발생하는지 파악할 수 있다.
(5) 차입금 상환, 이자 지급, 배당 지급을 내부적으로 조달한 현금흐름으로 충당했는지, 아니면 외부 자금 조달에 의존했는지 분석할 수 있다.
(6) 외부 자금을 조달했다면 그 주요 원천이 무엇인지 파악할 수 있다.
(7) 경쟁 기업과 비교하여 현금흐름 구조가 우수한지 평가할 수 있다.

SECTION

02 현금흐름의 유형과 구조

1 현금흐름의 유형

기업은 상품을 판매하거나 서비스를 제공하는 과정에서 현금을 벌어들이고, 빌린 돈을 갚거나 투자자에게 이익을 돌려주기 위해 현금을 사용한다. 현금흐름표는 기업이 현금을 어떻게 조달하고 사용했는지를 보여주며, 이를 통해 재무제표 이용자는 현금흐름의 시기와 확실성을 평가할 수 있다(K-IFRS 제1007호). 기업은 보통 빌린 돈(타인자본)이나 투자받은 돈(자기자본)으로 자산을 구입한 후, 이를 활용해 제품을 생산 · 판매하여 현금을 벌어들인다. 이와 같이 창출된 현금은 사업에 재투자되거나 이자 및 배당 등의 형태로 지급된다. 회계기간 동안 기업에서 발생한 현금흐름은 영업활동, 투자활동, 재무활동으로 구분되며, 이를 통해 기업의 현금 변동에 대한 정보를 제공하도록 요구된다. 이러한 정보는 기업의 현금지급 능력, 재무적 탄력성 등을 평가하는 데 유용하며, 기업 간 미래 현금흐름 등의 비교를 통해 기업가치를 평가하는 기초자료를 제공한다.

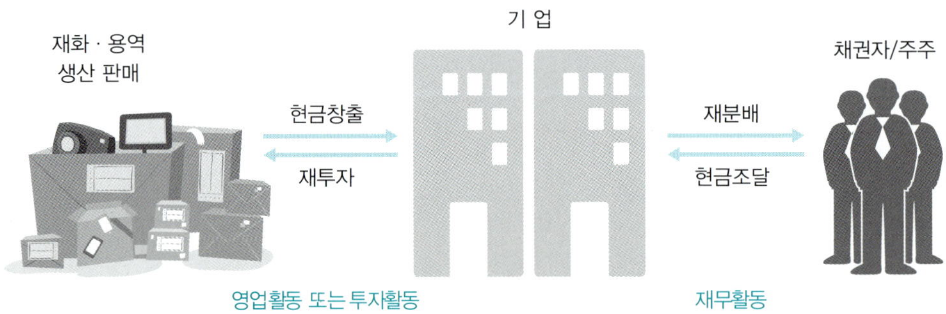

그림 10-1 현금흐름 유입과 유출

- **영업활동현금흐름**: 기업이 외부자금 조달 없이 제품의 생산 · 판매, 용역제공, 판매 · 관리 활동 등 자체적인 영업활동을 통해 창출한 현금흐름을 의미한다. 따라서 영업활동현금흐름은 기업이 주된 영업활동을 통해 얻은 현금흐름으로 투자 및 재무활동에 포함되지 않은 기타의 활동을 포함한다.

• **투자활동현금흐름**: 미래 영업현금흐름을 창출할 자원의 장기성 자산 및 현금성 자산이 아닌 기타 투자자산 등의 취득과 처분과 관련된 현금흐름을 의미한다. 이에 유형자산, 무형자산, 투자부동산, 그리고 비유동자산에 속하는 지분증권 등의 취득과 처분활동 등을 투자활동현금흐름에 포함한다.

• **재무활동현금흐름**: 기업의 납입자본과 차입금 규모 및 그 구성에 변화를 초래하는 현금흐름으로, 주주와 채권자가 미래 현금흐름에 대한 청구권을 예측하는 데 유용한 정보를 제공한다. 재무활동은 자금의 조달과 상환 활동을 의미하는 것으로, 차입 · 상환 및 관련 금융비용 지급, 신주 발행 및 배당금 지급, 재무자산의 취득 및 처분 등을 포함한다. 다만, 금융비용 지급은 차입과 관련되면 재무활동으로 분류될 수 있다.

예를 들어, 기업이 재화나 용역을 판매하고 대금을 현금으로 받거나 매출채권을 회수하면 영업활동으로 인한 현금흐름이 증가한다. 반대로, 종업원에게 급여를 지급하거나 세금을 납부(단, 재무활동이나 투자활동에 명백하게 관련되는 것은 제외)하는 것은 영업활동에 따른 대표적인 현금유출이다. 유형자산이나 무형자산을 취득하기 위해 현금을 지급하는 것은 투자활동에 해당하며, 제3자에게 자금을 대여하는 것도 투자활동에 포함된다. 마지막으로, 재무활동에서 주식이나 채무를 발행하여 조달한 자금은 현금유입으로 기록되며, 차입금을 상환할 때 발생하는 현금지출 등은 재무활동으로 인한 현금유출로 분류한다. 이러한 현금흐름의 유출 · 유입 유형을 정리해 보면 다음 [표 10-1]와 같다.

표 10-1 현금흐름표의 현금 유 · 출입 유형 예시

영업활동으로 인한 현금흐름	현금 유입	• 재화나 용역의 판매대금 수입(현금 또는 매출채권 회수) • 로열티, 수수료, 중개료 및 기타수익에 따른 현금유입 • 단기매매목적으로 보유하는 계약에서 발생하는 현금유입
	현금 유출	• 납품업자에 대한 상품대금 지급 • 종업원과 관련하여 직접적 또는 간접적으로 발생하는 현금유출 (종업원에 대한 근무대가 지급) • 정부에 대한 세금 납부(단, 재무활동이나 투자활동에 명백히 관련되는 것은 제외) • 단기매매목적으로 보유하는 계약에서 발생하는 현금유출
투자활동으로 인한 현금흐름	현금 유입	• 유 · 무형자산, 장기성 자산의 매각대금 수입 • 유가증권 및 투자유가증권의 처분대가 수입 • 제3자에 대한 선급금 및 대여금의 회수
	현금 유출	• 유 · 무형자산, 장기성 자산의 취득대금 지급 • 유가증권 및 투자유가증권의 취득대금 지급 • 제3자에 대한 선급금 및 대여금의 지급
재무활동으로 인한 현금흐름	현금 유입	• 주식발행에 따른 현금 유입 • 채무(장 · 단기 차입금, 사채발행 등)발생에 따른 현금 유입 • 자기주식의 처분에 따른 현금유입
	현금 유출	• 장기채무(차입금 등)의 상환에 따른 현금유출 • 자기주식의 취득에 따른 현금유출

이자와 배당금의 수취 및 지급에 따른 현금흐름의 구분

K-IFRS 제1007호에 따르면, 금융회사는 자금 중개를 주요 영업활동으로 수행하므로, 이자 및 배당금의 수취와 지급을 일반적으로 영업활동 현금흐름으로 분류한다. 반면, 비금융 기업의 경우 이자와 배당금의 수취 및 지급에 대한 현금흐름 분류는 일률적으로 규정되어 있지 않다.

다시 말해, 비금융 기업의 경우 이자나 배당금의 수취 및 지급 활동은 당기순이익의 결정에 영향을 미치므로 영업활동 현금흐름으로 분류할 수 있다. 그러나 이자 지급 및 배당금 지급은 자본 조달과 관련된 금융비용으로 간주하여 재무활동 현금흐름으로, 이자 수취 및 배당금 수취는 투자자산에서 발생한 수익으로 보아 투자활동 현금흐름으로 분류할 수도 있다. 단, [일반기업회계기준]에서는 이자수익과 배당금 수익, 이자비용을 영업활동현금흐름으로 구분하고, 배당금의 지급활동을 재무활동현금흐름으로 분류하고 있다. 본 장에서는 특별한 언급이 없는 한 일반기업회계기준에 따른 분류체계를 따른다.

* 현금흐름표 관련 예시는 K-IFRS 제1007호의 내용을 일부 참고하였다.

다만, 기업의 활동 중 현금을 수반하지 않는 비현금거래는 당기의 현금흐름에는 영향을 미치지 않기 때문에 현금흐름표에는 표시되지 않는다. 그러나 중요한 투자 및 재무활동에 해당하는 경우 이를 현금흐름표의 주석으로 기재하여 표시한다. 예를 들어 주식이나 사채를 발행하여 자산을 취득하는 경우, 형식적으로는 현금의 유출 · 입이 발생하지 않지만, 이는 투자활동을 통해 영업자산을 취득한 것으로 간주된다. 또한, 사채의 지분전환은 기존 차입금이 주식으로 전환되는 거래로, 현금흐름에 직접적인 영향을 미치지는 않으나, 이는 재무활동의 변동에 해당하므로 주석을 통해 공시할 필요가 있다.

예제 10-1 현금흐름의 유형

다음은 ㈜고구려의 20×1년 회계거래 정보이다.

상품 판매에 따른 현금 수취	₩500,000	차입금 상환	₩400,000
매출채권의 현금 회수	150,000	배당금 지급	250,000
법인세 지급 (투자나 재무활동과 무관)	30,000	정기예금 이자 수취	50,000
주식 발행을 통한 현금 조달	300,000	토지 처분에 따른 현금 유입	200,000
자기주식 처분	100,000	대여금의 회수	300,000
비품의 현금 취득	100,000	원재료 취득에 대한 현금 지급	180,000
사채 발행을 통한 현금 조달	600,000	광고선전비 지급	50,000
감가상각비	80,000	종업원 급여 지급	200,000
매입채무를 현금으로 지급	120,000	유가증권 취득	250,000

물음

(1) 현금흐름 정보를 기반으로 ㈜고구려의 영업활동으로 인한 순현금흐름은 얼마인가?

(2) 현금흐름 정보를 기반으로 ㈜고구려의 투자활동으로 인한 순현금흐름은 얼마인가?

(3) 현금흐름 정보를 기반으로 ㈜고구려의 재무활동으로 인한 순현금흐름은 얼마인가?

풀이

(1) ① 영업활동 현금 유입

총 현금 유입 = ₩500,000(상품 판매에 따른 현금 수입) + ₩150,000(매출채권의 현금 회수)+ ₩50,000(정기예금 이자 수취)= ₩700,000

② 영업활동 현금 유출

총 현금 유출 = ₩200,000(종업원 급여 지급) + ₩180,000(원재료 취득에 대한 현금 지급)+ ₩50,000(광고선전비 지급) + ₩30,000(법인세 지급) + ₩120,000(매입채무 현금 지급)= ₩580,000

영업활동으로 인한 순현금흐름 계산 = 총 현금 유입 − 총 현금 유출
= ₩700,000 − ₩580,000 = ₩120,000

(2) ① 투자활동 현금 유입

총 현금 유입 = ₩300,000(대여금의 회수)+ ₩200,000(토지 처분) = ₩500,000

② 투자활동 현금 유출

총 현금 유출 = ₩250,000(유가증권 취득) + ₩100,000(비품의 현금 취득)
= ₩350,000

투자활동으로 인한 순현금흐름 계산 = 총 현금 유입 − 총 현금 유출
=₩500,000 − ₩350,000 = ₩150,000

(3) ① 재무활동 현금 유입

총 현금 유입 = ₩600,000 (사채 발행을 통한 현금 조달) + ₩300,000 (주식 발행을 통한 현금 조달) + ₩100,000 (자기주식 처분)
= ₩1,000,000

② 재무활동 현금 유출

총 현금 유출 = ₩250,000 (배당금 지급) + ₩400,000 (차입금 상환)
= ₩650,000

재무활동으로 인한 순현금흐름 계산 = 총 현금 유입 − 총 현금 유출
= ₩1,000,000 − ₩650,000 = ₩350,000

2 현금흐름표의 구조

현금흐름표상의 현금은 재무상태표의 현금및현금성자산(cash and cash equivalents)으로 정의되고 있다. **현금**(cash)은 기업이 즉시 사용 가능한 통화 및 통화성 자산을 의미하며, 이에 포함되는 항목으로는 기업이 보유한 지폐 및 동전과 언제든지 인출이 가능한 요구불 예금(예: 보통예금) 등이 있다. **현금성자산**(cash equivalents)이란, 큰 거래 비용 없이 쉽게 현금으로 전환할 수 있으며, 가치 변동의 위험이 매우 낮은 자산을 의미한다. 예를 들어, 취득일로부터 만기일이 3개월 이내인 단기 금융상품은 현금성자산에 해당한다.

재무상태표의 현금및현금성자산은 특정 시점에서 기업이 보유한 현금의 최종 잔액을 제시하는 것과 달리, 현금흐름표는 영업활동에서 창출된 현금, 투자활동과 관련된 현금 흐름, 그리고 자본 조달을 위한 재무활동의 현금 변동 사항을 구분하여 기록한다. 각 활동에서 발생한 현금흐름을 합산한 총액이 현금의 증감액이 되며, 여기에 기초의 현금을 가산하여 기말의 현금을 산출한다. 따라서 관련 사항을 보고하는 현금흐름표의 기본구조는 [표 10-2]와 같다.

표 10-2 현금흐름표의 기본구조

현금흐름표

㈜백제건설 　　20x1년 1월 1일부터 12월 31일까지 　　(단위: 천원)

과 목	당기	전기
Ⅰ. 영업활동 현금흐름(=유입−유출)	×××	×××
Ⅱ. 투자활동 현금흐름(=유입−유출)	×××	×××
Ⅲ. 재무활동 현금흐름(=유입−유출)	×××	×××
Ⅳ. 현금의 증가 (Ⅰ + Ⅱ + Ⅲ)	×××	×××
Ⅴ. 기초의 현금	×××	×××
Ⅵ. 기말의 현금 (Ⅳ + Ⅴ)	×××	×××

SECTION

03 현금흐름표의 작성

1 현금흐름표 작성 방법

회계상의 당기순이익과 현금흐름은 반드시 일치하지 않으며, 재무상태표상의 현금 잔액도 그 변동 과정을 충분히 설명하지 못한다. 따라서 기업의 현금 변동 과정을 보다 명확하게 파악하기 위해 현금흐름표를 작성할 필요가 있다. **현금흐름표**(statement of cash flows)는 일정 기간 동안 기업의 현금 유입과 유출 등 현금흐름의 변동 내용을 나타내는 재무제표로, 기업의 유동성과 미래 현금흐름 창출 능력을 평가하는 중요한 지표로 활용된다. 현금흐름표를 작성할 때는 손익계산서 정보를 바탕으로 당기에 발생한 현금흐름을 파악하는 것이 중요하다. 또한 전기 대비 당기 재무상태표 변동 내역을 분석하여 현금의 흐름을 이해할 필요가 있다.

현금흐름표를 작성할 때, 영업활동으로 인한 현금흐름은 직접법 또는 간접법 중 하나를 선택하여 표시할 수 있다. 하지만 투자활동과 재무활동으로 인한 현금흐름은 특정 거래별 현금의 유입과 유출을 그대로 기록하며, 직접법이나 간접법 산출방식을 적용하지 않는다. 이에 따라 현금흐름표 작성 방법을 설명할 때, 먼저 영업활동 현금흐름은 직접법과 간접법을 적용한 산출 방법을 제시하고, 이후 투자활동 및 재무활동 현금흐름의 산출 방법을 설명하고자 한다.

2 활동유형별 현금흐름 산출 방법

2.1 영업활동현금흐름

현금흐름표 내역 중 영업활동현금흐름은 **직접법**(direct method)과 **간접법**(indirect method) 중 하나를 선택하여 기록할 수 있다. 직접법은 현금 유입과 유출의 주요 항목별로 구분하여 표시하는 방법이다. 간접법은 당기순이익에 현금흐름이 수반되지 않는 항목, 과거 또는 미래의 영업활동 현금유입 · 유출의 이연 또는 발생, 투자활동이나 재무활동과 관련된 손익항목 영향을 조정하여 산출하는 방법이다. 어떤 방법을 적용하더라도 최종적으로 산출되는 영업활동현금흐름 결과는 동일하나, 실무에서는 주로 간접법이 활용된다. 간접법은 상대적으로 현금흐름표 작성이 용이하며, 재무제표 이용자가 당기순이익과 영업활동 현금흐름

간의 차이를 이해하는 데 유용할 뿐만 아니라, 현금흐름표의 중요성을 강조하는 역할을 한다는 점에서 이점이 있다.

표 10-3 직접법과 간접법에 의한 영업활동현금흐름 산출식

구분	직접법	간접법
영업활동 현금흐름의 산출구조	+ 영업활동 현금유입액 − 영업활동 현금유출액	당기순이익 ± 현금흐름이 없는 손익 항목 ± 투자, 재무활동 손익 항목 ± 영업 관련 자산 · 부채 변동
현금흐름액(순액)	결과 동일	

직접법에 따른 현금흐름표는 총현금유입과 총현금유출을 주요 항목별로 구분하여 표시하는 방법으로 영업활동과 관련된 현금 유입액과 유출액을 다음과 같이 구분하여 작성한다.

고객으로부터 유입된 현금은 기업의 매출에서 발생한 현금 유입액을 의미하며, 당기 현금 매출액과 매출채권 회수액의 합으로 측정된다. 매출채권 회수액은 재무상태표의 매출채권 변동 내역을 통해 확인할 수 있으며, 매출채권 금액이 기초 대비 증가했다는 것은 매출액 중 일부가 아직 현금으로 회수되지 않았음을 의미한다.

고객으로부터 유입된 현금 = 현금매출액 + 매출채권 회수액
= (현금매출액 + 외상매출액) − (기말 매출채권 − 기초 매출채권)

공급자에 대한 현금 유출은 상품 매입 등에 따른 현금 지급을 의미하며, 이는 현금 매입액과 매입채무 상환액의 합으로 계산된다. 또한, 총매입액에서 매입채무의 변동 내역을 차감하는 방식으로도 산출할 수 있다. 매입채무 금액이 기초 대비 증가했다는 것은 당기 매입액 중 일부가 아직 현금으로 지급되지 않았음을 의미한다. 당기 매입액은 매출원가와 재고자산 변동 내역을 반영하여 계산되며, 이를 위해 재무상태표상의 재고자산 금액과 손익계산서상의 매출원가 정보를 활용할 수 있다.

공급자에 대한 현금유출 = 현금매입액 + 매입채무 지급액

= (현금매입액+외상매입액) − (기말 매입액 - 기초 매입액)

= 매출원가 + (기말 재고액 - 기초 재고액) − (기말 매입액 - 기초 매입액)

이 밖에도 **영업활동과 관련된 현금 유출**에는 종업원 급여 지급과 판매관리비 지출이 포함된다. 종업원에 대한 현금 유출은 급여, 상여금 및 복리후생비 등의 실제 현금 지급액을 의미한다. 다만 아직 지급되지 않은 미지급급여는 포괄손익계산서상의 종업원 급여에서 제외하여 현금흐름표에 반영된다. 판매관리비는 광고비, 임차료, 감가상각비 등을 포함하는 항목이며, 이 중 실제 현금으로 지출된 금액만이 영업활동현금흐름 계산에 반영된다. 즉, 감가상각비는 현금 유출이 없는 비용이므로 포괄손익계산서상의 판매관리비에서 제외하여 반영한다. 추가로, 미리 현금으로 지급된 판매관리비 내역이나 아직 현금으로 지급하지 않은 판매관리비 내역이 있다면 이를 조정하여 반영한다. 또한 이자 지급과 법인세 납부 역시 영업활동과 관련된 현금 유출로 분류될 수 있다. 이자 지급은 기업이 차입금이나 영업활동과 관련된 채무에 대해 지출하는 현금이며, 법인세 납부는 기업의 영업이익에 따라 부과되는 세금으로 인한 현금 유출이다.

예제 10-2 영업활동현금흐름 산출

다음은 ㈜고구려의 당기 재무상태표 및 손익계산서의 일부를 제시한 것이다.

(1) 재무상태표

계정과목	기초잔액	기말잔액
매출채권	₩15,000	₩23,000
재고자산	20,000	30,000
매입채무	17,000	5,000

(2) 손익계산서

매출액	₩41,000
매출원가	15,000
판매비와관리비	10,000

물음 자료를 바탕으로 계산된 ㈜고구려의 (1)고객으로부터 유입된 현금흐름과 (2)공급자에 대한 현금유출은 얼마인가?

풀이

(1) 고객으로부터 유입된 현금흐름

₩41,000(매출액) − ₩8,000(매출채권 증가) = ₩33,000

(2) 공급자에 대한 현금유출

₩15,000(매출원가) + ₩10,000(재고자산 증가) − (−)₩12,000(매입채무 감소)

= ₩37,000

2.2 투자활동현금흐름

투자활동은 기업이 장기적인 성장을 위해 자금을 사용하거나 회수하는 활동이므로 투자활동 현금흐름을 별도로 구분 공시하는 것은 중요하다. 투자활동으로 분류되는 주요 항목으로는 유형자산과 무형자산의 취득 및 처분, 타 기업의 주식과 채권 투자 및 회수, 대여금의 회수 및 지급 등이 포함된다. 예를 들어 기업은 장기간 사용하기 위해 건물, 기계장치, 설비자산 등을 현금을 지급하여 취득할 수 있으며, 이는 투자활동으로 인한 현금 유출에 해당한다. 또한, 기업이 보유하던 건물 등 유형자산을 처분하거나 미수금을 회수함으로써 발생하는 현금 유입은 투자활동으로 분류된다. 투자활동에서 발생하는 총현금유입과 총현금유출은 주요 항목별로 구분하여 총액으로 보고해야 한다.

예제 10-3 투자활동현금흐름 산출

㈜고구려의 건물 관련 정보는 다음과 같다.

계정과목	기초잔액	기말잔액
건　　물	₩300,000	₩350,000
감가상각누계액	(60,000)	(50,000)

㈜고구려는 건물 처분으로 인해 ₩50,000의 이익과 감가상각비 ₩2,000을 당기손익으로 반영하였다. 당기에 처분한 건물의 취득원가는 ₩150,000이다.

물음 위의 자료를 바탕으로 ㈜고구려의 (1)건물 처분과 관련된 현금유입액과 (2)건물 취득과 관련된 현금유출액은 얼마인가?

풀이

(1) 건물 처분과 관련된 현금유입액 = ₩188,000

(차) 감 가 상 각 비	2,000	(대) 감가상각누계액	2,000
(차) 현 금	188,000	(대) 건 물	150,000
감가상각누계액	12,000	건물처분이익	50,000

₩60,000(기초 감가상각누계액) + ₩2,000(당기 감가상각비) − 처분시 감가상각누계액 (X) = ₩50,000(기말 감가상각누계액)

(2) 건물 취득과 관련된 현금유출액 = ₩200,000

(차) 건 물	200,000	(대) 현 금	200,000

₩300,000(기초잔액) + 취득(X) − ₩150,000(처분) =₩350,000(기말잔액)

2.3 재무활동현금흐름

재무활동은 기업이 자금을 조달하거나 상환하는 활동을 의미한다. 재무활동으로 분류되는 주요 항목으로는 차입금, 사채 발행 및 상환, 주식 발행, 배당금 지급 등이 포함된다. 구체적으로 주식이나 사채 발행을 통한 자금 조달은 재무활동에 따른 현금 유입으로, 차입금 상환이나 자기주식 취득은 재무활동에 따른 현금 유출로 분류된다. 예를 들어 기업이 주식이나 사채를 발행하는 경우, 그에 따른 재무활동으로 인해 현금이 유입되며, 이는 발행금액을 기준으로 측정된다. 기업은 재무활동현금흐름을 통해 투자자나 채권자가 기업의 미래 현금흐름을 예측하는 데 유용한 정보를 제공하기 때문에 현금흐름을 별도로 구분 공시하는 것이 중요하다.

예제 10-4 | 재무활동현금흐름 산출

다음은 ㈜고구려의 사채 발행과 차입금 관련 정보이다.

계정과목	기초잔액	기말잔액
사 채	₩250,000	₩350,000
사채할인발행차금	(8,000)	(10,000)
차 입 금	100,000	120,000

㈜고구려는 추가로 ₩50,000을 은행으로부터 차입하였으며, 당기에 인식해야 할 사채할인발행차금 상각액은 ₩5,000이다.

물음 위의 자료를 바탕으로 ㈜고구려의 (1)재무활동으로 인한 현금유출액과 (2)재무활동으로 인한 현금유입액은 얼마인가?

풀이

(1) 재무활동으로 인한 현금유입액 = ₩143,000

(차) 현금	50,000	(대) 차입금	50,000
(차) 이자비용	5,000	(대) 사채할인발행차금	5,000
(차) 사채할인발행차금	7,000	(대) 사채	100,000
현금	93,000		

₩50,000 + ₩93,000 = ₩143,000

(2) 재무활동으로 인한 현금유출액 = ₩ 30,000

(차) 차입금	30,000	(대) 현금	30,000

₩100,000(기초 차입금) + ₩50,000(당기 차입금) − 차입금 상환(X)
= ₩120,000(기말 차입금)

3 현금흐름표 종합 예제

기업의 다양한 거래 내역을 기반으로 현금흐름표 작성 과정을 살펴보고자 한다.

예제 10-5 현금흐름표 작성 (간접법)

㈜고구려는 상품매매기업으로, 20×1년 중 발생한 주요 회계거래 내역은 다음과 같다.

- 상품을 ₩850,000에 구입하였으며, 이 중 ₩750,000은 현금으로 지급하고 나머지는 매입채무로 기록하였다.
- 원가 ₩820,000의 상품을 ₩1,200,000에 판매하고, 이 중 ₩380,000을 현금으로 수취하였으며, 나머지는 외상으로 판매하였다.
- 매출채권 ₩750,000을 현금으로 회수하였다.
- 기타판매관리비로 ₩20,000을 현금으로 지급하였다.
- 비품을 ₩50,000에 구입하였으며, 전액 현금으로 지급하였다.
- 은행으로부터 장기차입금 ₩150,000을 차입하여 전액 현금으로 수령하였다.
- 보유 중이던 자기주식을 ₩10,000에 처분하고 전액 현금으로 수령하였다.
- 기계장치로 인해 당해연도 감가상각비 ₩35,000이 발생하였다.
- 장부금액 ₩27,000의 토지(취득원가 ₩31,000)를 ₩30,000에 처분하였다.
- 종업원 급여 중 ₩40,000은 현금으로 지급하였으며, ₩20,000은 미지급급여로 계상하였다.
- 장기차입금과 관련하여 이자비용 ₩30,000이 발생하였으며, 이를 현금으로 지급하였다.
- 주주들에게 현금배당 ₩40,000을 지급하였다.
- ㈜고구려의 20x1년도 당기순이익은 ₩258,000이며, 20x1년 초 현금및현금성자산은 ₩50,000임을 확인하였다.

물음 앞의 거래 내역을 바탕으로 간접법에 따른 현금흐름표를 작성하시오.

풀이

다음은 ㈜고구려의 간접법에 따라 작성된 현금흐름표이다. 이자지급은 영업활동으로 분류하고, 배당금지급은 재무활동으로 분류하였다.

현금흐름표

㈜고구려	20x1년1월1일부터12월31일까지	(단위: 원)
Ⅰ. 영업활동현금흐름		
당기순이익		258,000
현금의 유출이 없는 비용 등의 가산		
감가상각비	35,000	65,000
이자비용	30,000	
현금의 유입이 없는 수익 등의 차감		
토지처분이익	3,000	(3,000)
영업활동으로 인한 자산 · 부채의 변동		
매출채권의 증가	(70,000)	20,000
재고자산의 증가	(30,000)	
매입채무의 증가	100,000	
미지급급여의 증가	20,000	
영업에서 창출된 현금		340,000
이자지급	(30,000)	
영업활동순현금흐름		310,000
Ⅱ. 투자활동현금흐름		
비품취득	(50,000)	
토지처분	30,000	
투자활동순현금흐름		(20,000)
Ⅲ. 재무활동현금흐름		
자기주식처분	10,000	
장기차입금	150,000	
배당금지급	(40,000)	
재무활동순현금흐름		120,000
Ⅳ. 현금및현금성자산의 순증가		410,000
Ⅴ. 기초 현금및현금성자산		50,000
Ⅵ. 기말 현금및현금성자산		460,000

앞선 사례를 바탕으로 직접법에 따라 영업활동현금흐름을 작성해보자. 직접법은 현금유출입의 발생원천과 용도를 파악할 수 있도록 이를 구분하여 표시한다. 즉, 영업활동 현금흐름 내역을 고객으로부터 유입된 현금, 공급자 및 종업원에 대한 현금 유출, 영업으로부터 창출된 현금, 이자 지급, 법인세 납부 등으로 구분하여 표시한다. 본 사례를 바탕으로 현금흐름의 유출입 내역을 살펴보면 아래 설명과 같다.

- 고객으로부터 유입된 현금액은 현금매출액과 매출채권 회수금액의 합계를 의미한다. 즉, 현금 판매액 ₩380,000과 매출채권 회수액 ₩750,000을 더한 금액이다. 또 다른 계산 방법으로는 매출액 ₩1,200,000에서 매출채권 증가분 ₩70,000을 차감하여 산출할 수도 있다.
- 공급자에 대한 현금 유출은 매출원가에서 재고자산 변동분과 매입채무 변동분을 반영하여 계산한다. 즉, 매출원가 ₩820,000에 재고자산 증가분 ₩30,000을 더하고, 매입채무 증가분 ₩100,000을 차감하여 ₩750,000이 된다.
- 종업원에 대한 현금 유출은 종업원 급여에서 미지급급여 증가분을 차감하여 계산한다. 본 사례에서는 종업원 급여 ₩40,000에서 미지급급여 증가분 ₩20,000을 차감한 ₩20,000이 된다.
- 판매관리비에 대한 현금 유출은 기타 판매관리비 현금 지출 금액에서 미지급 판매관리비 등을 반영하여 조정한다. 다만, 본 사례에서는 모든 금액이 현금으로 지출되었으므로, 기타판매관리비 전액 ₩20,000이 된다.
- 기타 영업활동과 관련된 현금 유입 및 유출 항목에는 이자 수취, 이자 지급, 법인세 납부 등이 포함된다. 본 사례에서는 이자지급이 영업활동현금흐름에 해당하며, ₩30,000을 영업활동 현금흐름 산출 내역에 반영한다.

직접법에 따른 현금흐름표 양식에 따라 다음과 같이 표시된다.

현금흐름표

㈜고구려	20x1년1월1일부터12월31일까지	(단위: 원)
Ⅰ. 영업활동현금흐름		
고객으로부터의 유입된 현금	1,130,000	
공급자에 대한 현금유출	(750,000)	
종업원에 대한 현금유출	(20,000)	
판매관리비에 대한 현금유출	(20,000)	
영업으로부터 창출된 현금		340,000
이자지급	(30,000)	
영업활동순현금흐름		310,000
Ⅱ. 투자활동현금흐름		
비품취득	(50,000)	
토지처분	30,000	
투자활동순현금흐름		(20,000)
Ⅲ. 재무활동현금흐름		
자기주식처분	10,000	
장기차입금	150,000	
배당금지급	(40,000)	
재무활동순현금흐름		120,000
Ⅳ. 현금및현금성자산의 순증가		410,000
Ⅴ. 기초 현금및현금성자산		50,000
Ⅵ. 기말 현금및현금성자산		460,000

보론 현금흐름표 해석과 활용

현금흐름표는 단순히 기말 현금의 잔액만을 보여주는 것이 아니라 기업의 현금이 어떤 경로를 통해 창출되었는지를 구체적으로 파악하기 위한 정보를 제공한다. 다음은 가상기업의 현금흐름표를 비교 제시한 사례이다.

구분	A기업	B기업
영업활동현금흐름	₩7,000,000	₩700,000
투자활동현금흐름	(4,500,000)	500,000
재무활동현금흐름	(1,000,000)	300,000
기말 현금및현금성자산	1,500,000	1,500,000

가령 A기업이 당기 중 유형자산의 취득과 차입금 상환에 따른 현금유출이 발생하였다고 가정할 경우, A기업은 영업활동을 통해 700만 원의 현금을 유입하였으며, 이를 기반으로 450만 원 규모의 공장 신설 등에 투자한 것으로 해석할 수 있다. 또한 재무활동에서는 차입금의 일부를 상환함으로써 재무 건전성 유지를 도모하였음을 확인할 수 있다. 이처럼 A기업은 영업활동에 기반한 안정적인 현금창출력을 바탕으로 실질적인 투자활동을 적극적으로 수행하는 동시에, 외부자금에 대한 의존도를 낮추기 위한 재무 전략을 병행하고 있는 것으로 나타난다. 그 결과, 보고기간 말 기준으로 150만 원의 현금 및 현금성 자산을 보유하고 있으며, 이는 단기적인 유동성 확보는 물론 기업의 지속적인 운영 역량에 있어서도 긍정적인 지표로 평가될 수 있다.

이에 반하여 B기업이 당기 중 유형자산을 처분하고 은행으로부터 차입을 하였다고 가정할 경우, B기업은 영업활동을 통해 70만 원의 현금을 창출하였으나, 추가적인 유동성 확보를 위하여 50만 원 규모의 자산을 처분한 것으로 해석할 수 있다. 아울러 재무활동 측면에서는 50만 원을 은행으로부터 차입함으로써 자금을 조달하였다.

그 결과, 보고기간 말 기준 현금 및 현금성 자산은 A기업과 동일하게 150만 원으로 나타났다. 그러나 B기업은 영업활동에 의한 현금 창출보다는 자산 매각과 외부 차입에 대한 의존도가 상대적으로 높은 것으로 분석된다. 이러한 현금흐름 구조는 단기적인 유동성 확보에는 일정 부분 기여할 수 있으나, 장기적인 성장 잠재력 및 재무적 안정성 측면에서는 제약 요인으로 작용할 가능성이 있다.

이와 같은 사례는 동일한 수준의 기말 현금및현금성자산을 보고하는 기업일지라도, 현금흐름의 원천에 따라 기업의 재무적 의사결정과 재무상태에 대한 해석이 상이하게 나타날 수 있다. 따라서 단일 시점의 현금잔액 정보만으로는 기업의 재무상태를 충분히 평가하기에 한계가 있다. 현금흐름표는 재무제표 이용자에게 추가적인 정보를 제공함으로써 기업의 경영성과와 재무전략을 보다 정교하게 이해할 수 있도록 하는 중요한 회계정보로 기능한다.

객관식 문제

개념의 이해

10-1 현금흐름의 유형에 대한 다음의 설명 중 옳지 않은 것은?

① 영업활동현금흐름은 기업의 주된 영업활동에서 발생하는 현금의 유입과 유출을 포함한다.

② 투자활동현금흐름은 유형자산의 취득 및 처분과 관련된 현금의 유출입을 의미한다.

③ 재무활동현금흐름은 매출채권의 증가나 감소에 따른 현금의 변동을 포함한다.

④ 영업활동현금흐름에는 종업원 급여 지급에 따른 현금유출이 포함된다.

10-2 다음은 영업활동현금흐름 작성방법에 대한 설명이다. 이 중 가장 옳지 않은 것은?

① 영업활동현금흐름은 직접법 또는 간접법 중 하나를 선택하여 작성할 수 있다.

② 직접법에 따른 현금흐름표는 총현금유입과 총현금유출을 주요 항목별로 구분하여 표시한다.

③ 간접법은 순이익을 기준으로 비현금 항목과 영업활동으로 인한 자산 및 부채의 변동 내역을 조정하여 영업활동순현금흐름을 계산한다.

④ 간접법에서는 유형자산의 취득이나 처분과 관련된 현금흐름을 영업활동현금흐름 조정 항목으로 포함한다.

10-3 다음은 ㈜고구려의 한 회계기간 동안 발생한 현금흐름 내역이다. 이에 대한 설명으로 가장 옳지 않은 것은?

상품 판매에 따른 현금 수취: ₩600,000	유형자산 처분 수입: ₩180,000
비품 취득: ₩120,000	주식 발행: ₩400,000
매출채권 회수: ₩200,000	종업원 급여 지급: ₩220,000
사채 발행을 통한 자금 조달: ₩500,000	대여금 회수: ₩280,000
배당금 지급: ₩150,000	매입채무 현금 지급: ₩100,000

① 영업활동으로 인한 현금유입액은 ₩650,000이다.

② 영업활동으로 인한 현금유출액은 ₩320,000이다.

③ 투자활동현금흐름의 순유입액은 ₩240,000이다.

④ 재무활동현금흐름의 순유입액은 ₩900,000이다.

10-4 현금흐름표에 관한 다음의 설명 중 가장 옳지 않은 것은?

① 현금흐름표는 일정 기간 동안의 현금 및 현금성자산의 변동 내역을 영업활동, 투자활동, 재무활동으로 구분하여 보고한다.

② 감가상각비는 비현금성 비용이므로 간접법에 의한 영업활동현금흐름 계산 시 차감 조정된다.

③ 현금흐름표상의 현금및현금성자산은 기업이 즉시 사용 가능한 통화 및 요구불 예금, 그리고 만기 3개월 이내의 단기 금융상품으로서 큰 손실 없이 쉽게 현금으로 전환 가능한 자산을 포함한다.

④ 재무활동 현금흐름에는 자본 조달 및 상환, 배당금 지급, 차입금의 차입과 상환 등이 포함된다.

10-5 현금흐름표 작성 시 영업활동현금흐름으로 분류할 수 없는 것은?

① 상품 판매대금의 회수

② 유가증권의 처분으로 인한 현금유입

③ 종업원에 대한 근무대가 지급

④ 영업활동 관련 법인세 납부

10-6 다음은 ㈜고구려의 현금흐름표 작성 관련 정보이다.

계정과목	기초잔액	기말잔액
사　　채	₩200,000	₩320,000
사채할인발행차금	(₩6,000)	(₩11,000)
차　입　금	₩150,000	₩170,000

• ㈜고구려는 당기 중 은행으로부터 ₩40,000을 추가로 차입하였다.

• 당기 중 인식된 사채할인발행차금 상각액은 ₩4,000이다.

앞의 정보를 바탕으로 산출된 재무활동현금흐름의 순유입액은 얼마인가?

① ₩131,000　　② ₩140,000

③ ₩151,000　　④ ₩160,000

10-7 다음은 ㈜고구려의 영업활동현금흐름(간접법)에 대한 정보이다. 관련 현금흐름 정보를 반영한 경우, 당기에 인식할 당기순이익은 얼마인가?

영업활동순현금흐름: ₩280,000	매출채권 증가: ₩60,000
감가상각비: ₩40,000	재고자산 증가: ₩45,000
이자비용(현금지급 완료): ₩25,000	매입채무 증가: ₩80,000
토지처분이익: ₩5,000	미지급급여 증가: ₩15,000

① ₩155,000　　② ₩250,000

③ ₩270,000　　④ ₩275,000

10-8 다음은 ㈜고구려의 건물과 관련된 거래 내역이다. 이를 바탕으로 작성된 현금흐름에 대한 설명 중 가장 옳지 않은 것은 무엇인가?

기존 건물의 취득원가: ₩500,000
기존 건물의 감가상각누계액: ₩320,000
기존 건물 처분이익: ₩30,000
새로운 건물 취득원가(전액 현금 지급): ₩600,000
당기 인식한 기존 건물의 감가상각비: ₩10,000

① 기존 건물의 장부금액은 ₩180,000이며, 이를 기준으로 건물 처분과 관련된 현금처분금액은 ₩210,000으로 추정된다.

② 기존 건물의 처분으로 인한 현금 유입액은 ₩200,000이며, 이는 투자활동현금흐름에 포함된다.

③ 새로운 건물 취득대금 ₩600,000은 투자활동현금흐름의 현금유출 항목으로 처리된다.

④ 건물 처분손익은 영업활동현금흐름 계산 시 간접법의 조정 항목으로 차감된다.

기출문제

10-1 현금흐름표에 관한 설명으로 옳지 않은 것은? ▸ 2023 국가직9급

① 현금흐름표는 일정시점의 현금유입액과 현금유출액에 대한 정보를 제공하는 재무제표이다.

② 현금흐름표상의 현금흐름은 영업활동으로 인한 현금흐름, 투자활동으로 인한 현금흐름, 재무활동으로 인한 현금흐름으로 분류된다.

③ 현금흐름표는 다른 재무제표와 같이 사용되는 경우 순자산의 변화, 재무구조(유동성과 지급능력 포함), 그리고 변화하는 상황과 기회에 적응하기 위하여 현금흐름의 금액과 시기를 조절하는 능력을 평가하는 데 유용한 정보를 제공한다.

④ 역사적 현금흐름정보는 미래현금흐름의 금액, 시기 및 확실성에 대한 지표로 자주 사용된다. 또한 과거에 추정한 미래현금흐름의 정확성을 검증하고, 수익성과 순현금흐름 간의 관계 및 물가 변동의 영향을 분석하는 데 유용하다.

10-2 현금흐름표 상 영업활동 현금흐름에 속하지 않는 것은? ▸ 2021 주택관리사

① 신주발행으로 유입된 현금

② 재고자산 구입으로 유출된 현금

③ 매입채무 지급으로 유출된 현금

④ 종업원 급여 지급으로 유출된 현금

⑤ 고객에게 용역제공을 수행하고 유입된 현금

10-3 ㈜한국의 다음 회계자료를 이용한 '영업활동으로 인한 현금흐름'은?

▸ 2023 국가직9급

• 손익계산서상 당기순이익	₩ 20,000	• 매출채권 증가액	₩ 5,000
• 감가상각비 계상액	3,000	• 선급비용 증가액	4,000
• 미지급비용 증가액	2,000		

① ₩12,000　　② ₩15,000

③ ₩16,000　　④ ₩24,000

10-4 다음은 ㈜한국의 20×1년도 재무상태표에 대한 자료이다. 20×1년도 영업활동현금흐름이 ₩ 10,000인 경우, 20×1년도 당기순이익은? ▸ 2024 국가직9급

선급보험료 ₩ 3,000 증가	미지급비용 ₩3,000 감소
미수수익 ₩5,000 증가	선수수익 ₩3,000 증가

① ₩ 6,000　　② ₩ 9,000

③ ₩ 12,000　　④ ₩ 18,000

10-5 ㈜감평의 20×1년도 현금흐름표상 영업에서 창출된 현금(영업으로부터 창출된 현금)은 ₩100,000이다. 다음 자료를 이용하여 계산한 ㈜감평의 20×1년 법인세비용차감전순이익 및 영업활동순현금흐름은? (단, 이자지급 및 법인세 납부는 영업활동으로 분류한다.) ▸ 2020 감평사

매출채권손상차손	₩500	매출채권(순액) 증가	₩4,800
감가상각비	1,500	재고자산(순액) 감소	2,500
이자비용	2,700	매입채무 증가	3,500
사채상환이익	700	미지급이자 증가	1,000
법인세비용	4,000	미지급법인세 감소	2,000

	법인세비용차감전순이익	영업활동순현금흐름
①	₩94,800	₩92,300
②	₩95,300	₩92,300
③	₩96,800	₩95,700
④	₩97,300	₩95,700
⑤	₩98,000	₩107,700

10-6 다음은 ㈜감평의 20×1년도 재무제표의 일부 자료이다. ▶ 2022 감평사

(1) 재무상태표의 일부 자료

계정과목	기초잔액	기말잔액
매출채권 (순액)	₩140	₩210
선급영업비용	25	10
미지급영업비용	30	50

(2) 포괄손익계산서의 일부 자료

• 매출액	₩410
• 영업비용	150

위 자료에 기초한 20×1년도 ㈜감평의 (A) 고객으로터 유입된 현금흐름과 (B) 영업비용으로 유출된 현금흐름은?

	(A)	(B)
①	₩335	₩155
②	₩340	₩115
③	₩340	₩145
④	₩350	₩115
⑤	₩350	₩155

10-7 ㈜감평의 매출액은 ₩215,000, 재고구입에 따른 현금유출액은 ₩120,000이다. 다음 ㈜감평의 재고자산, 매입채무 변동 자료를 이용할 경우, 매출총이익은? ▶ 2023 감평사

• 재고자산 증가액	₩4,000	• 매입채무 증가액	₩6,000

① ₩85,000 ② ₩89,000 ③ ₩91,000
④ ₩93,000 ⑤ ₩97,000

10-8 ㈜감평의 20×1년 현금흐름표 작성을 위한 자료이다.

• 당기순이익	₩147,000	• 감가상각비	₩5000
• 법인세비용	30,000	• 매출채권 감소액	15,000
• 유형자산처분이익	20,000	• 재고자산 증가액	4,000
• 이자비용	25,000	• 매입채무 증가액	6,000
• 이자수익	15,000	• 배당금 수익	8,000

㈜감평의 20×1년 영업에서 창출된 현금은? ▶ 2023 감평사

① ₩159,000 ② ₩161,000
③ ₩167,000 ④ ₩169,000
⑤ ₩189,000

10-9 ㈜한국의 20×1년도 포괄손익계산서에 이자비용은 ₩800(사채할인발행차금 상각액 ₩80 포함)이다. 20×1년도 이자와 관련된 자료가 다음과 같을 때, 이자지급으로 인한 현금유출액은? ▶ 2020 주택관리사

구분	기초잔액	기말잔액
미지급이자	₩92	₩132
선급이자	40	52

① ₩652 ② ₩692
③ ₩748 ④ ₩852
⑤ ₩908

10-10 ㈜한국의 20×1년도 현금흐름표 자료가 다음과 같을 때, 투자활동 현금흐름은? ▶2021 주택관리사

• 기초 현금및현금성자산	₩9,000	• 기말 현금및현금성자산	₩5,000
• 재무활동 현금흐름	(−)17,000	• 영업활동 현금흐름	25,000

① (−)₩12,000 ② (−)₩8,000
③ (−)₩4,000 ④ ₩4,000
⑤ ₩8,000

10-11 ㈜한국의 20×1년 영업활동 순현금유입액은 ₩12,000이다. 다음 자료를 이용할 때, 20×1년 법인세비용차감전순이익과 재무활동순현금흐름으로 옳은 것은?

▶ 2022 주택관리사

재무상태표 관련 자료

계정과목	20x1년 1월 1일	20x1년 12월 31일
매 출 채 권	₩2,800	₩1,300
선 급 비 용	1,000	1,800
미지급이자	80	40
단가차입금	1,500	1,250
자 본 금	500	1,200

- 20x1년 감가상각비: ₩900
- 20x1년 유형자산처분손실: ₩2,100
- 이자비용(미지급이자)는 영업활동으로 분류한다.
- 자본금 변동은 유상증자로 인한 것이며 모든 자산, 부채, 자본 변동은 현금거래로 인한 것이다.

	법인세비용차감전순이익	재무활동순현금흐름
①	₩7,800	₩410
②	8,300	450
③	8,340	450
④	8,640	410
⑤	8,800	250

10-12 ㈜한국의 당기순이익은 ₩100,000이고, 장기차입금에서 발생한 이자비용은 ₩5,000이며, 보유하고 있는 유형자산의 감가상각비는 ₩11,000이다. 당기 영업활동과 관련된 자산과 부채의 변동내역은 다음과 같다.

• 재고자산의 증가	₩8,000
• 매출채권(손실충당금 차감후 순액)의 감소	3,000
• 매입채무의 감소	4,200
• 선수금의 증가	2,000

㈜한국의 당기 영업활동 순현금유입액은? (단, 이자의 지급과 수취는 각각 재무활동과 투자활동으로 분류한다.) ▸ 2023 주택관리사

① ₩76,800 ② ₩81,800
③ ₩92,800 ④ ₩106,000
⑤ ₩108,800

10-13 다음은 ㈜한국의 20×1년 재무제표 자료이다. ㈜한국의 20×1년 법인세비용차감전순이익은 ₩10,000일 때, 간접법으로 산출한 영업활동현금흐름은? ▸ 2024 주택관리사

• 감가상각비	₩4,000
• 매출채권(순액)의 증가	2,000
• 재고자산의 증가	4,000
• 매입채무의 감소	2,000
• 유상증자	2,000
• 사채의 상환	4,000

① ₩6,000 ② ₩8,000
③ ₩10,000 ④ ₩12,000
⑤ ₩14,000

10-14 ㈜한국의 재무상태표 일부는 다음과 같다. 20×2년도 상품에 대한 매출원가가 ₩1,000인 경우 ㈜한국이 공급자에게 지급한 현금유출액은?

▶ 2020 경영지도사

계정과목	20x1년 말	20x2년 말
상　품	₩100	₩200
매입채무	130	150

① ₩880　② ₩920
③ ₩1,000　④ ₩1,080
⑤ ₩1,120

10-15 간접법으로 현금흐름표를 작성하는 경우 영업활동현금흐름 계산 시 당기순이익에 가산해야 할 항목들의 총 합계는? ▶ 2023 경영지도사

• 유형자산처분 손실	₩7,000	• 감가상각비	₩10,000
• 매입채무의 증가	5,000	• 미지급급여의 감소	1,000
• 재고자산의 증가	4,000	• 단기차입금의 감소	2,000

① ₩17,000　② ₩20,000
③ ₩21,000　④ ₩22,000
⑤ ₩24,000

10-16 현금흐름표 작성에 필요한 자료가 다음과 같을 때, 영업에서 창출된 현금은? (단, 간접법을 적용한다.) ▶2024 경영지도사

• 법인세비용차감전순이익	₩7,000	• 유형자산처분이익	₩1,000
• 감가상각비	2,000	• 재고자산의 감소	500
• 사채상환손실	1,000	• 매입채무의 감소	1,500

① ₩3,500　② ₩4,000
③ ₩4,500　④ ₩5,000
⑤ ₩5,500

10-17 ㈜관세의 20×2년도 포괄손익계산서에는 당기순이익 ₩600, 유형자산처분이익 ₩300, 감가상각비 ₩200이 계상되어 있으며, 비교재무상태표의 주요 자산 및 부채 계정은 다음과 같다. ㈜관세의 20×2년 영업활동 현금흐름은?

▶2020 관세사

계정과목	20x2년 말	20x1년 말
매출채권(순액)	₩900	₩500
선 급 비 용	200	400
매 입 채 무	300	200
단 기 차 입 금	500	200

① ₩200 현금유입
② ₩400 현금유입
③ ₩600 현금유입
④ ₩200 현금유출
⑤ ₩400 현금유출

10-18 ㈜관세의 20×1년도 매출, 매입, 재고자산과 관련된 자료이다. 다음 설명 중 옳은 것은?

▶ 2024 관세사

매 출 액	₩20,000	매 입 액	₩18,000
기초매출채권(순액)	5,000	기말매출채권(순액)	4,000
기 초 매 입 채 무	4,000	기 말 매 입 채 무	2,000
기 초 재 고 자 산	2,000	기 말 재 고 자 산	3,000

① 매입으로 인한 현금지급액은 매입액보다 ₩2,000 작다.
② 매출원가는 매입으로 인한 현금지급액보다 ₩1,000 작다.
③ 매출로 인한 현금회수액은 매출액보다 ₩1,000 작다.
④ 매출총이익은 ₩2,000이다.
⑤ 매출과 매입으로 인한 순현금유입액은 ₩1,000이다.

10-19 ㈜관세의 20×1년 당기순이익이 ₩2,500일 때, 다음 자료를 반영한 영업에서 창출된 현금은? ▶ 2024 관세사

매출채권의 증가	₩1,000	재고자산의 감소	₩500
매입채무의 증가	800	법인세비용	1,000
감가상각비	200	토지처분이익	100
이자비용	600	사채상환손실	250

① ₩3,750 ② ₩4,150
③ ₩4,350 ④ ₩4,750
⑤ ₩5,750

연습문제

10-1 [현금흐름의 유형]

다음은 ㈜고구려의 20×1년 회계기간 중 발생한 주요 현금 거래 내역이다.

- 상품매출
- 외상 판매대금 회수
- 종업원에게 급여 지급
- 광고비 지급
- 원재료 구입
- 건물처분
- 비품 구입
- 사채 발행
- 차입금 상환
- 주식 발행
- 배당금 지급
- 이자비용

요구사항 각 거래를 영업활동, 투자활동, 재무활동 중 하나로 분류하시오.

10-2 [영업활동현금흐름]

당기순이익	₩6,500
유형자산 처분이익	1,200
감가상각비	2,500
재고자산의 감소	600
매입채무의 감소	1,800

요구사항 위의 정보를 바탕으로, 영업활동으로부터 창출된 순현금흐름을 계산하시오. 단, 간접법에 다른 현금흐름표를 작성한다.

10-3 [영업활동현금흐름]

다음은 ㈜백제의 20×1년 거래 내역이다.

- 상품을 ₩90,000에 구입하였으며, 이 중 ₩32,000은 현금으로 지급하고, 나머지는 매입채무로 기록하였다.
- 기초 매출채권 잔액(₩80,000) 중 매출채권 ₩68,000을 현금으로 회수하였다.

- 원가 ₩86,000의 상품을 ₩125,000에 판매하였고, 이 중 ₩50,000을 현금으로 수취하였으며, 나머지는 외상으로 판매하였다.
- 기초 재고자산은 ₩20,000이며, 기말 재고자산은 ₩24,000이다.
- 기초 매입채무는 ₩0이며, 기말 매입채무는 ₩30,000이다.

요구사항 (1) 20×1년도에 고객으로부터 유입된 현금흐름은 얼마인가?
(2) 20×1년도에 공급자에 대한 현금유출은 얼마인가?

10-4 [투자활동현금흐름]

다음은 ㈜고구려의 20×1년 회계기간 중 건물과 관련된 거래 내역이다.

계정과목	기초잔액	기말잔액
건　　물	₩70,000	₩50,000
감가상각누계액	(10,000)	(5,000)
토　　지	50,000	60,000

단, 건물(취득원가 ₩60,000)과 토지(취득원가 ₩30,000)의 처분이익은 각각 ₩3,000과 ₩2,500이 발생하였다. 20×1년 회계기간 중 인식한 감가상각비는 ₩1,000이다.

요구사항 이를 바탕으로 한 ㈜고구려의 투자활동으로 인한 순현금흐름을 계산하시오.

10-5 [재무활동현금흐름]

다음은 ㈜고구려의 20×1년도 현금흐름 정보이다.

계정과목	기초잔액	기말잔액
미지급이자	₩100	₩60
단기차입금	2,000	1,700
자 본 금	800	1,500

단, 이자비용은 영업활동으로 분류하며, 자본금 증가는 유상증자에 의한 것이다.

요구사항 이를 바탕으로 한 ㈜고구려의 재무활동으로 인한 순현금흐름을 계산하시오.

10-6 [현금흐름표 작성 – 간접법]

다음은 ㈜고구려의 20×1년 회계연도 기준 비교재무상태표 및 포괄손익계산서의 요약 정보이다.

㈜고구려의 비교재무상태표

계정과목	20×1년 12월 31일 (당기)	20×0년 12월 31일 (전기)
자산		
현금및현금성자산	₩57,700	₩40,000
재고자산	40,000	30,000
매출채권	30,000	20,000
토지	50,000	50,000
건물	80,000	100,000
감가상각누계액 – 건물	(20,000)	(10,000)
부채		
매입채무	28,000	24,000
미지급급여	9,000	7,000
차입금	60,000	70,000
자본		
자본금	100,000	100,000
이익잉여금	93,200	66,500

㈜고구려의 포괄손익계산서

계정과목	금 액
매 출 액	₩300,000
종 업 원 급 여	100,000
감 가 상 각 비	10,000
기타 판매관리비	50,000
이 자 비 용	5,000
당 기 순 이 익	26,700

또한, ㈜고구려는 차입금 ₩20,000을 상환하였으며, 현금배당 ₩5,000을 지급하였다. 또한, 장부금액 ₩30,000인 건물을 처분하고 처분이익 ₩10,000이 발생하였다.

요구사항 이를 바탕으로 간접법에 따른 현금흐름표를 작성하시오.

Epilogue

재무제표를 보는 눈

지금까지 각 장에서 다룬 내용은 궁극적으로 재무제표에 표시되는 각 항목이 보다 정확하고 객관적으로 반영될 수 있도록 하는 구체적인 회계처리 방법에 관한 것이었다. 그러나 이러한 회계처리를 통해 작성된 재무제표의 궁극적인 목적은 단순한 작성 자체에 있는 것이 아니라, 이를 이용하는 이해관계자가 재무제표를 어떻게 해석하고 의사결정에 활용할 것인가에 있다.

따라서 회계원리의 각 장을 마무리하며, 실제 기업의 재무제표 자료를 분석하여 이를 읽고 해석하는 방법과 그 의미를 다시금 조명해 보고자 한다. 이를 통해 지금까지 학습한 회계원리의 내용을 종합적으로 정리하고, 실무적 관점에서 재무제표의 활용 방안을 살펴보려 한다.

• 재무상태표를 통해 무엇을 알아낼 수 있을까?

다음은 사례기업인 ㈜고구려의 요약재무상태표이다. 요약재무상태표는 기업의 재무상태를 간략하게 보여주기 위해 주요 자산, 부채, 자본 항목만을 발췌하여 축약된 형식으로 제공하는 재무제표이다. 이를 통해 재무제표 이용자는 기업의 재무 건전성 등을 보다 직관적으로 파악할 수 있다.

(요약) 재무상태표

제24기(당기) 20x5년 12월 31일 현재

제23기(전기) 20x4년 12월 31일 현재

㈜고구려 (단위: 백만 원)

자산	당기(24기)	전기(23기)	부채 · 자본	당기(24기)	전기(23기)
Ⅰ. 유동자산	**512,603**	**472,291**	Ⅰ. 유동부채	252,011	207,940
(1) 당좌자산	366,348	364,016	Ⅱ. 비유동부채	37,974	9,242
(2) 재고자산	146,255	108,275	부채총계	**289,985**	**217,182**
Ⅱ. 비유동자산	**535,480**	**488,934**	Ⅰ. 자본금	200,000	200,000
(1) 투자자산	8,517	8,517	Ⅱ. 자본잉여금	62,524	62,524
(2) 유형자산	417,466	401,383	Ⅲ. 이익잉여금	495,574	481,519
(3) 무형자산	45	107	자본총계	**758,098**	**744,043**
(4) 기타비유동자산	109,452	78,928			
자산총계	**1,048,083**	**961,225**	부채및자본총계	**1,048,083**	**961,225**

재무상태표의 왼쪽에 표시된 자산은 기업이 현재 보유하고 있는 경제적 가치의 총합을 의미한다. 한편 오른쪽에 표시된 부채와 자본은 해당 자산을 조달하기 위한 자금의 출처를 나타내며, 이를 자금의 원천이라 한다. 즉 재무상태표의 왼쪽은 기업이 **보유한 자금의 형태**를, 오른쪽은 **자금의 조달 구조**를 반영한다. 일반적으로 기업이 보유한 자산 중에서 자기자본(자본)의 비중이 높을수록 재무적으로 보다 견실하고 안정적인 기업으로 평가된다.

㈜고구려의 요약재무상태표에 따르면, 총자산 1조 481억 원 중 부채는 약 2,900억 원, 자본은 약 7,581억 원으로 구성되어 있다. 자기자본이 전체 자산의 큰 비중을 차지하고 있어, 전반적으로 재무구조가 안정적인 것으로 평가할 수 있다. 또한 당기와 전기의 실적을 비교하여 주요 재무 지표의 변화를 분석할 수 있도록 구성되어 있다. 예를 들어, 자산총액은 전년 대비 9.04% 증가하여 기업의 성장세를 보여준다. 다만, 자본증가율(1.89%)에 비해 부채증가율(33.52%)이 더 높다는 점에 유의할 필요가 있다.

$$총자산성장률 = \frac{당기\ 자산총액 - 전기\ 자산총액}{전기\ 자산총액} \times 100$$

그러나 ㈜고구려의 **부채비율**은 다음과 같이 계산된다.

$$부채비율 = \frac{부채총액}{자본총액} \times 100$$

당기의 부채비율은 38%, 전기의 부채비율은 29%로 표준비율인 100%를 크게 하회하고 있어, 전반적으로 재무구조가 매우 양호한 상태로 판단된다.

재무상태표에서 주목해야 할 또 다른 지표는 기업의 유동성과 단기자금 상환능력이다. 일반적으로 유동성이란 일정 기간 내에 보유 자산을 현금으로 전환할 수 있는 능력(현금화 능력)을 의미한다. 기업 경영에서 유동성이 중요한 이유는 대부분의 지급이 현금으로 이루어지기 때문에, 현금이 부족할 경우 원활한 운영이 어려워질 수 있기 때문이다. 특히 단기간 내 상환해야 하는 유동부채를 제때 상환하지 못할 경우, 기업은 부도 위험에 처할 수 있다. 따라서 수익을 창출하고 있음에도 불구하고 부동산과 같은 비유동자산에 과도한 자금이 묶여 단기채무를 상환하지 못하는 상황을 흑자도산이라 한다.

기업이 충분한 유동자산을 보유하고 있는지는 유동비율을 통해 판단할 수 있다. 유동비율은 유동자산이 유동부채에 대해 상대적으로 얼마나 큰지를 나타내는 지표로 다음과 같이 계산된다.

$$유동비율 = \frac{유동자산}{유동부채} \times 100$$

일반적으로 유동비율이 200% 이상인 경우, 기업의 단기 지급능력이 양호한 것으로 평가된다. 이는 유동부채에 비해 유동자산이 충분하여 단기적인 자금 상환에 문제가 없음을 의미한다. ㈜고구려의 유동비율은 당기 203%, 전기 227%로, 비교적 양호한 수준의 유동성을 유지하고 있는 것으로 판단된다. 유동비율은 기업의 지급능력과 신용도를 평가하는 핵심 지표로 활용되며, 이를 통해 단기 채무 상환 가능성을 판단할 수 있다. 이에 따라 대부분의 재무상태표에서는 유동자산과 유동부채를 상단에 우선 배치하여 기업의 유동성 수준을 명확히 제시한다.

• 손익계산서를 통해 무엇을 알아낼 수 있을까?

다음은 ㈜고구려의 요약손익계산서이다. 손익계산서는 기업의 일정 회계기간(일반적으로 1년) 동안의 경영실적을 보여주는 재무제표이며, 이 중 핵심 지표는 당기순이익이다. 당기순이익은 기업의 경영성과를 평가하는 주요 지표로 활용된다.

(요약) 손익계산서

제24기(당기) 20x5년 1월 1일부터 12월 31일까지

㈜고구려 제23기(전기) 20x4년 1월 1일부터 12월 31일까지 (단위: 백만 원)

과 목	당기(24기)		전기(23기)	
Ⅰ. 매출액		1,400,699		1,366,026
Ⅱ. 매출원가		889,962		883,352
1. 기초제품재고액	45,418		59,147	
2. 당기제품제조원가	908,601		869,623	
3. 기말제품재고액	−64,057		−45,418	
Ⅲ. 매출총이익		510,737		482,674
Ⅳ. 판매비와관리비		343,420		319,229
Ⅴ. 영업이익		167,317		163,445
Ⅵ. 영업외수익		21,893		20,869
Ⅶ. 영업외비용		14,146		14,513
Ⅷ. 법인세비용차감전순이익		175,065		169,801
Ⅸ. 법인세비용		31,010		34,226
Ⅹ. 당기순이익		144,055		135,574

㈜고구려는 매 회계기간마다 안정적으로 순이익을 창출하고 있으며, 당기순이익률은 다음과 같이 계산된다.

$$\text{당기순이익률} = \frac{\text{당기순이익}}{\text{매출액}} \times 100$$

당기순이익률이 전기 9.9%에서 당기 10.3%로 소폭 상승하여, 기업의 수익성이 점진적으로 개선되고 있음을 보여준다. 이는 ㈜고구려가 성장세를 유지하고 있는 기업으로 평가될 수 있음을 의미한다.

손익계산서에서 주목해야 할 또 다른 항목은 최상단에 표시되는 **매출액**이다. 매출액은 기업이 주요 영업활동을 통해 상품, 제품 또는 서비스를 판매하여 얻은 수익을 의미하며, 기업의 영업능력을 나타내는 핵심 지표이다. 이 지표는 자산총액과 함께 기업 규모를 비교하는 기준으로 활용된다. 또한 매출액에는 기업의 경상적 영업활동에서 발생한 수익만 포함되며, 주요 영업활동 이외의 비경상적 수익(영업외수익)은 별도로 구분하여 표시한다.

한편 매출액을 활용한 대표적인 재무지표로는 매출액성장률이 있으며, 이는 기업의 영업성과 변화를 평가하는 데 활용된다. 매출액성장률은 다음과 같이 계산된다.

$$\text{매출액성장률} = \frac{\text{당기 매출액} - \text{전기 매출액}}{\text{전기 매출액}} \times 100$$

㈜고구려의 매출액은 약 1조 4,000억 원으로, 비교 대상 기업의 자료가 없어 절대적인 크기를 판단하기는 어렵지만, 매출액이 전년 대비 2.54% 성장하여 지속적인 성장을 보이고 있음을 확인할 수 있다.

손익계산서는 기업의 경상적 영업활동과 비경상적 활동을 구분하여 손익 항목을 배열하며, 이러한 구분은 경영자의 영업능력과 이익의 질을 평가하는 데 중요한 요소가 된다. 특히 손익계산서의 상단에는 경상적 활동에 따른 수익과 비용이 나란히 표시되어, 경영자의 영업관리능력을 평가할 수 있도록 구성된다.

손익계산서에서 주목해야 할 또 다른 핵심 지표는 매출총이익이다. 매출총이익은 매출액에서 매출원가를 차감하여 산출되며, 이는 판매된 상품의 이익 마진을 나타낸다. 이때 매출총이익의 절대 금액보다 매출총이익률이 더 중요한 의미를 가지며, 이는 기업이 취급하는 상품의 수익성과 경쟁력을 평가하는 데 활용되는 지표이다.

$$\text{매출총이익률} = \frac{\text{매출총이익}}{\text{매출액}} \times 100$$

㈜고구려의 경우, 매출총이익률이 당기 36.5%, 전기 35.3%로 비교적 높은 수준을 유지하고 있다. 또한 매출원가 항목을 분석함으로써 기말 현재 미판매된 제품(상품)의 재고액이 전기 대비 어떻게 변화했는지를 확인하는 것도 손익계산서를 해석하는 데 유용하다. ㈜고구려는

기말 제품재고액이 약 640억 원으로, 전기 말 대비 40% 이상 증가하였다. 이는 재고관리 측면에서 주의가 필요할 수 있음을 시사한다.

• 재무제표를 종합적으로 분석해 보자.

지금까지는 재무상태표와 손익계산서를 개별적으로 분석하는 방법을 살펴보았지만, 재무제표의 주요 항목들은 상호 유기적으로 연결되어 있어 종합적인 분석이 필요하다. 예를 들어, 자산합계가 큰 기업은 규모 면에서는 '부자기업'으로 평가될 수 있지만, 반드시 우수한 기업이라고 단정할 수는 없다. 기업 규모에 비해 이익이 적은 경우도 있으며, 반대로 규모는 작지만 자산을 효율적으로 활용하여 높은 수익을 창출하는 벤처기업도 존재할 수 있다. 이러한 관점에서 기업의 자산 활용 효율성을 평가하기 위한 지표로는 **총자산회전율**(total asset turnover)을 들 수 있다.

$$총자산회전율 = \frac{매출액}{연평균총자산} = \frac{매출액}{기초총자산 + 기말총자산 \div 2}$$

이는 손익계산서상의 매출액을 재무상태표상의 총자산액으로 나눈 값으로, 기업이 보유한 자산을 얼마나 효과적으로 활용하고 있는지를 나타낸다. 총자산회전율은 손익계산서 항목(매출액)과 재무상태표 항목(총자산)을 함께 고려하여 분석하며, 업종별 특성에 따라 기준이 달라질 수 있다. 예를 들어, 중화학공업이나 시설 중심의 제조업은 자산회전율이 비교적 낮아 1~2회전 수준이 일반적이며, 중소 유통기업이나 벤처기업의 경우 3회전 수준이 보통으로 간주된다.

㈜고구려의 총자산회전율은 당기 1.34, 전기 1.42로 계산된다. 제공된 정보만으로 업종이나 기업의 성격을 정확히 판단하기는 어렵지만, 시설 중심의 제조업에 해당한다면 자산을 비교적 효율적으로 활용하고 있는 것으로 평가할 수 있다. 반면 총자산회전율이 1 이하로 하락하는 경우에는 과잉투자 등의 영향으로 인해 자산 운용이 비효율적으로 이루어지고 있을 가능성을 시사한다.

기업의 경영성과를 평가할 때, 단순히 당기순이익의 절대적 크기를 비교하는 것은 한계가 있다. 이는 동일한 금액의 당기순이익을 기록한 기업이라 하더라도, 그 이익을 창출하기 위해 활용한 자산 규모에 따라 수익성이 달라질 수 있기 때문이다. 예를 들어 A기업과 B기업의 당기순이익이 각각 100백만 원으로 동일하더라도, A기업의 총자산이 1,000백만 원, B기업의 총자산이 1,500백만 원이라면, A기업이 B기업보다 더 높은 수익성을 가지고 있다고 평가할 수 있다. 이는 A기업의 **총자산이익률**(ROA; Return on Assets)은 10.0%(100백만 원/1,000백만 원)인 반면, B기업의 ROA는 6.7%(100백만 원/1,500백만 원)에 불과하기 때문이다. 즉 동일한 이익을 창출하였더라도 더 적은 자산을 활용하여 높은 수익을 달성한 기업이 상대적으로 우수한 수익구조를 갖고 있다고 볼 수 있다.

$$\text{총자산이익률} = \frac{\text{당기순이익}}{\text{평균총자산}} \times 100$$

이는 기업의 수익성을 평가할 때 단순한 이익 규모뿐만 아니라, 투입된 자본의 크기를 고려해야 함을 의미한다. 이러한 수익성 분석을 위해 총자산이익률(ROA)과 자기자본이익률(ROE)이 자주 활용된다. 특히 총자산이익률을 계산할 때 당기순이익 대신 영업이익을 사용하는 경우가 있는데, 이는 총자산의 운용 효율성과 더불어 영업활동 자체의 수익성을 보다 명확히 평가하기 위함이다.

$$\text{자기자본이익률} = \frac{\text{당기순이익}}{\text{평균자기자본}} \times 100$$

㈜고구려의 당기 총자산이익률은 14.34%, 자기자본이익률은 19.18%로 산출된다. 이러한 수치는 정기예금이자율이나 국채수익률을 상회하는 수준으로, ㈜고구려가 총자산과 자기자본을 효과적으로 운용되고 있음을 시사한다. 특히 자기자본이익률은 투자자의 관점에서 가장 중요한 수익성지표로 간주된다.

재무제표 분석에서는 매출채권 관리도 중요한 요소다. 대부분의 기업은 외상거래를 통해 매출이 증가하면 매출채권도 함께 증가한다. 그러나 회수가 지연되면 지급능력이 악화되어 도산 위험이 커질 수 있다. 이를 평가하기 위해 **매출채권회전율**을 계산하여 적정성을 분석한다.

$$\text{매출채권회전율} = \frac{\text{매출액}}{\text{평균매출채권}}$$

㈜고구려의 당기 매출액(약 14조 7억 원)과 전 · 당기 재무상태표의 매출채권(각각 약 1,178억 7천만 원, 1,248억 원)을 기준으로 계산한 매출채권회전율은 11.54이다. 일반적으로 매출채권회전율이 6 이상이면 이상적으로 평가되므로, ㈜고구려는 매출채권을 효과적으로 관리하고 있다고 볼 수 있다.

이와 같이 재무제표를 활용한 분석은 재고 및 설비 투자 관리의 적절성을 평가하는 데에도 적용된다. 재고관리의 적절성 여부를 보기 위해 재고자산회전율(=매출액÷재고자산)을 계산하거나, 과잉 설비투자가 이루어지고 있는가의 여부를 보기 위해 고정자산회전율(=매출액÷고정자산)을 분석할 수 있다.

앞선 설명과 같이 재무제표 구성 요소를 활용한 분석은 정보 이용자들에게 의사결정에 필요한 유용한 정보를 제공할 수 있다. 이와 함께 추가적으로 고려할 수 있는 재무제표 분석 지표는 다음과 같다.

유동비율	유동자산÷유동부채
당좌비율	당좌자산÷유동부채
고정비율	고정자산÷자본
부채비율	부채÷자본
총자산증가율	(당기총자산–전기총자산)÷전기총자산
매출액증가율	(당기매출액–전기매출액)÷전기매출액
영업이익증가율	(당기영업이익–전기영업이익)÷전기영업이익
순이익증가율	(당기순이익–전기순이익)÷전기순이익

유동비율과 당좌비율은 기업이 단기 부채를 상환할 수 있는 능력을 평가하는 지표로, 기업의 재무 건전성과 유동성 위험을 판단하는 데 활용된다. 고정비율은 기업이 보유한 자본을 얼마나 효율적으로 장기 투자에 활용하고 있는지를 나타내며, 부채비율은 자본 대비 부채 수준을 평가하여 재무적 안정성을 측정하는 데 사용된다. 총자산증가율과 매출액증가율은 기업의 성장성을 평가하는 지표로, 각각 자산과 매출의 증가 정도를 보여준다. 영업이익증가율과 순이익증가율은 기업의 경영성과와 수익성 변화를 나타내며, 기업의 수익 창출 능력이 개선되고 있는지를 분석하는 데 활용된다.

이와 같이 재무제표분석을 위해서는 재무상태표와 손익계산서 등의 정보를 종합적으로 고려해야 한다. 그러나 이러한 지표들은 상대적 평가 기준이 필요하며, 일반적으로 산업 평균비율, 경쟁기업의 지표, 혹은 과거 재무비율과 비교하여 분석한다. 또한, 재무비율만으로 기업의 경영성과를 완전히 이해하기는 어렵고, 경제환경, 산업 특성, 경영전략과 같은 정성적 요인도 고려될 수 있다.

객관식문제 정답

객관식문제에 대한 정답입니다. 정답에 대한 설명은 별도의 [해답집]을 참고하세요.

CHAPTER 01

개념의 이해 1-1 ④ 1-2 ① 1-3 ③ 1-4 ④ 1-5 ⑤ 1-6 ① 1-7 ③ 1-8 ① 1-9 ② 1-10 ①

기출문제 1-1 ② 1-2 ③ 1-3 ① 1-4 ④ 1-5 ③ 1-6 ③ 1-7 ④ 1-8 ④ 1-9 ②

CHAPTER 02

개념의 이해 2-1 ① 2-2 ③ 2-3 ④ 2-4 ③ 2-5 ④ 2-6 ① 2-7 ③ 2-8 ② 2-9 ① 2-10 ④ 2-11 ③ 2-12 ② 2-13 ② 2-14 ③ 2-15 ③

기출문제 2-1 ③ 2-2 ① 2-3 ① 2-4 ① 2-5 ⑤ 2-6 ② 2-7 ② 2-8 ④ 2-9 ③ 2-10 ① 2-11 ① 2-12 ②

CHAPTER 03

개념의 이해 3-1 ② 3-2 ④ 3-3 ③ 3-4 ① 3-5 ② 3-6 ① 3-7 ③ 3-8 ② 3-9 ③ 3-10 ② 3-11 ④ 3-12 ② 3-13 ④ 3-14 ① 3-15 ②

기출문제 3-1 ③ 3-2 ④ 3-3 ① 3-4 ④ 3-5 ③ 3-6 ③ 3-7 ② 3-8 ② 3-9 ③ 3-10 ④ 3-11 ④ 3-12 ③ 3-13 ① 3-14 ② 3-15 ④ 3-16 ① 3-17 ① 3-18 ④ 3-19 ② 3-20 ②

CHAPTER 04

개념의 이해 4-1 ③ 4-2 ① 4-3 ② 4-4 ② 4-5 ② 4-6 ③ 4-7 ④ 4-8 ④ 4-9 ② 4-10 ① 4-11 ② 4-12 ① 4-13 ③ 4-14 ①

기출문제 4-1 ① 4-2 ② 4-3 ④ 4-4 ④ 4-5 ① 4-6 ⑤ 4-7 ③ 4-8 ② 4-9 ④ 4-10 ③ 4-11 ③ 4-12 ① 4-13 ②

CHAPTER 05

개념의 이해 5-1 ② 5-2 ② 5-3 ② 5-4 ④ 5-5 ⑤ 5-6 ① 5-7 ⑤ 5-8 ④ 5-9 ④ 5-10 ① 5-11 ② 5-12 ② 5-13 ② 5-14 ③

기출문제 5-1 ② 5-2 ④ 5-3 ① 5-4 ③ 5-5 ① 5-6 ④ 5-7 ③ 5-8 ① 5-9 ① 5-10 ③ 5-11 ③ 5-12 ②

CHAPTER 06

개념의 이해 6-1 ④ 6-2 ② 6-3 ② 6-4 ① 6-5 ② 6-6 ③ 6-7 ② 6-8 ② 6-9 ① 6-10 ②

기출문제 6-1 ③ 6-2 ① 6-3 ③ 6-4 ③ 6-5 ④ 6-6 ③ 6-7 ② 6-8 ② 6-9 ① 6-10 ④ 6-11 ⑤ 6-12 ③ 6-13 ② 6-14 ⑤ 6-15 ④

CHAPTER 07

개념의 이해 7-1 ② 7-2 ④ 7-3 ① 7-4 ① 7-5 ① 7-6 ③ 7-7 ③ 7-8 ⑤ 7-9 ④ 7-10 ② 7-11 ③ 7-12 ① 7-13 ② 7-14 ②

기출문제 7-1 ② 7-2 ① 7-3 ② 7-4 ① 7-5 ④ 7-6 ① 7-7 ① 7-8 ⑤ 7-9 ② 7-10 ① 7-11 ④ 7-12 ① 7-13 ② 7-14 ⑤ 7-15 ① 7-16 ③ 7-17 ③ 7-18 ④

CHAPTER 08

개념의 이해 8-1 ③ 8-2 ④ 8-3 ① 8-4 ④ 8-5 ① 8-6 ⑤ 8-7 ① 8-8 ④ 8-9 ④ 8-10 ③ 8-11 ③ 8-12 ③ 8-13 ② 8-14 ① 8-15 ④

기출문제 8-1 ② 8-2 ② 8-3 ① 8-4 ④ 8-5 ① 8-6 ② 8-7 ① 8-8 ⑤ 8-9 ① 8-10 ② 8-11 ③ 8-12 ③ 8-13 ③ 8-14 ② 8-15 ④ 8-16 ② 8-17 ② 8-18 ②

CHAPTER 09

개념의 이해 9-1 ② 9-2 ③ 9-3 ④ 9-4 ② 9-5 ② 9-6 ③ 9-7 ③ 9-8 ④ 9-9 ③ 9-10 ④ 9-11 ② 9-12 ④ 9-13 ④ 9-14 ④ 9-15 ④

기출문제 9-1 ① 9-2 ② 9-3 ① 9-4 ① 9-5 ③ 9-6 ④ 9-7 ② 9-8 ② 9-9 ② 9-10 ① 9-11 ② 9-12 ③ 9-13 ② 9-14 ④ 9-15 ② 9-16 ① 9-17 ③ 9-18 ⑤ 9-19 ① 9-20 ③ 9-21 ③ 9-22 ③ 9-23 ② 9-24 ④ 9-25 ③ 9-26 ②

CHAPTER 10

개념의 이해 10-1 ③ 10-2 ④ 10-3 ④ 10-4 ② 10-5 ② 10-6 ① 10-7 ④ 10-8 ①

기출문제 10-1 ① 10-2 ① 10-3 ③ 10-4 ④ 10-5 ② 10-6 ② 10-7 ④ 10-8 ④ 10-9 ② 10-10 ① 10-11 ③ 10-12 ⑤ 10-13 ① 10-14 ④ 10-15 ④ 10-16 ⑤ 10-17 ② 10-18 ⑤ 10-19 ④

찾아보기